jetzt lerne ich JavaScript

jetzt lerne ich

JavaScript

Webprogrammierung mit JavaScript, (X)HTML, CSS und Co.

RALPH STEYER

Markt+Technik

Bibliografische Information Der Deutschen Bibliothek
Die Deutsche Bibliothek verzeichnet diese Publikation in der Deutschen
Nationalbibliografie; detaillierte bibliografische Daten sind im Internet
über <http://dnb.ddb.de> abrufbar.

Umwelthinweis:
Dieses Buch wurde auf chlorfrei gebleichtem Papier gedruckt.

10 9 8 7 6 5 4 3 2 1

07 06 05

ISBN 3-8272-6984-9

© 2005 by Markt+Technik Verlag,
ein Imprint der Pearson Education Deutschland GmbH,
Martin-Kollar-Straße 10–12, D-81829 München/Germany
Alle Rechte vorbehalten
Lektorat: Brigitte Alexandra Bauer-Schiewek, bbauer@pearson.de
Herstellung: Claudia Bäurle, cbaeurle@pearson.de
Korrektorat: Petra Kienle, Fürstenfeldbruck
Coverkonzept: independent Medien-Design
Coverlayout: adesso 21, Thomas Arlt
Titelillustration: Karin Drexler
Satz: text&form GbR, Fürstenfeldbruck
Druck und Verarbeitung: Bosch-Druck, Ergolding
Printed in Germany

Übersicht

jetzt lerne ich

Inhaltsverzeichnis

Vorwort

Herzlich willkommen zur JavaScript-Programmierung! Mit JavaScript können Sie Leben, Dynamik und Aktivität in Ihre Webseiten bringen. Im WWW stellt JavaScript die ideale Ergänzung zu HTML dar, um Webseiten zu dynamisieren, den Browser des Besuchers zu steuern und Aktivität vom Webserver auf den Rechner des Clients zu verlagern.

In den vergangenen Jahren gab es immer mal wieder Diskussionen bezüglich der Bedeutung von JavaScript. Mal sollte es für Sicherheitslücken verantwortlich gemacht werden. Mal galt es als überholt, weil man ja doch nur alles auf dem Server programmieren sollte und die Entwicklung von JavaScript seit einigen Jahren stagnierte. Aber die Webseitenprogrammierer hielten JavaScript immer die Treue. Schauen Sie sich heute populäre Webseiten im Internet an! Keine einzige der angesagtesten Webseiten kommt ohne JavaScript aus. Entsprechend praxisfremd erscheinen dann auch Empfehlungen so genannter Experten an Anwender, JavaScript im Browser zu deaktivieren. Denn kaum ein Anwender möchte auf den Besuch populärer Webangebote wie Amazon, eBay oder Yahoo! verzichten.

JavaScript ist also auch derzeit »still alive and well«, wenn nicht gar populärer denn je, da es als einzige Programmiertechnik im Webbrowser übrig geblieben ist. Viele Situationen, die Ihnen im täglichen »Webleben« begegnen, wurden mit JavaScript programmiert. JavaScript ist sicher nicht die Lösung für jedes Problem im Web, aber es bietet so viele interessante Möglichkeiten, dass eine Beschäftigung damit äußerst nützlich und vor allem spannend und interessant ist. Und das alles, ohne ein einziges Programm kaufen zu müssen. Dabei ist JavaScript dennoch einfach zu lernen und vor allem unabhängig von einer speziellen Plattform. Egal, ob Sie Linux, Windows, Mac OS oder ein anderes Betriebssystem verwenden, JavaScript wird auf nahezu allen Plattformen mit grafischer Oberfläche zu finden sein. Und JavaScript wird heutzutage von jedem Browser unterstützt, sofern es sich nicht um uralte Varianten handelt. Eine Webseite, die JavaScript verwendet, beschränkt Sie nicht unnötig auf einen spezifischen Browsertyp oder ein optionales Plug-In (wie es etwa bei zahlreichen Konkurrenztechniken der Fall ist). Mit JavaScript können Sie – ohne Zusatzkosten – viele interessante Dinge anstellen, die sonst nur mit teuren Programmen zu bewerkstelligen sind. JavaScript ist immer zur Stelle, wenn Sie im Rahmen einer Webseite innerhalb des Browsers über die Möglichkeiten von HTML (Hyper Text Markup Language) hinausgehende Fähigkeiten benötigen – ein sehr heißer Tipp, wobei oft noch weitere Techniken wie Style Sheets hinzukommen. Und noch etwas: PROGRAMMIEREN MIT JAVASCRIPT MACHT SPASS!

Und diesen Spaß beim faszinierenden Einstieg in die Welt der Webprogrammierung mit JavaScript wünscht Ihnen

Ralph Steyer
www.rjs.de

Über den Autor

In diesem Vorwort möchte ich mich Ihnen noch kurz mit ein paar wichtigen Eckdaten vorstellen. Ich bin Diplom-Mathematiker und habe nach dem Studium einige Jahre bei einer großen Versicherung als Programmierer gearbeitet. Zu der Zeit waren noch DOS-Programme üblich und Windows 3.x galt als letzter Schrei ;-). Entsprechend habe ich meine professionelle Programmiertätigkeit mit Turbo Pascal und C/C++ begonnen und damit Versicherungsprogramme für PCs erstellt. Seit 1995 schlage ich mich als Freelancer durchs Leben. Das umfasst die Tätigkeiten als Fachautor, Fachjournalist, EDV-Dozent und Programmierer. Das macht einen guten Mix aus und bewahrt mich vor Langeweile und Monotonie. Privat bin ich auf eine tägliche Kaffeedosis angewiesen (sonst bin ich ungenießbar), ich treibe viel Sport, fahre mit Motorrad oder Mountainbike durch die Taunusberge, spiele Saxophon in einer Rockband und verteidige täglich mein Büro gegen das Eindringen meiner Zwillinge. Außerdem stehe ich auf »Per Anhalter durch die Galaxis«, »Enterprise« und den Film »Blues Brothers«.

jetzt lerne ich

Bevor es losgeht

Bevor es richtig losgeht, sollen in diesem einleitenden Kapitel einige Dinge geklärt werden, die Ihnen die folgende Arbeit mit dem Buch erleichtern werden.

1.1 Über das Buch

Das Buch ist ein Lehrbuch für den Einstieg in die Webprogrammierung mit **JavaScript** und eng verwandten Technologien wie **HTML** (Hyper Text Markup Language) oder **Style Sheets** sowie einigen ergänzenden Techniken. Es soll Ihnen sowohl beim Selbststudium helfen als auch eine Basis bieten für das Erlernen von JavaScript in entsprechenden Kursen.

1.1.1 An wen sich das Buch wendet

Das Buch ist im Wesentlichen für Leser gedacht, die Webprogrammieren mit JavaScript lernen wollen[1]. Aber auch zahlreiche Aspekte der allgemeinen Webseitenerstellung sowie Webseitengestaltung und einige Grundlagen der Serverprogrammierung werden behandelt. Damit gehören auch Webseitenersteller zur Zielgruppe, die JavaScript als Ergänzung zur »normalen« Arbeit betrachten und ein vollständiges Webpro-

---

1. Was sicher wenig überrascht ;-)

jekt (nicht nur reine HTML-Seiten) realisieren wollen. Zudem werden ebenfalls explizit Neulinge sowohl in der Programmierung als auch in der Webseitenerstellung angesprochen. Sie haben hier ein Einsteigerbuch vor sich, das nicht Freaks und Programmierprofis als Leser im Auge hat.

Nicht umsonst verspricht dieses Buch einen Start ohne Vorwissen. Sie benötigen also kein Vorwissen im Bereich der Webprogrammierung und auch der Programmierung im Allgemeinen. Sie müssen weder bereits ein Programm geschrieben haben noch überhaupt wissen, was Programmierung so genau ist. Ebenso müssen Sie noch nie eine Webseite erstellt haben, obgleich Letzteres schon hilfreich wäre. Aber ganz bei null möchte ich
Sie dann doch nicht abholen, Folgendes setze ich bereits voraus:

- Sie haben einen Rechner zur Verfügung und können ihn einigermaßen bedienen. Das bedeutet, Sie kennen sich in Grundzügen mit Ihrem Betriebssystem aus (in der Regel wird das Linux, Windows oder Mac OS sein – darauf gehe ich etwas weiter unten noch ein). Insbesondere beherrschen Sie die Maus, die Fenster- und Menütechniken, das Starten und Beenden von Programmen sowie das Öffnen und Speichern von Dateien und den Umgang mit wichtigen Standardprogrammen wie einer Textverarbeitung oder einem Editor. Idealerweise können Sie Verzeichnisse auf der Festplatte erstellen und Dateien bzw. Verzeichnisse kopieren, umbenennen etc. Eventuell haben Sie auch bereits Programme auf Ihrem Rechner selbst installiert. Zumindest trauen Sie sich zu, solche Dinge zu tun oder können das nachschauen.

- Können Sie Schreibmaschine schreiben? Wunderbar. Das erleichtert das Erstellen von **Quelltext**. Wenn nicht, dauert die Praxis bei Ihnen halt etwas länger. Das ist aber auch kein Beinbruch.

> Unter **Quellcode** oder **Quelltext** (englisch **Sourcecode** oder kurz **Source**) versteht man den Text, den Sie eingeben und der später als Programm vom Computer ausgeführt werden soll.

- Sie kennen die wichtigsten Begriffe der **Hardware** (den Begriff selbst zum Beispiel) – etwa Festplatte, DVD, CD etc.

- Sie sollten schon einmal im Internet gewesen sein und wissen, wie Sie ins Internet kommen (was heutzutage kaum noch eine echte Herausforderung darstellt). Ein eigener Internetanschluss wäre perfekt.

Ein solcher ist zwar genau genommen nicht für die Programmierung selbst relevant. Aber JavaScript ist ja explizit zur Erstellung von Anwendungen gedacht, die im Rahmen des Internets ihren Einsatz finden. Also sollten Sie für den Einsatz »in the wild« Zugang zum Internet haben. Ebenso werden viele Quellen zu JavaScript und Webseitenprogrammierung auf das Internet verweisen. Dennoch ist ein eigener Internetanschluss nicht unabdingbare Voraussetzung für eine erfolgreiche Arbeit mit diesem Buch, denn Sie können die JavaScripts fast alle rein lokal auf Ihrem Rechner laufen lassen (zumindest zum Test). Die Bedienung eines Browsers hingegen sollte geläufig sein oder Sie sollten sich zutrauen, diesen mit entsprechenden Erklärungen zu verwenden.

Was sollten Sie an persönlichen Voraussetzungen mitbringen, um das Webprogrammieren mit JavaScript zu lernen? Sie sollten eine gewisse Hartnäckigkeit und Geduld an den Tag legen und vor allem Fehler als Teil des Lernens verstehen. Programmieren zu lernen, bedeutet nicht zuletzt, sich selbst genügend Zeit zu geben. Eine andere Frage ist, ob Sie besonders intelligent sein müssen? Kleine Computer-Einsteins? Das würde ich nicht behaupten. Programmieren hat nur begrenzt etwas mit Intelligenz zu tun. Wenn Sie jedoch einigermaßen mathematisch, logisch bzw. abstrakt denken können, wird es das Programmieren erleichtern.

1.1.2   Wie dieses Buch organisiert ist

Die Kapitel in diesem Buch sind immer gleich aufgebaut. Am Anfang erhalten Sie einen kurzen Überblick über das, was bereits behandelt wurde, und einen Ausblick auf das, was Sie in dem aktuellen Kapitel lernen. Danach folgt der eigentliche Stoff. Am Ende des Kapitels gibt eine kurze Zusammenfassung einen Überblick über die wichtigsten Schlagwörter. Eine Sammlung mit Aufgaben dient Ihnen zum Üben der aktuell im Kapitel behandelten Themen. Dazu finden Sie noch einen Abschnitt mit Übungsfragen, die Sie anhand des aktuellen Kapitels beantworten können sollten. Die jeweiligen Lösungen finden Sie im Anhang 9.

1.1.3   Was Sie in dem Buch lernen

Wir besprechen in diesem Kapitel die notwendigen Voraussetzungen und beginnen das eigentliche Thema mit den Grundlagen der Webprogrammierung und Webseitenerstellung. Das bedeutet die Beantwortung von grundlegenden Fragen, was ein Programm ist, wie Sie es zum Laufen bringen, wie ein Programm grundsätzlich erstellt wird und wie Sie vom Quellcode zum lauffähigen Code kommen (insbesondere mit Blickwinkel auf das WWW). Natürlich sprechen wir im Detail an, was JavaScript ist und in welchem Umfeld sich diese Technik positioniert. Sie werden mit HTML sowie XHTML-Grundlagen (XHTML = Extensible Hyper Text Markup Language) die Basis jeder Webseite kennen lernen. Konkret zu JavaScript kommen wir mit der Einbindung von Skripts in eine Webseite. Dem folgen die Fehlerbehandlung, elementare Grundelemente, Kontrollstrukturen, Funktionen, Prozeduren und das Aufrufen von JavaScript-Funktionen samt Eventhandlern. Also im Grunde alles, was für ein grundsätzliches Verwenden einer Programmiertechnik unabdingbar ist. Mit dem sehr umfangreichen Oberthema »JavaScript und Objekte« begeben wir uns dann in die Welt der objektorientierten (oder genauer objektbasierenden) Programmierung. Dies umfasst die Definition von Objekten, Methoden und Eigenschaften sowie wie Objekte in JavaScript eingesetzt werden. Oder vereinfacht gesagt – es geht um das, was Sie mit JavaScript an nützlichen Sachen überhaupt machen können.

Eine der wichtigsten Anwendungen von JavaScript ist die Verwendung bei Webformularen. Und diesem Thema widmen wir uns ausführlich. Ebenfalls wichtig ist in Zusammenhang mit JavaScript der weite Begriff DHTML (dynamisches HTML), der in Verbindung mit Style Sheets (Stilvorlagen für das WWW) behandelt wird. Ein abschließender Blick über den Tellerrand soll die Seite der Webprogrammierung zeigen, auf der JavaScript oft mit anderen Techniken zusammenspielt. Das bedeutet konkret die Programmierung eines Webservers. JavaScript wird in der Regel rein im Rahmen des Webbrowsers eingesetzt und wenn Daten den Browser verlassen, kommt die Programmierung des Webservers zum Tragen. Zwar kann man auch hier JavaScript verwenden, aber heutzutage ist dabei oft PHP im Einsatz und so soll diese Technik ebenfalls (kompakt) vorgestellt werden. Auch alternative serverseitige Programmiertechniken wie JSP und Servlets kommen zur Sprache und es wird der Umgang mit Datenbanken auf dem Server angesprochen. Dazu erfahren Sie noch etwas zu XML (Extensible Markup Language).

Am Ende des Buchs finden Sie noch einige Anhänge mit Grundregeln des Webdesigns und der Webprogrammierung, Tipps zur konkreten Veröffentlichung eines Webprojekts, den HTML-Elementen und -Attributen, den JavaScript-Schlüsselwörtern, PHP, dem SQL-Befehlssatz sowie verschiedenen Tabellen (hexadezimales Zahlensystem, erweiterte

Farbangaben, ISO-Latin-1-Zeichensatz). Infos zur Buch-CD, Quellen und Adressen, die Lösungen zu den Fragen in jedem Kapitel sowie ein umfangreiches Stichwortverzeichnis beschließen das Buch.

1.2   Was Sie unbedingt haben sollten

Es gibt ein paar Dinge, die Sie unbedingt brauchen, wenn Sie mit dem Buch erfolgreich Webprogrammierung mit JavaScript lernen und dann JavaScript auch in der Praxis anwenden wollen.

1.2.1   Die Hardware

Natürlich ist ein **Computer** notwendig, möglichst mit Internetzugang. Für die meisten Leser wird dabei ein PC mit Intel-kompatibler Architektur die bevorzugte Wahl sein und darauf werden wir uns bei Ausführungen beschränken. Aber grundsätzlich laufen JavaScripts auf allen wichtigen Computerplattformen. Ihr Computer braucht nicht sonderlich leistungsfähig zu sein. Die Ausführung eines JavaScripts kann keinen halbwegs modernen Rechner aus der Reserve locken. Und auch die Erstellung von JavaScripts nötigt keinen Computer der letzten zehn Jahre zu irgendwelcher Anstrengung, denn es wird im Wesentlichen mit einem reinen Editor gearbeitet.

Ein **Editor** ist ein Programm zur Eingabe und Bearbeitung von reinem Klartext (Text ohne Formatierungen wie fett, kursiv etc.). Selbstverständlich können Sie mit einem vernünftigen Editor den Text speichern oder Textdateien zur weiteren Bearbeitung laden.

1.2.2   Die Software

Im Folgenden lesen Sie noch eine Beschreibung der Dinge, die auf der Softwareseite vorausgesetzt werden.

Das Betriebssystem

Sie brauchen für Ihren Computer erst einmal ein passendes **Betriebssystem**. HTML und JavaScript sind wie fast alle wichtigen Internettechnologien absolut plattformneutral. Sie lassen sich also unter jedem modernen Betriebssystem nutzen. Auch die Entwicklung von Webseiten und JavaScript-Applikationen ist auf verschiedensten Plattformen möglich. Für die meisten Leser werden sich zwei bis drei Betriebssysteme anbieten, die sich von anderen abheben und meist bereits mit einem Computer zusammen gekauft werden. Dies sind **Linux**, **Windows** oder **Mac OS**. Wir werden uns in dem Buch aufgrund der größten Verbreitung im Wesentlichen an Windows halten, obwohl ich persönlich Linux vorziehe und es im Buch auch immer wieder parallel verwende. Natürlich können Sie auch andere Betriebssysteme wie UNIX, BSD oder BeOS einsetzen. Die meisten Betriebssystemplattformen unterscheiden sich in den von uns nachfolgend behandelten Techniken nicht signifikant. Dies ist ja gerade ein Charakteristikum von HTML und JavaScript. Sie sollten nur eine halbwegs neue Betriebssystemversion verwenden. Geeignet ist jedes Betriebssystem, das nach dem Jahr 1995 eingeführt wurde. Beispielsweise Windows 95/98/ME/NT/2000/2003/XP oder SuSE Linux ab Version 7.0. Am besten arbeiten Sie aber mit einem Betriebssystem, das nach dem Jahr 2000 eingeführt wurde (etwa Windows XP).

Die diesem Buch zugrunde liegenden Referenzbetriebssysteme sind Windows XP Pro und SuSE Linux 9.3, wobei das kaum eine Rolle spielen wird.

Die Programmierumgebung

Zur Erstellung von JavaScripts oder auch Webseiten im Allgemeinen (und auch serverseitigen Sprachen wie Perl oder PHP) genügt als Minimalausstattung ein **Klartexteditor**, wie er bei jedem Betriebssystem mitgeliefert wird – etwa Notepad unter Windows oder Kedit unter Linux.

Ein solcher Texteditor kann nicht nur als reine Programmierumgebung für das Lernen verwendet werden[1], sondern es gibt auch beim Praxiseinsatz zwei extrem gegensätzliche Auffassungen unter Webprogrammierern. Ein Teil der Programmierer zieht die Arbeit mit so genannten **Tools** vor.

Ein **Tool** (englisch Werkzeug) ist ein Hilfsprogramm, welches die Arbeit für einen bestimmten Vorgang erleichtern soll.

---

1. Zum Lernen ist es oft sinnvoll, auf die Verwendung von Hilfsmitteln bei der zu Programmierung zu verzichten. Viele Menschen lernen einfach effektiver, wenn sie Befehle von Hand eingeben, Fehler machen und diese erst mühsam finden und beseitigen müssen. Es ist wirklich eine abgedroschene Weisheit, aber sie stimmt – das Meiste lernt man aus Fehlern.

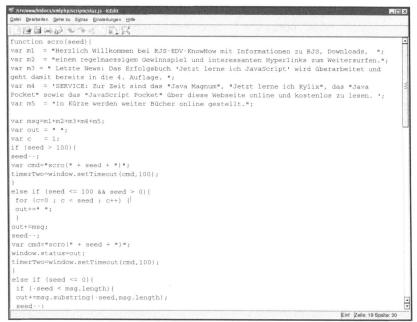

Bild 1.1:
Zur Bearbeitung von Java-Scripts genügt Kedit – ein Texteditor unter Linux

Die andere Fraktion lehnt solche Tools kategorisch ab und arbeitet auch in der Praxis ausschließlich mit textbasierenden Editoren.

Es gibt für beide Extreme Gründe. Die direkte Eingabe eines jeden Befehls über die Tastatur benötigt wie gesagt nur einen normalen Texteditor. Sie haben keinerlei zusätzliche Kosten für irgendwelche Programme, Sie müssen sich nicht in neue Programme einarbeiten. Sie haben damit auch die vollständige Kontrolle über den Quelltext und sind schnell bei der Eingabe, wenn Sie fix mit der Tastatur sind und die Befehle kennen. Und Ihre Hardware kann aus der Computersteinzeit stammen, denn ein Texteditor läuft auf den denkbar leistungsschwächsten Systemen. Nachteile der Reduzierung auf einen reinen Texteditor sind die aufwendige Tipparbeit, die Notwendigkeit, alle Befehle in ihrer exakten Schreibweise mit allen Parametern usw. genau zu kennen, die erhebliche Gefahr von Tippfehlern, viel Arbeit bei Standardvorgängen und keinerlei Unterstützung bei der Eingabe des Quelltextes oder bei der Fehlersuche.

Auch die Verwendung von unterstützenden Tools bei der Erstellung von Quelltext hat diverse Vor- und Nachteile. Dabei hängt es allerdings in hohem Maße von dem jeweils verwendeten Programm ab, inwieweit

23

sich die jeweiligen Vor- und Nachteile auswirken und ob wir JavaScript, Style Sheets, HTML oder eine andere Technologie betrachten.

Es gibt da erst einmal diejenigen Hilfsprogramme, die sich kaum von einem normalen Editor unterscheiden. Diese einfachen Programme kennen nur als Erweiterung einige Bestandteile einer Technik (etwa HTML, grundlegende Anweisungen von Stilvorlagen oder JavaScript) und unterstützen einfache Standardvorgänge, etwa das Maskieren von Sonderzeichen, das Einfügen von Quellcodeschablonen oder mehr Übersicht durch farbliche Kennzeichnung von bekannten Befehlen. Einige Editoren bieten einem Programmierer die Befehle einer Sprache direkt an – etwa durch Menüs oder Symbolleisten, in denen der Anwender diese auswählen kann (auch mit der Maus).

Bild 1.2:
Phase 5 – ein
kostenloser
Texteditor mit
Unterstützung
von HTML, CSS
und JavaScript

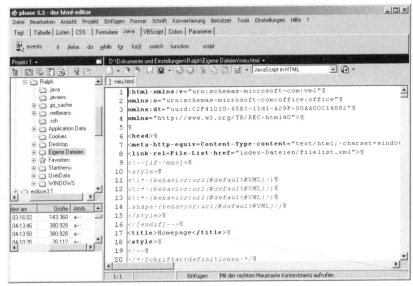

Einige Editoren, vor allem reine HTML-Editoren, bieten als weiteres Feature die Bereitstellung von verschiedenen Ansichten eines Dokuments. Dort kann man in vielen Fällen zwischen der Vorschau einer Webseite (also wie sie in einem Browser aussehen wird), einem grafischen Erstellungsmodus und vor allem einer Ansicht des eigentlichen HTML-Codes hin- und herschalten.

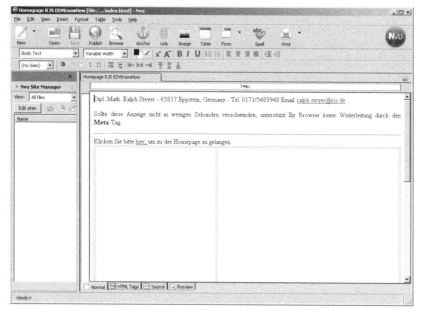

Bild 1.3:
Nvu – ein relativ neuer Stern am Himmel der Webseitentools mit umfangreicher Unterstützung

All diese Features erleichtern sowohl die Erstellung von Webseiten als auch die Eingabe von JavaScript-Anweisungen.

Eine Programmierumgebung mit Vorschau, grafischer Erstellung von Quellcode, Fehlersuchmöglichkeit etc. wird **IDE** (Integrated Development Enviroment[1]) genannt. Gerade bei der Programmierung von »echten« Programmen in Sprachen wie Visual Basic, C/C++ oder Java kommen meist IDEs zum Einsatz.

Prinzipiell bedeutet die Unterstützung durch Tools für die Erstellung von Quelltext eine erhebliche Arbeitserleichterung bei Standardeingaben. Das betrifft sowohl HTML als auch JavaScript oder den Umgang mit Style Sheets. Sehr oft unterstützen Tools alle drei dieser für dieses Buch relevanten Techniken und helfen gerade in Hinsicht auf JavaScript bei syntaktischen Elementen. Viele sprachgebundene Editoren unterscheiden Schlüsselwörter und Quelltextstrukturen einer Programmiersprache farblich. Damit lässt sich leichter der Überblick über das Programm/ Skript behalten und die Fehlerkorrektur bzw. -vermeidung wird erheblich unterstützt. Tools stellen ebenso in vielen Situationen Hilfe im all-

---

1. Auf Deutsch heißt das **Integrierte Entwicklungsumgebung**.

gemeinen Sinn bereit und die Eingabe von Befehlen über Menüs oder Symbolleisten ist weniger fehleranfällig als die Eingabe über die Tastatur (und schneller, wenn man nicht so schnell tippen kann und/oder die Befehle nicht genau kennt). Und da die Bedienung häufig der Arbeit in Standardprogrammen entspricht, ist die Einarbeitung oft intuitiv möglich.

Den Vorteilen von Hilfsprogrammen stehen jedoch in bestimmten Situationen eine Vielzahl von Nachteilen gegenüber. Diese gelten zwar nicht für jedes Tool, aber sie kommen recht oft vor.

So genannte **Wizards** oder **Assistenten**, wie sie häufig von Webspace-Providern angeboten werden, damit auch Anwender ohne HTML-Kenntnisse Webseiten erzeugen können, sollen hier gar nicht berücksichtigt werden. Ohne arrogant wirken zu wollen – diese liegen unter Ihrem Niveau (und dem dieses Buchs). Die Verwendung von solchen Tools erzeugt normalerweise Webseiten, deren Design durch vorgefertigte Bausteine dem Niveau von »Malen nach Zahlen« entspricht. Die Verwendung von Wizards ist eine Möglichkeit, die nur absoluten Laien vorbehalten sein sollte. Ebenso abraten muss man von der Webseitenerstellung durch **Office-Programme**. Obwohl diese heutzutage Dokumente meist in HTML abspeichern können, wird ein indiskutabel großer und oft rein auf eine Plattform optimierter Code generiert. Aber das ist aufgrund der anderen Zielrichtung von Office-Programmen – die Speicherung von einem Dokument mit allen Informationen zur Reproduktion, die auch das Hausformat beinhaltet – legitim. Leider suggeriert die Bezeichnung der Menübefehle oft, es würde eine praxisfähige Webseite erstellt.

Die Auflistung der Nachteile beginnt oft damit, dass viele Tools nicht kostenfrei sind. Sie sind mitunter sogar richtig teuer. Und Tools können naturbedingt nur den Sprachstandard bereitstellen, der zum Zeitpunkt ihrer Erstellung realisiert war. Aber auch dieser wird teilweise nicht vollständig unterstützt. Leider bieten viele Programme keine Möglichkeit, neue Befehle hinzuzufügen oder sie anderweitig in den Quellcode zu integrieren. Auch haben Sie bei einigen HTML-Editoren (insbesondere solchen, welche nicht direkt auf Quellebene arbeiten) keine genaue Kontrolle über den Quellcode. Gerade diejenigen Programme, die den Anwender von der Quellcodeebene fernhalten, erlauben oft nicht die vollständige Nutzung der Sprachmöglichkeiten. Dies kann so weit gehen, dass man sich den tatsächlich erzeugten Quellcode in einem Tool überhaupt nicht mehr anzeigen lassen kann und man einen zusätzlichen Editor verwenden muss. Besonders schlimm sind jene Programme, die auf Quellebene Code selbsttätig nach ihren Vorstellungen anpassen. Zudem wird gerade in Hinsicht auf HTML der mit Tools automatisch erzeugte Quellcode oft schlecht sein, beispielsweise ist er unnütz groß. Viele Programme schreiben Befehle mehrfach in den Code, obwohl eine Anweisung nur einmal benötigt wird. Der Betrachter einer Webseite wird unnötig durch längere Übertragungszeiten verärgert. Daneben kommt es vor, dass Befehle automatisch gewählt werden, obwohl es bessere Befehle mit gleicher Funktionalität gibt (etwa weiter abwärtskompatible oder standardkonformere Befehle oder mit kürzerem Code). Einige Tools erzeugen darüber hinaus Befehle, die browserspezifisch sind. Auch bieten viele Tools nur eine mangelhafte Unterstützung von Metainformationen (Hintergrundinformationen über die Webseite).

Des Weiteren lässt sich bei Tools, die in einem grafischen Erstellungsmodus arbeiten (ein **WYSIWYG-Modus** – das steht für What You See Is What You Get), feststellen, dass dieser Modus die Wirklichkeit verfälscht. Einerseits erzeugen gerade die Tools, welche dem Anwender bei der Erstellung ein bestimmtes Aussehen ihrer Webseite vorgaukeln, meist fürchterlichen HTML-Code. Aber das ist gar nicht das entscheidende Problem. »What You See Is What You Get« – das mag so schon stimmen – **Sie** bekommen relativ genau das, was **Sie** bei der Erstellung bereits sehen. Aber wem soll das helfen? Nicht Sie wollen sich Ihr Dokument nachträglich in Ihrem Browser auf Ihrem Rechner ansehen, sondern ein anderer Anwender möchte das Dokument auf seinem Rechner angezeigt bekommen. Dass dieser das Resultat genauso sieht, ist unwahrscheinlich. Er hat sehr wahrscheinlich einen anderen Browser, vermutlich eine andere Bildschirmauflösung, eine andere Anzahl von Farben eingestellt, vielleicht ein anderes Betriebssystem und unter Umständen einen ganz anderen Rechnertyp. Sie können selbst dann, wenn der Besucher die gleiche Konfiguration wie Sie hat, nicht sicher sein, dass die Webseite so aussieht wie bei Ihnen. Der Browser lässt sich so unterschiedlich konfigurieren, dass es Zufall wäre, wenn er genauso eingestellt ist wie bei Ihrem System. WYSIWYG-Programme wiegen den – unerfahrenen – Webprogrammierer in trügerischer Sicherheit, statt ihm zu helfen.

Was nun? Einen reinen Texteditor oder ein Programmiertool verwenden?

Obwohl es viele radikale Vertreter sowohl der einen als auch der anderen Seite gibt, liegt meines Erachtens das Optimum – wie so oft – in der Mitte. Sie sollten nach dem Lesen dieses Buchs in der Lage sein, selbstständig mit einem reinen Texteditor Webseiten und JavaScripts zu erstellen. Und aus didaktischen Gründen halte ich die Verwendung eines reinen Texteditors in der Lernphase für besser. Außerdem möchte ich Sie nicht zum Einsatz eines spezifischen Tools zwingen. Langfristig spricht aber nach meiner Meinung sowohl bei der reinen Erstellung von Webseiten als auch beim Programmieren mit JavaScript sehr viel für den Einsatz von unterstützenden Tools, solange die Tools nicht den Quelltext verändern und der Anwender genau weiß, was die Programme für einen Code erzeugen. Meiner Meinung nach dürften solche Tools jedoch nur von den Anwendern verwendet werden, die sie im Grunde nicht benötigen.

Neben den schon genannten **Phase 5** und **Nvu** bieten sich für HTML und JavaScript sowie meist auch Style Sheets und weitere Techniken zahlreiche Editoren an. In erster Linie sei **Eclipse** erwähnt. Eclipse ist nicht nur ein Editor, sondern eine plattformunabhängige Entwicklungsumgebung für alle Sprachen. Obwohl Eclipse mit Schwerpunkt auf Java ausgerichtet ist, können mithilfe unzähliger Plug-Ins nahezu alle Programmiertechniken abgedeckt werden. Allerdings ist Eclipse durch die Mächtigkeit nicht ganz einfach im Umgang. Eine weitere Alternative ist **tsWebEditor**, womit über zehn Programmiersprachen zu programmieren sind. Ebenfalls interessant sind die Programme **Proton** und **1st Page**. **HAPedit** ist die Abkürzung für »Html Asp Php Editor« und eine weitere interessante Möglichkeit. Es ist zwar ein französisches Projekt, aber es existiert auch eine deutsche Sprachdatei. Sehr positiv: Dieser Editor besitzt eine Smartupdate-Funktion, bei der man das Programm nicht neu installieren muss, um an eine neue Version zu kommen. Zu den weiteren Features gehört eine Syntaxhervorhebung der HTML/PHP-, HTML/ASP-, HTML-, JavaScript-, CSS- und SQL-Kodierung, eine Vorschau im Browser, eine Projektverwaltung, die »Kompilierung« des PHP-Codes, eine Code-Schreibhilfe, eine SQL-Konsole, ein FTP-Manager und ein Code-Explorer. Speziell für Linux sollte man neben Nvu **Quanta Plus** und **Bluefish** nennen.

Auf der Buch-CD stellen wir Ihnen eine Reihe von kostenlosen Tools zur Verfügung.

Die Software zum Darstellen von Webseiten bzw. Ausführen von JavaScripts

Zwar hat man in einigen IDEs zur Erstellung von Webseiten bzw. Java-Scripts einen Vorschaumodus zur Verfügung. Aber dabei wird in der Regel indirekt auf ein anderes Programm zurückgegriffen. Zum Ausführen von JavaScripts und der Darstellung von Webseiten benötigen Sie im Grunde einen **Webbrowser** (oder kurz **Browser**), mit dem Sie auch im WWW surfen.

Ein **Webbrowser** ist ein Programm zur Anforderung und Darstellung von Webseiten. In der Regel bringt ein Webbrowser die Möglichkeit mit, JavaScripts und einige weitere Programmiertechniken im Rahmen einer Webseite auszuführen.

Bei Ihrem Webbrowser kann es sich um einen beliebigen Browser handeln. Beliebt und gut sind beispielsweise der Netscape Navigator und dessen direkte Ableger Firefox, Mozilla und Safari (Mac OS) oder Opera. Jedes moderne Betriebssystem bringt nun von Haus aus mindestens einen Browser mit, Linux etwa im Rahmen der KDE den exzellenten Konqueror-Browser oder Windows den Internet Explorer. Zum Durchspielen der Buchbeispiele bzw. Testen Ihrer eigenen JavaScripts genügt der jeweils bereits vorhandene Browser Ihres Betriebssystems. Aber Sie sollten auf jeden Fall als zukünftiger Webprogrammierer, der seine Webseiten und JavaScripts in die Praxis entlassen will, mehrere Browser zur Verfügung haben, damit Sie Ihr Webprojekt vor einer Veröffentlichung in verschiedenen Umgebungen testen können. Sie können ja niemals sicher sein, mit welcher Betrachtungssoftware Ihre »Kunden« arbeiten und es gibt auch heutzutage zahlreiche Sonderfälle, die Sie testen müssen. Dabei sind sowohl Browser von verschiedenen Herstellern notwendig als auch verschiedene Versionen eines Browsers (ältere sowie die derzeit topaktuellen Browser gehören für Webdesigner und Webprogrammierer zur Pflichtausstattung).

Wir werden uns in dem Buch auf den Internet Explorer 6.0, Firefox 1.0 und Opera 8 sowie den Konqueror der KDE 3.3 als Referenzbrowser beziehen. Bei Bedarf wird auf andere Browser (vor allem ältere Versionen) verwiesen.

Es gibt eine einfache Möglichkeit, wie Sie herausfinden können, welcher Browser auf Ihrem Rechner vorhanden und als Standardbrowser eingerichtet ist. Suchen Sie sich in Ihrem Dateimanagementsystem (etwa dem Arbeitsplatz unter Windows) eine Datei mit der Erweiterung *.htm* oder *.html*. Ein Doppelklick (Windows) oder Einfachklick (Linux) auf diese Datei sollte den zugeordneten Browser (Ihren Standardbrowser) starten und diese Datei laden. Wenn Sie Ihren Browser aufrufen, finden Sie im Menü ganz rechts – wie fast immer – die Hilfe zum Programm. Dort kann man sich die Version anzeigen lassen.

Vielfach glauben Anwender, dass man nur einen Browser auf einem Computer installieren kann. Das ist falsch. Sie können parallel verschiedene Browser auf einem einzigen Computer einrichten. Allerdings kollidieren meist mehrere Versionen des Internet Explorers auf einem Rechner, da dieser sich tief im Betriebssystem verankert (ein Grund für die immensen Sicherheitsprobleme bei diesem Browser). Wenn Sie allerdings mehrere Browser installiert haben, kann natürlich nur einer davon der Default- oder Standardbrowser sein, der zum Öffnen einer Datei herangezogen wird. Um einen Nichtstandardbrowser zu verwenden, starten Sie diesen direkt und öffnen Sie darüber eine Webseite.

Was brauchen Sie sonst noch an Software?

Im Grunde benötigen Sie keine weitere Software zum Erstellen von Webseiten und JavaScripts. Aber für die Praxis wird sich erweisen, dass man einige Probleme rund um die eigentliche Erstellung lösen muss, die den Einsatz weiterer Software erzwingen.

- Grafiksoftware. Wenn Sie selbst Bilder generieren oder bearbeiten wollen, benötigen Sie irgendwelche Grafikprogramme. Ihr Betriebssystem bringt in der Regel bereits einige einfache Programme mit.

Einfache Grafikprogramme jeglicher Art gibt es oft kostenlos im Internet. Richtig leistungsfähige Profiprogramme sind jedoch meist sehr teuer. Aber auch hier existiert eine kostenlose Alternative. Ein extrem leistungsfähiges (aber nicht ganz einfach zu bedienendes) Grafikprogramm ist als Open Source verfügbar – **The Gimp**. Es steht für mehrere Betriebssysteme zur Verfügung (etwa Linux und Windows). Sie finden es unter anderem unter *http://www.gimp.org*.

Bild 1.4:
The Gimp – ein
sehr leistungs-
fähiges Grafik-
programm

Übertragungssoftware. Sie werden Ihre Webseiten samt den Java-Scripts sicher irgendwann im Internet veröffentlichen wollen. Das erfolgt in der Regel per FTP (File Transfer Protocol). Um diese Technik nutzen zu können, brauchen Sie einen **FTP-Client**.

Mehr zur Veröffentlichung eines Webprojekts finden Sie im Anhang.

1.3   Schreibkonventionen

In diesem Buch werden Sie verschiedene Schreibkonventionen vorfinden, die Ihnen helfen sollen, die Übersicht zu bewahren[1]. Wichtige Begriffe werden **hervorgehoben**. Vor allem sollten Sie erkennen können,

---

1. Sie werden Ihnen wahrscheinlich bis hierhin auch schon aufgefallen sein.

31

ob es sich um normalen Text oder Programmcode handelt. Das Folgende wäre ein Programmcode:

```
Das ist nur Blödsinn, aber als Skript-Code formatiert.
```

Aber auch im Fließtext werden bei Bedarf Begriffe so dargestellt, dass Sie `Quellcodepassagen` erkennen. Ebenso werden Tasten wie `Alt` oder `⇧`, *URLs* und noch einige weitere Besonderheiten gekennzeichnet. Diese Formatierungen werden konsequent verwendet. Und ebenso finden Sie in diesem Buch spezielle Abschnitte, die über die Markierung mit verschiedenen Symbolen besondere Aufmerksamkeit erzeugen sollen.

Das ist ein besonderer Hinweis, den Sie an der Stelle beachten sollten.

Das ist ein Tipp, der Ratschläge oder besondere Tricks zu einer jeweiligen Situation zeigt.

Das sollten Sie sich gut merken, denn darauf greifen wir im Folgenden immer wieder zurück.

Hier droht Gefahr.

Hier wird eine ganz wichtige neue Technik eingeführt.

Das ist ein Verweis auf die Buch-CD.

1.4   Zusammenfassung

Wir haben nun die Vorbemerkungen abgeschlossen. Sie sollten über die notwendige Hardware und Software Bescheid wissen, ausreichend motiviert sein und wir können uns ins JavaScript-Abenteuer stürzen. Have fun ...

1.5 Aufgaben

Dies sind nun Ihre Aufgaben für dieses erste Kapitel:

- Starten Sie Ihren Rechner und sehen Sie nach, welche Browser auf Ihrem Rechner zur Verfügung stehen.

- Starten Sie bitte einen beliebigen Editor und geben Sie dort Text ein. Üben Sie bei Bedarf den Umgang damit.

- Falls Ihnen notwendige Programme fehlen, besorgen Sie sich die erforderliche Software, wie sie in dem Kapitel beschrieben ist, und installieren Sie diese. Sie werden auf der Buch-CD einige der Programme finden und im Anhang 10 Internetadressen, unter denen es die wichtigsten Programme gibt.

- Sie wollen sicher JavaScript möglichst schnell in der Praxis erleben und sehen, was man damit machen kann. Was eignet sich besser als selbst ein paar kleine Beispiele einzugeben und auszuprobieren? Wir springen mit dieser Aufgabe direkt ins kalte Wasser. Dabei kalkuliere ich bewusst ein, dass Sie unter Umständen gar nicht so genau nachvollziehen können, was hier getan wird. Keine Sorge – das klärt sich im Laufe des Buchs. Geben Sie nur den Quelltext exakt wie vorgegeben ein (mit Beachtung der Groß- und Kleinschreibung, allen Klammern, Semikola etc.). Wichtig ist hier, dass Sie den Umgang mit einem Editor und der grundsätzlichen Erstellung von Quelltext sowie einem Browser üben und dabei erste Effekte sehen, die auf JavaScript beruhen.

1. Geben Sie den nachfolgenden Quelltext in einem Editor ein (ohne die vorangestellten Zahlen – diese dienen nur zur Übersichtlichkeit und nummerieren die Quellcodezeilen[1]):

```
01 <html>
02 <body>
03 <script>
04 alert("Hallo Welt");
05 </script>
06 </body>
07 </html>
```

Listing 1.1:
Das erste
JavaScript-
Beispiel

---

1. Das gilt für alle Quellcodes in dem Buch – wenn vorangestellte Zahlen auftauchen, sind diese nie Bestandteil des Quellcodes.

2. Speichern Sie die Datei unter dem Namen *HalloWelt.html*. In den Zeilen 3 bis 5 finden Sie einen Skript-Container und die eigentliche JavaScript-Anweisung steht in Zeile 4.

3. Führen Sie zum Öffnen einen Doppelklick (unter Windows) bzw. Einfachklick (unter Linux) auf der Datei aus. Ihr Standardbrowser sollte gestartet werden und ein kleines Dialogfeld mit dem Text `Hallo Welt` sollte erscheinen.

Bild 1.5:
So oder so
ähnlich sollte
unser erstes
Beispiel aus-
sehen

Sollte das Beispiel nicht funktionieren, überprüfen Sie zuerst Ihren Quelltext. Stimmt der exakt mit der Vorgabe überein und das Beispiel funktioniert dennoch nicht, wird wahrscheinlich JavaScript in Ihrem Browser **deaktiviert** sein. Dann müssen Sie JavaScript in den Einstellungen Ihres Browsers **aktivieren**. Wo das genau gemacht wird, ist von Browser zu Browser unterschiedlich. Aber die Hilfe zu den Browsern gibt dazu Auskunft. Unter Firefox ist die Option beispielsweise unter EXTRAS/EINSTELLUNGEN/WEBFEATURES zu finden (vgl. Bild 1.6).

Sollte nach Aktivierung der JavaScript-Unterstützung das Beispiel (scheinbar) immer noch nicht funktionieren, kann es daran liegen, dass das Dialogfeld **geblockt** wird. Auf Grund diverser Sicherheitsprobleme im WWW (die aber fast nie auf JavaScript zurückzuführen waren), verhindern einige (vor allem neuere) Browser so genannte **aktive Inhalte**. Sollten Sie eine entsprechende Warnung angezeigt bekommen, müssen Sie zur Ausführung des Beispiels die aktiven Inhalte für dieses Beispiel zulassen (das kann in der Regel individuell für jede geladene Datei ausgewählt werden – wenn Sie die Ausführung zulassen, schwächen Sie damit nicht den allgemeinen Schutz des Browsers) (vgl. Bild 1.7).

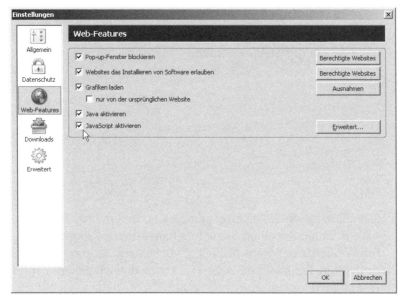

Bild 1.6:
An- und Aus-
schalten der
JavaScript-
Unterstützung
im Firefox

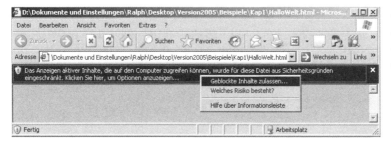

Bild 1.7:
Nachdem der
Internet Explo-
rer in der Ver-
gangenheit
eine einzige
Sicherheitslü-
cke darstellte,
verhindern
neue Versio-
nen in voraus-
eilendem
Gehorsam
mittlerweile
vorsorglich al-
les, was theo-
retisch ein Ri-
siko darstellen
könnte

35

Spielen wir noch zwei weitere Beispiele durch.

1. Geben Sie den nachfolgenden Quelltext in einem Editor ein (wieder ohne die vorangestellten Zahlen):

Listing 1.2:
Das zweite
JavaScript-
Beispiel

```
01 <html>
02 <body>
03 Die Webseite wurde zuletzt am
04 <script>
05 document.write(new Date());
06 </script>
07 aktualisiert.
08 </body>
09 </html>
```

2. Speichern Sie die Datei unter dem Namen *Datum.html*. In den Zeilen 4 bis 6 finden Sie einen Skript-Container und die eigentliche Java-Script-Anweisung steht in Zeile 5. Beachten Sie, dass sowohl vor dem Skript-Container (in Zeile 3) als auch danach (in Zeile 7) reiner Text steht, der nicht zum Skript zählt.

3. Öffnen Sie die Datei in Ihrem Standardbrowser. Im Anzeigebereich des Browsers sollte ein Text zu sehen sein, der aus den statischen Textpassagen und einer dynamisch per JavaScript generierten Information (dem Tagesdatum mit einer Genauigkeit von dem Bruchteil einer Sekunde) besteht.

Bild 1.8:
Statische und
dynamisch
generierte In-
formationen
werden so ver-
bunden, dass
ein Anwender
das nicht un-
terscheiden
kann

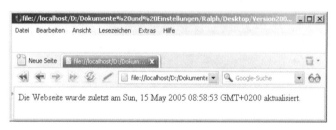

1. Geben Sie für ein abschließendes Beispiel den nachfolgenden Quelltext in einem Editor ein:

Listing 1.3:
Ein abschlie-
ßendes Java-
Script-Beispiel

```
01 <html>
02 <body>
03 Das ist die Webseite von
04 <script>
05 document.write(prompt("Geben Sie Ihren Namen an"));
06 </script>
```

```
07 .
08 </body>
09 </html>
```

2. Speichern Sie die Datei unter dem Namen *Namen.html*. In den Zeilen
    4 bis 6 finden Sie wieder den Skript-Container und die eigentliche
    JavaScript-Anweisung steht in Zeile 5. Auch in diesem Beispiel steht
    sowohl vor dem Skript-Container (in Zeile 3) als auch danach (in
    Zeile 7) reiner Text, der nicht zum Skript zählt.

3. Öffnen Sie die Datei in einem Browser.

Sie sollten ein kleines Eingabefenster angezeigt bekommen, in dem Sie
Ihren Namen eingeben.

Bild 1.9:
Ein Eingabe-
dialogfeld,
das mit Java-
Script gene-
riert wurde

Wenn Sie auf die Schaltfläche zur Bestätigung des Dialogs klicken, wird
im Anzeigebereich des Browsers ein Text angezeigt, der aus den statischen Textpassagen und der Eingabe durch den Anwender besteht.

Bild 1.10:
Wieder eine
Seite, die aus
statischen und
dynamischen
Informationen
zusammenge-
setzt wurde

37

1.6   Übungen

Beantworten Sie zur Übung für sich selbst die nachfolgenden Übungsfragen. Die Lösungen finden Sie immer in Anhang 9.

F: Nennen Sie mindestens drei wichtige Browser.

**F: Was für einen Programmtyp brauchen Sie minimal, um Websei-
ten und JavaScripts zu erstellen?**

**F: Stimmt die nachfolgende Aussage? »JavaScript funktioniert nur
auf Windows und Linux.«**

F: Was ist Quellcode?

F: Was ist eine IDE?

KAPITEL 2

Grundlagen

Noch einmal herzlich willkommen zur Webprogrammierung mit Java-Script und dessen Verwandten! Wir haben im ersten kurzen Kapitel die notwendigen Voraussetzungen besprochen und auch schon die ersten kleinen Skripts in der Praxis gesehen. Ich kann mir vorstellen, dass Sie darauf brennen, nun direkt mit der Erstellung von Webseiten und der JavaScript-Programmierung zu beginnen. Ich möchte und werde Sie auch nicht mit zu viel Theorie am Anfang quälen. Bevor wir uns jedoch auf die konkrete Erstellung von Webseiten stürzen, schaffen wir uns in diesem Kapitel zuerst ein paar Grundlagen, damit die nachfolgenden Schritte leichter verständlich werden. Es erleichtert viele Folgeschritte, wenn wir bei einigen Fachbegriffen von den gleichen Voraussetzungen ausgehen. Sofern Sie also Neuling im Wunderland des Internets, der Programmierung im Allgemeinen oder der Webprogrammierung im Speziellen sind, möchte ich Sie einladen, mich auf einer kleinen Tour durch die wichtigsten Grundlagen zu begleiten.

Sie lernen in diesem Kapitel etwas über:

- Das Internet im Allgemeinen
- Die Idee des Programmierens
- Die spezielle Situation beim Programmieren im Internet
- Die verschiedenen Techniken der Webprogrammierung
- Die Funktion eines Browsers

2.1 Einige Details zum Internet und dem WWW

War es in den vergangenen Auflagen dieses Buchs durchaus noch angebracht, etwas ausführlicher das Internet zu erläutern, kann ich heutzutage darauf fast verzichten. Ich gehe davon aus, dass jeder Leser Erfahrung mit diesem Medium hat. Dennoch sollen einige Details geklärt werden, denn es gibt – trotz der Popularität des Internets – eine Reihe von Missverständnissen, die einer erfolgreichen Webprogrammierung im Weg stehen. So werden etwa häufig das **WWW (World Wide Web)** und das Internet gleichgesetzt oder der Begriff **Server** wird falsch verstanden. Das WWW ist beispielsweise nur ein – äußerst populärer – Teil des Internets. Er wird auch der Teil des Internets sein, den wir mit unseren zukünftigen JavaScripts beglücken bzw. erweitern werden. Aber das WWW ist beileibe nicht das gesamte Internet. Dieses besteht aus einer Vielzahl von so genannten **Diensten**. So gehört etwa der sehr populäre **E-Mail**-Dienst – die elektronische Post im Internet – nicht zum WWW. Ebenso sind **FTP** (File Transfer Protocol), das **Usenet** (auch **News** genannt – die Diskussionsforen im Internet) oder diverse **Chats** (Echtzeitunterhaltungen) wie auch das WWW eigenständige Internetdienste.

> Ein **Internetdienst** ist eine konkrete Anwendung im Internet, etwa E-Mail oder ein spezifischer Chat. Auch das WWW ist ein Internetdienst.

Dass vielen Laien diese Eigenständigkeit einzelner Internetdienste nicht auffällt, liegt daran, dass es für die meisten Dienste einen Zugang aus dem WWW über Weboberflächen gibt. Mit anderen Worten – die Bedienung der einzelnen Dienste des Internets verschmilzt immer mehr unter dem Dach des World Wide Web. Und für einen reinen Anwender kann es im Grunde egal sein, ob er aus einer Weboberfläche einen eigenständigen Dienst bedient oder einen echten Teil des WWW. Unter einer Weboberfläche versammeln sich viele der einzelnen Dienste des Internets zu einer gemeinsamen Plattform, die von einem Anwender weitgehend über eine zentrale Software bedient werden kann.

2.1.1 Das WWW

Der Ursprung des Internets geht bis in die sechziger Jahre zurück. Ursprünglich als rein militärisches **Netzwerk** in den USA entwickelt, öffnete es sich bereits frühzeitig zivilen Nutzern (hauptsächlich Schulen, Universitäten und Forschungseinrichtungen in den USA).

Als **Netzwerk** bezeichnet man den Zusammenschluss von im Prinzip eigenständig funktionstüchtigen Systemen (etwa Computer), die für bestimmte Zwecke Informationen austauschen oder sich sonstige Leistungen oder Ressourcen (Drucker, Festplattenspeicher, ...) gegenseitig zur Verfügung stellen. Dabei arbeiten die meisten Netzwerke nach dem **Client/Server-Prinzip**. Bei der Client/Server-Technik fragt ein **Client** (im WWW ist das in der Regel der **Webbrowser**) bei einem anderen Programm (dem so genannten **Server** – im WWW meist ein **Webserver**) um eine Dienstleistung an. Client und Server können auf dem gleichen Rechner laufen und sehr oft laufen auf einem physikalischen Rechner eine Vielzahl von Servern parallel. Aber gerade im WWW wird für die meisten Anwender der Webserver in der Regel auf einem anderen Rechner im Internet laufen. Deshalb ist mit dem Begriff Server bzw. Webserver oft der entfernte physikalische Rechner (als Hardware) selbst gemeint.

Ein wichtiges Kernelement bei der Entwicklung des Internets war, dass verschiedenartige Architekturen von Computern und Netzwerkverbindungssystemen kommunizieren und zusammenarbeiten können. Die Basis für die Kommunikation bildet dabei ein schon in den Jahren 1973/1974 entstandenes Übertragungsprotokoll mit Namen **TCP/IP** (Transmission Control Protocol/Internet Protocol).

Ein **Protokoll** ist eine Vereinbarung, wie kommunizierende Systeme Informationen zu interpretieren und darauf zu reagieren haben. Es gibt verschiedene Arten von Protokollen vom zwischenmenschlichen Bereich (oder allgemein bei Lebewesen) bis hin zu zahlreichen technischen Vorgängen.

TCP/IP ist ein reines **Transportprotokoll**. Die darauf aufsetzenden **Internetdienste** bzw. **Dienstprotokolle** beschreiben plattformneutral, wie ausgetauschte Informationen zwischen Systemen zu verstehen sind. Um es so zu beschreiben: Wenn Sie mit einem Partner in China eine Briefkommunikation führen, kümmert sich TCP/IP darum, dass Ihre Briefe bei Ihrem Partner in China ankommen und seine Antworten bei Ihnen. Was aber die ausgetauschten Daten bedeuten (insbesondere die verwendeten Zeichen und die Sprache), muss über weitere Vereinbarungen geregelt werden. Dazu gibt es die Dienstprotokolle. Ein Dienstprotokoll wäre die Festlegung auf den japanischen Zeichensatz und Isländisch als Sprache ;-).

Das Internet mit all seinen Diensten gehört als Ganzes niemandem und doch allen Internetteilnehmern zugleich. Es gibt zwar einige Organisationen wie die ISOC (Internet Society – eine nicht-kommerzielle Vereinigung, welche sich mit den unterschiedlichsten Aspekten des Internets beschäftigt) oder das IAB (Internet Architecture Board – eine Organisation zur Dokumentation, Standardisierung und Förderung von neuen Technologien), die auf globaler Ebene Belange des Internets regeln. Auch auf Ebene der einzelnen Dienste gibt es Organisationen zur Lenkung verschiedenster Belange – etwa das W3C[1] (World Wide Web-Consortium – verantwortlich für die Standards im WWW und damit auch HTML und JavaScript) im WWW. Diese Organisationen sind jedoch weitestgehend auf die freiwillige Kooperation der Internetgemeinde angewiesen. Vor allem gibt es keine Zensur, denn das Internet hat keine obersten Instanzen im herkömmlichen Sinn – besonders nicht, was erlaubte und verbotene Inhalte und Techniken angeht. Es ist also im besten Sinne des Wortes chaotisch oder anarchistisch. Was das Internet im Prinzip auszeichnet, ist seine Vielfalt. Die Verbindung von verschiedenen Rechnern unterschiedlichsten Typs erfolgt über die als gemeinsamer Sprachnenner fungierenden Protokolle.

Das ursprüngliche Internet (am Anfang noch **ARPANet** genannt) wurde rein über die Tastatur im Befehlszeilenmodus bedient. Im Laufe der ersten zwanzig Jahre wuchs die Zahl der Anwender im Internet, die keine Computerexperten waren. Diese hatten mit dem relativ komplizierten Befehlssatz der Internetdienste und der komplexen Adressierung von Rechnern im Internet erhebliche Probleme. Es zeichnete sich Ende der 80er Jahre ab, dass diese Nicht-EDV-Fachleute das Internet einfach nutzen wollten, ohne vorher ein Informatikstudium absolvieren zu müssen. Es musste eine einfachere Bedienoberfläche geschaffen werden, die eine problemlose Übertragung von Daten und eine unkomplizierte Navigation zwischen weit verteilt liegenden Informationsquellen erlaubt.

Im Jahr 1989 entstand daraufhin im Kernforschungszentrum CERN in der Nähe von Genf ein Projekt, das diese Probleme angehen sollte. Tim Berners-Lee – der Mann hinter dem Projekt – präsentiert als wichtiges

---

1. *http://www.w3.org*

Resultat ein neues Dienstprotokoll für das Internet, welches den Aufbau und die Übertragung einer grafischen Oberfläche erlauben sollte (eines neuen Internetdiensts). Insbesondere war das Protokoll in der Lage, Texte mit speziellen **Querverweisen** – so genannte **Hyperlinks** – zu übertragen und ihnen eine Funktionalität zuzuweisen. Diese Querverweise besaßen die revolutionäre Funktionalität, dass sie bei einem Anklicken mit der Maus den damit adressierten Inhalt übertrugen. Gleichgültig, auf welchem Rechner und in welchem Verzeichnis bzw. in welcher Datei diese Information gespeichert war (das, was wir heute unter Surfen kennen, beruht darauf). Der Name für dieses neue Protokoll ist **HTTP** (Hyper Text Transport Protocol). Sie werden es kennen, denn wenn heutzutage irgendjemand seine Internetpräsenz angibt, wird HTTP das erste sein, was sie hören werden (etwa *http://www.rjs.de*).

Ein **Hyperlink** ist ein anklickbarer Querverweis, der zu einem neuen Inhalt führt.

Für den Aufbau dieser neuen Oberfläche zur Bedienung des Internets musste nun eine eigene Dokumentenbeschreibungssprache entwickelt werden – **HTML** (Hypertext Markup Language). HTML wurde mithilfe der Sprache **SGML** (Structured Generalized Markup Language) entwickelt. HTML ist eine so genannte **Dokumentenbeschreibungssprache** (oder auch **Dokumentenformat**), deren Basis SGML schon seit Ende der 60er Jahre existiert und welche die logischen Strukturen eines Dokuments beschreibt. Zu einer so beschriebenen logischen Dokumentenstruktur gehören reiner Text, Farbangaben, aber auch Kapitel, Unterkapitel, Absätze, Sprachelemente zur Formatierung von Text und zum Darstellen von Tabellen usw. In HTML wurde speziell die Beschreibung von Verweisen – den Hyperlinks – und das Einbinden von Grafiken integriert. Später sollte die Einbindung von immer mehr Multimedia-Elementen hinzukommen.

Der Name für den neuen Dienst, der aus HTML erstellt wurde und auf dem HTTP-Protokoll basiert, ist **WWW** – das World Wide Web. Das, was wir heute als WWW verstehen, ist die Sammlung aller HTML-Seiten (auch Webseiten genannt), die im Internet zur Verfügung stehen (plus diverser Zusatzelemente). Eine Webseite kann auf PCs, Sun-Workstations, auf Apple Macintoshs, Unix-Rechnern oder jedem anderen am Internet angeschlossenen Rechner dargestellt werden. In einer so inhomogenen Welt wie dem Internet ist dies zwingend und passt zu der

Tradition der anderen Internetdienste, die ebenfalls plattformneutral konzipiert sind.

Da eine HTML-Datei aus reinem Klartext besteht, muss diese Dokumentenbeschreibung **interpretiert** werden, um der Seite eine über reinen Text hinausgehende Bedeutung zu verleihen. Dazu benötigen Sie eine Software, die die einzelnen Objekte entsprechend ihrer Bedeutung auf dem Bildschirm (oder einem anderen Ausgabemedium) darstellt. Diese Darstellungssoftware kann dann plattformabhängig sein (und ist es auch). Bei dieser Software für Webseiten handelt es sich um unseren schon angesprochenen **Browser**.

2.1.2   Die Adressierung im Internet

Im Internet werden ausgetauschte Informationen in Datenblöcke zerlegt, die meist über das Protokoll TCP/IP mittels so genannter **Router** (spezielle Computer mit Adressinformationen und einer Weiterleitungsfunktionalität) vom Sender zum Empfänger weitergeleitet werden. Dazu gibt es ein eindeutiges Adresskonzept, das auf so genannten **IP-Nummern** beruht.

Für jeden einzelnen Rechner innerhalb des Internets gibt es eine eindeutige Zuordnung in Form eines Nummerncodes – die **IP-Nummer**. So, wie jeder Telefonanschluss weltweit eine eindeutige Telefonnummer hat. Unter dem Transportprotokoll TCP/IP ist eine solche Internetadresse in der derzeit noch aktuellen Version IPv4 genau vier Byte lang[1]. Da in einem Byte 256 verschiedene Zeichen binär dargestellt werden können (2 hoch 8 = 256), lässt sich in jedem der vier Bytes eine Zahl zwischen 0 und 255 verschlüsseln. Gewöhnlich werden die IP-Adressen im Dezimalsystem darstellt und jedes Byte mit einem Punkt abgetrennt. Eine fiktive IP-Adresse eines Hosts (darunter können Sie sich einen Rechner im Internet vorstellen) wäre also so darstellbar:

Listing 2.1:
Eine fiktive
IP-Nummer

123.210.222.123

Wir werden uns nicht weiter mit dem genauen Aufbau dieses Adressierungssystems beschäftigen, da das Verständnis des Konzepts für den Webprogrammierer (gerade für den Einsteiger) von untergeordneter Be-

---

1.   Die IP-Nummern werden derzeit sukzessive durch größere Nummerncodes ersetzt. Allerdings wird IPv4 noch geraume Zeit im Internet der Regelfall sein.

deutung ist. Und obwohl über IP-Adressen in kompakter und eindeutiger Form eine Adressierung von Rechnern vorgenommen wird, sind sie für Menschen schwer zu merken und zu interpretieren. Aus diesem Grund wurde den IP-Adressen zusätzlich ein eindeutiger Aliasname zugeordnet und diese Zuordnung weltweit auf speziellen Namensservern dokumentiert, wo sie bei Bedarf in die zugehörigen IP-Adressen übersetzt werden. Das nennt man das **DNS-Konzept**.

Nicht für jede IP-Adresse gibt es einen DNS-Namen, aber für die meisten. Umgekehrt gilt in trivialer Weise, dass jedem gültigen DNS-Namen eine eindeutige IP-Adresse zugeordnet ist. Verantwortlich für die eindeutige Vergabe und Verwaltung von DNS-Namen im Internet ist eine Organisation namens InterNIC (*http://www.internic.net*) bzw. deren nationale Ableger wie das Deutsche Network Information Center (DE-NIC – *http://www.denic.de*).

Da das Internet so groß und komplex ist, übersteigen die gesamten Aliasnamen die Kapazität eines einzelnen Namensservers. Sofern ein Aliasname nicht auf dem zuerst kontaktierten Namensserver zuzuordnen ist, wird entsprechend der Namenshierarchie in einem komplexen Verfahren der Übersetzungsauftrag an andere Namensserver weitergeroutet, bis die IP-Adresse vollständig ermittelt ist. Die Zuordnung der eindeutigen Namen ist ein logisches, hierarchisch geordnetes System. Die logisch zusammengehörenden Bereiche werden **Domain** genannt, woraus sich der Name für dieses Namensystem ableiten lässt: **Domain Name System**, kurz eben DNS. Genau wie bei den IP-Adressen werden die einzelnen Bestandteile eines DNS-Namens mit Punkten getrennt. Der hinterste Teil eines solchen Aliasnamens stellt die gröbste logische bzw. inhaltliche Einteilung dar (der so genannte **Top-Level-Domain**), etwa eine Nation oder eine Organisationsform, der (unter Umständen optionale) vorderste Teil bezeichnet direkt den einzelnen Server. Der – unter Umständen mehrteilige – Mittelteil (der so genannte **Local-Level-Domain**) ist eine genauere Beschreibung des Rechners. Gültige Aliasnamen für einen Internetrechner in diesem DNS-Konzept wären folgende:

ftp.microsoft.com
www.rjs.de
webscripting.de

*Listing 2.2:
Verschiedene
Aliasnamen*

Der hinterste Teil des Aliasnamens – die gröbste logische bzw. inhaltliche Einteilung – ist weltweit festgelegt. So bezeichnet *com* einen Rechner eines kommerziellen Unternehmens oder *org* einen Rechner einer nicht kommerziellen Organisation. Daneben gibt es Ländercodes, die in der ISO-3166-Norm festgelegt sind. So steht *de* für Deutschland, *at* für Österreich oder *ch* für die Schweiz.

Die IP-Nummer oder ein DNS-Name ist wichtig für die Adressierung im Internet, aber noch nicht ausreichend. Zur Adressierung von beliebigen Daten und Programme im Internet muss man zunächst wissen, auf welchem Server sie vorhanden sind. Diese Angabe steht über die IP-Adressen respektive den DNS-Namen bereit. Aber es sind zusätzlich noch einige andere Angaben notwendig:

- Zum einen ist die Angabe eines Dienstprotokolls notwendig, um auch den richtigen Dienst zu verwenden.

- Eine weitere Information ist der so genannte **Port**. Dabei handelt es sich um eine Art Kanal, auf dem ein Dienst Daten sendet und empfängt (so wie beim Funk). Standardports werden durch numerische Werte zwischen 0 und 1.023 angegeben (insgesamt sind die Portwerte von 0 bis 65.535 möglich) und in der Regel hat jeder Internetdienst einen Standardwert, der immer dann verwendet wird, wenn man keinen Port angibt (Regelfall). Der Standard-Port für einen HTTP-Server ist 80, ein FTP-Server hat den Port 21, Gopher benutzt den Port 70. Es ist allerdings möglich, die Ports für bestimmte Zwecke zu verändern.

- Eine meist notwendige Angabe ist die Bezeichnung des genauen Objekts, welches konkret adressiert werden soll (etwa eine bestimmte Webseite). Dies erfolgt über die Angabe von einem Pfad und der konkreten Dateibezeichnung (wie Sie es auch in einem lokalen Dateisystem – etwa auf einem PC – vornehmen). Wenn bei einer Adresse im Internet keine Datei explizit angegeben wird, sendet der Server in der Regel eine voreingestellte Datei (etwa eine Einstiegswebseite, wenn man an das WWW denkt).

All diese Angaben zusammen bilden den so genannten **URL (Uniform Resource Locator)**. Übersetzen kann man das mit »einheitlichen Adressierungsschema«. Der Name soll assoziieren, dass für beliebige Objekte im Internet – egal was es ist und welcher konkrete Dienst verwendet wird – ein vereinheitlichtes Schema verwendet wird.

Der **URL** bezeichnet eine universelle Adresse im Internet, in einem lokalen Netzwerk oder auch auf dem lokalen Rechner.

Ob es **der** URL oder **die** URL heißt, wird fast zum Glaubenskrieg stilisiert. Die Entscheidung bleibt Ihnen überlassen. Ich verwende **der** URL.

Die exakte Schreibweise eines URLs folgt immer dem gleichen Aufbau:

- Die erste Angabe ist immer das verwendete Dienstprotokoll, gefolgt von einem Doppelpunkt.

- Bei den meisten Formen eines URLs folgt ein Doppelslash (//).

- Es folgen die Angaben einer IP-Nummer oder eines Aliasnamens.

- Durch einen weiteren Slash (/) getrennt erfolgt die Angabe eines Pfads (der wiederum auch mit Slash getrennte Verzeichnisebenen enthalten kann) und einer Datei, sofern dies notwendig ist.

Schauen wir uns ein paar Beispiele an:

http://rjs.de/index.php
ftp://ftp.mut.de

Listing 2.3:
Gültige URL

Beachten Sie, dass zur Trennung von Ebenen im URL der Slash (/) verwendet wird und nicht der Backslash (\) wie bei Windows. Der Grund ist die Unix-Vergangenheit des Internets. Windows hat mit seiner DOS-Vergangenheit dem Trennzeichen Backslash einen Sonderweg eingeschlagen, dem man im viel älteren Internet natürlich nicht gefolgt ist. Leider müssen sich PC-Anwender deshalb ein wenig umstellen. Dies gilt für sämtliche Pfadangaben, die wir in Zukunft antreffen werden. Diese Warnung sollte auf jeden Fall beachtet werden, auch wenn es in neueren Versionen des Internet Explorers möglich ist, bei einer URL-Angabe im Adressfeld des Browsers Backslashes zu verwenden. Das funktioniert nur, weil der Browser diesen Fehler intern wieder umsetzt, und darauf sollte man sich nicht verlassen oder sich gar daran gewöhnen.

2.2   Was heißt Programmieren?

Ich gehe davon aus, dass Sie Webprogrammieren mit JavaScript lernen wollen. Aber was heißt eigentlich **Programmieren**? Diese Frage wird bei unserem Thema vor allem deshalb so interessant, weil die Webseitenerstellung über HTML streng genommen gar keine Programmierung, sondern eine Beschreibung des Aussehens von Dokumenten ist. Bei JavaScript begeben wir uns jedoch in die Welt der Programmierung.

Programmieren bezeichnet eine Technik, mit der man einem Computer Anweisungen geben kann, die als zusammengefasste Einheit auftreten. Wenn Sie einem Computer eine einzelne Anweisung geben (Sie klicken beispielsweise mit der Maus auf eine Schaltfläche), reden wir noch nicht von einem Programm oder Programmieren. Wenn Sie jedoch eine Reihe von Anweisungen aufschreiben oder aufzeichnen (etwa mit einem Makrorecorder, wie er bei Word vorkommt) und diese dann in einem Stück dem Computer mitteilen, haben Sie programmiert.

Um einem Computer nun mittels Programmierung Befehle geben zu können, muss das Problem gelöst werden, dass sich Menschen und Computer vom Aufbau her ein bisschen unterscheiden[1]. Insbesondere denken und sprechen sie verschieden. Während Menschen in unterschiedlichen Sprachen wie Deutsch, Englisch oder Französisch denken und reden, spricht ein Computer immer nur eine Sprache – **Maschinensprache**, eine digitale Sprache (der Vergleich hinkt ein wenig, worauf wir noch eingehen).

    Ein Computer versteht nur Maschinensprache.

Digital bedeutet, diese Sprache ist nur aus zwei Informationseinheiten aufgebaut. Oder wir sollten besser von Zuständen oder Schaltern sprechen – An oder Aus, Strom oder Kein Strom, 0 oder 1. Darin kann man erst einmal nicht sonderlich viele Information unterbringen. Maschinensprache geht aber einen Weg zur Erweiterung des Informationsgehalts, den wir auch bei der normalen, geschriebenen, menschlichen Sprache haben. So wie dort aus einzelnen Strichen ein Buchstabe zusammengesetzt wird, setzt man bei Maschinensprache erst einmal aus einzelnen Schaltern Zeichenfolgen zusammen, die den menschlichen

---

1. ;-)

Buchstaben, aber auch Zahlen und anderen wichtigen Zeichen entsprechen. Diese Zeichen und deren binäre Darstellung in Nullen und Einsen entsprechen dann dem, was man als Maschinensprache bezeichnet. Erst aus diesen Zeichenfolgen werden durch erneutes Zusammensetzen Wörter gebildet, die dann zum Beispiel Befehle sind – so wie aus Buchstaben in einer menschlichen Sprache auch.

Solche Konzepte zur Kodierung von Informationen gab es schon lange, bevor Computer erfunden wurden. Das Morsealphabet ist genauso aufgebaut. Aus einer Folge von kurzen und langen Impulsen wird jeweils ein Buchstabe gebildet und daraus dann ein Wort.

Das Gehirn eines Computers – der so genannte **Prozessor** oder **Mikroprozessor** – verarbeitet also eine Folge von Impulsen, die entweder einer Null oder einer Eins entsprechen. Der Mikroprozessor (CPU = Central Processing Unit) bewältigt mit einer Reihe von weiteren Hilfsbausteinen seine Aufgaben:

- Steuerung der computerinternen Abläufe
- Steuerung der Dateneingabe und -ausgabe
- Verarbeitung der Daten (Rechnen)

Chips begegnen Ihnen ständig im täglichen Leben, sogar wenn Sie keinen Computer haben. In den meisten modernen elektronischen Geräten befindet sich zur Steuerung ein Mikroprozessor.

Ein Prozessor versteht nun ganz bestimmte Folgen von Nullen und Einsen als Befehle – sein **interner Befehlssatz**. Dieser interne Befehlssatz entspricht dem Vokabular eines Menschen.

Wenn ein Programmierer nun einem Computer Anweisungen geben möchte, muss er diesen internen Befehlssatz des Prozessors kennen und dem Prozessor die jeweiligen Folgen von Nullen und Einsen schicken, die dieser versteht. Dies könnte etwa so aussehen:

0101010101010111010100010010010101

Alles klar? Ich nehme an, Sie verstehen auf Anhieb die Anweisung, die ich hier aufgeschrieben habe. Das ist gut. Könnten Sie sie mir erklären? Ich verstehe sie nämlich nicht[1].

Listing 2.4: Eine fiktive Codesequenz aus Nullen und Einsen

---

1. ;-)))

Es gibt bei der obigen Vorgehensweise einige Unklarheiten und Probleme zu bewältigen: Wo fängt jeweils ein durch eine Zahlenfolge repräsentierte Zeichen an? Trennzeichen wie beim Morsecode (kein Zeichen) sind ja nicht möglich, da wir kein Zeichen dafür zur Verfügung haben. Nun, dieses Problem löste man dadurch, dass immer acht Schalter hintereinander ein Zeichen bedeuten, also eine feste Länge für jedes Zeichen vereinbart ist. Damit lässt sich schon mal etwas Ordnung in die Folge von Nullen und Einsen bringen:

Listing 2.5: Die Nullen und Einsen wurden in Blöcke unterteilt

01010101010101110101001010010101

Besser? Sicherlich, aber noch nicht gut.

> Die einzelnen Schalter nennt man **Bits**, die Folge von jeweils acht Bit heißen **Byte**. 1.024 Byte sind ein **Kilobyte** und 1.024 Kilobyte werden als ein **Megabyte** abgekürzt. 1.024 Megabyte sind ein **Gigabyte**.

Welche Probleme sind jetzt zu lösen? Nun, welches Byte bedeutet was? Dies ist über international gültige Standards geregelt. Da gibt es beispielsweise den **ANSI**-Standard (American National Standard Institut) oder den verwandten **ASCII**-Standard (American Standard Code for Information Interchange). In diesen wird jedem Byte ein eindeutiges Zeichen zugeordnet. In acht Bits lassen sich 256 verschiedene Zeichen darstellen. Sowohl im ANSI- als auch im ASCII-Zeichensatz sind viele Bereiche deckungsgleich. Insbesondere für die sichtbaren Zeichen (Buchstaben und Zahlen) – aus denen HTML und JavaScript ausschließlich bestehen – herrscht Übereinstimmung. Diese beschränken sich auf die untere Hälfte des Zeichensatzes (unterhalb der ersten 128 Zeichen), weshalb Webseiten sogar auf ganz alten Computersystemen, die nur mit einer Zeichenlänge von 7 Bit arbeiten, verstanden werden. Da aber die Anzahl der zu kodierenden Zeichen weltweit weitaus größer ist als die in den beiden auf die US-Kultur spezialisierten Zeichensätzen, verwendet man derzeit bei mehr und mehr Texttechniken zur Kodierung einen Zeichensatz mit Namen **Unicode**. Dieser verwendet mehr als ein Byte zur Kodierung (meist zwei Byte) und kann entsprechend mehr Zeichen kodieren. In jedem Fall bezeichnet man aber den resultierenden Text als **Klartext**[1].

---

1. Wir hatten diesen Begriff schon mehrfach, denn sowohl HTML als auch JavaScript bestehen ausschließlich aus solchem Klartext.

Haben wir das Problem der Kodierung gelöst, lauert schon die nächste zu knackende Nuss. Ein Programmierer muss den internen Befehlssatz eines Prozessors kennen. Er muss seine jeweils spezifische Befehlssprache kennen. Welche Bitfolge, d.h. welches Zeichen steht für welchen Befehl? Dabei gibt es insbesondere das Problem, dass natürlich nicht jeder Prozessor den gleichen Befehlssatz besitzt. PC-Prozessoren sind weitgehend bezüglich ihres internen Befehlssatzes vergleichbar. Prozessoren, die nicht in PCs eingesetzt werden, unterscheiden sich davon jedoch massiv.

So wie es verschiedene menschliche Sprachen mit unterschiedlichem Vokabular gibt, die alle auf unserem Alphabet basieren und dennoch vollkommen verschieden sind, so hat jeder Prozessortyp seinen internen Befehlssatz. Ein Programm, das in Maschinensprache für den einen Prozessor erstellt wurde, läuft auf einem Prozessor mit anderem internen Befehlssatz definitiv nicht.

Ein weiteres Dilemma ist, dass Maschinensprache extrem schwer zu programmieren ist. Außerdem sind die Folgen von Nullen und Einsen für Menschen kaum zu lesen. Selbst, wenn man Maschinensprachenbefehle zu etwas komplexeren Gebilden (etwa einem Kopierbefehl) zusammensetzt und sie über kurze Buchstabenfolgen aufrufbar macht (dies nennt man **Assembler**), ist die Geschichte immer noch hochkompliziert.

Was ist die Lösung für all diese Probleme? Nun, man vereinbart eine Schnittstelle zwischen einer für Menschen halbwegs lesbaren Sprache und der Maschinensprache – eine so genannte **höhere Programmiersprache**. Beispiele für solche höheren Programmiersprachen sind Basic, Java, Cobol, Fortran, C/C++ oder Pascal.

Eine **höhere Programmiersprache** beinhaltet einen Satz von Sprachelementen mit festgelegter Bedeutung, die meist der englischen Sprache angelehnt sind, und eine zugehörige Syntax. Die in einer höheren Programmiersprache geschriebenen Anweisungen (der Quelltext) sind reiner Klartext, der erst einmal für jeden potenziellen Zielprozessor (weitgehend) identisch sein kann. Eine höhere Programmiersprache ist bedeutend einfacher zu handhaben als Maschinensprache.

Normalerweise erfolgt die Programmierung, indem ein Programmierer Anweisungen an den Computer in einem Klartexteditor oder einer darauf aufbauenden grafischen Entwicklungsumgebung (IDE) eingibt. Bevor aus solchem Quelltext jedoch ein ausführbares Programm wird, muss irgendwann die Übersetzung in prozessorabhängige Maschinensprache erfolgen.

Dies kann zum einen direkt dann erfolgen, wenn der Quellcode fertig eingegeben ist. Der gesamte Quellcode wird in einem Arbeitsprozess in Maschinensprache übersetzt und das fertige Produkt an den Anwender weitergegeben. Der Prozess heißt **Kompilierung** und wird von der Entwicklungsumgebung – je nach eingestellter Option – weitgehend automatisch vollzogen. Dabei muss – je nachdem, auf welchem Prozessor das Programm laufen soll – unter Umständen für jede Plattform ein separates Programm erstellt werden.

Kompilierung ist die Übersetzung von Quellcode in lauffähigen Code in einem Arbeitsschritt, bevor die Ausführung eines Programms beginnt.

Eine alternative Möglichkeit ist, dass der Quelltext an den Anwender weitergegeben und erst Schritt für Schritt zu der Zeit übersetzt wird, wenn das Programm ausgeführt werden soll. In diesem Fall müssen Sie als Programmierer nur den Quelltext erstellen und unverändert weitergeben. Der Anwender lädt den Quelltext in ein passendes Programm und sobald eine Anweisung ausgeführt werden soll, wird sie unmittelbar davor beim Anwender übersetzt. Der Quelltext wird also zur Laufzeit eines Programms **interpretiert** und das Verfahren nennt sich dementsprechend **Interpretation**.

Interpretation ist die schrittweise Übersetzung von Quellcode beim Anwender zum Zeitpunkt der Ausführung.

2.2.1 Unterschiedliche Plattformen und Interpretation

Das Internet ist heterogen! Sagt Ihnen dieser Satz etwas? Heterogen? Nach Definition im Lexikon heißt das uneinheitlich, ungleichartig. In unserem Zusammenhang bedeutet dies, dass wir im Internet die unterschiedlichsten Plattformen vorfinden. Großrechner neben Heimcomputern, Apple-Computer neben PCs. Eine Vielzahl von unterschiedlichen Prozessoren tummelt sich im weltweiten Netz. Aber nicht nur das – Großrechnerbetriebssysteme neben PC-Betriebssystemen, Unix samt Derivaten neben Windows mit seinen vielen Ausprägungen. Auch die Kommunikationswege sind uneinheitlich.

Diese Heterogenität erzwingt eine ganz besondere Technik, auf welche Art und Weise Daten zwischen den Welten ausgetauscht werden müssen. Die Daten müssen für alle Systeme verständlich sein. Auf der einen Seite – dem Transport – übernehmen dies Protokolle wie TCP/IP, welche eine plattformneutrale Übertragung gewährleisten. Die Dienstprotokolle gewährleisten die plattformneutralen Anwendungsumgebungen. Aber auch auf Seiten der konkreten Anwendung dürfen keine plattformbezogenen Anweisungen verwendet werden, wenn man nicht bewusst gewisse Zielplattformen ausschließen will. Zwar gibt es auch im Internet einige Techniken, die beim Anwender bestimmte Voraussetzungen notwendig machen (etwa nur Windows und den Internet Explorer[1] als Basis oder das Vorhandensein einer herstellerabhängigen Erweiterung wie Flash) und dann eine weitreichende Funktionalität bieten. Viele Bewohner der Internetwelt sehen solche dogmatischen Techniken jedoch kritisch und vor allem werden die Anwender ausgeschlossen, die bestimmte Darstellungsprodukte nicht verwenden (wollen). Allgemein fallen Insellösungen von einzelnen Herstellern im Internet in der Regel durch. Die beste Variante für die Akzeptanz einer Technik im Internet scheint die vollkommene Plattformneutralität zu sein. Das ist auf jeden Fall bei Klartexttechniken gewährleistet, bei denen jede Anweisung auf jeder Plattform verstanden wird. Die Anweisungen werden durch ein spezifisches Programm interpretiert, das auf der jeweiligen Plattform läuft und die neutralen Befehle dann in konkrete Prozessorbefehle übersetzt und diese ausführt.

Sprachen wie HTML oder JavaScript sind exzellente Beispiele für eine derartige Konstellation. Sowohl HTML als auch JavaScript werden auf jeder Rechnerplattform verstanden. Über einen Interpreter – den Browser – werden die Anweisungen in die jeweiligen Prozessorbefehle übersetzt und ausgeführt (also interpretiert). Die Interpretation hat noch weitere Vorteile: Die Menge der zu übertragenden Daten ist kleiner, als wenn die gesamte Funktionalität zu übertragen wäre. Außerdem ist es erheblich leichter, Änderungen durchzuführen und die gesamte War-

---

1. ActiveX-Controls oder VBScript zum Beispiel.

tung ist unkomplizierter. Der aufwendige Schritt der erneuten Kompilierung unterbleibt.

2.2.2 Wie sieht ein Anwender das Web?

Die Interpretation bringt nicht nur Vorteile mit sich. Im Vergleich zu einer vollständig in Prozessorbefehle übersetzten Anwendung gibt es einige Nachteile:

- Das **Laufzeitverhalten** von interpretierten Anwendungen ist nicht sonderlich gut. Da jeder Befehl erst zur Laufzeit (vollständig) übersetzt wird, wird eine derartige Anwendung durch die zusätzlichen Schritte langsamer, als wenn sich der Prozessor nur mit dem Ausführen der Anweisungen zu beschäftigen hätte.

- Ein weiterer Nachteil ist es unter gewissen Umständen, dass die Befehle und Anweisungen recht leicht durch einen Anwender zu lesen sind (wenn er sich mit der verwendeten Sprache auskennt). Da Interpretercode einfach eine Textdatei ist, ist dieser **Quellcode kaum zu schützen**. Nicht jeder Programmierer möchte, dass seine ausgefeilten Befehlsstrukturen so leicht zu analysieren sind.

- Ein großes Problem ist in Hinsicht auf die Gestaltung von Webseiten, dass es immer einen erheblichen **Spielraum** gibt, wie eine Anweisung zu verstehen ist. Es gibt in HTML beispielsweise eine Anweisung, dass der folgende Text kursiv dargestellt werden soll (<i>), bis die Anweisung wieder aufgehoben wird (</i>). Der Browser des Anwenders lädt nun eine solche Seite und kommt an den entsprechenden Befehl. Er interpretiert die Anweisung und führt sie aus. So weit, so gut. Aber wer legt fest, was kursiv eigentlich bedeutet? Neigung der Schrift. Okay, aber um 10 Grad oder vielleicht 11 Grad? Oder gar 30 Grad? Kursiv wäre in allen Fällen richtig. Der Hersteller des Browsers A hat sich für irgendeinen Neigungswinkel entschieden, während der Hersteller des Browsers B einen anderen Neigungswinkel vorzieht. Beide Browser werden also die Anweisung verstehen und durchführen, das Resultat aber sieht bei beiden unterschiedlich aus. Diesen Interpretationsspielraum werden Sie bei den unterschiedlichsten Anweisungen in HTML finden (und teilweise auch in anderen Techniken wie Style Sheets oder JavaScript). Zwar haben sich die Hersteller von verschiedenen Browsern bei vielen Anweisungen weitgehend geeinigt. Es gibt jedoch immer noch zahlreiche Situationen, die von verschiedenen Browsern ganz unterschiedlich ausgelegt werden. Gerade bei neuen Befehlen dauert es lange Zeit, bis sich die verschiedenen Lager der Browser-Hersteller einigermaßen geeinigt haben. Ein wichtiger Aspekt darf dabei auch nicht übersehen werden – Browser lassen sich individuell konfigurieren. Das betrifft Standardschriftarten, -größen, -stile, Farben usw. Auch dies führt dazu, dass es bei der Interpretation zahlreiche Darstellungen einer Seite geben kann.

Ein großes Problem beim Interpreterkonzept ist sind **veraltete Interpreter**. Wenn eine Interpretersprache einen neuen Befehl hinzugefügt bekommt, können die bis dahin entwickelten Interpreter diesen Befehl noch nicht kennen und ihn entsprechend nicht ausführen. Anwender mit solchen Interpretern können unter Umständen ein Programm nicht ablaufen oder ein Dokument nicht darstellen lassen[1].

Gerade Dokumentenbeschreibungssprachen wie HTML werden über die Zeit immer weiter entwickelt (derzeit gibt es die vierte Vollversion von HTML und eine Unzahl von Zwischenversionen und herstellerspezifischen Spezialvarianten). Es gibt dementsprechend eine Vielzahl von Browser-Varianten und nur die neuesten kennen alle wichtigen Befehle. Und selbst die neuesten Browser kennen nicht jeden Befehl – insbesondere, wenn es sich um eine Sonderanweisung irgendeines Herstellers handelt. Es gibt also Befehle, die der eine Browser kennt, der andere jedoch nicht. Was soll geschehen, wenn ein Browser eine Anweisung bekommt, die er nicht versteht. Abstürzen? Oder eine Fehlermeldung bringen, mit der üblicherweise kein Anwender etwas anfangen kann?

Es gibt noch eine dritte Lösung – ignorieren. Das mag zwar erst einmal nicht besonders positiv erscheinen, ist aber – zumindest bei der Beschreibung von Dokumenten – immer noch die beste der drei Varianten. Das Ignorieren von unbekannten Anweisungen durch den Browser basiert auf dem **Prinzip der Fehlertoleranz**, welches zu den Eckdaten von HTML gehört.

---

1. Die Situation ist beispielsweise bei Viren und Antivirensoftware analog gegeben. Ein Virenscanner kann in der Regel nur die Viren erkennen, deren Signatur bis zum Zeitpunkt der Erstellung des Virenscanners (bzw. seiner Datenbank) bekannt waren. Neuere Viren werden nicht erkannt (von so genannten heuristischen Suchmechanismen mal abgesehen).

Das **Prinzip der Fehlertoleranz** veranlasst Programme zur Auswertung von HTML-Dokumenten, bei der Interpretation so fehlertolerant wie irgend möglich zu sein. Der äußerst positive Effekt ist, dass dann auch syntaktisch unkorrekte Dokumente so weit wie möglich ausgewertet werden können. So weit Browser korrekte Anweisungen vorfinden, werden diese Anweisungen ausgeführt. Falsche oder unvollständige Anweisungen werden ganz einfach ignoriert. Im ungünstigsten Fall bleibt reiner, unformatierter Text übrig und damit die eigentliche Information weitgehend erhalten.

Das Prinzip der Fehlertoleranz ist unumgängliche Voraussetzung dafür, dass immer neue HTML-Anweisungen oder neue Technologien, die über Webseiten mit speziellen HTML-Anweisungen referenziert werden, im Internet eingeführt werden können und dennoch die älteren Browser beim Laden solcher Webseiten nicht »abschmieren«. Was sie nicht kennen, wird einfach ignoriert. Der Rest wird dargestellt. Eine Abwärtskompatibilität der HTML-Dokumente ist also immer sichergestellt, auch wenn signifikante Informationen beim Anzeigen teilweise verloren gehen können. Dummerweise kann man bei Skript- und Programmiersprachen nicht so tolerant verfahren, da viele Schritte aufeinander aufbauen.

2.3 Ein Überblick über wichtige Techniken der Webprogrammierung

HTML, XHTML, Java, JavaScript, CSS, Dynamic HTML, PHP, MySQL, Formulare und CGI, VBScript, ActiveX, XML, Multimedia, Grafiken, Animationen, Flash, Videos, Cookies – eine Vielzahl von Begriffen wird auf Sie bei der Webprogrammierung einprasseln. Alle beschreiben Techniken, mit denen Sie im Web programmieren, beschreiben oder gestalten können. Jede der verschiedenen Techniken hat einen anders gelagerten Schwerpunkt, andere Stärken. Teilweise machen sich auch Techniken direkt Konkurrenz. Es gibt jedoch eine Technologie, ohne die die anderen Technologien nicht ins Web kommen, die als herausgehoben zu verstehen ist. Dies ist HTML bzw. dessen neuerer Vertreter XHTML. Ohne HTML geht nichts im Web. Das Grundgerüst des WWW ist aus HTML aufgebaut. Alle (!) anderen Techniken zur Webprogrammierung verankern sich letztlich irgendwo in einem HTML-Gerüst. Aber befassen wir uns mit den Techniken etwas genauer. Auch mit denjenigen, auf die wir im Laufe des Buchs nicht genauer eingehen.

2.3.1   HTML & XHTML

Im Zentrum des WWW steht HTML, ohne Wenn und Aber. HTML ist das Rückgrat des WWW. Zwar ist HTML nicht das ganze Web, aber ohne HTML gibt es kein Web. Auf jede (!) der anderen Technologien im Web kann man verzichten. Zwar fehlt dann vielleicht eine Nuance, aber das Web an sich funktioniert immer noch. Weder Java noch JavaScript, weder Flash noch VBScript, nichts davon ist lebensnotwendig für das WWW. Sogar auf Grafiken könnte man verzichten. Das Web verliert damit viel an Faszination, ist aber immer noch funktionstüchtig. HTML ist hingegen nicht wegzudenken. Jede der anderen Technologien benötigt HTML, um sich darin zu verankern[1]. Ob es ein Skript in einer Webseite ist – das Skript wird als Bestandteil einer HTML-Seite übertragen und ausgeführt. Ob es eine Grafik ist – sie ist im Web (sinnvoll) nur als eine Referenz in einer HTML-Seite verfügbar. Analog verhält es sich mit anderen Techniken.

Versuchen wir einmal einen – leicht hinkenden – Vergleich mit einem Auto. HTML ist dabei der Kern des Autos – die Karosserie mit Rädern, Lenkung, Bremsen und Antrieb. Kurz – ein voll funktionstüchtiges Auto. Grafiken entsprechen in diesem Vergleich der Lackierung des Autos. Ohne Lackierung ist die Karre zwar recht hässlich, aber sie fährt. Eine Lackierung ohne Auto – sehr komisch, was?! Skripts und aktive Programme könnten in unserem Vergleich Zusatztechniken wie Servolenkung, ABS, Tempomat, Klimaanlagen oder Navigationssysteme sein. Sonstige Multimediatechniken (etwa Videowiedergabe) stehen für das Autoradio. Alles sind Dinge, die das Auto aufwerten, die Funktionalität erweitern, es bequemer und besser machen. Aber allesamt sind ohne das Auto, worin sie eingebaut werden, nutzlos.

HTML entwickelt sich auch über das Web hinaus in andere Richtungen, wächst an Bedeutung. Sie können bereits in vielen Standardprogrammen Dokumente im HTML-Format abspeichern und auch innerhalb von Betriebssystemen und Anwendungsprogrammen kommt HTML immer mehr zum Einsatz. Im Web stößt HTML jedoch in allen Richtungen an Grenzen und wird dort durch die jeweiligen Zusatztechnologien erweitert.

HTML und XHTML werden wir in einem eigenen Kapitel weiter behandeln.

---

1. XML sei ausgeklammert – beachten Sie dazu das letzte Kapitel.

2.3.2   Skriptsprachen

Eine der wichtigsten Erweiterungen von HTML sind die Skriptsprachen. Bei den Skriptsprachen handelt es sich wie bei HTML um Interpretersprachen. Sie sind von relativ einfacher Struktur. Skriptsprachen müssen als Interpretersprachen natürlich in irgendeinen Interpreter implementiert werden. Dabei kann man erst einmal zwischen serverseitigen und clientseitigen Skriptsprachen unterscheiden. Das im Internet praktizierte Client/Server-Prinzip erlaubt die Aufteilung von Funktionalität auf beide beteiligten Partner. Sowohl der Client als auch der Server können diverse Funktionalitäten durchführen.

Serverseitige Skripts

Viele Aktionen im Rahmen eines Client/Server-Prozesses im WWW werden vom Webserver aus über irgendwelche ergänzenden Anwendungen gesteuert. Dies können beispielsweise vollständig kompilierte Programme sein, die einfach auf der Serverplattform laufen. Oder auch Skripts, die durch einen entsprechenden Befehlsinterpreter auf dem Server zur Laufzeit interpretiert werden.

HTTP-Hintergründe

Kommen wir an dieser Stelle kurz zu den technischen Hintergründen von HTTP. Ein Client (Browser) sendet über dieses Protokoll eine Anfrage für ein bestimmtes Webdokument an einen Webserver. Der Server sendet dieses Dokument dann über HTTP wieder zurück zum Client. Das Dokument kann dabei auch aus serverseitig dynamisch generierten Daten bestehen. Auch der Client kann über eine reine Anforderung eines Dokuments hinaus weitere Daten (etwa Benutzereingaben in einem Webformular) an den Server senden, die dieser dann verarbeitet oder an andere Programme (etwa ein Datenbankprogramm) weitergibt. Diese serverseitigen Prozesse liefen in der Vergangenheit oft über das **Common Gateway Interface (CGI)** ab. Heutzutage werden meist serverseitige Skripttechniken wie **Perl**, **PHP** (das steht für **PHP Hypertext Preprocessor** oder auch **PHP Hypertext Preprocessor Tools** – die Bezeichnung enthält erneut die Abkürzung PHP, weshalb von einer rekursiven Abkürzung gesprochen wird) oder **JSP (Java Server Pages)** oder vollständige Programmiertechniken wie **Java Servlets** zum Einsatz kommen. Sie werden mit solchen serverseitigen Techniken in Berührung kommen, wenn Sie beispielsweise Webformulare erstellen und diese dann auf einem Server verarbeiten oder gar mit einem Datenbankprogramm auswerten wollen. Wir gehen darauf in einem eigenen Kapitel (Kapitel 8) ein.

Serverseitige Skripts programmieren den Server und können in verschiedenen Sprachen erstellt werden. Die einzig wirklich zwingende Beschränkung der Sprache ist der Server, auf dem sie laufen sollen. Dieser muss nämlich über einen Interpreter für diese Sprache verfügen.

Serverseitiges Skripting bzw. die Ausführung von Programmen auf dem Webserver selbst ist eine nicht zu unterschätzende Möglichkeit, Funktionalität auf einen Server zu verlagern. Zusammenfassend muss man jedoch zu serverseitigen Prozessen festhalten, dass damit auch einige Probleme verbunden sind:

- Das Erstellen von serverseitigen Prozessen kann recht kompliziert sein. Zumindest in vielen Fällen ist dies komplizierter als die clientseitige Programmierung mit JavaScript.

- Je nach Webserver, auf dem Sie Ihre Webseiten platzieren wollen, müssen Sie mit unterschiedlichen Techniken arbeiten.

- Viele Provider erlauben es nicht, dass auf ihren Webservern Skripts oder sonstige Programme ausgeführt werden. Oder zumindest müssen Sie ein etwas teureres Angebot des Providers annehmen. Sie brauchen also auf jeden Fall Zugang zu einem Webserver und müssen diesen programmieren können.

Clientseitige Skripts

Clientseitiges Skripting im Rahmen eines Webbrowsers mittels JavaScript wird Schwerpunkt des Buchs sein. Es gibt diverse Skriptsprachen auf der Clientseite, aber eigentlich nur drei ernst zu nehmende Vertreter für die Steuerung und Programmierung eines Webbrowsers. Das sind **JavaScript**, **JScript** und **VBScript**. Bei JavaScript handelt es sich um eine an Java angelehnte, offene, plattformunabhängige Skriptsprache mit einer Syntax, die von C stammt. Entwickelt wurde JavaScript im Wesentlichen in einer Kooperation von Sun (dem Erfinder von Java) und Netscape.

Trotz der Ähnlichkeit des Namens und der teilweise gemeinsamen Wurzeln haben Java und JavaScript außer der Syntax wenig gemein (siehe auch Seite).

VBScript dagegen ist aus Visual Basic hervorgegangen und weitgehend auf die Wintel-Plattform (Windows-Betriebssystem plus Intel-basierende Prozessoren) beschränkt. Erfinder dieser Sprache ist Microsoft, wo auch JScript entwickelt wurde. JScript ist die Microsoft-Variante von JavaScript, die zur Unterstützung von JavaScripts im Internet Explorer entwickelt wurde. Da bei der direkten Implementation von JavaScript in den Internet Explorer Lizenzgebühren an Sun/Netscape fällig wären, hatte Microsoft eine Kopie davon entwickelt und im Internet Explorer implementiert. JScript besitzt im Wesentlichen die gleiche Struktur wie JavaScript und versteht die gleiche Syntax. Allerdings ist der Befehlssatz in einigen Sprachversionen nicht vollständig deckungsgleich.

> Durch die nicht vorhandene direkte Implementation von JavaScript muss der Internet Explorer übrigens sämtliche JavaScripts in einer Webseite erst in JScripts übersetzen und dann ausführen. Dies funktioniert zwar halbwegs zuverlässig, aber Fehler sind nicht ganz auszuschließen. Wir werden auf JScript nur dann weiter eingehen, wenn es von entscheidender Bedeutung ist.

Wie wir bereits festgehalten haben, handelt es sich bei Skriptsprachen um Interpretersprachen von relativ einfacher Struktur, die von einem Interpreter ausgeführt werden. Dies realisiert man auf Clientseite, indem man die Skriptelemente in HTML einbindet. Anschließend werden sie dann von dem Browser (welcher natürlich diese Skriptsprache verstehen muss) interpretiert. Webbrowser fungieren also nicht nur als HTML-Interpreter, sondern auch als Skriptinterpreter.

VBScript und JavaScript sind reine Erweiterungen des HTML-Codes und nur als eingebundener Bestandteil eines HTML-Gerüsts zu verwenden. Diese Skripts werden also direkt in der HTML-Datei geschrieben oder dort referenziert. Sie sind damit in gewisser Weise normaler Bestandteil des HTML-Dokuments, so wie beispielsweise Überschriften, Verweise oder andere Referenzen.

Skripts werden auch analog HTML als Klartext zur Laufzeit interpretiert. Trotzdem handelt es sich bei Skriptsprachen im Gegensatz zu HTML nicht um reine Beschreibungssprachen, sondern um vollwertige Programmiersprachen, wenn auch auf reiner Interpreterbasis. Was aber tut man mit diesen Skripts überhaupt?

Hauptfunktion von clientseitigen Skriptsprachen ist eine Verlagerung von Funktionalität vom Server auf den Client. Denken wir noch mal an serverseitige Programmierung und sehen es in Verbindung mit einem HTML-Formular. Auf dem Client erfasste Daten (beispielsweise über ein Webformular) können zu einem Server geschickt werden. Dieser leitet diese Daten zu einem serverseitigen Programm/Skript weiter, wo sie verarbeitet werden. Anschließend geht die Antwort zurück zum Client.

Eine derartige Vorgehensweise hat in einigen Situationen gewisse Nachteile:

- Das Laufzeitverhalten ist nicht sonderlich gut. Bis eine Antwort wieder beim Client ankommt, kann viel Zeit vergehen.

- Die Kommunikationswege werden teilweise stark belastet.

- Der Server muss arbeiten bei gleichzeitigem Brachliegen der Client-Ressourcen.

Gerade bei fehlerhaften Dateneingaben durch einen Anwender wird so viel Zeit und Kapazität verbraucht. Stellen Sie sich als Beispiel nur einmal ein Formular vor, in dem die Eingabe eines Geldbetrags gefordert wird. Wenn nun ein Anwender dort statt Zahlen Buchstaben einträgt (etwa der klassische Anfängerfehler, statt einer Null den Buchstaben O einzutragen), werden die fehlerhaften Daten – unter Umständen rund um die Welt – zum Server geschickt, der leitet sie weiter und erst das serverseitige Programm bemerkt den Fehler und schickt eine Fehlermeldung als Antwort zurück zum Client. Keine ideale Vorgehensweise, aber so läuft es tatsächlich ab, wenn man rein auf serverseitige Programmierung setzt. Besser wäre es, wenn der Fehler bereits beim Client bemerkt werden würde und die Daten überhaupt nicht zum Server gesendet würden. Es muss dazu Funktionalität auf den Client übertragen werden, die auch ohne Serverkontakt durchgeführt werden kann. In unserem Beispiel wäre dies eine Typüberprüfung des Eingabefelds. Dies geschieht, indem das Formular eine gewisse Funktionalität besitzt, die durch ein Skript realisiert wird.

Clientseitige Skriptsprachen werden im Wesentlichen zur Kontrolle von Objekten verwendet, die aus einem Webbrowser heraus verfügbar sind. Ein kontrollierbares Objekt ist beispielsweise der Browser selbst. Eigentlich ist es so, dass clientseitige Skriptsprachen den relativ dummen Browser intelligenter machen. Skripts erlauben es einem Webbrowser, selbst auf eine intelligente Weise mit Situationen umzugehen, die sonst ein Programm auf dem Webserver oder eine Aktion durch den Anwender erforderlich machen. Ein wesentlicher Effekt ist damit eine Beschleunigung vieler Vorgänge, da der Browser keine Anfrage an den

Server schicken und die Antwort nicht abwarten muss. In modernen Browsern ist grundsätzlich die Nutzung einer oder mehrere Skriptsprache(n) integriert.

JavaScript vs. VBScript

JavaScript und VBScript sind sich recht ähnlich, haben aber dennoch einige gravierende Unterschiede wie beispielsweise die konkrete Syntax. VBScript ist vor allem plattformabhängig und läuft auf Clientseite nur im Microsoft Internet Explorer. Das können (und sollten) Sie mit der nachfolgenden kleinen Übung selbst ausprobieren.

Wir werden zwar nicht weiter auf VBScript eingehen, aber eine kleine Aufgabe ist nach so viel Theorie sicher ganz unterhaltsam und macht das VBScript-Problem deutlich. Sprich – wir werden ein wenig VBScript programmieren. Dabei ignoriere ich wie bei unseren ersten JavaScript-Beispielen bewusst die Tatsache, dass Sie unter Umständen keine Ahnung davon haben, was wir da so genau tun. Ich greife im Stoff einfach etwas vor. Viel schief gehen kann dabei nicht, wenn Sie den nachfolgenden Schritten folgen und genau das eingeben, was ich gleich beschreibe. Sie benötigen für das Beispiel den Microsoft Internet Explorer (der versteht VBScript) und einen Browser wie Konqueror, Firefox oder Opera (der versteht VBScript nicht).

1. Starten Sie bitte als Erstes einen beliebigen Editor und geben Sie Folgendes ein[1] (bitte genau auf die einzelnen Zeichen achten – bereits die kleinsten Schreibfehler können fatal sein):

Listing 2.6:
Ein VBScript –
vbscript.html

```
01 <html>
02 <body language="VBScript" onload=zeigeBox>
03 <script language="VBScript">
04 <!--
05    Sub zeigeBox
06 MsgBox "Alles klar"
07    End Sub
08 //-->
09 </script>
10 Hier beginnt das eigentliche HTML.
11 </body>
12 </html>
```

---

1. Wieder ohne die vorangestellten Zeilennummern.

2. Speichern Sie die Datei unter *vbscript.html*.

3. Schauen Sie sich die neue Datei im Internet Explorer und einem der anderen Browser an. Überzeugt?

Bild 2.1:
Wenn Sie die Datei in den Microsoft Internet Explorer laden, wird automatisch das Meldungsfeld geöffnet

Der Internet Explorer führt das Skript beim Start der Seite aus, während andere Browser die Anweisung ignorieren und unter Umständen sogar mit einer Fehlermeldung reagieren.

Von JavaScript wird insbesondere die Steuerung von so genannten **ActiveX-Controls** (siehe den direkt nachfolgenden Abschnitt) nicht unterstützt. VBScript hingegen erlaubt den Zugriff darauf. Dies ist eine gravierende Sicherheitslücke im Konzept von VBScript. Das gibt mittlerweile auch Microsoft selbst zu. Im Internet Explorer ab der Version 6 wird deshalb standardmäßig die Ausführung von so genannten aktiven Inhalten blockiert. Leider war Microsoft nicht so konsequent, nur allgemein als sicherheitskritisch bekannte Techniken wie ActiveX-Controls oder VBScript zu blockieren, sondern es werden in einigen Situationen auch nahezu ungefährliche Techniken wie JavaScript geblockt. Für unser Beispiel müssen Sie die die geblockten VBScript-Inhalte zulassen. Sonst sehen Sie das aufpoppende Dialogfeld nicht.

---

1. Wir hatten das Problem schon bei unserem ersten JavaScript-Beispiel im ersten Kapitel angesprochen.

Bild 2.2:
Der Internet
Explorer hat
das Öffnen des
Dialogfelds
geblockt

Wenn Sie im Internet Explorer einen aktiven Inhalt geblockt und die entsprechende Meldung angezeigt bekommen, klicken Sie im Meldungsfeld auf JA. Damit lassen Sie für einen einzelnen Fall zu, dass die angezeigte Webseite die aktiven Inhalte ausführt. Wenn Sie die Seite verlassen und später zu ihr zurückkehren oder eine andere Seite mit aktiven Inhalten laden, wird die Meldung erneut ausgegeben. Um beim Internet Explorer beim Auftreten von aktiven Inhalten nicht jedes Mal die Ausführung bestätigen zu müssen, können Sie unter EXTRAS/INTERNETOPTIONEN/ERWEITERT im Abschnitt *Sicherheit* die Kontrollkästchen zur Ausführung aktiver Inhalte aktivieren. Bedenken Sie aber, dass dies ein Sicherheitsrisiko darstellen kann.

2.3.3   ActiveX

ActiveX-Controls werden oft als Microsoft-Alternative zu **Java-Applets** gesehen (siehe Seite 67). Aber ActiveX-Controls dürfen nicht isoliert gesehen werden. Der Begriff »ActiveX« bezeichnet keine einzelne Technik, sondern ist ein übergeordneter Name für Microsofts Internet- und Multimedia-Technologien. Microsoft definiert ActiveX als eine Verbindung von vielen verschiedenen Entwicklungstechniken. Insbesondere versteht Microsoft die ActiveX-Technologie nicht als direkte Konkurrenz zu Java. Eingeführt wurde die ActiveX-Technologie mit dem Internet Explorer 3.0. Microsoft reagierte damit auf die Plug-In-Technologie, mit der es Netscape Programmierern erlaubte, die Funktionalität des Navigators durch eigenen Code zu erweitern. ActiveX ist explizit nicht plattformunabhängig, sondern läuft nur auf einer Computerarchitektur und einer Betriebssystemfamilie ohne Einschränkungen – Intel-PCs und

Windows. Einige andere Plattformen werden jedoch zusätzlich – zumindest eingeschränkt – unterstützt. Diese Einschränkung auf eine zentrale Zielplattform für ActiveX hat massive Vorteile. ActiveX-Controls sind in der Lage, alle Leistungen des Betriebssystems Windows auszuschöpfen. Sie können direkt Komponenten von Windows – etwa Meldungsfelder, wie wir eines in unserem VBScript-Beispiel verwendet haben – direkt und sehr einfach nutzen. Programmierer müssen nicht jedes Mal das Rad neu erfinden, sondern verlassen sich darauf, dass das Betriebssystem gewisse Grundfunktionalitäten bereitstellt.

Ein ActiveX-Control kann auf alle Möglichkeiten des Win32-API zurückgreifen und wird auch als ein in eine HTML-Seite eingebundenes Element genauso aussehen und zu bedienen sein wie ein »normales« Windows-Steuerelement (denken Sie wieder an unser VBScript-Beispiel).

Im Mittelpunkt der Microsoft-Internetphilosophie stand die Übertragung der OLE-Funktionalität (Object Linking and Embedding, zu Deutsch Objekte verknüpfen und einbetten) von Windows auf das Internet, beispielsweise das Einbetten einer Excel-Tabelle in ein Word-Dokument. Deren Weiterentwicklung DCOM (Distributed Component Object Model), auf der die ActiveX-Controls basieren, hebt die lokale Einschränkung von OLE auf. Mit dieser Technik spielt es keine Rolle mehr, ob ein Objekt auf dem lokalen Rechner oder einem beliebigen Server im Netz beheimatet ist. Aufgrund der integrierten Hinweise auf ihre Ursprünge wird bei einer Aktivierung eines externen Elements der zugehörige Rechner kontaktiert und dort die notwendige Aktion ausgeführt.

ActiveX-Controls lassen sich mit den unterschiedlichsten Programmiersprachen erstellen. Sie können sie in jede HTML-Seite einbinden und sie werden wie Java-Applets bei Bedarf automatisch aus dem Internet auf den Client geladen. Ein spezieller HTML-Tag bindet das ActiveX-Control in die Webseite ein. Allerdings verfügen ActiveX-Controls über kein funktionierendes Sicherheitskonzept. Es gibt nur eine so genannte ID als Registrierungsnummer eines Controls. Sie wird als digitale Unterschrift über spezielle Tools in das Control eingebaut. Sofern ein Anwender ein ActiveX-Control auf seinen Rechner lädt, wird diese digitale Unterschrift überprüft und – falls der Browser entsprechend konfiguriert ist – bei fehlender Registrierungsnummer das Laden verweigert. Diese digitale Unterschrift bekommt ein ActiveX-Control, sobald es sich (d.h. sein Entwickler) bei einer von Microsoft lizenzierten Organisation registrieren lässt. Die Funktion des ActiveX-Control wird allerdings nicht überprüft und es wird damit nicht gesagt, dass das Control harmlos ist.

65

Über die letzten Jahre hat sich gezeigt, dass sich mit ActiveX-Controls alle möglichen Dinge anstellen lassen, welche einem Anwender schaden können.

2.3.4   Cookies

In Zusammenhang mit Webprogrammierung muss man auch **Cookies** (engl. für Kekse) nennen. Es handelt sich um kleine Textdateien, die von einer Webseite auf dem Client abgelegt und in denen gewisse Informationen über den Client dokumentiert werden. Sofern eine Webseite entsprechende Befehle enthält (etwa mit JavaScript programmiert – das werden wir machen), wird eine solche Cookie-Datei vom Browser auf dem Client erzeugt, gelesen oder verändert.

Der Nutzen von Cookies besteht darin, dass Aktionen, welche ein Anwender bei einem Besuch einer Webseite durchgeführt hat, dokumentiert und beim erneuten Besuch oder dem Besuch einer direkten Folgeseite wieder ausgelesen werden können. Abhängig davon können dann bestimmte Aktionen ausgeführt werden. So muss beispielsweise eine einleitende Erklärung einem Besucher nicht erneut angezeigt werden, wenn er diese bereits in der vorherigen Sitzung gesehen hat.

Man sollte nicht verschweigen, dass viele Anwender ein ungutes Gefühl haben, wenn ihre Aktionen beim Surfen dokumentiert und von fremden Leuten wieder ausgelesen werden können. Die nicht ganz unberechtigte Furcht vor Spionage auf dem eignen Rechner und dem Anlegen von Benutzerprofilen führt dazu, dass Programme zum Deaktivieren von Cookies Hochkonjunktur haben. Allerdings sind Cookies im Grunde harmlos und die Angst davor ist kaum begründet. Ebenso sollte man beachten, dass viele große Websites ohne aktivierte Cookies nicht zu verwenden sind. Bei Misstrauen genügt ein gelegentliches Löschen der Keksdateien.

Sie können bereits in vielen Browsern Cookies vollständig deaktivieren oder gezielt verwalten (was sinnvoller ist, um nicht von zahlreichen Webseiten ausgesperrt zu werden). Dies ist bei den üblichen Einstellungsmöglichkeiten der Browser zu finden.

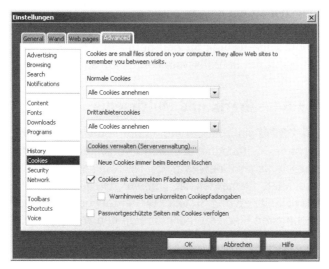

Bild 2.3:
Die Cookie-
Verwaltung
im Opera-
Browser

2.3.5   Java

Bei **Java** handelt es sich um eine vollständige Programmierplattform, die von Sun Microsystems entwickelt wurde. Sun bietet folgende offizielle Definition zu Java:

Java: eine einfache, objektorientierte, dezentrale, interpretierte, stabil laufende, sichere, architekturneutrale, portierbare und dynamische Sprache, die Hochgeschwindigkeitsanwendungen und Multithreading unterstützt.

Die Syntax von Java ist im Wesentlichen eine an C/C++ angelehnte Programmiersprache, die Konzeption und die Objektorientiertheit stammt weitgehend von Small Talk. Java ist eng mit dem Begriff Internet verbunden. Vielfach wird Java sogar als eine reine Internetsprache bezeichnet, was so nicht stimmt. Java zielte ursprünglich gar nicht auf das Internet, sondern war als Basissprache für beliebige programmierbare elektronische Geräte konzipiert, so genannte Embedded Systems wie beispielsweise Videorecorder, Kaffeemaschinen oder Waschmaschinen. Erst das Internet und vor allem das WWW waren es jedoch, die zwischen 1995 und 2000 die Popularität von Java auslösten. In Form von **Java-Applets** lassen sich kleine Java-Programme erstellen, die als Bestandteil einer Webseite innerhalb eines Java-fähigen Browsers ausgeführt werden können. Heutzutage haben Java-Applets aus verschiedensten Gründen im WWW kaum noch Bedeutung. Java als Technologie hingegen erlebt einen Boom bei serverseitiger Programmierung, beim Programmieren von elektronischen Geräten wie Handys und auch als Programmiertechnik für den normalen Computer, wenn Applikationen auf mehreren Betriebssystemen laufen sollen.

2.3.6 Grafik und Multimedia

Das WWW quillt mittlerweile über von Grafiken und den unterschiedlichsten Multimediaelementen. Verschiedene Grafikformate (sowohl statisch als auch bewegt), Videos, Töne, alles lässt sich im Web finden. Und allen Elementen ist gemeinsam, dass sie als Bestandteil einer HTML-Seite an den Browser weitergegeben werden. Wir gehen auf die wichtigsten Elemente noch im Rahmen von HTML ein.

2.3.7 Warum sind JavaScript und HTML eine ideale Kombination für die Webprogrammierung?

Wir haben uns in diesem Buch entschieden, clientseitige Webprogrammierung mit JavaScript und HTML in den Mittelpunkt zu stellen. Was spricht für diese Auswahl? Nun, an (X)HTML führt kein Weg vorbei. Dies sollte aufgrund der letzten Ausführungen deutlich geworden sein. HTML ist die Grundlage und zudem einfach. HTML ist jedoch in vielen Bereichen beschränkt. Eine Erweiterung der Funktionalität ist oft sinnvoll.

Viele der Erweiterungstechnologien scheiden aber für den Anfänger aus oder sind für viele Belange überdimensioniert. Andere haben Sicherheitslücken, etwa ActiveX-Controls. Diese sind mittlerweile so sehr in Verruf geraten, dass die meisten Anwender sie nicht akzeptieren, selbst wenn ihr Browser sie versteht. Wenn Sie ActiveX-Controls erstellen, werden Sie kaum Bewunderer für Ihre Resultate haben. Zudem widerspricht die Plattformgebundenheit der Internetphilosophie. Andere Technologien zielen auf eine zu spezielle Anwendung. Außerdem sind sie meist ebenfalls sehr kompliziert.

Bleiben noch die Skriptsprachen. Sie sind die ideale und einfache Erweiterung der HTML-Funktionalität. Von der Leistungsfähigkeit her geben sich JavaScript und VBScript nicht viel. Zwar mit unterschiedlichen Schwerpunkten, sind sich beide aber unter dem Strich beide ähnlich, mit jeweils vielen Stärken. JavaScript wird dennoch eindeutig von den meisten Webprogrammierern bevorzugt. VBScript beraubt sich wegen der Sicherheitsrisiken und der Plattformabhängigkeit einer großen

Kundschaft. Die mangelnde Unterstützung vieler wichtiger Internetfir-men verringert den potenziellen Kundenkreis – sowohl an Webpro-grammierern als auch an Anwendern, die VBScripts genießen können. Bei JavaScript hat man solche Probleme nicht und das macht diese Skriptsprache zum idealen Kandidaten für die HTML-Erweiterung. Zu-sammenfassend kann man sagen, dass HTML und JavaScript gerade für Einsteiger leicht nachzuvollziehen sind und schnell sichtbare Erfolge bieten.

2.4   Zusammenfassung

Das Internet ist ein heterogenes Netzwerk, in dem die unterschiedlichs-ten Rechner zusammengeschlossen sind. Der Datentransport basiert auf dem TCP/IP-Protokoll. Darauf setzen einzelne Internetdienste auf. Das WWW ist der Teil davon, der eine grafische Oberfläche zur Verfügung stellt und in dem die Navigation über Hyperlinks möglich ist. Es basiert auf dem HTTP-Protokoll und ist im Wesentlichen aus HTML-Seiten auf-gebaut. Das Adressierungskonzept innerhalb des Internets erfolgt über eine eindeutige Zuordnung in Form der IP-Adresse. Da IP-Adressen für Menschen schwer zu merken und zu interpretieren sind, wird ihnen zu-sätzlich ein eindeutiger Name zugeordnet – der DNS-Name. Diese Zu-ordnung ist weltweit auf speziellen Namenservern dokumentiert, wo sie bei Bedarf in die zugehörigen IP-Adressen übersetzt werden. Die IP-Adresse oder der DNS-Name bilden den zentralen Bestandteil des URL (Uniform Resource Locator). Mit diesem einheitlichen Adressierungs-schema können beliebige Objekte im Internet angesprochen werden.

Im WWW können sehr einfach und schnell Informationen veröffentlicht werden. Dabei können Sie sowohl Dokumente beschreiben (etwa HTML) als auch richtig programmieren (beispielsweise JavaScript). Pro-grammieren bezeichnet eine Technik, mit der man einem Computer eine Reihe von Anweisungen geben kann, die als zusammengefasste Einheit auftreten. Diese müssen irgendwann vor der Ausführung der Befehle in die Sprache der Computer – der Maschinensprache – übersetzt werden. Dabei gibt es die Möglichkeit, das Programm direkt nach der Erstellung für einen bestimmten Prozessor zu übersetzen (zu kompilieren) oder erst nach dem Start des Programms (zu interpretieren). Sowohl HTML als auch die Skriptsprachen basieren auf dem Interpreterprinzip. Sie wer-den vom Browser interpretiert.

Es gibt im Internet eine Vielzahl von Sprachen zur Programmierung. Alle haben spezielle Zielgebiete, unterschiedliche Stärken und Schwächen. An HTML führt jedoch kein Weg vorbei. Und JavaScript ist auf Seiten des Clients der ideale Kandidat für die HTML-Erweiterung.

2.5   Aufgaben

Hier sind zum Abschluss des Kapitels Ihre Aufgaben, die den Stoff vertiefen sollen:

- Erstellen Sie als Vorbereitung für weitere Übungen auf Ihrem Rechner ein Übungsverzeichnis. In diesem sollten Sie in der Folge alle Dateien speichern, die in zukünftigen Übungen erstellt werden. Selbstverständlich können Sie dann für jede Übung ein eigenes Unterverzeichnis erstellen, sofern in der Übung nicht explizit etwas anderes angegeben wird.

- Informieren Sie sich bei Interesse im Internet über Techniken wie VBScript, Java, ActiveX-Controls etc.

- Informieren Sie sich bei Interesse über die unterschiedlichen Internetdienste jenseits des WWW.

- Besuchen Sie die Webseite des W3C (*http://www.w3.org*).

- Betrachten Sie Webseiten im Internet mit verschiedenen Browsern. Versuchen Sie, Unterschiede in der Darstellung zu erkennen. Experimentieren Sie auch mit den Einstellungen Ihrer Browser, wenn Sie sich damit auskennen.

2.6 Übungen

Beantworten Sie die nachfolgenden Übungsfragen. Die Lösungen finden Sie in Anhang 9.

F: Wie heißt die Organisation, die für die Standardisierung der Techniken im WWW verantwortlich ist?

F: Was bedeutet digital?

F: Nennen Sie einen anderen Begriff für Prozessor!

F: Welcher Browser unterstützt VBScript?

F: Was ist ein Byte?

F: Was ist das Prinzip der Fehlertoleranz?

F: Wie nennt man die kleinste Informationseinheit bei einem Computer?

F: Was ist der interne Befehlssatz eines Prozessors?

F: Wofür steht die Abkürzung ANSI?

F: Was ist eine höhere Programmiersprache?

F: Was bedeutet Kompilierung?

jetzt lerne ich

HTML/XHTML-Grundlagen

Nachdem wir uns eine gemeinsame Wissens- und Sprachbasis bezüglich wichtiger Techniken und Begriffe im Internet geschaffen haben, soll in diesem Kapitel die Grundlage des gesamten WWW behandelt werden – HTML sowie XHTML. Es geht also um die konkrete Erstellung von Webseiten. Wir müssen auch für die Programmierung mit JavaScript zwangsläufig mit HTML einsteigen, denn darauf baut alles auf. Sollten Sie HTML respektive XHTML bereits gut beherrschen, können Sie dieses Kapitel überfliegen oder ganz überspringen[1].

Sie lernen in diesem Kapitel etwas über:

- Die Geschichte von HTML und XHTML

- Die Probleme von HTML mit seinen vielen Dialekten

- Den prinzipiellen Aufbau von HTML und XHTML

- Die Grundstrukturen von HTML und XHTML

- Die wichtigsten HTML-Elemente und Gestaltungsmöglichkeiten einer Webseite

---

1. Was ich aber nicht empfehle.

3.1 Die Basis von HTML

Fassen wir am Anfang die wichtigsten Eckdaten von dem zusammen, was wir bereits über HTML wissen. HTML ist eine interpretierte Dokumentbeschreibungssprache mit einem festgelegten Satz von Anweisungen, mit der die logischen Strukturen eines Dokuments beschrieben werden. Das gesamte WWW besteht in seiner Grundstruktur aus HTML und HTML-Dateien selbst bestehen immer aus reinem Text ohne irgendwelche Formatierungen. Damit sind HTML-Dokumente **plattformunabhängig**. Eine HTML-Datei muss im Browser **interpretiert** werden, um der Seite eine über reinen Text hinausgehende Bedeutung zu verleihen. Der Browser arbeitet nach dem Prinzip der Fehlertoleranz. Damit können auch syntaktisch fehlerhafte Dokumente weitgehend ausgewertet werden. So weit sind die Dinge bekannt.

HTML verfügt nun im Gegensatz zu vollständigen Programmier- oder Skriptsprachen (wie etwa JavaScript) über keine **Kontrollstrukturen** in Form von Bedingungen, Sprüngen oder Schleifen.

Kontrollstrukturen steuern in einer Programmier- oder Skriptsprache den Ablauf.

Ebenso werden Sie in HTML keine **Variablen** finden (im engeren Sinn).

Variablen sind benannte Stellen im Hauptspeicher des Rechners zur temporären Ausnahme von Werten.

Es gibt ebenso keine Befehle im Sinne von Befehlswörtern, die eine Aktion auslösen. Allerdings beinhaltet HTML ab der Version 4 Schlüsselwörter, die Voraussetzung für das Aufrufen von Funktionen sind (so genannte **Eventhandler**).

Eventhandler dienen in HTML zum Aufruf von Funktionen wie JavaScripts.

HTML ähnelt ein wenig der einfachen Batch-Programmierung unter DOS oder einem Großrechner. Steueranweisungen werden in HTML in Form einer Stapeldatei in Klartext erstellt. Sprünge und Schleifen kommen im Quelltext nicht vor, dafür sind die Layoutmöglichkeiten sehr ausgeprägt, zum Beispiel Textformatierung, Hintergrundgestaltung, Aufzählungslisten, Tabellen oder Grafikeinbindung.

3.1.1   Etwas zur Historie von HTML und XHTML

Hinter der Normung von HTML und XHTML stand und steht auch heute das **W3C**. HTML gibt es derzeit in der Version 4.01. Das heißt nicht, dass es nur vier HTML-Versionen gegeben hätte. HTML wurde im Mai 1991 in der Version 1.0 erstmals der Öffentlichkeit präsentiert. Dieser erste Standard war sehr einfach und beinhaltete im Wesentlichen die Möglichkeit, Hypertext-Systeme im Internet aufzubauen, die neben einfachem Text und Grafiken insbesondere Verweise auf andere Dokumente enthalten konnten. Darüber hinaus war eine Gestaltung von einfachen Strukturelementen wie Überschriften oder Aufzählungen vorgesehen. Im September 1995 erschien ein erweiterter HTML-Standard 2.0. Durch die lange Zeitspanne zwischen der Version 1.0 und 2.0 hatten sich zwischenzeitlich die verschiedensten browserspezifischen Dialekte gebildet. Die Browser einzelner Hersteller verstanden Befehle, welche nicht zu dem vom W3C verabschiedeten Standard zählten. Da jeder Hersteller seine eigenen Befehle hinzufügte, waren diese von Browsern der Konkurrenz meist nicht zu verstehen[1]. Die folgende HTML-Version 3.0 versuchte, die wichtigsten dieser nicht standardisierten Anweisungen zu übernehmen und zu vereinheitlichen. Und die Version 3.0 scheiterte, denn bezüglich der Version 3.0 ist es unter allen Beteiligten nie zu einer Einigung gekommen. Erst im Mai 1996 präsentierte das W3C wieder eine Version, die als aktueller Sprachstandard von HTML anerkannt wurde – die Version 3.2. Der 3.2-Sprachstandard unterstützte viele Sprachelemente, die bis dahin in der Praxis bereits im Gebrauch waren. Darunter fallen beispielsweise Tabellen mit der strukturierten Darstellung von Elementen, verschiedene Schriftgrößen und Schriftfarben und die Einbindung von Java-Applets und Skripts. HTML 3.2 wurde gegenüber HTML 3.0 sogar um einige Befehle reduziert, um dem 3.0-Wildwuchs an Elementen mit gleichen oder sehr ähnlichen Funktionen entgegenzuwirken. Im Juli 1997 erschien ein erster öffentlicher Entwurf für die nächste HTML-Version 4.0, welche im Wesentlichen (bis auf kleine Updates) auch heute noch aktuell ist. HTML 4 brachte neben so genann-

---

1. Unter dem in dieser Zeit entstandenen Wildwuchs an Befehlen krankt das WWW selbst heute noch teilweise.

ten Frames[1] unter anderem Verbesserungen bei der Internationalisierung und der Unterstützung von körperlich Behinderten. HTML 4 setzte als feste Größe auf die Erweiterung der Layoutmöglichkeiten mit Style Sheets. Auch in Bezug auf dynamische Webseiten hat sich viel getan. HTML 4 ist erheblich vom Zusammenspiel mit Skriptsprachen wie Java-Script beeinflusst und hat dafür extra neue Schlüsselwörter integriert, die Voraussetzung für das Ausführen von Funktionen sind (besagte Eventhandler). Seit 1997 steht aber die HTML-Entwicklung still und derzeit ist im WWW HTML in der Version 4 immer noch die Standardbeschreibungssprache. Es ist faszinierend, aber ich kenne keine andere bedeutsame Technik in der EDV-Welt, die sich über einen solch langen Zeitraum ohne wesentliche Veränderung gehalten hat und immer noch eine solche Bedeutung hat[2]. Allerdings verbirgt der fokussierte Blick auf HTML, dass – von der breiten Weböffentlichkeit relativ unbemerkt – in diesem Zeitraum dennoch etwas passiert ist. Im Januar 2000 trat **XHTML** auf den Plan.

Konzipiert wurde XHTML als Ersatz für HTML. XHTML 1.0, das im Grunde HTML 5 darstellt, ist eine auf **XML** (Extensible Markup Language) basierende Neuformulierung von HTML 4.01 und enthält dabei alle Elemente von HTML 4.01. Nur ist die Syntax von XHTML bedeutend strenger als von HTML. Die Konsequenz ist, dass ein nicht XHTML-fähiger Webbrowser XHTML-Dokumente jederzeit richtig darstellen kann. Für ihn erscheinen sie als normales HTML. Im Falle einer unklaren Situation wird das Prinzip der Fehlertoleranz ausgenutzt. Gleichzeitig kann XHTML von neueren Browsern gemäß den strengen XHTML-Regeln verarbeitet werden. Mittlerweile gibt es auch von XHTML verschiedene Versionen, die jedoch in der Regel unter dem Begriff XHTML zusammengefasst werden[3]. Die XHTML-Version 1.1 unterstützt explizit keine als veraltet erklärten Elemente aus der HTML-Altlast und ist damit bewusst nicht mehr auf die Kompatibilität zu reinen HTML-Browsern ausgelegt. Die momentan noch nicht verabschiedete Version XHTML 2.0 bricht endgültig mit der Altlast HTML 4 und vollzieht grundlegende Veränderungen, die selbst eine Inkompatibilität mit XHTML 1.1 nach sich ziehen. Insbesondere werden zahlreiche Kernfunktionen von HTML und älteren

---

1. Die Aufteilung des Browser-Fensters in einzelne Segmente, die inoffiziell schon viel früher von einigen Browsern unterstützt wurde.

2. Mit Ausnahme der guten alten Diskette vielleicht. Aber deren Zeit ist nun endgültig abgelaufen.

3. Unter anderem die Varianten Strict, Transitional und Frameset.

XHTML-Varianten in andere XML-Sprachen ausgelagert[1]. Daneben gibt es weitere XHTML-Spezialvarianten, die wir hier aber nicht besprechen.

XHTML hat sich faktisch bis heute in der Web-Community **nicht** durchgesetzt. Die Gründe sind banal: Wesentliche Vorteile von XHTML sind die bedeutend strengere Syntax als bei HTML und die Einschränkung des Wildwuchses nicht standardisierter Anweisungen, die die Interpretation von Webseiten in verschiedenen Browsern so unterschiedlich werden lassen. Streng genommen kann XHTML weniger als HTML und ist mühsamer anzuwenden. Aber genau diesen Sinn und Zweck von XHTML lässt sich dem gemeinen Webdesigner oder auch Hobby-Webseitenersteller kaum begreiflich machen. Unter HTML kann dieser bestimmte Dinge tun, die plötzlich unter XHTML verboten sein sollen. Und da die Masse der Webseitenersteller nicht professionell ist[1], werden sich Browser-Hersteller hüten, kein HTML mehr zu unterstützen und die strengen XHTML-Regeln einzufordern. Damit dreht sich die Entwicklung im Kreis. Die Webseitenersteller sind das Prinzip der Fehlertoleranz und die laxen HTML-Regeln gewohnt und verlassen sich bei der Erstellung von Webseiten darauf. Die Browser-Hersteller trauen sich nicht, strenges XHTML zu fordern, und dementsprechend sehen nur wenige Webseitenersteller ein, warum sie sich viel Arbeit machen sollen, um ein maximal (scheinbar) gleichwertiges Resultat zu erreichen, das sie auch einfacher bekommen. Es gibt aktuelle Untersuchungen, wonach nur ca. 3% aller Webseiten sämtliche offiziellen Vorgaben des W3C erfüllen. Mit anderen Worten – 97% aller Seiten genügen nicht einmal den laxen HTML-Vorgaben und werden nur deshalb angezeigt, weil es das Prinzip der Fehlertoleranz gibt. Dabei muss man aber auch festhalten, dass es sehr viele sinnvolle Argumente gibt, sich nicht an die offiziellen Vorgaben des W3C zu halten und sich auf das Prinzip der Fehlertoleranz oder seine eigene Erfahrung bzw. Webpraxis zu verlassen.

---

1. Was wir aber hier nicht weiter verfolgen, zumal XHTML zum Zeitpunkt der Bucherstellung wie gesagt noch nicht endgültig verabschiedet ist und es erfahrungsgemäß lange Zeit (mehrere Jahre) braucht, bis sich eine solche Entwicklung im WWW durchsetzt. Zudem wird damit die Webseitenerstellung komplizierter als es für einen Normalanwender interessant ist.

2. Das ist nicht negativ gemeint, sondern trägt der Tatsache Rechnung, dass sehr viele Leute Webseiten privat erstellen.

In jeder offiziellen neuen Version von HTML gab es neben neuen Elementen und den Erweiterungen bestehender Anweisungen einige Sprachbestandteile, die als missbilligt (**deprecated**) erklärt wurden. Die Verwendung solcher Sprachelemente ist jedoch keinesfalls verboten. Es bedeutet nur, dass es stattdessen ein anderes Sprachelement gibt, dessen Verwendung in den Rahmen des jeweiligen Sprachstandards gehört. Die veralteten Sprachelemente werden jedoch von neuen Browsern weiterhin verstanden, denn diese sind abwärtskompatibel und arbeiten zudem nach dem Prinzip der Fehlertoleranz. Es ist ein Anachronismus des Interpreterprinzips, aber die Verwendung eines als deprecated erklärten Elements wird so gut wie nie ein Fehler sein. Dagegen wird die Verwendung eines neuen Sprachelements in den ersten Monaten nach Verabschiedung einer Sprache bei der überwiegenden Anzahl der Anwender eine Fehlersituation auslösen. Zuerst dauert es eine gewisse Zeit, bis ein neuer Sprachstandard in die Browser integriert ist und diese dann freigegeben werden. Dann dauert es mehrere Monate, bis endlich genügend Anwender diese neuen Browser verwenden. Wenn dann die Sprachelemente einer neuen Version halbwegs zuverlässig im Internet angezeigt werden, wird die Sprachversion abgelöst und das Spiel beginnt von vorne.

Zu all diesen offiziellen HTML-Normen gab – und gibt – es immer gewisse browserspezifische Sprachelemente, die bei Verwendung auf einer Webseite zu Problemen bei anderen Browsern führen können.

3.1.2   Steueranweisungen

(X)HTML-Anweisungen bestehen aus **Steueranweisungen**, die aus so genannten **Tags** aufgebaut sind. Ein Tag beginnt immer mit einer geöffneten spitzen Klammer < und endet mit der geschlossenen spitzen Klammer >. Im Inneren der beiden Klammern befindet sich der konkrete Befehl. Ein Tag sieht von der Struktur her immer wie folgt aus:

Listing 3.1:   `<Anweisung>`
Struktur
eines Tags

Eine Anweisung kann unter HTML **sowohl klein als auch groß** ge-schrieben werden. Auch das Mischen von Groß- und Kleinbuchsta-ben ist erlaubt. Im Browser gibt es keine unterschiedliche Auswir-kung. In der Vergangenheit tendierten einige HTML-Programmierer und diverse HTML-Tools dazu, das gesamte Befehlswort innerhalb der spitzen Klammern konsequent groß zu schreiben. Andere ver-wendeten die Kleinschreibung, was auch den offiziellen Empfehlun-gen entspricht. Dies dient aber in der Praxis ausschließlich der Über-sichtlichkeit. Beachten Sie, dass diese Aussage **nicht** für **XHTML** gilt (siehe dazu die Ausführungen auf Seite)! Dort werden Anweisungen **ausschließlich klein** geschrieben. Um nun entsprechend den offizi-ellen Empfehlungen und den strengen XHTML-Regeln Webseiten zu erstellen, sollten Sie in neuen Seiten Steueranweisungen aus-schließlich klein schreiben.

F: Wenn der Interpreter (sprich ein HTML-Browser) einen Tag kennt, wird er die Anweisung ausführen. Aber was passiert, wenn er sie nicht kennt?

Ignorieren. Es greift das Prinzip der Fehlertoleranz. Das gilt jedoch nicht für einen XHTML-Browser, wenn dieser kein HTML unterstützt.

1. Falls Sie mir das nicht glauben, öffnen Sie bitte einen beliebigen Edi-tor und geben Sie den nachfolgenden Text ein:

```
<wasweisich>
```

2. Speichern Sie den Text als HTML-Datei ab.

*Listing 3.2:
Ein ungültiger
Tag*

3. Laden Sie die Datei in einen beliebigen Webbrowser.

4. Beachten Sie das Resultat. Was ist zu sehen? Sie werden im Anzei-gebereich des Browsers nichts sehen! Die Anweisung wird ignoriert.

Es gibt eine Reihe von Fehlern, die von Anfängern bei Tags oft ge-macht werden:

  Die einleitende Klammer wird vergessen. In diesem Fall erkennt der Browser nicht den Beginn des Befehls und wird die Anwei-sung als anzuzeigenden Text interpretieren.

- Die schließende Klammer wird vergessen. In diesem Fall wird auch der Text nach der eigentlichen Anweisung zu dem Befehl hinzugenommen. Das Resultat kann unterschiedlich aussehen, aber in jedem Fall wird das eigentlich nach der Anweisung darzustellende Element nicht angezeigt. Der Fehler kann sich über mehrere Zeilen im Quelltext erstrecken.

- Die Klammern werden vertauscht (etwa so: `>Anweisung<`).

- Die Klammern werden als Teil eines Textes (etwa einer Formel) verwendet.

3.1.3   Container

In (X)HTML gibt es zwei Formen von Tags:

- Einen einleitenden Tag (**Anfangs-Tag** oder **Beginn-Tag** genannt)

- Einen beendenden Tag (**Abschluss-Tag** oder **Ende-Tag** genannt)

Der einleitende Tag eröffnet eine Anweisung, während der beendende Tag sie wieder ausschaltet. Beide Tags sehen fast identisch aus, außer einem vorangestellten Zeichen, mit dem der beendende Tag zusätzlich beginnt – dem Slash (Schrägstrich) /. Beispiele:

1. Zum einleitenden Tag `<i>` gehört der beendende Tag `</i>`.

2. Zum einleitenden Tag `<center>` gehört der beendende Tag `</center>`.

3. Zum einleitenden Tag `<b>` gehört der beendende Tag `</b>`.

Die beiden Tags bilden immer einen **Container**. Die im einleitenden Tag angegebene Anweisung (etwa eine Formatierung) wirkt sich also auf sämtliche Dinge (Objekte) aus, die sich im Inneren des Containers befinden. Dies wird in vielen Fällen ein Text sein, es kann sich aber auch um eine Grafik oder andere Multimediaobjekte handeln. Ein Beispiel soll die Wirkung eines Containers verdeutlichen: Wenn ein Tag `<i>` im Text steht, bedeutet dies, dass ab dieser Stelle der folgende Text kursiv dargestellt wird. Und zwar bis einschließlich jenem Zeichen, dem der abschließende Tag `</i>` folgt. Ab da ist die Wirkung aufgehoben und der Text wird normal dargestellt.

In reinem HTML kommen die meisten Tags paarweise vor. Wenn Sie allerdings HTML-Seiten aus dem Internet analysieren, werden Sie zahlreiche Situationen vorfinden, wo HTML-Tags keine Container bilden. In einigen Fällen greift das Prinzip der Fehlertoleranz[1]. Das betrifft die Tags, die nach offizieller Vorgabe paarweise auftreten müssten, aber deren Wirkungsende sich auch ohne Abschluss-Tag aufgrund einer anderen Situation eindeutig ergibt. Es hat sich deshalb im WWW eine gewisse Schludrigkeit bezüglich der Verwendung des beendenden Tags eingeschlichen, wenn man in der konkreten Situation darauf verzichten kann. Ein typischer Fall sind **Aufzählungslisten**. Das Ende eines Listenpunkts ist eindeutig aufgrund des Beginns eines neuen Listenpunkts bestimmt. Korrekt wäre folgende Syntax:

```
<ul>
<li>Punkt 1</li>
<li>Punkt 2</li>
<li>Punkt 3</li>
</ul>
```

Listing 3.3: Korrekte HTML-Container

In der Praxis finden Sie aber oft so etwas:

```
<ul>
<li>Punkt 1
<li>Punkt 2
<li>Punkt 3
</ul>
```

Listing 3.4: Die HTML-Container für die einzelnen Listenpunkte sind nicht geschlossen – das widerspricht zwar den Vorgaben, bleibt aber in der Browser-Darstellung ohne Konsequenzen

Eine andere Situation, in denen HTML-Tags ohne Abschluss-Tag auftreten, sind die Steueranweisungen, die keinen Text und keine Objekte umschließen. Etwa ein Zeilenvorschub, der mit dem Tag `<br>` ausgelöst wird. Als Container müssten Sie `<br></br>` in die HTML-Datei schreiben (das wird in XHTML auch gemacht). Es wird nur immer ein Zeilenvorschub an der Stelle erzeugt, egal ob Sie dort `<br>` oder `<br></br>` notieren. Ein Zeilenvorschub ist ein Zeilenvorschub ist ein Zeilenvorschub. Die Anweisung `<br>` löst ihn aus und die Anweisung ist beendet. Sie muss vom logischen Aspekt her nicht extra noch beendet werden. Ein solches Element, wo der Ende-Tag eigentlich unnütz oder gar verboten ist, kann aber ohne Probleme mit einem (auch fiktiven) Ende-Tag ausgestattet werden – etwa ein besagtes Konstrukt der Form `<br></br>`. Der Ende-Tag wird keinen Fehler erzeugen, sondern bei einem Problem durch das Prinzip der Fehlertoleranz einfach ignoriert.

---

1. Wie schon angedeutet – 97% aller Seiten im Web enthalten Fehler. Und das WWW funktioniert dennoch ;-).

Wie soll man sich nun als Einsteiger verhalten, wenn man nicht bei jedem Element aus dem Stehgreif weiß, ob ein Ende-Tag gefordert wird bzw. optional oder gar verboten ist? Wenn Sie sich unsicher sind, setzen Sie immer einen Ende-Tag. Dies sollten Sie auch tun, um mit XHTML konform zu gehen. Denn da muss **jeder** Tag mit einem Abschluss-Tag versehen werden.

Verschachtelung von Containern

Container können **verschachtelt** werden. Zwischen einem einleitenden und einem abschließenden Tag können beliebige – sinnvolle – andere Tags stehen. Diese Möglichkeit ist sogar zwingend, da insbesondere die vollständige HTML-Seite einen einleitenden und einen abschließenden Tag benötigt und alle weiteren Steueranweisungen darin verschachtelt werden müssen.

Bei der Verschachtelung von Tags sollte die Reihenfolge der Auflösung eingehalten werden! Wenn ein Container weitere Container enthält, sollten diese wieder von innen nach außen beendet werden – in umgekehrter Reihenfolge der Einleitungs-Tags. Beispiel:

Listing 3.5: Ein korrekte Verschachtelung (kursiv, fett und unterstrichen)

```
<i><b><u>Text</u></b></i>
```

XHTML fordert so eine Auflösung sogar explizit, aber es wird in einem normalen Webbrowser tatsächlich meist so sein, dass auch eine nicht derart aufgelöste Verschachtelung (etwa `<i><b><u>Text</b></i></u>`) keine negativen Auswirkungen hat. Dennoch – Sie sollten auf **jeden Fall** mit der sauber aufgelösten Verschachtelung arbeiten.

3.1.4   Parameter

Einige Tags sind auch ohne genaue Spezifizierung sinnvoll einzusetzen. Ein Zeilenumbruch ist beispielsweise durch `<br>` vollständig beschrieben. Aber nicht alle Anweisungen sind so eindeutig. So gibt es beispielsweise eine Steueranweisung `<font>`, mit der Sie Bedingungen für die Schrift genauer kennzeichnen können. Aber welche Bedingungen? Die Schriftgröße, die Schriftart oder die Schriftfarbe? Die genauere Spezifikation erfolgt durch so genannte **Parameter** bzw. **Attribute**, die bei Bedarf den einleitenden Tag – durch Leerzeichen abgetrennt – erweitern.

Parameter bzw. **Attribute** erweitern einen einleitenden (X)HTML-Tag und spezifizieren damit genauer die Bedeutung des Tag. Der **Abschluss-Tag** wird **niemals** mit Parametern erweitert.

In HTML gibt es zwei Formen von Parametern:

- Parameter mit einer Wertzuweisung

- Parameter, die bereits einen Wert repräsentieren

Parametern mit einer Wertzuweisung wird über einen **Zuweisungsoperator** – das Gleichheitszeichen (=) – der entsprechende Wert zugeordnet. Dabei kann es sich um einen Text oder eine Zahl handeln oder auch um eine beliebige andere Form. Ein Tag mit einem Parameter mit einer Wertzuweisung sieht schematisch so aus:

Listing 3.6: Schema eines Tags mit Parameter und Wertzuweisung

```
<Anweisung Parameter = Wert>
```

Beispiel:

Listing 3.7: Diese Anweisung setzt den nachfolgenden Text auf rot

```
<font color="red">
```

In fast allen Fällen kann man bei der Wertzuweisung auf Hochkommas verzichten. Die Anweisung `<font color=red>` funktioniert in HTML uneingeschränkt. In XHTML muss der zugewiesene Wert jedoch zwingend in Hochkommas eingeschlossen werden. Sie sollten sich gleich die strenge XHTML-Syntax angewöhnen.

Parameter, die bereits einen Wert repräsentieren, brauchen lediglich durch ein Leerzeichen von der Anweisung oder anderen Parametern abgetrennt (!) in den Einleitungs-Tag geschrieben werden. Sie fungieren immer als Schalter. Wenn sie angegeben werden, wird eine Eigenschaft aktiviert, fehlen sie, ist die jeweilige Eigenschaft deaktiviert. Ein Tag mit einem Parameter, der bereits einen Wert repräsentiert, sieht schematisch so aus:

Listing 3.8: Schema eines Parameters ohne Wertzuweisung

```
<Anweisung Parameter>
```

Beispiel:

```
<table border>
```

Listing 3.9: Setzen eines Tabellenrahmens

In XHTML gibt es keine Parameter **ohne** Wertzuweisung.

Listing 3.10: Ein Tag mit mehreren Parametern

Viele Befehle lassen sich über mehr als einen Parameter spezifizieren. Diese werden dann einfach durch Leerzeichen getrennt aufgelistet. Beispiel:

```
<body bgcolor="white" text="red">
```

Bei mehreren Parametern spielt die Reihenfolge der Parameter **keine** Rolle.

3.2 HTML-Grundstrukturen

Wie Sie bereits wissen, verhalten sich HTML-auswertende Programme äußerst fehlertolerant. Es ist nicht einmal notwendig, dass Sie irgendeine Struktur in einer HTML-Seite einhalten, wenn Sie reinen Text darstellen wollen. Es gibt nur eine einzige Regel, die aus einem einfachen Klartext ein HTML-Dokument macht – die Dateierweiterung muss so lauten wie ein Webbrowser eine Webseite erwartet. Das muss so schwammig formuliert werden, denn die Dateierweiterungen, die als Webseite verstanden werden, beruhen auf einem Standard namens **MIME** (Multipurpose Internet Mail Extensions).

MIME bezeichnet einen Internetstandard zur Spezifizierung von Dateitypen bei der Kommunikation zwischen Server und Browser. Sowohl der Server als auch der Browser kennen bestimmte Dateitypen. Beim Übertragen vom Server zum Browser wird über das HTTP-Protokoll der MIME-Typ versteckt mit übertragen. Der MIME-Typ text/ html steht für ein HTML-Dokument und für XHTML-Dokumente gibt es die MIME-Typen text/xml oder application/xml. Aufgrund seiner Liste mit bekannten MIME-Typen kann der Browser eine Datei eines bekannten Typs korrekt behandeln. Werden unbekannte Dateitypen geladen, kann das Programm nicht direkt damit umgehen, sondern es muss die Datei speichern oder über zusätzliche Informationsquellen (etwa einen Benutzerdialog) nach der Behandlungsweise forschen. Die Verwendung von MIME-Typen umgeht zugleich das Problem, dass viele Dateierweiterungen von mehreren Programmen bearbeitet werden können (etwa *.bmp*, was unter Windows von zahlreichen Grafikprogrammen bearbeitet werden kann).

MIME-Typen geben eindeutig das zu verwendende Programm an. Der Einsatz von MIME-Typen erfolgt nach folgendem Schema:

Hauptkategorie/Unterkategorie

Hauptkategorien sind etwa text, image oder audio. Unterkategorien von text sind beispielsweise plain (eine reine Textdatei), javascript (beim Einbinden von JavaScripts) oder html (eine HTML-Datei). Unterkategorien von image sind beispielsweise gif oder jpeg.

In der Praxis bedeutet das, dass jede Klartextdatei, deren Dateierweiterung *.htm* oder *.html* lautet, als Webseite verstanden wird[1]. Spielen wir eine kleine Übung durch.

1. Öffnen Sie einen Editor und geben Sie den nachfolgenden (oder einen beliebigen, ähnlich umfangreichen) Text ein. Dabei können Sie nach Belieben Zeilenschaltungen verwenden oder es auch lassen. Das Gleiche gilt für Leerzeilen[2]:

```
Was sagt ein Mathematiker, wenn aus einem leeren Raum zwei
Personen heraus kommen? Wenn in den Raum wieder zwei Personen
hinein gehen, ist der Raum wieder leer.
```

*Listing 3.11:
Ein beliebiger
Klartext*

2. Speichern Sie den Text bitte mit der Dateierweiterung *.txt* ab.

3. Anschließend laden Sie diese Datei in den Browser. Dazu können Sie einfach einen Browser öffnen und die Datei mit der Maus hineinziehen. Beachten Sie das Resultat. Was fällt Ihnen auf?

*Bild 3.1:
Die Klartext-
datei wurde in
einen Browser
geladen*

Jeder Webbrowser kann neben einer HTML-Datei auch einige andere Dateiformate direkt anzeigen – bestimmte Grafikformate und natürlich auch Klartext.

---

1. Daneben gibt es die darauf aufbauenden Endungen *.shtm* oder *.shtml*, die in einigen Spezialfällen eingesetzt werden.

2. Ich drücke es so lässig aus, weil es einfach egal ist. Sie werden bald sehen, was ich damit meine.

4. Verändern Sie nun die Größe des Browser-Fensters. Der Text wird **nicht** der veränderten Größe angepasst.

5. Benennen Sie nun die Dateierweiterung um in *.html*. Sofern das funktioniert hat, ist Ihnen dabei vielleicht etwas aufgefallen – das Symbol für die Datei. Es ist eindeutig einem Browser als HTML-Datei zugeordnet. Beachten Sie, dass sonst keinerlei Veränderungen an der Datei vorgenommen werden. Insbesondere wird der Inhalt nicht verändert.

Bild 3.2:
Die Datei mit
der Erweite-
rung .txt hat
auch das pas-
sende Symbol

Beispielklartext.txt

Bild 3.3:
Alleine die
Änderung der
Erweiterung
ordnet ein
Browser-
Symbol zu

Beispielklartext.html

6. Laden Sie die umbenannte Datei wieder in einen Webbrowser. Wir hatten bereits besprochen, dass Sie in der Regel eine Datei in den Browser laden können, indem Sie – unter Windows oder einer vergleichbaren Umgebung – im Arbeitsplatz einfach einen Doppelklick auf die Datei ausführen. Alternativ finden Sie im DATEI-Menü Ihres Browsers einen Standarddialog zum Öffnen von Dateien (auch vom lokalen Rechner). Das Resultat sollte so oder so ähnlich wie in der nachfolgenden Abbildung aussehen.

Bild 3.4:
Die Beispiel-
datei im
Firefox

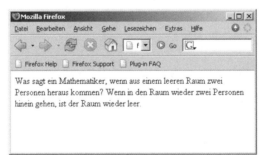

Ohne irgendwelche HTML-Anweisungen wird die Datei innerhalb des Browsers dargestellt. Mit definierter Hintergrundfarbe, Schriftfarbe, Textfarbe, Textgröße. Dies lässt sich einfach erklären – es sind die Voreinstellungen des Browsers für eine Webseite[1]. Und wenn Sie sich noch einmal die Darstellung einer Datei mit der Erweiterung *.txt* ansehen, werden Sie eine andere Interpretation der Darstellung erkennen.

Aber was ist mit dem Zeilenumbruch? Ist er da, wo Sie ihn per Zeilenschaltungstaste im Text eingefügt haben? Oder gibt es Zeilenumbrüche an Stellen, die Sie nicht eingegeben haben? Die Erklärung folgt gleich, aber vorher vervollständigen Sie bitte noch die kleine Aufgabe.

7. Fügen Sie an verschiedenen Stellen im Text Leerzeilen und Zeilenschaltungen ein. Anschließend speichern Sie die Datei erneut und schauen sie sich im Browser an. Ist die Darstellung des Textes verändert? Anschließend verändern Sie die Größe des Browsers. Was passiert da mit dem Text? Sie sehen, dass sowohl die Leerzeilen als auch die Zeilenschaltungen ignoriert werden, aber die Größenänderungen des Browsers wirken sich aus.

Ohne entsprechende Gegenmaßnahmen über eigene HTML-Befehle wird der Text immer automatisch der Größe des Browsers angepasst. Obwohl Sie dieses Verhalten vielleicht erst einmal verwirren wird, ist das keine Schwäche von HTML. Im Gegenteil – es ist eine große Stärke. Behalten wir diese Eigenschaft erst einmal im Hinterkopf – wir werden noch genauer darauf zurückkommen. Unser Hauptziel der letzten Aufgaben war nur zu klären, dass grundsätzlich eine HTML-Datei auch ohne Aufbau einer klaren HTML-Struktur möglich ist. Dies ist aber keine gute Lösung und in XHTML gilt diese Aussage definitiv nicht. Schauen wir uns jetzt das normalerweise verwendete Grundgerüst einer Webseite an.

3.2.1 Das Grundgerüst einer HTML-Seite

Eine Webseite benötigt normalerweise immer ein Grundgerüst. In die entstehenden Bereiche einer Seite werden unterschiedlichste Funktionalitäten gelegt. Schauen wir uns ein solches Gerüst an.

---

1. Wir hatten mit den Browser-Einstellungen bereits experimentiert, wenn Sie sich erinnern.

Eine HTML-Seite beginnt immer mit der Anweisung `<html>` und endet mit `</html>`. Dies ist der äußerste Container einer HTML-Seite. Vor diesem Container dürfen höchstens so genannte **Kommentare** stehen.

Ein **Kommentar** ist ein Bestandteil des Quelltextes, der beim Übersetzen des Quelltextes ignoriert wird. Er kann in der Regel an jeder Stelle innerhalb eines Quelltextes stehen (natürlich auch innerhalb einer HTML-Seite). Dies bedeutet, Kommentare haben keinerlei Auswirkung auf die konkrete Abarbeitung eines Quelltextes. Ein Kommentar in einer HTML-Seite wird beispielsweise innerhalb des Darstellungsbereichs eines Browsers nicht angezeigt. Kommentare in HTML beginnen mit einem Ausrufezeichen und zwei Strichen am Anfang (`<!--`) und enden mit zwei Strichen am Ende des Tags (`-->`). Jeder in diesem Container stehende Text wird vom interpretierenden Browser als Kommentar betrachtet. Ein Kommentar kann über mehrere Zeilen gehen. Beispiel:

Listing 3.12: Ein HTML-Kommentar

```
<!-- Dies ist ein Kommentar,
     der auch über mehrere Zeilen gehen kann.
-->
```

Kommentare sorgen für eine bessere Lesbarkeit des Quelltextes und sind eine vernünftige Möglichkeit, um bei Interpretersprachen Hintergrundinformationen in den Quelltext einzufügen. Zeitweise lassen sich über Kommentare auch bestimmte Teile eines Programms oder Dokuments ausblenden. Wenn Sie diese Teile wieder benötigen, entfernen Sie einfach die Zeichen für den Kommentar wieder.

Vor dem äußeren `<html>`-Container muss nach strenger Interpretation der W3C-Vorgaben bei reinem HTML eine so genannte DOCTYPE-Anweisung stehen. Diese hat für eine HTML-Seite (Version 4.01) folgende Form:

Listing 3.13: Eine DOC-TYPE-Anweisung für HTML 4

```
<!DOCTYPE html PUBLIC "-//W3C//DTD HTML 4.01 Transitional//EN">
```

Damit geben Sie eine Referenz auf eine öffentlich zugängliche so genannte **DTD** (Document Type Definition) für die HTML-Version 4.01 an. Eine solche Dokumenttypdefinition legt in SGML- und XML-

---

1. HTML-Browser kümmern sich nicht um die DTD. Wir werden diese Angabe im Buch nicht weiter verwenden.

Dokumenten die Struktur fest. In einer DTD werden die Art der vorkommenden Elemente, zugehörige Attribute und einige weitere
Syntaxstrukturen festgelegt, ebenso Angaben zur Reihenfolge und
Häufigkeit sowie bei Attributen die Art des Inhalts. Da HTML bis zur
Version 4 auf SGML beruht und die XHTML-Version auf XML, kann
man für beide Varianten einer Webseite eine solche DTD der eigentlichen Webseite voranstellen. Genau genommen ist eine solche DTD
für ein XHTML-Dokument sogar verpflichtend, während sie für ein
HTML-Dokument in der Praxis meist weggelassen wird[1]. In XHTML
notiert man vor dem einleitenden <html>-Container beispielsweise
Folgendes:

```
<?xml version="1.0" encoding="iso-8859-1"?>
<!DOCTYPE html PUBLIC "-//W3C//DTD XHTML 1.0 Strict//EN" "http://
www.w3.org/tr/xhtml1/DTD/xhtml1-strict.dtd">
```

*Listing 3.14:
Bei XHTML
notiert man
vor der eigent-
lichen Web-
seite beispiels-
weise dies*

Die XML-Deklaration <?xml version="1.0" encoding="iso-8859-1"
?> deklariert eine XHTML-Seite als XML-Dokument und gibt auswertenden Programmen (so genannten **Parsern**) Informationen über
die verwendete Zeichenkodierung des Dokuments. Die folgende DTD
spezifiziert wieder die Sprachversion. In dem Beispiel ist das XHTML
1 in der strikten Variante (es gibt auch andere).

Im Inneren einer Webseite gibt es zwei logische Abschnitte:

■ Einen Bereich mit **Metainformationen**. Dort sollten solche Informationen über eine Webseite untergebracht werden, die im Anzeigebereich des Browsers nicht angezeigt werden. Dies ist der **Header**
(Kopf) einer Webseite. Der Bereich wird von einem <head>-Container
umschlossen.

■ Einen Bereich, in dem alle Informationen stehen, die ein Anwender
im Anzeigebereich des Browsers sehen soll. Das ist der **Body** (Körper) einer Webseite. Der Bereich wird von einem <body>-Container
umschlossen.

Das vollständige Grundgerüst einer normalen HTML-Datei sieht immer
wie folgt aus (ohne DOCTYPE-Anweisung):

---

1. HTML-Browser kümmern sich nicht um die DTD. Wir werden diese Angabe im Buch nicht
   weiter verwenden.

Listing 3.15:
Das Grundge-
rüst einer
Webseite

```
<html>
  <head>
  </head>
  <body>
  </body>
</html>
```

Start- und Ende-Tags von Kopfbereich und Körper der Webseite müssen sich vollständig innerhalb des umgebenden HTML-Containers befinden und dürfen auch nicht verschachtelt werden.

3.2.2 Der Header

Obwohl es didaktisch ein wenig schwierig ist, werden wir uns am Anfang mit dem Kopfbereich einer Webseite beschäftigen. Warum didaktisch schwierig? Wir beschäftigen uns mit dem Abschnitt einer Webseite, der im Anzeigebereich des Browsers nicht angezeigt wird. Wir werden also nur wenige Übungen durchführen können, in deren Rahmen wir schnell einen Effekt auf dem Bildschirm sehen. Dennoch – der Header ist so wichtig, dass wir diesen gleich am Anfang besprechen wollen.

Der Titel

Einer der wichtigsten Bestandteile einer Webseite ist der Titel, der im Header über `<titel>` und `</title>` eingeschlossen wird.

Bitte beachten Sie die englische Schreibweise für die Anweisung. Die Ähnlichkeit zu dem deutschen Wort **Titel** führt leicht zu Fehlern.

Der Titel erscheint beim Browser in der Titelleiste. Darüber kann also eine im Browser angezeigte Seite identifiziert werden. Ein weiterer Effekt der Titelleiste ist, dass sie der Browser bei Lesezeichen und beim Anzeigen der bereits besuchten Dateien (Historie) verwendet. Viele Programme, welche mit Webseiten arbeiten, beziehen wichtige Informationen aus der Titelleiste. Der wichtigste Zweck der Titelleiste beruht freilich auf der Funktionsweise der Suchmaschinen im Internet. Die Titelleiste ist eine der wichtigsten Informationen, die Suchmaschinen zum Bewerten und Einsortieren von Webseiten verwenden, und die Titelleiste zeigt einem Suchenden an, was er nach einem Treffer zu erwarten hat.

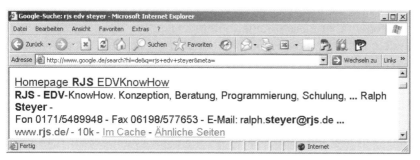

Bild 3.5:
Die Titelleiste zeigt einem Suchenden, was sich hinter einem aufgelisteten Treffer verbirgt

Nur über eine gut ausgewählte Titelleiste können Sie gewährleisten, dass später Anwender einer Suchmaschine bereits bei der Abfrage eine vernünftige Aussage über Ihre Seiten präsentiert bekommen.

1. Erstellen Sie zur Übung folgende HTML-Datei:

```
01 <html>
02 <head>
03 <title>Willkommen in meiner Webwelt</title>
04 </head>
05 <body>
06 </body>
07 </html>
```

Listing 3.16:
Eine Webseite mit Titelleiste

2. Speichern Sie diese Datei und betrachten Sie diese Datei anschließend in einem Browser. Sie werden den Text, den Sie im <title>-Container in Zeile 3 eingeschlossen haben, in der Titelleiste des Browsers angezeigt bekommen.

Bild 3.6:
Die Titelleiste zeigt den Text im <title>*-Container an*

Tags für Hintergrundinformationen

Innerhalb des Kopfbereichs einer Webseite können diverse Tags untergebracht werden. Zum Beispiel Hintergrundinformationen über das Dokument wie beispielsweise der Autor, das Erstellungsdatum oder der verwendete Zeichensatz.

Man nennt solche Hintergrundinformationen **Metadaten**.

Metadaten werden dem Betrachter einer Seite nicht direkt angezeigt, sie stehen aber auswertenden Programmen wie Suchmaschinen oder anderen Dokumentationstools zur Verfügung. Daneben gibt es Aktionen wie eine Weiterleitung einer Seite, die über Metainformationen ausgelöst werden.

Schauen wir uns einige (beileibe nicht alle) Metainformationen an. Beachten Sie, dass Meta-Tags keinen Container darstellen, sondern nur einen Start-Tag besitzen. Als Attribute stehen unter anderem folgende Angaben zur Verfügung:

Tabelle 3.1:
Wichtige
Attribute des
<meta>-Tags

Attribut	Beschreibung
http-equiv	Simulation von HTTP-Headerinformationen.
name	Der Name der Metainformation. Dieses Attribut identifiziert einen Eigenschaftsnamen. Es gibt keine verbindliche Liste von erlaubten oder verbotenen Werten für dieses Attribut, es ist also frei wählbar. Es gibt allerdings einige Werte, die allgemein verwendet werden. Wir geben gleich ein paar Beispiele an.
content	Die mit dem Attribut name assoziierte Information, die dieses Attribut genauer spezifiziert. Es gibt keine verbindliche Liste von erlaubten oder verbotenen Werten für dieses Attribut, d.h., dieses Attribut ist frei wählbar. Es obliegt einem auswertenden Programm, ob es mit einer spezifischen Information etwas anfangen kann.

Die Werte für ein Attribut werden mit einem Gleichheitszeichen zugewiesen. Innerhalb eines Headers können beliebig viele <meta>-Tags verwendet werden. Hauptsächlich finden Sie <meta>-Tags in Verbindung mit den Attributen name und content. Über name wird eine Eigenschaft angegeben – etwa der Autor oder eine Beschreibung – und über content der Wert dieser damit benannten Variablen. Diese beiden Informationen bilden zusammen ein Wertepaar, das auch nur in Verbindung Sinn macht.

Ich weiß, das klingt jetzt sehr abstrakt. Wir werden es an praktischen Beispielen durchsprechen. Dafür ziehen wir für das Attribut name ein paar Ausprägungen heran, die allgemein gültig sind. Nehmen wir uns ein solches Wertepaar vor, das den **Autor** einer Webseite beschreiben soll. Der Wert für name ist dann "Author", der Wert für content der konkrete Name (in Hochkomma eingeschlossen). Beispiel:

```
<meta name="Author" content="Ralph Steyer">
```

*Listing 3.17:
Eine Meta-
information,
die den Autor
einer Webseite
angibt*

Eine weitere wichtige Anwendung für ein solches Wertepaar ist die Bereitstellung einer **Beschreibung** für eine Webseite. Das ist das, was ein Anwender als Beschreibung Ihrer Seite erhält, wenn er Ihre Seite als Ergebnis einer Suchabfrage in einer Suchmaschine angezeigt bekommt. Dazu wird als Wert von name der englische Begriff für Beschreibung (description) gesetzt und für content die konkrete Beschreibung, die Sie Ihrer Seite geben wollen. Beispiel:

```
<meta name="description" content="RJS - EDV-KnowHow. Konzeption,
Beratung, Programmierung, Schulung, Publikation">
```

*Listing 3.18:
Eine Meta-
information,
die den Inhalt
einer Webseite
beschreibt*

Die dritte wichtige Metainformation im Rahmen des Headers ist die Angabe von **Schlüsselwörtern**. Dabei handelt es sich um von Ihnen gewählte Begriffe, nach denen Ihre Webseite bei einer Suchabfrage in einer Suchmaschine gefunden werden soll. Sie überlegen sich, welche Schlüsselwörter Ihre Seite am besten beschreiben bzw. auf Grund welcher Suchbegriffe Ihre Seite gefunden werden soll. Als Wert von name wird der englische Begriff für Schlüsselwort (keywords) gesetzt, content wird wieder mit den konkreten Wörtern gesetzt. Bei mehreren Wörtern (Regelfall) werden diese durch Komma getrennt. Beispiel:

```
<meta name="keywords" content="Ralph Steyer, EDV-Consulting, EDV-
Beratung, RJS EDV-KnowHow, Konzeption, Beratung, Consulting,
Programmierung, Schulung, Publikation, html, java, javascript,
internet, Kylix, Linux, PHP, xml">
```

*Listing 3.19:
Eine Meta-
information
mit der An-
gabe von
Schlüssel-
wörtern*

Der HTTP-Header

HTTP-Header-Informationen in Zusammenhang mit dem http-equiv-Attribut können für diverse Zwecke verwendet werden. Wenn Dokumente über HTTP verschickt werden, lassen sich damit verschiedene Aktionen beeinflussen. Es gibt dabei viele Aktionen, die recht kritisch sind und von denen Sie die Finger lassen sollten. Wir werden nicht näher darauf eingehen. Allerdings gibt es auch ein paar ungefährliche und recht häufig eingesetzte Verwendungszwecke für dieses Attribut.

So können Sie beispielsweise ein **Ablaufdatum** für ein HTML-Dokument setzen. Damit können Sie sicherstellen, dass ein Webbrowser bei Überschreitung des Datums nicht weiter die alte Version des Dokuments lädt (etwa aus dem Cache oder von einem Proxy). Dazu dient der Wert Expires für das Attribut http-equiv. Sie sollten das Datum im gültigen

HTTP-DATE-Header-Format[1] eingeben. Das nachfolgende Beispiel verwendet ein solches Datumsformat:

Listing 3.20: Festlegung des Ablaufdatums einer Webseite

```
<meta http-equiv="Expires" content="Sa, 19 Aug 2006 12:00:00 GMT">
```

Über das Attribut **http-equiv** kann auch die **Zeichenkodierung** eines HTML-Dokuments festgelegt werden. Das nachfolgende Beispiel spezifiziert die Zeichenkodierung eines HTML-Dokuments nach der Norm ISO-8859-5, wie sie in Westeuropa üblich ist:

Listing 3.21: Festlegung der Zeichenkodierung einer Webseite

```
<meta http-equiv="Content-Type" content="text/html;
charset=ISO-8859-5">
```

Eine andere interessante Anwendung des `http-equiv`-Attributs ist die **automatische Umleitung** eines Besuchers auf eine andere Webseite. Wenn der Besucher den URL einer Webseite im Webbrowser eingibt, wird er nach einer gewissen Zeitspanne auf eine andere Webseite weitergeleitet. Dazu dient das `refresh`-Attribut. Dessen Wert enthält als ersten Eintrag die Wartezeit (in Sekunden) und anschließend – per Semikolon abgetrennt – das Ziel der Umleitung in Form eines URLs. Beispiel:

Listing 3.22: Automatische Weiterleitung

```
<meta http-equiv="refresh" content="3;URL=titel.htm">
```

Bei diesem Beispiel wird ein Besucher nach einer Zeitspanne von drei Sekunden an die Datei *titel.htm* weitergeleitet.

Über diese Technik können Sie eine beliebige Ressource automatisch beim Aufruf einer Seite nachladen lassen. Wenn Sie als Zeitspanne eine 0 angeben, wird die Ressource unmittelbar geladen und der Besucher sieht die weiterleitende Seite unter Umständen gar nicht[2]. Sie können auf diese Weise auch Schleifen von sich selbst aufrufenden Seiten aufbauen. Wenn beispielsweise eine Datei *EINS.HTM* automatisch nach einer gewissen Zeitspanne eine Datei *ZWEI.HTM*, diese wiederum eine Datei *DREI.HTM* und diese die Datei *EINS.HTM* lädt, erzeugen Sie eine Endlosschleife. Das mag erst einmal ziemlich unsinnig erscheinen, kann aber in Zusammenhang mit Frames (mehrere getrennte Fenstersegmente) Sinn machen.

---

1. Dies wird in dem Dokument [RFC2068], Abschnitt 3.3 bzw. im ISO8601-Datumsformat beschrieben.

2. Darauf können Sie sich aber nicht verlassen.

Einige alte Browser unterstützen die Weiterleitung von Seiten auf diese Art und Weise nicht und auch in einigen neueren Browsern kann ein Anwender die automatische Weiterleitung deaktivieren. Deshalb sollte auf jeden Fall auf einer Seite auch die Verzweigung per Hyperlink vorgesehen sein.

3.2.3 Der Body

Der **Body** einer Webseite umfasst sämtliche sichtbaren Informationen einer Webseite.

Um beispielsweise reinen Text im Rahmen einer Webseite anzuzeigen, schreiben Sie einfach den Text unmittelbar hinter die <body>-Anweisung.

Der <body>-Tag besitzt eine Reihe von Parametern, die ihn bei Bedarf erweitern und das globale Aussehen eines Dokuments bestimmen. Es gibt diverse Farbangaben, welche die globalen Farben von verschiedenen Elementen regeln:

- Hintergrundfarbe

- Textfarbe

- Farbe von Hyperlinks

- Farbe eines Hyperlinks unmittelbar beim Anklicken

- Farbe eines bereits besuchten Hyperlinks

Daneben gibt es noch die Angabe eines optionalen Hintergrundbilds, das gekachelt angezeigt wird. Sämtliche Parameter können beliebig angeordnet und auch beliebig verwendet oder weggelassen werden. Allen Farbangaben haben gemeinsam, dass Sie erst einmal wissen müssen, wie Farbangaben unter HTML eingesetzt werden.

Wie Farbangaben in Webseiten funktionieren

Farbangaben können unter HTML in zwei Varianten erfolgen:

▪ Über die Angabe des **RGB**-Werts (RGB = Red/Green/Blue[1]) einer Farbe in Hexadezimalform

▪ Über die Angabe eines expliziten Farbnamens

Bei der Angabe der RGB-Werte in Hexadezimalform müssen die Farben aus den drei Grundfarben Rot, Grün und Blau über ihre jeweiligen Anteile zusammengestellt werden. Dabei ist jede hexadezimale Farbdefinition sechsstellig und hat das folgende Schema:

Listing 3.23: Das Schema einer RGB-Farbangabe

#XXXXXX

Hinter dem Gatter # folgen zwei Stellen für den Rotwert, die Stellen drei und vier für den Grünwert und die letzten beiden Stellen für den Anteil von Blau. Die Angabe der RGB-Werte in Hexadezimalform hat den Vorteil, browserunabhängig zu sein, und es stehen im Prinzip 16,7 Millionen Farben zur Verfügung. Hier folgen ein paar Beispiele für die hexadezimale Farbangabe:

Tabelle 3.2: Farben im hexadezimalen RGB-Farbmodell

Weiß	FF	FF	FF
Silber	C0	C0	C0
Grau	80	80	80
Schwarz	00	00	00
Rostbraun	80	00	00
Lila	80	00	80
Rot	FF	00	00
Pink	FF	00	FF
Gelb	FF	FF	00
Grün	00	80	00
Hellgrün	00	FF	00
Olivgrün	80	80	00
Blau	00	00	FF
Marineblau	00	00	80
Dunkeltürkis	00	80	80
Hellblau	00	FF	FF

---

1. Rot/Grün/Blau

Die Liste von Farbangaben ist nicht willkürlich, sondern entspricht den 16 Standardfarben, welche auch bei einer Bildschirmfarbpalette von nur 16 Farben korrekt angezeigt werden sollten.

Der Nachteil bei der hexadezimalen Farbangabe ist, dass Sie sich erst einmal mit dem hexadezimalen Zahlensystem auskennen müssen (Sie finden eine Auflistung im Anhang). Die Zusammenstellung der einzelnen Farben über die jeweiligen Rot-, Grün- und Blauanteile ist sicher auch nicht jedermanns Sache. Deshalb gibt es die Möglichkeit der direkten Eingabe von standardisierten Farbnamen, die weitgehend den normalen englischen Farbbezeichnungen entsprechen. Die folgenden Farbnamen werden von den meisten Browsern korrekt interpretiert. Es handelt sich dabei um die gleichen Farben wie bei der hexadezimalen Farbangabe:

Farbangabe	Farbe
black	Schwarz
maroon	Rostbraun
green	Grün
olive	Olivgrün
navy	Marineblau
purple	Lila
teal	Dunkeltürkis
gray	Grau
silver	Silber
red	Rot
lime	Hellgrün
yellow	Gelb
blue	Blau
fuchsia	Lilaton
aqua	Hellblau
white	Weiß

Tabelle 3.3:
Symbolische
Farbnamen

Der Nachteil direkter Farbangaben ist zum einen, dass es natürlich nicht für 16,7 Millionen Farbnuancen einen Namen gibt. Es gibt zwar weit mehr als diese 16 Farbnamen, aber die meisten der Farbnamen sind nicht standardisiert. Es ist oft nicht eindeutig, wie Mischfarben – also aus den drei Grundfarben gemischte Farben – genau auszusehen haben. Eine Farbangabe kann auf verschiedenen Browsern ganz unterschiedlich aussehen. Die Interpretation der Farbangabe ist also in den meisten Fällen explizit browserabhängig. Dies kann aber auch von Vorteil sein, denn unter Umständen werden Farbangaben über Farbnamen noch annähernd richtig dargestellt, während hexadezimal exakt festgelegte Farbangaben die Plattform vollkommen überfordern. Wenn der Browser einen Farbnamen überhaupt nicht kennt, wird er die Farbe nicht darstellen und eine Standardfarbe verwenden.

Sie finden im Anhang 6 eine Liste mit erweiterten Farbangaben.

Es gibt sowohl bei der Angabe eines direkten Farbnamens als auch bei der hexadezimalen Farbangabe ein Problem, wenn Sie einen Farbnamen bzw. eine hexadezimale Farbnuance angeben, welche die Zielplattform des Anwenders nicht darstellen kann. Sie haben keine Kontrolle darüber, wie das Resultat in diesem Fall aussieht. Aus dem Grund sollten Sie auf extreme Farbexperimente verzichten – vor allem mit hexadezimalen Farbnuancen.

Bei allen Farbangaben in HTML ist die Darstellung sowohl mittels hexadezimalem Zahlencode als auch über den Farbnamen möglich.

Angabe der globalen Hintergrundfarbe einer Webseite

Listing 3.24:
Schema für die globale Hintergrundfarbe

Die Farbdefinition für die **Hintergrundfarbe** erfolgt einfach als Ergänzung des <body>-Tags mit dem Attribut bgcolor. Dieser hätte dann folgende Struktur:

Listing 3.25:
Hintergrundfarbe Grün (direkte Farbangabe)

```
<body bgcolor=[farbe]>
```

Beispiele:

```
<body bgcolor="green">
```

Listing 3.26:
Hintergrundfarbe als Hexwert

```
<body bgcolor="#008080">
```

Angabe der globalen Textfarbe für die Webseite

Die Farbdefinition für die globale Textfarbe erfolgt als Ergänzung des <body>-Tags mit dem Attribut `text`. Dieser hätte dann folgende Struktur:

```
<body text=[farbe]>
```

Beispiele:

```
<body text="black">
<body text="#FFFFFF">
```

Listing 3.27: Schema für die globale Text- farbe

Listing 3.28: Globale Text- farbe Schwarz (direkte Farb- angabe)

Listing 3.29: Textfarbe als Hexwert

Link-Farben

Wir sind noch nicht näher darauf eingegangen, wie Hyperlinks in eine Webseite eingefügt werden. Ich werde zur Demonstration der Farban- gaben für die verschiedenen Links aber gleich ein wenig vorgreifen. Wir müssen zwischen drei Zuständen eines Querverweises unterschei- den:

1. Dem Zeitpunkt, bevor er angeklickt wurde

2. Dem Zeitpunkt, während er gerade angeklickt wird

3. Dem Zeitpunkt, wenn ein Anwender wieder zu einer Seite zurück- kehrt und einen Link sieht, den er bereits besucht hat

Die Farbdefinition für die globale Farbe der drei Link-Zustände erfolgt wieder als Ergänzung des <body>-Tags:

1. Das Attribut `link` für die Farbe von normalen Verweisen

2. Das Attribut `alink` für die Farbe von Verweisen beim Anklicken

3. Das Attribut `vlink` für die Farbe von Verweisen zu bereits besuchten Zielen

Erstellen wir zur Übung eine vollständige Webseite, die auch Hyperlinks enthält. Auf die näheren Hintergründe gehen wir noch ein. Den über <br> ausgelösten Zeilenumbruch haben Sie ja schon kennen gelernt, obgleich wir auch ihn später nochmals genauer erläutern. Für unsere Übung genügt es, wenn Sie die Befehle exakt abtippen und die Datei speichern.

1. Geben Sie bitte folgenden HTML-Code ein:

Listing 3.30:
Angabe aller
globalen
Farbangaben
in einer
Webseite

```
01 <html>
02 <head>
03 <title>Globale Farbangaben im BODY-Tag</title>
04 </head>
05 <body bgcolor="yellow" text="blue" link="#00ff12" alink="white"
vlink="#ff0000">
06 Meine Favoriten<br>
07 <a href="http://www.rjs.de">RJS EDV-KnowHow</a><br>
08 <a href="http://www.mut.de">Markt + Technik</a><br>
09 <a href="http://www.pearson.de">Pearson Education</a>
10 </body>
11 </html>
```

2. Laden Sie die Datei in einen Browser. Es sollten drei Hyperlinks sichtbar sein. Beachten Sie die Farbe der Links. Sie sind grün.

3. Klicken Sie einen Link an und achten Sie auf die Farbe beim Anklicken. Beim Anklicken selbst erscheint er so lange weiß, wie der Mauszeiger nicht losgelassen wird.

4. Kehren Sie über die *Zurück*-Schaltfläche des Browsers zurück zur Datei. Der bereits besuchte Link erscheint rot dargestellt.

Bild 3.7:
Je nach Zu-
stand haben
die Links
unterschied-
liche Farben

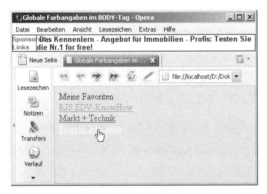

 Ein Link wird als bereits besucht dargestellt, wenn Sie den Browser schließen und nach einem Neustart die betreffende Seite erneut laden. Dies liegt daran, dass in der History des Browsers (die in der letzten Zeit besuchten Webseiten werden auf Ihrem Rechner normalerweise dokumentiert) nachgeschaut wird, ob Sie diese Seite schon mal besucht haben.

Angabe eines globalen Hintergrundbilds

Eine zusätzliche Erweiterung des <body>-Tags erlaubt das Einbinden eines Hintergrundbilds. Dieses wird gekachelt über den gesamten Bildschirmhintergrund gelegt und überdeckt unter Umständen die Hintergrundfarbe. Dass beide Angaben dennoch parallel Sinn machen, liegt daran, dass bei transparenten Bildern die Hintergrundfarbe durchscheinen kann. Außerdem haben manche Surfer die Anzeige von Grafiken deaktiviert und dann kommt die alternative Farbdarstellung des Hintergrunds zum Tragen. Bevor wir uns mit dem konkreten Einbinden von Bildern beschäftigen wollen, müssen wir ein paar Hintergründe zu den im WWW erlaubten Bildformaten durchsprechen.

Wie Bilder im Web funktionieren

Im WWW können Sie allgemein nur für drei Bildformate mit der uneingeschränkten Unterstützung rechnen:

- GIF (Graphics Interchange Format)

- JPEG bzw. JPG (Joint Photographic Experts Group)

- PNG (Portable Network Graphics)

Bei allen drei Formaten handelt es sich um Bildformate, die von nahezu jedem Browser verstanden werden. Zwar haben sich in der letzten Zeit verschiedene weitere Formate etabliert, aber es gilt immer noch, dass die meisten Browser sie nicht oder nur mit einem Zusatzmodul anzeigen können.

Die Grafikformate besitzen einige Gemeinsamkeiten. Es handelt sich um Pixelformate (Beschreibung von jedem Bildpunkt mit allen Angaben), keine Vektorformate (Berechnung von grafischen Formen), und um hoch komprimierte Bildformate. Es gibt jedoch auch Unterschiede.

- Das GIF-Format, welches auf den Online-Anbieter CompuServe zurückgeht, kann nur 256 Farben darstellen (im Vergleich zu 16,7 Millionen Farben bei JPEG). Eine große Stärke der GIF-Dateien ist, dass sie nicht zeilenweise, sondern schichtweise aufgebaut werden. Das führt dazu, dass der Besucher einer Webseite bereits recht schnell ein Bild sieht, allerdings in niedriger Qualität. Mit jedem ankommenden Datenpaket wird Schicht für Schicht das Bild in der Qualität verbessert. Zwei weitere Vorteile des GIF-Formats sind die Möglichkeit, ein GIF-Bild transparent erscheinen zu lassen und es als Animation (so genannte **animierte GIFs**) aufzubauen. Für das GIF-Format gab es jedoch bis zum Jahr 2004 Patentbeschränkungen, die zur Entwicklung des PNG-Formats führten.

▪ PNG wurde als freier Ersatz für das ältere GIF-Format entworfen und ist ein universelles Format, das offiziell vom W3C anerkannt wird. Die meisten modernen Webbrowser unterstützen es. PNG besitzt nahezu alle Möglichkeiten, die das GIF-Format bietet – mit Ausnahme von Animationen. Dafür hat es einige interessante Erweiterungen gegenüber GIF, deren Beschreibung jedoch den Rahmen hier sprengen würde. Allerdings sollten Sie beim Einsatz von PNG beachten, dass der Internet Explorer bis zur Version 6 einige Probleme mit dem PNG-Format hat.

▪ Das JPEG-Format eignet sich besonders für Grafiken mit sehr großer Farbtiefe (etwa Fotos). Animationen lassen sich mit diesem Format nicht darstellen.

Listing 3.31: Schema für die Einbindung einer Hintergrundgrafik

Die konkrete Einbindung eines globalen Hintergrundbilds einer Webseite erfolgt einfach als Ergänzung des <body>-Tags. Hierzu wird das Attribut background verwendet. Über dieses Attribut wird der URL einer Bilddatei referenziert. Dieser hätte dann folgende Struktur:

```
<body background="[URL]">
```

Das referenzierte Bild wird als Hintergrund gekachelt.

Gekachelte Hintergrundbilder zählen – bis auf wenige Ausnahmen – mittlerweile zu den absoluten »NoNos« bei Webseiten. Sie brauchen schon gute Argumente, um darauf zurückzugreifen.

1. Erzeugen Sie – trotz des letzten Hinweises – zur Übung die folgende Webseite, wobei der URL zur Bilddatei natürlich existieren muss:

Listing 3.32: Angabe eines Hintergrundbilds

```
01 <html>
02 <head>
03 <title>Angabe eines Hintergrundbildes im BODY-Tag</title>
04 </head>
05 <body background="http://rjs.de/bilder/ducky.gif">
06 Oh gelbes Quitscheentchen mein, du sollst mein Badegast sein.
07 </body>
08 </html>
```

2. Speichern Sie die Datei und laden Sie sie in einen Browser.

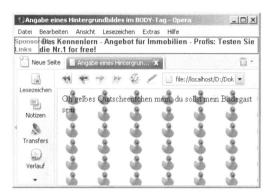

Bild 3.8:
Ein gekacheltes Hintergrundbild

Mit dieser Erweiterung des <body>-Tags laden Sie, wenn Ihre Webseite in einen Browser geladen wird, das Hintergrundbild aus einer lokalen Ressource (meist mit der Angabe eines relativen URLs) oder von dem angegebenen WWW-Server. Letzteres setzt natürlich voraus, dass Sie online sind.

3.3   Weitergehende Gestaltung mit HTML

In diesem Abschnitt lernen Sie weitergehende Gestaltungsmöglichkeiten mit HTML kennen. Einige der Technologien verfolgen wir detailliert, andere Dinge werden nur kurz angesprochen[1]. Wir beschäftigen uns mit Layoutfaktoren einer Webseite, die ein Ersteller der Webseite nicht unmittelbar kontrollieren kann: Zeilen und Absätze, Überschriften und Trennlinien, Textformate und Sonderzeichen.

3.3.1   Grundlegende Layoutkontrolle

Beginnen wir den Abschnitt ohne lange Vorrede mit einer knappen Übung.

1. Erstellen Sie die folgende Datei:

---

1. Dies ist ja kein explizites HTML-Buch und zudem verdrängen Style Sheets die traditionelle Gestaltung des Layouts mit HTML.

Listing 3.33:
Eine Beispiel-
Webseite ohne
explizite Lay-
outangaben

```
01 <html>
02 <head>
03 <title>Veränderung einer Seite</title>
04 </head>
05 <body>
06 Möge die Macht mit Dir sein. Keine Macht? Macht nix!
07 </body>
08 </html>
```

2. Laden Sie diese in den Browser.

Bild 3.9:
Der Inhalt der
Webseite passt
nicht in eine
Zeile – der
Text wird um-
gebrochen

3. Verändern Sie die Größe des Browsers. Beachten Sie das Verhalten des Textes. Er passt sich der Größe des Browser-Fensters an. Damit sind Browser in der Lage, darzustellenden Text immer an die zugrunde liegende Plattform optimal anzupassen. Weder die Größe des Browser-Fensters, die browserspezifischen Einstellungen noch die Auflösung des Bildschirms werden die Darstellung des Textes so beeinflussen, dass er über den seitlichen Anzeigebereich hinausgeht. Wenn Sie jedoch an verschiedenen Stellen im Text Leerzeilen und Zeilenschaltungen mit der ⏎-Taste im Editor eingefügt haben, werden sie nicht dargestellt. Auch mehrere Leerzeichen zwischen Wörtern werden zu einem Leerzeichen komprimiert.

Bild 3.10:
Das Browser-
Fenster ist
breiter – jetzt
passt der Text
in eine Zeile

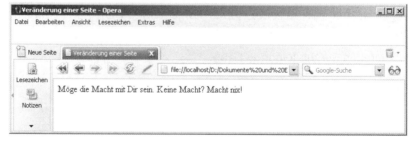

4. Es sollte Ihnen auffallen, dass der Text mit vordefinierter Hintergrundfarbe, Schriftart, Textfarbe und Textgröße innerhalb des Browsers dargestellt wird. Dies erfolgt auf Grund der Voreinstellungen des Browsers.

5. Verändern Sie die Einstellungen des Browsers. Sie können – teils abhängig vom Browser – nahezu alle Rahmenbedingungen für die Darstellung verändern. Die Schriftart, die Farben, die Textgröße und noch viel mehr. Experimentieren Sie.

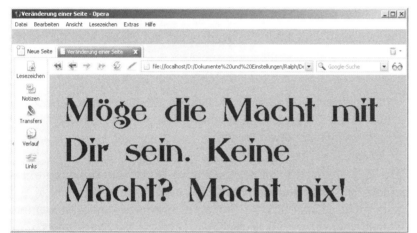

Bild 3.11:
Im Browser am Zoom, an der Schriftart und an der Hintergrundfarbe gedreht – die Seite sieht ganz anders aus

Sie erkennen, es gibt zahlreiche Darstellungsbedingungen, die der Designer einer Webseite nicht beeinflussen kann. Sie hängen von der Plattform des Betrachters bzw. seinen Einstellungen im Webbrowser ab. Auf diese Faktoren **kann über HTML kein Einfluss** eingenommen werden! Sie müssen jedoch unbedingt im Gesamtkonzept berücksichtigt werden.

Sie haben also als Ersteller einer Webseite unter Umständen nur begrenzten Einfluss auf die Darstellung dieser Aspekte einer Webseite. Vielleicht wurmt Sie das, aber sehen Sie es nicht negativ. Am besten nehmen Sie diese eingeschränkte Kontrolle als das, was es ist – eine erhebliche Arbeitserleichterung für den Ersteller einer Webseite. Man muss nur wenig HTML-Code eingeben und kann sicher sein, dass ein Anwender eine Information seinen Bedürfnissen entsprechend angezeigt bekommt. Über andere Aspekte einer Darstellung haben Sie jedoch relative Kontrolle. Gehen wir die möglichen Anpassungen des Layouts an unsere Vorstellungen an.

3.3.2   Absätze, Trennlinien und Zeilenschaltungen

Zeilenumbrüche dienen der optischen Gliederung eines Textes. Unter HTML muss ein solcher Zeilenumbruch explizit mit einem Tag definiert werden. Dazu dient die Steueranweisung <br>, die Sie ja bereits mehrfach gesehen haben. Es gibt in reinem HTML offiziell nur einen Start-Tag, während XHTML einen Ende-Tag fordert (
</br>).

In XML und damit XHTML kann man zur Abkürzung von so genannten **leeren Elementen** (ohne Text oder Objekte als Inhalt des Containers – also so etwas wie
</br>) eine abgekürzte Schreibweise verwenden. Der Start-Tag wird direkt mit einem abschließenden Slash / notiert. Beispiel:

Listing 3.34: Ein XML-konformer Zeilenumbruch

```
<br />
```

Das Leerzeichen vor dem schließenden / soll aufgrund der Kompatibilität mit einigen älteren Browsern verwendet werden, obgleich es nicht zwingend notwendig ist.

Verwandt zum manuellen Zeilenumbruch ist die **Unterbindung eines automatischen Zeilenumbruchs**. Das bedeutet, der Text soll in der Breite **nicht** automatisch der Größe des Browsers angepasst werden. Der Container <nobr> [irgendwelcher Text] </nobr> **verhindert**, dass der im Container enthaltene Text an die Größe des Browser-Fensters angepasst wird.

Alle HTML-Anweisungen lassen sich direkt in den fließenden Text schreiben. Aber Sie können sie auch der Übersichtlichkeit halber in eine neue Zeile schreiben, was bei Zeilenumbrüchen oft gemacht wird. Auf das Layout des HTML-Dokuments hat dies keinerlei Auswirkung.

Absätze müssen wie Zeilenumbrüche unter HTML mit einem Tag explizit definiert werden. Der wesentliche Unterschied zwischen einer Absatzschaltung und einer Zeilenschaltung liegt darin, dass bei einem Absatz zusätzliche Formatierungen wie die Textausrichtung möglich sind. Optisch ist der erzeugte Abstand im Anzeigebereich des Webbrowsers etwas größer als bei einer Zeilenschaltung. Zum Einfügen einer Absatzschaltung dient die Steueranweisung <p>.

Absatz-Tags bilden einen Container. Mit anderen Worten: Das Ende eines Absatzes muss auch in reinem HTML mit einem Ende-Tag </p> markiert werden. Wenn Sie sich jedoch Webseiten im Internet ansehen, werden Sie erkennen, dass der Abschluss-Tag oft fehlt. Es entsteht durch das Setzen eines Abschluss-Tags kein neuer Absatz. Erst das Setzen eines neuen <p> erzeugt einen neuen Absatz (und beendet damit automatisch den Wirkungsbereich des bisherigen Absatzes). Es gibt jedoch eine Wirkung des Ende-Tags. Lokale Vereinbarungen innerhalb eines Absatzes (etwa die spezielle Ausrichtung in diesem Absatz) werden damit begrenzt und hinter dem Ende-Tag kommen wieder die Vereinbarungen der umgebenden Struktur zum Tragen. Es ist dringend zu empfehlen, auch in reinem HTML zu einem Absatz **immer** einer Abschluss-Tag zu setzen und auf saubere Verschachtelung zu achten.

Eine Absatzschaltung kann im Gegensatz zur Zeilenschaltung mit **Parametern** erweitert werden. Damit erreichen Sie die **Ausrichtung** des Inhalts in Absätzen. Dazu wird der Parameter align=[Ausrichtung] angefügt. Es gilt folgende Syntax:

```
<p align=[Ausrichtung]>
```

Listing 3.35: Schematische Syntax für die Ausrichtung eines Absatzes

Als Ausrichtung sind die Angaben left, right, justify und center erlaubt. Sie stehen für die üblichen Ausrichtungen linksbündig, rechtsbündig, Blocksatz und zentriert. Standardmäßig wird ein Absatz linksbündig ausgerichtet. Führen wir eine kleine Übung durch.

1. Erstellen Sie die folgende HTML-Datei (der Text ist natürlich beliebig[1]):

```
01 <html>
02 <head>
03 <title>Zeilenschaltungen und Absätze</title>
04 </head>
05 <body>
06 Unendliche Weiten<br>
07 dies sind die Abenteuer...<br>
08 Sternzeit 10956543158
09 <p align="justify">
```

Listing 3.36: Experimente mit Zeilenschaltungen und Absätzen

---

1. In den Beispielen verwende ich Passagen aus einer Story, die so im Internet kursiert (und die mir echt gut gefällt). Auf meiner Webseite ist der vollständige Text zu lesen, aber ich weise explizit darauf hin, dass er von einem unbekannten Autor ist – ich will mich nicht mit fremden Federn schmücken ;-).

107

10 Picard : Mr. LaForge, haben Sie schon Erfolg bei ihrer Analyse
der moeglichen Schwaechen der Borg gehabt? Mr. Data konnten sie in
die Kommandostruktur der Borg eindringen?
11 </p>
12 <p>
13 LaForge: Ja, wir haben die Antwort in unseren Archiven ueber
die Computertechnolgie des spaeten zwanzigsten Jahrhunderts
gefunden. (Er drueckt eine Taste und ein Logo erscheint auf dem
Bildschirm)
14 </p>
15 <p align="center">
16 Riker : (guckt irritiert und zuckt leicht mit dem Kopf nach
hinten) Wer oder was in aller Welt ist "Microsoft" ?
17 <p>
18 Data : (dreht sich um, um zu antworten) Erlauben sie es mir, es
zu erklaeren: Wir haben ein Programm namens "Windows" gefunden,
das, wenn wir es durch die Kommandostruktur der Borg schicken, in
der Lage ist, mit exponentiell wachsender Geschwindigkeit
Systemressourcen zu belegen.
19 </p>
20 </p>
21 <p>
22 <nobr>Picard : Aber die Borg haben eine erstaunliche
Anpassungsfaehigkeit. Wuerden sie nicht die Geschwindigkeit ihres
Verarbeitungssystems erhoehen um sich anzupassen?</nobr>
23 </p>
24 <p align="right">
25 Data : Das ist korrekt. Aber das Programm "Windows" ist in der
Lage, dies zu bemerken, und erstellt dann automatisch eine neue
angepasste Version von sich selbst, die sich "Upgrade" nennt.
Dadurch ist "Windows" in der Lage, Systemressourcen schneller zu
belegen, als die Borg Systemressourcen hinzufuegen koennen. Wenn
meine Berechnungen stimmen, sind am Ende alle Systemressourcen der
Borg von "Windows" belegt, so dass keine Ressourcen mehr fuer
ihren operativen Bedarf vorhanden sind.
26 </p>
27 <p align="left">
28 Picard : Exzellente Arbeit. Dieses "Windows" scheint besser zu
sein als die "Paradoxe geometrische Form".
29 </p>
30 </body>
31 </html>

2. Speichern Sie die Datei und laden Sie sie in den Browser. Beachten
   Sie das Verhalten des Textes und insbesondere die verschiedenen
   Absätze.

Bild 3.12:
Verschiedene
Absatz-
varianten

In den Zeilen 6 und 7 finden Sie gewöhnliche Zeilenschaltungen. Die Zeile 9 definiert den ersten expliziten Absatz mit der Ausrichtung Blocksatz. Der Absatz reicht bis Zeile 11. Der Container von Zeile 12 bis 14 definiert den nächsten Absatz in der Standardausrichtung (also links). Die Zeilen 15 bis 20 definieren einen zentriert ausgerichteten Absatz. Beachten Sie, dass darin ein weiterer Absatz geschachtelt ist (die Zeilen 17 bis 19). Wenn Sie den Screenshot betrachten, sehen Sie, dass der geschachtelte Absatz links ausgerichtet wird. Hier gilt also nicht die Wirkung des umgebenden zentriert ausgerichteten Absatzes. Der Absatz von Zeile 20 bis 22 ist wieder in der Standardausrichtung links definiert. Aber er enthält eine Besonderheit – einen `<nobr>`-Container. Wie Sie in der Abbildung erkennen, wird der enthaltene Text vom Browser nicht am Rand des Browser-Fensters umgebrochen. Die folgenden Absätze richten den Inhalt explizit rechts und dann links aus.

3. Verändern Sie die Größe des Browsers und beachten Sie dabei das Verhalten des Textes und insbesondere die verschiedenen Absätze.

Trennlinien sind verwandt mit Absatzschaltungen und Zeilenumbrüchen. Sie äußern sich zusätzlich jedoch optisch, sind also ein einfaches Hilfsmittel zur optischen Abgrenzung von Textbereichen. Trennlinien beginnen immer in einer neuen Zeile und erzeugen neben einer sichtbaren Linie einen weiteren Zeilenvorschub (Sie benötigen also keine zusätzliche Absatz- oder Zeilenschaltung). Sie werden mit dem <hr>-Tag in ein Dokument eingefügt und erstrecken sich ohne weitere Angaben über die gesamte Breite des Anzeigefensters eines Browsers. Der Trennlinien-Tag lässt sich jedoch um diverse Parameter zur Spezifizierung erweitern. Sie können etwa die **Breite** der Trennlinie über den Parameter width=[Breite] definieren, entweder in Prozent oder in Pixel. Wenn Sie die Breite verkleinern, wird Ihnen auffallen, dass die Standardausrichtung einer Trennlinie in nahezu allen Browsern zentriert ist. Natürlich lassen sich Trennlinien individuell **ausrichten**. Dazu steht Ihnen die bereits bei Absätzen verwendete Erweiterung align=[Ausrichtung] mit den üblichen Angaben left, right und center zur Verfügung.

Blocksatz macht hier natürlich keinen Sinn und das Ausrichten von Trennlinien ist nur in Verbindung mit der Angabe width zur Einschränkung der Linienlänge sinnvoll, da die Trennlinie ansonsten stets über die gesamte Breite des Anzeigefensters geht.

Die Erweiterung size=[Liniendicke] definiert die **Dicke** der Trennlinie. Diese Angabe ist numerisch und immer relativ zur Standarddicke einer Trennlinie zu sehen. Die Voreinstellung beträgt 2. Mit dem Wert 1 erzwingen Sie eine dünnere Linie, mit größeren Werten dickere Trennlinien.

Die meisten Browser zeigen Trennlinien schattiert an. Sie können diesen Schatteneffekt unterbinden. Dazu dient der Parameter noshade.

Führen wir auch zu Trennlinien wieder eine kleine Übung durch.

1. Erstellen Sie die folgende HTML-Datei (der Text ist wieder beliebig):

Listing 3.37:
Verschiedene
Trennlinien

```
01 <html>
02 <head>
03 <title>Trennlinien</title>
04 </head>
05 <body>
06 Unendliche Weiten<hr>
07 dies sind die Abenteuer...<hr>
08 Sternzeit 10956543158
09 <hr width="50%">
10 Data : Captain, "Windows" ist erfolgreich in der Kommandostruktur
der Borg installiert worden. Wie erwartet wurden 85% der
Systemressourcen innerhalb kuerzester Zeit von Windows belegt. Wir
warten aber noch auf eine positive Bestaetigung des erwarteten
"Upgrades".
11 <hr width="100">
12 LaForge: Die Sensoren zeigen einen Anstieg der Systemressourcen
der Borg an, aber wir haben immer noch keine Anzeichen eines
"Upgrades", das zusaetzliche Systemressourcen belegt.
13 <hr width="100" align="left">
14 Picard : Mr. Data, gehen Sie nochmal durch die historischen Daten
und stellen Sie fest, ob wir etwas uebersehen haben koennten.
15 <hr width="100" align="right">
16 Data : Captain, ich habe herausgefunden, warum wir noch kein
"Upgrade" feststellen konnten: Wie es scheint, haben die Borg diesen
Teil des Plans umgangen, weil sie ihre Registrierungskarten nicht
eingeschickt haben.
17 <hr size="5">
18 Riker : Captain, wir haben keine andere Wahl. Bitte um die
Erlaubnis, Notfallmassnahmen einleiten zu duerfen...
19 <hr size="10">
20 LaForge: Warten Sie, Captain. Der Prozentsatz der freien
Systemresourcen der Borg ist gerade schlagartig auf 0 gesunken!
21 <hr size="15">
22 Picard : Mr. Data, was zeigen die Sensoren an?
23 <hr size="10" noshade>
24 Data : (die Anzeige studierend) Scheinbar sind die Borg auf ein
internes Modul von "Windows" Namens "Solitaire" gestossen, welches
die restlichen freien Systemressourcen belegthat.
25 <hr noshade>
26 Picard : Warten wir ab, wie lange "Solitaire" die Funktionalitaet
der Borg einschraenken kann.
27 </body>
28 </html>
```

2. Speichern Sie die Datei und laden Sie in den Browser. Beachten Sie die verschiedenen Trennlinien.

In den Zeilen 6 und 7 finden Sie gewöhnliche Trennlinien ohne Parameter. Die Zeile 9 definiert eine Linie, die 50% des Anzeigebereichs vom Browser einnimmt. In Zeile 11 wird die Breite einer Linie auf 100 Pixel festgelegt. Beachten Sie, dass die Grundausrichtung beider Linien zentriert ist. In den Zeilen 13 und 15 werden explizit die Ausrichtungen links bzw. rechts gesetzt. In den Zeilen 17, 19 und 21 wird jeweils die Dicke der Trennlinie angegeben und die Zeilen 23 und 25 legen fest, dass die Linien ohne Schatten dargestellt werden sollen.

Bild 3.13:
Verschiedene
Trennlinien

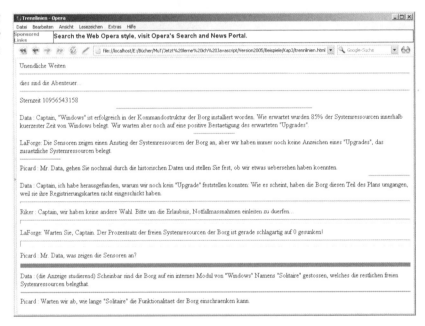

3. Verändern Sie die Größe des Browsers und beachten Sie auch dabei das Verhalten der Trennlinien (insbesondere derjenigen, bei denen ein Prozentwert für die Breite angegeben wurde).

3.3.3   Tags zur Gruppierung

In Zusammenhang mit Absätzen ist das Strukturelement `<div>` zu sehen. Man kann damit eine Unterstruktur innerhalb einer Webseite aufbauen und diese ausrichten (über die Parameterangabe `align`, welche die gleichen Werte annehmen kann wie bei Absätzen). Aber vor allem wird dieser Container verwendet, um den darin enthaltenen Inhalt zusammenzufassen, um ihn gemeinsam ansprechen zu können (etwa mit JavaScript).

Das DIV-Element erzeugt zwar in einem Browser auch einen Zeilenvorschub, aber der ist kleiner als beim Absatz. Das Layout bleibt kompakter.

Wenn es um die reine Zentrierung von Inhalt geht, können Sie anstelle von `<div align="center">...</div>` auch den `<center>`-Container nehmen. Dieser Rat steht zwar im Widerspruch zu offiziellen HTML-Empfehlungen des W3C und Sie geben die Option auf, den Bereich gezielt mit JavaScript oder ähnlichen Techniken anzusprechen, aber der `<center>`-Befehl existiert schon seit HTML-Urzeiten und wird auf allen Browsern verstanden. Und er ist kürzer zu schreiben.

Als Alternative zum `<div>`-Container bietet sich in vielen Situationen der `<span>`-Container an. Auch dieser dient zur Gruppierung von Inhalt. Er hat aber **keinerlei Eigenwirkung**. Er ist damit prädestiniert zur Auslagerung von Gestaltung in Style Sheets. Oder aber auch zur Ansprache aus Programmier- und Skriptsprachen (etwa JavaScript). Der `<span>`-Container ist damit bedeutend radikaler bei der Trennung von Struktur, Layout und Funktionalität einzusetzen als der `<div>`-Container, den noch seine Eigenwirkungen einschränken[1]. Um den `<span>`-Container jedoch wirklich zu verstehen, müssen Sie auf die Kapitel mit Style Sheets und JavaScript warten.

---

1. Der `<span>`-Container hat für HTML die Bedeutung, wie die 0 für die Mathematik. Beides ist ein Symbol für etwas, was alleine keine Wirkung, keine echte eigene Bedeutung hat. Aber genau dieses Nichts macht den Sinn aus. Erst als die Menschheit die 0 verstanden hatte, konnte überhaupt so etwas wie Mathematik und unser modernes Weltbild entstehen. Und erst wenn ein Webdesigner verstanden hat, dass eine Trennung von Struktur, Layout und Funktionalität unabdingbar und ein `<span>`-Container sein Schlüssel dazu ist, kann er moderne Webseiten erstellen. Und vor allem möchte ich Quellen widersprechen, die den `<div>`-Container zu solchen Aufgaben herausziehen. Die Eigenwirkung wie ein Zeilenvorschub ist eine »Verschmutzung« der Logik und schadet mehr, als dass sie nutzt.

3.3.4   Überschriften

Überschriften legen in einer Webseite verschiedene Schriftgrößen für den eingeschlossenen Text fest und erzeugen einen neuen Absatz. Das bedeutet, dass vor und nach Überschriften keine zusätzlichen Absatz- bzw. Zeilenschaltungen nötig sind. HTLM kennt sechs Überschriften, die sich normalerweise nur in der Schriftgröße unterscheiden.

Tabelle 3.4:
Die sechs
möglichen
Typen für
Überschriften
unter HTML

Typ	Beschreibung
`<h1>...</h1>`	Überschrift 1. Ordnung (größter Text)
`<h2>...</h2>`	Überschrift 2. Ordnung
`<h3>...</h3>`	Überschrift 3. Ordnung
`<h4>...</h4>`	Überschrift 4. Ordnung
`<h5>...</h5>`	Überschrift 5. Ordnung
`<h6>...</h6>`	Überschrift 6. Ordnung (kleinster Text)

Die Größenangaben der Überschriften sind immer als **relative** Angaben zu verstehen, die von der Größe der Standardschrift des Browsers abhängen.

Überschriften werden standardmäßig **linksbündig** ausgerichtet, können aber über den Parameter `align` mit den bekannten Werten `left`, `right`, `justify` und `center` explizit ausgerichtet werden. Beispiel:

Listing 3.38:
Eine rechts-
bündig aus-
gerichtete
Überschrift

`<h2 align="right">Rechtsbündige Überschrift 2. Ordnung</h2>`

Die Ausrichtung von Überschriften mittels `<div>` – bzw. `<center>` im Fall einer Zentrierung – ist selbstverständlich auch möglich. Das kann dann sinnvoll sein, wenn mehrere Überschriften (eventuell in Verbindung mit anderen Inhalten) auf einmal ausgerichtet werden sollen.

1. Erstellen Sie die folgende HTML-Datei (der Text ist wieder beliebig):

```
01 <html>
02 <head>
03 <title>Überschriften</title>
04 </head>
05 <body>
06 <h1>Unendliche Weiten</h1>
07 <h2>dies sind die Abenteuer...</h2>
08 <h3>Sternzeit 10956543158</h3>
09 <h4 align="right">Riker : Mr. LaForge, bitte geben Sie uns eine
Uebersicht ueber den Status der Borg.
10 </h4>
11 <h5 align="justify">LaForge: Wie erwartet versuchen die Borg
den Verlust an Systemressourcen auszugleichen. Aber ich habe eine
Sonde nahe den Borg positioniert, die bei einem Anstieg der
Systemressourcen ein neues "Windows"-Modul aus dem sogenannten
"Microsoft Funpack" in die Kommandostruktur der Borg einspielt.
12 </h5>
13 <div align="right">
14 <h6>Picard : Wieviel Zeit bekommen wir dadurch?</h6>
15 <h6>Data : Basierend auf der gegenwaertigen Anpassungsrate ist
in sechs Stunden, 23 Minuten und 33 Sekunden die Funktionalitaet
der Borg wieder hergestellt.
16 </h6>
17 </div>
18 <h6 align="center">LaForge: Captain, die Sensoren zeigen an,
dass ein anderes Raumschiff in diesen Sektor eingeflogen ist!
19 </h6>
20 </body>
21 </html>
```

Listing 3.39: Verschiedene Überschriften mit unterschiedlicher Ausrichtung

2. Speichern Sie die Datei und laden Sie sie in den Browser. Beachten Sie die verschiedenen Überschriften und deren Ausrichtung.

In den Zeilen 6 bis 8 finden Sie Überschriften ohne Parameter (Ordnung 1 bis 3). Die Zeilen 9 und 10 definieren eine rechts und 11 und 12 eine als Blocksatz ausgerichtete Überschrift. Die Zeilen 13 bis 17 zeigen die gemeinsame Ausrichtung von zwei Überschriften über einen umgebenden <div>-Container und die Zeile 18 zentriert eine Überschrift.

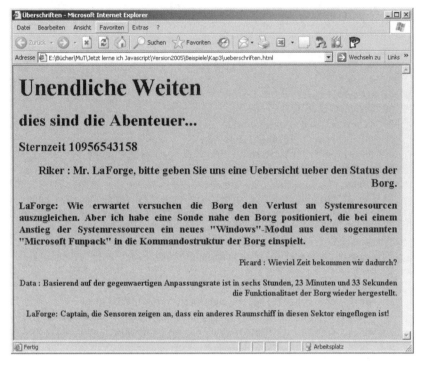

3.3.5   Sonderzeichen und Maskierung

Sind Ihnen schon einmal Webseiten untergekommen, in denen einzelne Zeichen nicht richtig dargestellt wurden? Etwa deutsche Sonderzeichen?

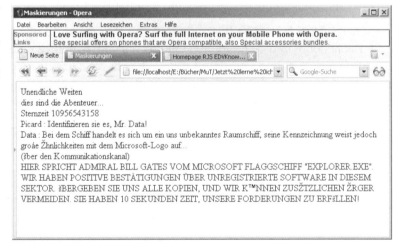

Das Internet ist international und nicht jedes sprachspezifische Zeichen eines jeden Landes kann in einem international orientierten 1-Byte-Zeichensatz wie ASCII oder ANSI vertreten sein. Wegen den vielen landesspezifischen Sonderzeichen und dem heterogenen Standard der Rechner und Betriebssysteme im Internet wurden bereits in einer sehr frühen Phase des Internets weitere international genormte Zeichensätze zum Austausch von Zeichen vereinbart. Der bis zur Version HTML 3.2 gültige Zeichensatz wird **ISO 8859-1-Norm** oder alternativ **ISO Latin-1** genannt. Diese Norm besteht aus 256 Zeichen, wovon die ersten 128 identisch mit dem klassischen ASCII-Zeichensatz sind. Die zweite Hälfte der Zeichen weicht dagegen davon ab und besteht aus etlichen Sonderzeichen und Buchstaben für verschiedene – insbesondere europäische – Sprachen.

In HTML 4 hat sich im Rahmen der Internationalisierung nach dem **ISO/IEC:10646**-Standard bzw. **I18N** einiges getan. Dieser neue Standard ist kompatibel zur bisherigen Norm, nur können bedeutend mehr Zeichen darin verschlüsselt werden, denn er basiert auf Unicode, der im unteren Byte mit dem bisherigen Code identisch ist. Die Internationalisierung ist unabhängig davon, ob das Betriebssystem diese Zeichen unterstützt.

Doch machen Sie sich nicht zu viele Gedanken um diese Normen. Die Zeichen der ersten Hälfte (unter anderem die normalen Buchstaben des Alphabets und die Ziffern von 0 bis 9) werden wie gewohnt über die Tastatur eingegeben. Wenn Sie allerdings in HTML-Dateien Zeichen aus der zweiten Hälfte der bisherigen ISO 8859-1-Tabelle verwenden wollen (dazu gehören die deutschen Umlaute, das Zeichen ß, Zeichen, die Sie auf der Tastatur nicht finden wie das Copyrightzeichen © oder Sonderzeichen wie < >), oder vor allem die weiteren Zeichen der erweiterten ISO/IEC:10646-Norm, sollten Sie diese verschlüsselt eingeben. Dies nennt man auch **Maskieren**.

Die kodierte Eingaben von Zeichen nennt man **Maskierung**.

Lassen Sie sich nicht blenden, wenn in Ihrem Browser deutsche Sonderzeichen (ü, ä, ö usw.) korrekt angezeigt werden, auch wenn Sie diese direkt über die Tastatur eingegeben haben. Ihre speziell konfigurierte Plattform suggeriert eine sauber erstellte Webseite, die auf den meisten anderen Plattformen im Internet nicht richtig dargestellt wird.

Die Darstellung von Sonderzeichen und landesspezifischen Zeichen erfolgt über so genannte **Entities**.

Entities zur Maskierung von Zeichen bestehen aus einer Folge von Zahlen oder Zeichen, die einem Steuerzeichenpaar – dem &# – folgen und von einem Semikolon abgeschlossen werden. Das beginnende &# teilt dem Browser mit, dass er den nachfolgenden Zahlencode in ein konkretes Zeichen umsetzen muss. Das Semikolon beendet die Anweisung. Der eingeschlossene Buchstabencode entspricht der Position des Zeichens in der ISO 8859-1-Tabelle. Er kann dezimal, aber auch hexadezimal angegeben werden.

Beachten Sie, dass es für die Groß- und Kleinschreibung eines Buchstabens bei der Maskierung andere Regeln gibt als in HTML-Anweisungen. In reinem HTML spielt Groß- und Kleinschreibung grundsätzlich keine Rolle. Wenn Sie aber einen Buchstaben maskieren wollen, gibt es für den groß geschriebenen und den klein geschriebenen Buchstaben verschiedene Kodierungen. Sie werden auch niemals HTML-Anweisungen finden, wo Sonderzeichen vorkommen oder Zeichen maskiert wurden.

Sie finden im Anhang eine Liste mit den Buchstabencodes, aber wir werden sie nicht weiter brauchen. Schon seit einiger Zeit hat sich eine etwas komfortablere Form der Maskierung durchgesetzt, die das Merken dieser numerischen Codes weitgehend überflüssig macht. Diese Form der Maskierung beginnt wie beim Zifferncode mit einem & und endet mit einem Semikolon. Dazwischen stehen Abkürzungen, die das maskierte Zeichen beschreiben. Die meisten der Abkürzungen sind sprechend. Für deutsche Umlaute werden Sie den Grundbuchstaben finden, gefolgt von der Zeichenkette uml[1]. Etwa Uuml für Ü oder auml für ä. Andere Abkürzungen sind sprechend genau das, was sie kodieren sollen. Etwa sz gefolgt von lig, was für ß steht. Bei anderen Zeichen sind es die ersten Buchstaben der ausgeschriebenen englischen Form, etwa lt, was für *less than* (kleiner als) steht und das Zeichen < erzeugt. Die nachfolgende Tabelle gibt die wichtigsten Maskierungen an.

---

[1]. Das kann man sich als Abkürzung für Umlaut leicht merken.

Maskierung	steht für	erzeugtes Zeichen
<	less than (kleiner als)	<
>	greater than (größer als)	>
&	ampersand	&
"	quotation (Anführung)	"
ä	Grundbuchstabe a, gefolgt von uml	ä
Ä	Grundbuchstaben A, gefolgt von uml	Ä
ö	Grundbuchstabe o, gefolgt von uml	ö
Ö	Grundbuchstabe O, gefolgt von uml	Ö
ü	Grundbuchstabe u, gefolgt von uml	ü
Ü	Grundbuchstabe U, gefolgt von uml	Ü
ß	sz, gefolgt von lig	ß

Tabelle 3.5:
Maskierungen

1. Erstellen Sie die folgende HTML-Datei (beliebiger Text):

Listing 3.40:
Maskierte
Sonderzeichen

```
01 <html>
02 <head>
03 <title>Maskierungen</title>
04 </head>
05 <body>
06 Unendliche Weiten<br />
07 dies sind die Abenteuer...<br />
08 Sternzeit 10956543158<br />
09 Picard : Identifizieren sie es, Mr. Data! <br />
10 Data : Bei dem Schiff handelt es sich um ein uns unbekanntes
Raumschiff, seine Kennzeichnung weist jedoch gro&szlig;e
&Auml;hnlichkeiten mit dem Microsoft-Logo auf...<br />
11 (&Uuml;ber den Kommunikationskanal) <br />
12 HIER SPRICHT ADMIRAL BILL GATES VOM MICROSOFT FLAGGSCHIFF
"EXPLORER.EXE".
13 WIR HABEN POSITIVE BEST&Auml;TIGUNGEN &Uuml;BER UNREGISTRIERTE
SOFTWARE IN DIESEM SEKTOR.
14 &Uuml;BERGEBEN SIE UNS ALLE KOPIEN, UND WIR K&Ouml;NNEN
ZUS&Auml;TZLICHEN &Auml;RGER VERMEIDEN.
15 SIE HABEN 10 SEKUNDEN ZEIT, UNSERE FORDERUNGEN ZU
ERF&#220;LLEN!
16 </body>
17 </html>
```

119

2. Speichern Sie den Quelltext und laden Sie ihn in einen Browser.

Alle maskierten Sonderzeichen werden in der Webseite korrekt angezeigt. Beachten Sie auch Zeile 15. Hier kommt die numerische Kodierung zum Einsatz. Und achten Sie auch darauf, dass in dem Beispiel der
XHTML-konforme Zeilenumbruch <br /> verwendet wird.

Bild 3.16:
Die maskierten
Sonderzei-
chen werden
richtig dar-
gestellt

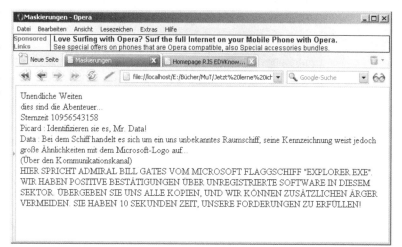

Obwohl die Maskierung halbwegs plausibel erscheint, ist es doch mit
ziemlich viel Aufwand verbunden, wenn man bei jedem Sonderzeichen die vollständige Maskierung per Tastatur eingeben muss. Hier
schlägt die Stunde besserer HTML-Editoren. Diese Programme ent-
lasten den Anwender, indem sie die Umwandlung von eingegebenen Sonderzeichen in den ISO-Code automatisch vornehmen und im
HTML-Dokument speichern.

Es gibt eine bequeme Alternative zur Maskierung von einzelnen Zeichen, auf die viele HTML-Tools zurückgreifen. Dabei wird auf eine
Metainformation im Header gesetzt, womit der verwendete Zeichensatz spezifiziert wird. So wird etwa der ISO-8859-1-Zeichensatz als
Standardzeichensatz für eine Webseite festgelegt:

Listing 3.41:
Festlegung
von ISO-
8859-1 als
Zeichensatz

```
<meta content="text/html; charset=ISO-8859-1" http-equiv="content-
type">
```

Damit können Sie in der Webseite auch deutsche Sonderzeichen direkt eingeben. Bei älteren Browsern ist diese Variante zwar unzuverlässig, aber inzwischen kann man sich darauf weitgehend verlassen.

Beachten Sie bei dem letzten Tipp, dass Sie Sonderzeichen, die in HTML eine definierte Bedeutung haben (etwa <) trotz der Metainformation maskieren müssen!

3.3.6 Textformatierung

Zu den wichtigsten Gestaltungsmitteln einer Webseite zählt die Beeinflussung der Textdarstellung. Wie Sie bereits wissen, haben Sie als Ersteller einer Webseite nur begrenzten Einfluss auf das tatsächliche Erscheinungsbild der Seite beim Anwender. Positiv ausgedrückt – Sie müssen sich nicht um jede Kleinigkeit Gedanken machen. Die Gestaltungsmöglichkeiten des Textes sind deshalb immer unter folgenden Voraussetzungen zu sehen:

- Sehr oft gelten die Formatierungsbefehle als relative Anweisungen von der Standardschriftart des Browsers aus gesehen.

- Sie können nie sicher sein, dass die Formatierungsanweisungen auf der darstellenden Plattform erlaubt werden.

- Die angegebenen Formatierungen sind teilweise nicht in allen Browsern darstellbar.

Textformatierungen dienen meistens dazu, einen Textbereich optisch hervorzuheben. Sie gehören zu den ältesten HTML-Steueranweisungen und sind besonders wichtig, da zumindest die älteren Anweisungen von jedem Browser verstanden werden. Entsprechende Tags können in HTLM sowohl die Schriftgröße als auch die Art oder den Stil beeinflussen. Prinzipiell unterscheidet man in HTML zwischen so genannten **logischen** und **physischen** Befehlen zur Hervorhebung von Text.

- Logische Anweisungen überlassen es weitgehend dem Browser, wie eine konkrete Darstellung aussehen wird. Dementsprechend können logische Anweisungen (beispielsweise fett oder kursiv) auf unterschiedlichen Plattformen sehr verschieden dargestellt werden.

- Physische Anweisungen legen genauer fest, wie ein Text aussehen soll. Ein so definierter Text wird in den meisten Browsern ähnlich aussehen, aber auch da kommen browserspezifische Unterschiede zum Tragen.

Sie werden sich wahrscheinlich fragen, wozu es zwei verschiedene Formen der Texthervorhebung gibt? Logische Anweisungen sind bei der Darstellung unter alten, nicht grafischen Plattformen (zum Beispiel unter DOS) von Vorteil. Daneben entspricht das Vorgehen, die konkrete Darstellung eines Dokuments dem Darstellungsmedium zu überlassen, der eigentlichen Idee einer Dokumentbeschreibungssprache. Physikalische Anweisungen bieten jedoch mehr Gestaltungsmöglichkeiten und haben sich im Laufe der Entwicklung des WWW durchgesetzt. Eine strikte Beschränkung auf logische Anweisungen macht nur noch Sinn, wenn Sie sichergehen wollen, dass die Angaben auch in textmodusorientierten Umgebungen angezeigt werden, oder Sie der exakten Philosophie einer Dokumentbeschreibungssprache folgen wollen. Ansonsten können Sie beide Formen mischen und müssen sich keine Gedanken darüber machen, welchem Typ sie zuzuordnen sind.

Interessanter Weise haben sich zwar die physischen HTML-Tags durchgesetzt, aber da das Layout in modernen Seiten vollkommen von HTML losgelöst und Style Sheets überlassen wird, werden sie mittlerweile als logische Tags verwendet. Dies bedeutet, dass beispielsweise für eine fett hervorgehobene Textpassage zwar fast immer der Tag <b> statt <strong> verwendet wird. Der <b>-Tag selbst wird jedoch um seine Standarddarstellung kastriert und mit einem zugeordneten Style Sheet spezifiziert[1].

Die logischen Anweisungen

Wir schauen uns zuerst ein paar (nicht alle) logischen Anweisungen an.

Es wird Ihnen bei logischen Anweisungen auffallen, dass verschiedene Anweisungen recht ähnliche oder gar gleiche Darstellungen bewirken und sie sich je nach Plattform unterscheiden können. Es ist gerade das Wesen einer logischen Anweisung, die tatsächliche optische Ausprägung dem Interpreter zu überlassen (eventuell unter Hinzunahme einer ergänzenden Technologie).

---

1. Offensichtlich hatten die Entwickler des WWW am Anfang weiter gedacht als die Verantwortlichen in der Boom-Phase des Webs Mitte bis Ende der 90-er Jahre wahrhaben wollten. Derzeit korrigieren aktuelle Entwicklungen die Überlastung von HTML in dieser Zeit und reduzieren HTML auf die Bedeutung, die es ursprünglich haben sollte.

Einige der nachfolgenden Anweisungen bewirken eine **nicht proportionale Darstellung**. In den meisten Browsern gibt es nicht nur eine Standardschriftart sondern zwei. Eine wird für **proportionale Schrift**, das heißt Schrift mit variabler Breite, verwendet (Regelfall) und eine zweite für nicht proportionale (Schrift mit fester Breite). Diese Schrift wird dann bei den entsprechenden Anweisungen (oft bei Zitaten oder Quelltext) verwendet.

Anweisung	Beschreibung
`<cite>`	Zitat
`<code>`	Darstellung von Quellcode
`<dfn>`	Definitionen
`<em>`	Betonung
`<samp>`	Darstellung von Beispielen
`<strong>`	Allgemeine kräftige Hervorhebung (meist fette Darstellung)

Tabelle 3.6: Wichtige logische Formatierungen

Die physischen Anweisungen

Anweisung	Beschreibung
`<b>`	Fette Darstellung
`<big>`	Relativ im Vergleich zur Standardeinstellung größere Schriftgröße
`<i>`	Kursive Darstellung
`<small>`	Relativ im Vergleich zur Standardeinstellung kleinere Schriftgröße
`<sub>`	Tiefgestellte Schrift
`<sup>`	Hochgestellte Schrift
`<u>`	Unterstreichen

Tabelle 3.7: Wichtige physische Formatierungen

Spielen wir wieder eine kleine Übung durch.

1. Erstellen Sie die folgende HTML-Datei (der Text ist beliebig):

Listing 3.42:
Verschiedene
Textforma-
tierungen

```
01 <html>
02 <head>
03 <title>Textformatierungen</title>
04 </head>
05 <body>
06 <b>Data</b> : <sup>Das</sup> fremde <sub>Schiff</sub> hat seine
vorderen Luken geoeffnet und stoesst tausende humanoider Objekte
aus.<br />
07 <u>Picard</u> : <pre>Vergroessern und auf den Schirm.</pre>
08 <i>Riker</i> : Mein Gott, <strong>Captain</strong>. Diese
Menschen bewegen sich auf das Borg-Schiff zu – ohne Raumanzuege!
Wie koennen sie das ueberstehen?
09 </body>
10 </html>
```

2. Speichern Sie die Datei und laden Sie sie in den Browser. Beachten Sie die verschiedenen Formatierungen des Textes.

Bild 3.17:
Verschiedene
Textforma-
tierungen

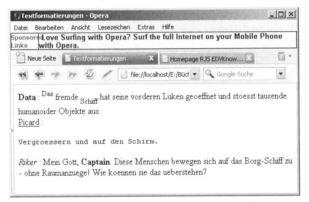

Die <font>-Anweisung

Wir hatten eben mit den Anweisungen <big> und <small> bereits zwei Möglichkeiten zur relativen Veränderung der Schriftgröße. Daneben kennen wir bereits Überschriften und die beiden unterschiedlichen Standardschriftarten (variable und feste Breite), die über Browser-Einstellungen auch mit zwei verschiedenen Schriftgrößen gestaltet werden können. Dies ist aber noch nicht alles. Über die <font>-Anweisung kann die Gestaltung der Schrift noch weiter beeinflusst werden.

Im Einzelnen können Sie die

- Schriftgröße,

- Schriftfarbe und

- Schriftart

festlegen.

Die **Schriftgröße** legen Sie über den Parameter `size=[Größe]` in gewissen Grenzen fest. Die Größe kann einen Wert zwischen 1 und 7 annehmen. Die Werte sind dabei keine absoluten Angaben, sondern relativ zu der Schriftgröße zu verstehen, die der Anwender im Browser für seine Standardschrift eingestellt hat. Die tatsächliche Größe ist explizit davon abhängig. Die normale Größeneinstellung ist 3. Wenn in einem Browser eine bestimmte Schriftgröße (etwa Schriftgrad 12) als Standardschriftgröße eingestellt ist, entspricht der Wert 3 dieser Standardgröße. Die Werte größer als 3 (4 bis 7) stehen für größere Schriftgrade, die Werte 1 und 2 für kleinere Schriften.

Sie können eine relative Veränderung der Textgröße um einen gewissen Wert über `+(Zahl)` bzw. `-(Zahl)` erreichen.

Ein Beispiel:

```
<font size="+2">...</font>
```

Listing 3.43: Relative Vergrößerung der Schrift

Die **Schriftfarbe** setzen Sie über einen weiteren Parameter: `color=[Farbe]`. Dabei kann für die Farbe eine der üblichen Farbangaben (nach dem RGB-Modell oder ein Farbname) gesetzt werden.

Zu guter Letzt verfügt der `<font>`-Tag noch über einen Parameter zur Angabe der gewünschten Schriftart – `face=[Schriftart]`. Als Wert können Sie die Namen einer oder mehrerer Schriftarten (dann durch Kommas getrennt) angeben. Bei mehreren Schriftarten versucht der Browser zuerst, den Text in der ersten angegebenen Schriftart darzustellen. Ist diese Schrift beim Anwender nicht installiert, sucht der Browser nach der zweiten Schrift usw. Für die Schriftnamen müssen Sie die exakten Schriftartnamen angeben, wie sie intern vom Betriebssystem verwendet werden (das stimmt nicht immer mit den Angaben überein, wie sie etwa in einer Textverarbeitung zu sehen sind).

Unter Windows finden Sie die tatsächlichen Schriftnamen über die Systemsteuerung.

1. Erstellen Sie die folgende HTML-Datei:

Listing 3.44: Der Einsatz von <font>

```
01 <html>
02 <head>
03 <title>Textformatierungen mit font</title>
04 </head>
05 <body>
06 <font size="+4">Data</font> : Ich glaube nicht, dass es sich
   bei diesen <font face="Splash" color="red">Lebewesen</font> um
   <font face="COURIER NEW">Menschen</font> handelt. Wenn sie genauer
   hinschauen, werden sie feststellen, dass diese Lebewesen im Stil
   des zwanzigsten Jahrhunderts Lederaktenkoffer und Armani-Anzuege
   tragen.<br />
07 <font size="7">Riker und Picard</font> : (<font
   color="#00FF00">mit panischer Stimme</font>) <font
   face="VERDANA,ARIAL,HELVETICA">ANWAELTE</font>!</body>
08 </html>
```

2. Speichern Sie die Datei und laden Sie sie in den Browser.

In Zeile 6 wird eine relative Vergrößerung der Schrift vorgenommen (<font size="+4">). Das ist exakt das Gleiche wie die Angabe <font size="7"> in Zeile 7. Ansonsten finden Sie in dem Beispiel sowohl die Verwendung von Farbnamen (Zeile 6) als auch RGB-Angaben (Zeile 7) und die Festlegung von Schriftarten.

Bild 3.18: Formatierung der Schrift mit dem <font>- Tag

Das `face`-Attribut wird zwar von vielen Tools eingesetzt, ist jedoch meist entweder überflüssig oder es gibt sogar Probleme damit. Für einen sinnvollen Einsatz muss vor allem die Schriftart auf dem Zielrechner vorhanden sein und davon kann nur bei Standardschriftarten ausgegangen werden. Überhaupt sollten Sie beachten, dass der Einsatz des `<font>`-Tags mehr und mehr obsolet wird, da dessen Aufgabe von Style Sheets übernommen wird bzw. werden sollte. Das W3C hat den Tag als deprecated eingestuft.

3.4 Referenzen

Kaum eine Webseite besteht nur aus einer Klartextdatei mit HTML-Tags. Webseiten **referenzieren** in nahezu allen Fällen andere Dateien – seien es andere Webseiten, Grafiken, Java-Applets oder anderen Multimediadateien. Das bedeutet, es werden andere Dateien hinzugebunden und in der Webseite verwendet. Für den Besucher einer Webseite geschieht das vollkommen verdeckt. Die Webseite wird für ihn unsichtbar im Hintergrund aus verschiedenen Ressourcen zusammengesetzt, die sogar von den unterschiedlichsten Servern stammen können.

Eine **Referenz** bedeutet die Verwendung einer anderen Datei aus einer Webseite heraus.

3.4.1 Grafiken einbinden

Wir haben die Einbindung von Grafiken schon bei den Parametern des `<body>`-Tags gehabt. Eine dort referenzierte Grafik wird als Hintergrundbild einer Webseite gekachelt. Es ist aber natürlich auch möglich, gezielt an verschiedenen Stellen in einer Seite Grafiken einzubinden. Die Einbindung von Bildern erfolgt über den Tag `<img>`. Dieser legt über das Attribut `src="[URL]"` das referenzierte Bild fest. Das `src`-Attribut ist der einzig zwingende Parameter, aber es gibt einige weitere, optionale Parameter.

Über die Angabe `height=[Wert]` kann die **Höhe** der Grafik in Pixel festgelegt werden, während `width=[Wert]` die **Breite** angibt. Damit lässt sich die Grafik in Relation zur Originalgröße verkleinert oder vergrößert anzeigen. Ohne diese Angaben wird das Bild in der Originalgröße geladen.

Über die gleichzeitige Angabe der Parameter `width` und `height` kann eine Grafik auch verzerrt werden, um spezielle Effekte zu erzielen.

Die Anzeige einer Grafik (und damit der gesamten HTML-Seite) wird beschleunigt, wenn dem Browser Angaben über die Größe der Grafik zur Verfügung stehen. Das muss nicht unbedingt die tatsächliche Größe der Grafik sein, bereits die Angabe von Breite und/oder Höhe beschleunigt den Aufbau der Grafik.

Über den optionalen Parameter `alt="[Text]"` können Sie eine **alternative Information** statt der Grafik angeben, die immer dann erscheint, wenn die Grafik nicht angezeigt wird (das ist in der Regel dann der Fall, wenn in einem Browser das Anzeigen von Grafiken deaktiviert ist).

Bild 3.19: Wenn im Browser Grafiken nicht angezeigt werden, sieht der Besucher zumindest die Informationen, die im alt*-Parameter angegeben werden*

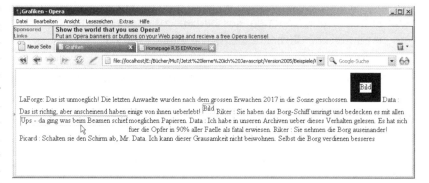

Der Parameter `alt` bewirkt bei einer angezeigten Grafik, dass beim Überfahren der Grafik mit dem Mauszeiger der angegebene Text als **QuickInfo** eingeblendet wird.

Bild 3.20: Die QuickInfo über dem Bild wird mit alt *festgelegt*

128

Jede Grafik kann auch in einer Webseite **ausgerichtet** werden. Dafür stehen Ihnen zunächst die Tags <center> und <div> zur Verfügung. Daneben gibt es wieder den Parameter align zur Ausrichtung einer Grafik.

Der Parameter align als Erweiterung von <img> richtet nicht nur die Grafik selbst aus, sondern beeinflusst den **Textfluss** um die Grafik herum. Damit ist das Seitenlayout nur sehr schwer kontrollierbar. In der Regel muss von der Anwendung abgeraten werden. Besser eignen sich in den meisten Fällen Tabellen oder Style Sheets.

Eine Grafik kann auch mit einem Rahmen versehen werden. Ein weiterer Parameter innerhalb der Grafikreferenz dient zur Festlegung eines Rahmens in Pixel – der Parameter **border**. Diese Angabe kann man ebenfalls dafür nutzen, explizit einen Rahmen zu unterdrücken (border="0"), wenn dieser durch spezielle Situationen automatisch erscheinen würde (etwa beim Verwenden von Grafiken an Stelle von Verweistexten).

Des Weiteren können Sie **Abstände** zwischen Grafiken und der Umgebung definieren. Dies erfolgt über zwei weitere Parameter. Mit hspace=[Wert] definieren Sie einen Abstand zwischen der Grafik und dem seitlichen Text in Pixel, mit vspace=[Wert] den Abstand der Grafik zum oberen bzw. unteren Text in Pixel.

1. Erstellen Sie die folgende HTML-Datei:

```
01 <html>
02 <head>
03 <title>Grafiken</title>
04 </head>
05 <body>
06 LaForge: Das ist unmoeglich! Die letzten Anwaelte wurden nach dem
grossen Erwachen 2017 in die Sonne geschossen.
07  <img src="a.jpeg" width="124" height="65" border="20">
08 Data : Das ist richtig, aber anscheinend haben einige von ihnen
ueberlebt!
09 <img src="b.jpg" width="285" height="194">
10 Riker : Sie haben das Borg-Schiff umringt und bedecken es mit
allen moeglichen Papieren.
11 <img src="c.jpg" width="493" height="76" border="0" align="left"
alt="Ups – da ging was beim Beamen schief">
12 Data : Ich habe in unseren Archiven ueber dieses Verhalten
gelesen. Es hat sich fuer die Opfer in 90% aller Faelle als fatal
erwiesen.
```

Listing 3.45: Einbinden von Grafiken

129

```
13 <img src="d.gif" width="100" border="0" alt="" align="right">
14 Riker : Sie nehmen die Borg auseinander!
15 Picard : Schalten sie den Schirm ab, Mr. Data. Ich kann dieser
Grausamkeit nicht beiwohnen. Selbst die Borg verdienen besseres
16 </body>
17 </html>
```

2. Speichern Sie die Datei und laden Sie sie in den Browser.

In Zeile 7 wird eine Grafik mit einem Rahmen eingebunden. Breite und Höhe werden explizit festgelegt. Die Zeile 9 definiert eine Grafik ohne Rahmen und in Zeile 11 wird der Rahmen sogar explizit auf 0 gesetzt. Zusätzlich wird ein Alternativtext angegeben und die Ausrichtung auf links gesetzt. Beachten Sie den Textfluss. In Zeile 13 wird die Ausrichtung auf rechts gesetzt. Auch hier ist vor allem der Textfluss interessant.

Bild 3.21: Grafiken mit verschiedenen Parametern spezifiziert

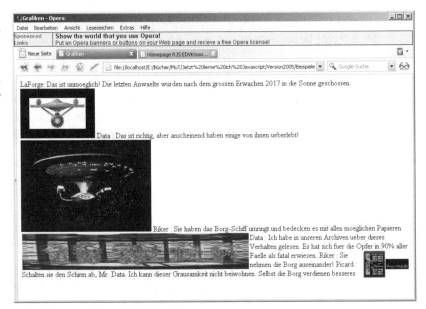

3. Verändern Sie die Größe des Browser-Fensters und beobachten Sie das Verhalten des Textes rund um die Grafiken, die mit `align` ausgerichtet werden. Sie werden das schwer kontrollierbare Verhalten erkennen.

Beachten Sie, dass im Fall von XHTML auch der `<img>`-Tag als Container bzw. leeres Element zu notieren ist.

130

3.4.2 Hyperlinks

Wir kommen zum zentralen Element des WWW – dem **Verweis** oder
Hyperlink. Optisch wird ein Verweis auf einer Webseite von vielen
Browsern als unterstrichener und/oder farbig hervorgehobener Text
dargestellt. Es gibt aber auch andere Links – etwa in Form einer Grafik.
Allen Links ist gemein, dass der Anwender einen Link an der Verände-
rung des Mauszeigers erkennt, wenn dieser auf einen Verweis bewegt
wird. Er verwandelt sich in eine Hand mit ausgestrecktem Zeigefinger.
Falls die Statusanzeige des Browsers aktiviert ist und dort keine ande-
ren Informationen angezeigt werden (etwa über ein JavaScript), sehen
Anwender dort das Ziel eines Links.

Die Anweisung für einen Verweis lautet <a>. Beendet wird ein Verweis-
container mit </a>. Es ist aber offensichtlich, dass ohne Parameter eine
solche Anweisung ziemlich sinnlos ist. Einen Verweis zu einer Datei
setzt man mit den folgenden Steueranweisungen:

```
<a [Typ]= "[Bezeichner]">[Text]</a>
```

Listing 3.46:
Die allgemeine
Struktur eines
Verweises

Text ist die Information, welche ein Besucher der Seite sehen soll.
Wenn Sie einen Hyperlink setzen wollen, ist Typ durch die Angabe href
und Bezeichner durch den gewünschten URL zu ersetzen. Ein Hyperlink
sieht von der Struktur her also immer wie folgt aus:

```
<a href=" [URL]">[Text]</a>
```

Listing 3.47:
Die Struktur
eines Links

Im Allgemeinen geben Sie als Ziel des Hyperlinks einen relativen oder
absoluten URL an. Beispiele:

```
<a href="http://rjs.de/index.php">Zu mir</a>

<a href="doc/a.html">Dokumentation</a>
```

Listing 3.48:
Ein absoluter
Link
Listing 3.49:
Ein relativer
Link

Achten Sie bei der Angabe von URLs unbedingt auf die Einhaltung
der Groß- und Kleinschreibung. Zwar ist die Unterscheidung zwischen Groß- und Kleinschreibung unter Windows und auf Microsoft
zurückgehende Webserver nicht relevant, aber bei anderen Systemen. Und da im Internet die meisten Webserver unter Linux oder einem anderen Unix laufen, ist es in der Praxis in den meisten Fällen
von Bedeutung. Am besten schreiben Sie Dateinamen konsequent
klein.

Sie können auch Verweise innerhalb einer Seite setzen. Dies ist bei größeren HTML-Dokumenten (eigentlich schon bei mehr als zwei Bild-

schirmseiten) sehr sinnvoll. Sie erlauben damit einem Besucher ein schnelles Orientieren und Aufsuchen von für ihn interessanten Themen. Für solche Verweise innerhalb einer Seite bedarf es zweier Dinge:

■ Sie müssen einen Link in die Seite an der Stelle integrieren, von der aus der Besucher an eine andere Stelle verzweigen kann. Dies erfolgt wie gehabt.

■ Sie brauchen ein Ziel, zu dem von anderen Stellen des Dokuments gesprungen werden soll. Sie laden ja keine Seite und zeigen sie ab dem Anfang an. Das Ziel eines Verweises innerhalb einer Seite muss eine eindeutige Bezeichnung bekommen – den so genannten **Anker**.

Sie brauchen also zwei HTML-Befehle. Die Anweisung, um einen Verweis zu setzen, kennen Sie weitgehend. Die Steueranweisung für die Definition eines Ankers baut ebenso auf der <a>-Anweisung auf. Sie benötigen nur einen neuen Parameter – `name="[Name]"`.

Um ein Verweisziel zu setzen, gehen Sie an die Stelle im Dokument, wo der Anker stehen soll. Dann tragen Sie dort eine Anweisung mit folgender Syntax ein:

Listing 3.50:
Schema eines
Ankers

```
<a name="[Name]"> ... </a>
```

Namen sollten nicht zu lang sein und dürfen keine Leerzeichen enthalten. Deutsche Umlaute und Sonderzeichen (bis auf den Unterstrich) sind verboten. Der Name des Ankers muss in Anführungszeichen stehen. Beispiel:

Listing 3.51:
Ein Anker

```
<a name="Inhaltsverz">Inhaltsverzeichnis</a>
```

Listing 3.52:
Verweis in
einer Seite

Ein Anker kann in jedem Hyperlink als Sprungziel verwendet werden. Sie müssen den Ankernamen nur über ein # abgetrennt dem normalen URL nachstellen.

Listing 3.53:
Verweis auf
einen Anker
einer anderen
Datei

Beispiele:

```
<a href="#Inhaltsverz">Hier geht es zum Inhaltsverzeichnis</a>
```

```
<a href="datei2.htm#Inhaltsverz">Hier geht es zum Inhaltsverzeichnis der Datei2</a>
```

Listing 3.54:
Verweis auf
einen Anker
einer Datei auf
einem anderen Rechner

```
<a href="http://www.abc.de/datei3.htm#Inhaltsverz">Hier geht es zum Inhaltsverzeichnis der Datei3 auf dem Rechner www.abc.de</a>
```

Wenn Sie einen Anker auf einem fremden Rechner referenzieren wollen, müssen Sie natürlich die Struktur der dortigen Webseite kennen. Dies ist selten der Fall, weswegen Sie Verweise zu Ankern fast nur innerhalb einer Seite oder zumindest eines Projekts finden.

Sie können auch eine Grafik als Hyperlink verwenden. Dazu muss nur zwischen `<a href="[URL]">` und `</a>` eine Grafik referenziert werden. Meist wird diese vom Browser mit einem Rahmen umgeben. Diesen können Sie mit `border="0"` als Erweiterung vom `<img>`-Tag unterdrücken.

3.4.3 Einbindung von beliebigen Objekten in eine Webseite

Sie können in Ihre Webseite eine Vielzahl von Objekten integrieren – zumindest diejenigen, welche mittels des WWW-Protokolls HTTP übertragen und vom Browser oder einem seiner Zusatzmodule verarbeitet werden können. Da wären neben Grafiken Java-Applets, Musik, Videos oder ActiveX-Controls zu nennen. Vor der HTML-Version 4 gab es für jedes dieser multimedialen Objekte eigene Tags, mit denen sie in eine Webseite integriert werden mussten. Diese speziellen Tags sind zwar offiziell allesamt durch einen einzigen Tag abgelöst worden (den `<ob­ject>`-Tag). In der Praxis hat sich der `<object>`-Tag jedoch nicht durchgesetzt. Wir werden hier die Einbindung von multimedialen Objekten in eine Webseite nicht weiter verfolgen und verweisen auf spezielle HTML-Quellen.

3.5 Listen und Aufzählungen

Eine **Aufzählung** besteht aus einer Liste, in der eine Reihe von alternativen Möglichkeiten dargestellt werden. In einer Textverarbeitung gehört das zu den Standardmöglichkeiten. In HTML haben wir die Situation, dass erst über zwei HTML-Anweisungen zusammen eine sinnvolle Struktur entstehen kann. Sie benötigen eine Anweisung, um den Beginn einer Aufzählung zu bestimmen, und eine Anweisung, um den Bereich der Auszählung zu begrenzen. Im Inneren benötigen Sie dann für jeden Punkt der Aufzählung einen neuen Container. Eine Aufzählung ohne Aufzählungspunkte ist unsinnig, weshalb beide Anweisungen nur in Kombination Sinn machen.

3.5.1 Der äußere Aufzählungscontainer

Es gibt verschiedene Typen von Listen, welche mit unterschiedlichen Tags definiert werden. Eine nicht numerische Liste (Bullet-Liste), welche als Aufzählungszeichen einen Punkt, ein Quadrat oder ein ähnliches Zeichen verwendet, beginnt mit `<ul>`. Unter HTML stehen nur wenige Aufzählungszeichen zur Verfügung, deren Auswahl und Darstellung zudem browserabhängig ist.

Eine nummerierte Liste mit automatischer Nummerierung beginnt mit `<ol>`. Sie lässt einige Gestaltungsmöglichkeiten zu. Es gibt neben der Nummerierung mit normalen Ziffern weitere Typen von nummerierten Listen. Die Auswahl erfolgt über den Parameter. Beachten Sie, dass dabei – ungewöhnlich für HTML – die Groß- und Kleinschreibung der Parameter von Bedeutung ist:

- `<ol type="i">` erzeugt eine nummerierte Liste des Typs i, ii, iii,... (römische Nummerierung)

- `<ol type="I">` erzeugt eine nummerierte Liste des Typs I, II, III,... (römische Nummerierung)

- `<ol type="a">` erzeugt eine alphabetisch nummerierte Liste (Kleinbuchstaben)

- `<ol type="A">` erzeugt eine alphabetisch nummerierte Liste (Großbuchstaben)

3.5.2 Der Listenpunkt

Ein Listeneintrag kann über mehrere Zeilen gehen. Dabei ist es egal, ob der Zeilenumbruch durch die Fenstergröße oder einen erzwungenen Zeilenumbruch erzeugt wurde. Ein Listenpunkt beginnt mit `<li>`. Ein Ende-Tag ist sinnvoll, wird aber in der Praxis oft unterbleiben, denn ein nachfolgender `<li>`-Tag erzeugt einen neuen Listenpunkt.

1. Erzeugen Sie die nachfolgende HTML-Datei:

Listing 3.55:
Aufzählungs-
listen[1]

```
01 <html>
02 <head>
03 <title>Aufzählungslisten</title>
04 </head>
```

---

1. Meinem Lektor ist aufgefallen, dass der Duden nur den Begriff »Moped« kennt. Aber wir sind hier Männer ;-)! Ein Moped ist ein Fahrrad mit Hilfsmotor. Ein Mopped hat ein paar PS mehr (mindestens 80 oder so) und wiegt ein paar hundert Kilogramm.

```
05 <body>
06 <ul>
07 <li>Moppedfahren</li>
08 <li>Mittagsschlaf</li>
09 <li>Sonnen</li>
10 </ul>
11 <ol>
12 <li>Fr&uuml;hst&uuml;ck</li>
13 <li>Mittagessen</li>
14 <li>Kaffee</li>
15 <li>Abendessen</li>
16 </ol>
17 <ol type="i">
18 <li>C&auml;sar</li>
19 <li>Asterix</li>
20 </ol>
21 <ol type="I">
22 <li>Obelix</li>
23 <li>Miraculix</li>
24 </ol>
25 <ol type="a">
26 <li>2 CV</li>
27 <li>DS</li>
28 </ol>
29 <ol type="A">
30 <li>Wie denn?</li>
31 <li>Wo denn?</li>
32 <li>Was denn?</li>
33 </ol>
34 </body>
35 </html>
```

2. Speichern Sie die Datei und betrachten Sie sie in einem Browser.

Sie erhalten die diversen Formen einer Aufzählung. Beachten Sie bitte, dass die einzelnen Listenpunkte jeweils vollständig im Bereichscontainer einer jeweiligen Liste enthalten sind. Sie werden auch erkennen, dass es keine Zeilenschaltung und keine Absätze gibt. Eine Aufzählung beginnt immer in einer neuen Zeile und erzeugt am Ende einen weiteren Zeilenvorschub (Sie benötigen also keine zusätzliche Absatz- oder Zeilenschaltung).

Bild 3.22:
Aufzählungs-
listen

Man kann in einer nummerierten Liste einen **Startwert** setzen. Dazu dient der Parameter start=[Wert], der den <ol>-Tag bei Bedarf erweitert. Beispiel:

Listing 3.56:
Die Liste be-
ginnt mit dem
Punkt »D.«

```
<ol type="A" start="4">
```

3.6   Tabellen

Tabellen sind ein äußerst flexibles Stilmittel in HTML-Seiten. Das Thema ist ziemlich umfangreich und wir geben hier nur einen kleinen Überblick über das, was Sie als Einsteiger über Tabellen in HTML wissen sollten und direkt anwenden können. Über den <table>-Container wird ein äußerer Tabellenbereich aufgebaut. Im Inneren werden zwei weitere, ineinander verschachtelte Container notiert. Eine Tabelle ist in HTML über Zeilen und Zellen mit jeweils eigenen Tags definiert. Die Anweisung für eine Tabellenzeile lautet <tr>. Eine Zelle kann entweder mit <th> (eine so genannte **Kopfzelle**, in der Text hervorgehoben – zum Beispiel fett – dargestellt wird) oder mit <td> (eine so genannte Datenzelle in der Standardschriftausprägung der Seite) spezifiziert werden.

Sie können in einer Zelle beliebigen Inhalt unterbringen: Text, Grafik, andere Objekte (auch wieder weitere Tabellen), natürlich auch mehrere Objekte. Am besten stellen Sie sich eine Tabellenzelle wie einen vollständigen Body im Kleinen vor.

1. Erstellen Sie als Beispiel eine Datei mit einer einfachen Tabelle:

```
01 <html>
02 <head>
03 <title>Tabellen</title>
04 </head>
05 <body>
06 <table >
07 <tr>
08  <th><img src="rjsfoto.gif" width="100"> </th>
09  <th>That's me</th>
10 </tr>
11 <tr>
12  <td>Mein Mitarbeiter</td>
13  <td><img src="tux.jpg" width="100"> </td>
14 </tr>
15 </table>
16 </body>
17 </html>
```

Listing 3.57:
Eine einfache
2x2-Tabelle

2. Speichern Sie die Datei und laden Sie sie in einen Browser.

Bild 3.23:
Eine einfache
Tabelle

137

Sie erhalten eine 2x2-Tabelle. Dabei werden in Zeile 8 und 9 Kopfzellen (zu erkennen an dem fett dargestellten Text) und in Zeile 12 und 13 Datenzellen verwendet. Die Größe der Tabelle richtet sich nach dem Inhalt der Zellen und die Tabellenstruktur ist kaum zu erkennen (was in den meisten Fällen auch so gewünscht ist). Wenn Sie die Tabelle genauer beeinflussen wollen, müssen Sie bei den Tabellen-Tags entsprechende Parameter angeben.

3.6.1   Sichtbare Tabellenlinien

Eine Tabelle erhält sichtbare Rahmen und Gitternetzlinien, wenn Sie den `<table>`-Tag über den Parameter `border` erweitern. In reinem HTML kann dieser Parameter ohne Wertzuweisung verwendet werden[1]. Zusätzlich lässt sich die Dicke des äußeren Rahmens bestimmen, indem man den `border`-Parameter über eine Zuweisung von Pixeln folgendermaßen verwendet:

Listing 3.58: Schema für die Angabe der Rahmendicke

```
<table border=[Zahl]>
```

Die **Dicke der Gitternetzlinien** lässt sich ebenfalls beeinflussen und global für die Tabelle festlegen. Dazu dient der Parameter `cellspacing`, über den man eine Zuweisung von Pixeln vornehmen kann. Es gilt folgende Syntax:

Listing 3.59: Schema für die Gitternetzdicke

```
<table cellspacing=[Zahl]>
```

1. Ändern Sie im letzten Beispiel Zeile 6 wie folgt ab:

Listing 3.60: Zeile 6 im letzten Beispiel wird geändern

```
06 <table border="10" cellspacing="5">
```

2. Speichern Sie die Datei unter einem neuen Namen und laden Sie sie in einen Browser.

Sie werden eine Tabelle mit einem Rahmen von 10 Pixel und Gitternetzlinien in der Dicke von 5 Pixel erhalten.

---

1. Nicht in XHTML.

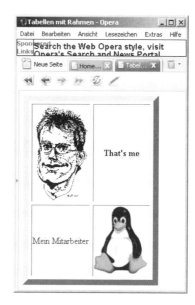

Bild 3.24:
Eine Tabelle
mit Rahmen
und expliziter
Angabe der
Dicke der Gitternetzlinien

3.6.2 Größenangaben der Tabelle

Höhe und Breite von Tabellen ergeben sich normalerweise automatisch aufgrund des Inhalts und/oder der Breite des Anzeigefensters. Sie können jedoch auch die Höhe und Breite von Tabellen explizit angeben. Dazu gibt es wieder die unter HTML allgemein üblichen Parameter `width` und `height`, welche den `<table>`-Tag erweitern. Sie können sowohl eine prozentualen Angabe (bezogen auf das Anzeigefenster des Browsers) als auch eine Angabe in Pixel vornehmen. Syntax:

```
<table width=[Zahl]% height=[Zahl]%>
```

Listing 3.61:
Schema einer
Größenangabe der Tabelle
in Prozent

Damit werden die Gesamtbreite und die Gesamthöhe der Tabelle prozentual zum Anzeigefenster angegeben. Die Angaben zur Höhe und Breite können sowohl einzeln als auch zusammen in beliebiger Reihenfolge verwendet werden. Mit einer absoluten Angabe wird die Höhe bzw. Breite in Pixel definiert. Die Syntax ist weitgehend identisch zu der prozentualen Angabe. Es wird nur das Prozentzeichen weggelassen. Syntax:

```
<table width=[Zahl] height=[Zahl]>
```

Listing 3.62:
Schema einer
Größenangabe der Tabelle
in Pixel

1. Ändern Sie im letzten Beispiel Zeile 6 wie folgt ab:

Listing 3.63:
Wieder nur die
Zeile 6 im letz-
ten Beispiel
verändern

```
06 <table border="10" cellspacing="5" width="500" height="95%">
```

2. Speichern Sie die Datei unter einem neuen Namen und laden Sie sie in einen Browser.

Bild 3.25:
Ein Tabelle mit
Angabe der
Breite und
Höhe

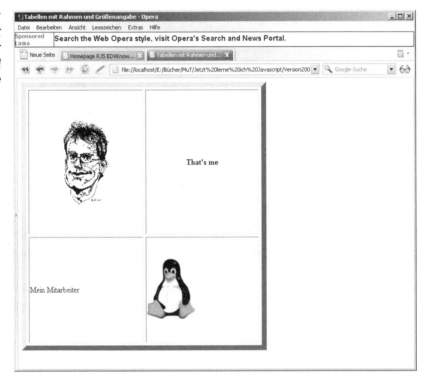

Die Breite der Tabelle ist auf 500 Pixel und die Höhe auf 95% des Anzeigebereichs vom Browser gesetzt.

Sie können die Größenangaben auch bei den Zeilen- und Zellen-Tags setzen. Dann ergeben sich die Größenangaben der gesamten Tabelle aus den Einzelangaben. Sie sollten nur aufpassen, dass Sie keine widersprüchlichen Angaben machen. Wenn Sie etwa die Gesamtbreite einer Tabelle im `<table>`-Tag auf 800 Pixel setzen und darin in einer Zeile zwei Zellen mit jeweils 500 Pixel definieren, wird der Browser den Widerspruch auflösen müssen. Ebenso wird es logische Probleme geben, wenn Sie unterschiedliche Größen von übereinander liegenden Zellen (also in verschiedenen Zeilen) angeben. HTML erlaubt nur eine Breite pro Spalte. Webbrowser lösen die Widersprüche in der Regel intelligent auf (meist wird die insgesamt größte Kombination bzw. Information genommen), aber das Verhalten ist nicht in allen Browsern gleich. Sie sollten also möglichst die Größenangaben widerspruchsfrei halten.

3.6.3   Ausrichtung von Tabellen

Sie können sowohl den `<table>`-Tag als auch den Zeilen-Tag und die Zellen-Tags um den Parameter `align` mit den üblichen Angaben zur Ausrichtung (`left`, `center`, `justify`[1] und `right`) erweitern. Beim `<table>`-Tag wird dann die gesamte Tabelle innerhalb des Browser-Fensters ausgerichtet, bei den anderen Tags der Inhalt.

1. Erstellen Sie die nachfolgende Datei:

```
01 <html>
02 <head>
03 <title>Tabellen ausgerichtet</title>
04 </head>
05 <body>
06 <table border="2" cellspacing="1" width="800" align="center">
07 <tr>
08  <td><img src="g.jpg"></td>
09  <td><img src="f.jpg"></td>
10 </tr>
11 <tr align="center">
12  <td><img src="h.jpg"></td>
13  <td><img src="e.jpg"></td>
14 </tr>
15 <tr>
16  <td align="right"><img src="i.jpg"></td>
17  <td align="right"><img src="j.jpg"></td>
18 </tr>
19 </table>
20 </body>
21 </html>
```

Listing 3.64:
Ausrichtung
von Tabellen

2. Speichern Sie die Datei und laden Sie sie in einen Browser.

In Zeile 6 wird die Tabelle innerhalb der Webseite ausgerichtet. Der Zellencontainer von Zeile 7 bis 10 hat keine interne Ausrichtung definiert. Also wird die Standardausrichtung links verwendet. In Zeile 11 wird die

---

1. Nur beim Zeilen-Tag und den Zellen-Tags sinnvoll.

zweite Tabellenzeile zentriert. In den Zeilen 16 und 17 werden die einzelnen Zellen rechts ausgerichtet.

Bild 3.26:
Verschiedene
Ausrichtungen

Zum Ausrichten der Tabelle in der Webseite steht Ihnen natürlich wieder der `<div>`- und der `<center>`-Tag zur Verfügung. Diese können ebenso innerhalb einer Zelle verwendet werden, um den dortigen Inhalt auszurichten.

Der Inhalt von Zellen lässt sich auch **vertikal** ausrichten. Dazu werden die Tags mit der Angabe `valign=[Ausrichtung]` erweitert. Die Ausrichtung kann sowohl für den `<table>`-Tag als auch den Zeilen-Tag und die Zellen-Tags verwendet werden. Für `Ausrichtung` gibt es die drei Ausprägungen `top` (richtet Zellen nach oben aus), `middle` (richtet Zellen mittig aus – Standardausrichtung) und `bottom` (richtet Zellen nach unten aus).

Eine vertikale Ausrichtung macht nur Sinn, wenn eine Zelle höher ist als es sich aufgrund des Inhalts ergeben würde. Das kann dann passieren, wenn die Zellenhöhe explizit festgelegt wird oder in einer Zeile mehrere Zellen mit verschiedenen umfangreichen Inhalten vorhanden sind.

1. Erstellen Sie die nachfolgende Datei:

```
01 <html>
02 <head>
03 <title>Tabellen ausgerichtet</title>
04 </head>
05 <body>
06 <table border valign="bottom">
07 <tr>
08   <td>In den Dünen</td>
09   <td><img src="i.jpg"></td>
10   <td valign="top">auf Roemoe</td>
11 </tr>
12 </table>
13 </body>
14 </html>
```

Listing 3.65:
Vertikale
Ausrichtung

2. Speichern Sie die Datei und laden Sie sie in einen Browser.

In Zeile 6 wird die Tabelle vertikal nach unten ausgerichtet. Das wirkt sich konkret in der Zelle aus, die in Zeile 8 steht. In der Zelle mit der Grafik zwar im Grunde auch, aber da sie die Zeilenhöhe bestimmt, wird es keine Rolle spielen. In Zeile 10 wird eine einzelne Zelle explizit nach oben ausgerichtet.

Bild 3.27:
Vertikale
Ausrichtung

143

3.6.4 Farben

Sie können sowohl im `<table>`-Tag als auch im Zeilen-Tag und in den Zellen-Tags Hintergrundfarben festlegen. Dies erfolgt mit dem Attribut `bgcolor=[farbe]`. Für die Farbangaben sind die üblichen RGB-Werte oder die gängigen Farbnamen erlaubt. Globalere Farbangaben werden dabei von lokalen überschrieben. Also wird etwa eine tabellenweite Hintergrundfarbe von einer zeilenweiten Hintergrundfarbe überschrieben. Daneben können Sie beim `<table>`-Tag mit `bordercolor=[farbe]` eine tabellenweite Rahmen- und Gitternetzfarbe festlegen.

Die Festlegung der Rahmen- und Gitternetzfarbe funktioniert nicht in allen Browsern.

1. Erstellen Sie die nachfolgende Datei:

Listing 3.66:
Tabellen-
farben

```
01 <html>
02 <head>
03 <title>Tabellenfarben</title>
04 </head>
05 <body>
06 <table bordercolor="red" border="15" bgcolor="yellow" width="800">
07 <tr>
08   <td><img src="i.jpg"></td>
09   <td><img src="j.jpg"></td>
10   </tr>
11   <tr bgcolor="#00ff44">
12   <td><img src="h.jpg"></td>
13   <td bgcolor="#ff0000"><img src="e.jpg"></td>
14   </tr>
15 </table>
16 </body>
17 </html>
```

2. Speichern Sie die Datei und laden Sie sie in einen Browser.

In Zeile 6 werden die Gitternetzfarbe und die globale Hintergrundfarbe festgelegt. Die globale Hintergrundfarbe wirkt sich in der ersten Tabellenzeile aus, denn da wird keine individuelle Hintergrundfarbe angegeben. In Zeile 11 wird die Hintergrundfarbe der zweiten Tabellenzeile festgelegt. Diese wirkt sich in der ersten Zelle aus, während die zweite Zelle diese Farbangabe wieder individuell überschreibt (in Zeile 13).

*Bild 3.28:
Rahmen- und
Hintergrund-
farben*

3.6.5   Zellen verbinden

Der HTML-Standard sieht das Verbinden von Zellen vor. Dies funktioniert sowohl innerhalb einer Zeile über mehrere Spalten hinweg als
auch innerhalb einer Spalte über mehrere Zeilen hinweg. Dazu muss
jeweils in der ersten Zelle, für die eine Zellenverbindung mit Nachbar-
zellen erzwungen werden soll, die Anzahl der Zellen stehen, über die
sich die verbundenen Zellen erstrecken sollen.

Zur Verbindung von **Spalten** wird der Parameter `colspan=[Zahl]` verwendet. Gezählt wird immer ab der ersten Zelle der Verbindung. Wenn
Sie mehrere Gruppen bilden wollen, geben Sie zuerst die Anzahl der
Spalten an, die zur ersten Gruppe gehören sollen, dann die Anzahl der
Spalten, die zur zweiten Gruppe gehören sollen usw. Die Vorgehensweise beim Verbinden von **Zeilen** ist analog, nur werden hier über
mehrere Zeilen hinweg Zellen innerhalb einer Spalte verbunden. Dazu
wird die Erweiterung `rowspan` beim ersten Zellen-Tag der Gruppierung
verwendet.

145

1. Erstellen Sie die nachfolgende Datei:

Listing 3.67:
Vertikale
Ausrichtung

```
01 <html>
02 <head>
03 <title>Zellen verbinden</title>
04 </head>
05 <body>
06 <table border="2" width="200">
07 <tr>
08   <td colspan="2">a</td>
09   <td rowspan="2">b</td>
10 </tr>
11 <tr>
12 <td>c</td>
13 <td>d</td>
14 </tr>
15 </table>
16 </body>
17 </html>
```

2. Speichern Sie die Datei und laden Sie sie in einen Browser.

Wir haben hier eine **3x2**-Tabelle vorliegen! In Zeile 8 werden zwei Zellen verbunden. Die Zeile 9 verbindet zwei Zellen der dritten Spalte. Damit darf die zweite Tabellenzeile nur **zwei** Zellen beschreiben.

Bild 3.29:
Verbundene
Zellen

3.7 Formulare und Benutzerinteraktion

HTML stellt für den Kontakt zwischen dem Besucher einer Webseite und einem Partner wie den Besitzer derselben die Möglichkeit zur Verfügung, in eine Webseite einen Hyperlink aufzunehmen, der damit den E-Mail-Standardclient eines Webbrowsers startet und dessen Adressfeld mit der angegebenen E-Mail-Adresse vorbelegt[1].

---

1. Das funktioniert auch mit einem Formular.

Dies erfolgt mit folgender Syntax:

```
<a href="mailto:[E-Mail-Adresse]">...</a>
```

*Listing 3.68:
Aufruf des
E-Mail-Clients
per Hyperlink*

Dieses Verfahren birgt jedoch zahlreiche Schwachstellen. Diese disqualifizieren die Lösung für die meisten Webangebote. Das entscheidende Problem ist, dass aus der Webseite heraus ein dem Browser zugeordnetes Standard-E-Mail-Programm zusätzlich gestartet werden muss, um damit Daten zu versenden. Das Argument, dass ganz alte Browser so ein zugeordnetes E-Mail-Standardprogramm gar nicht hätten, ist zwar inzwischen praktisch ohne Bedeutung. Jedoch sind auch zahlreiche neuere Browser so konfiguriert, dass bei ihnen kein Standard-E-Mail-Programm eingerichtet ist. Da gibt es einmal die große Gruppe der Laien, bei denen der Webbrowser unwissentlich so eingestellt ist. Aber ebenso müssen Sie die immer größer werdende Gruppe der Wissenden berücksichtigen, die aus Sicherheitsgründen den Webbrowser entsprechend konfiguriert haben. Ein zugeordnetes Standard-E-Mail-Programm in einem Webbrowser ist aus verschiedenen Gründen ein Sicherheitsrisiko. So finden bei bestimmten Browser/E-Mail-Konstellationen Makroviren und andere Schädlinge eine extrem leichte Beute durch Wechsel der Welten. Ebenso werden bei solchen Kombinationen manchmal beim Surfen persönliche Angaben wie die E-Mail-Adresse weitergegeben. Sie können also beim Einsatz von `mailto` auf keinen Fall sicher sein, dass diese Technik auch funktioniert.

Aber `mailto` ist nicht alles, was in HTML zur Interaktion mit dem Besucher einer Webseite in Frage kommt. Es gibt unter HTML auch den Weg über **Formulare**.

Ein **Formular** in einer Webseite dient der Interaktion mit einem Besucher und kann aus Eingabefeldern, mehrzeiligen Textfeldern, Listen sowie Aufzählungen, Schaltflächen und beschreibendem Text bestehen.

Ein Formular hat gegenüber einer konventionellen E-Mail einige Vorteile. So werden von einem Formular gleichartige, datensatzorientierte Informationen erfasst, die sich über serverseitige Techniken gut auswerten und speichern lassen. Der Anwender hat den Vorteil, dass er bei Formularen oft nur ein paar Klicks durchführen muss. Unter reinem HTML ist ein Formular jedoch sinnlos. Die eingegebenen Benutzerdaten müssen auf jeden Fall zu einem Server geschickt und dort verarbeitet werden oder sie werden mit einer ergänzenden Technologie bereits auf dem Client benutzt. Dafür kommt dann hauptsächlich JavaScript zum Einsatz.

3.7.1 Definition eines Formulars

Ein Formular besteht aus dem äußeren `<form>`-Container und darin enthaltenen Tags zur Spezifizierung der Eingabeelemente. Innerhalb des `<form>`-Tags werden in der Regel noch weitere, durch ein Leerzeichen getrennte Angaben gemacht:

- Eine Adresse, wohin die eingegebenen Daten zur Verarbeitung geschickt werden. Dazu dient die Erweiterung `action=[URL]`.

- Eine Methode, wie das Formular zur Auswertungsstelle gelangt. Die Erweiterung `method=[Methode]` legt die Art der Übertragung fest.

- Ein Ziel für die Antwort. Das erfolgt mit `target=[URL]`.

Was diese Parameter genau bedeuten, werden wir in dem eigenständigen Formularkapitel behandeln.

In dem Formular können nun Eingabefelder festgelegt werden. Deren wichtigstes Attribut ist `name`. Darüber erfolgt beim Versenden von Benutzereingaben die Zuordnung, welche Information ein Anwender wo eingegeben hat. Im Wesentlichen beruhen die Eingabefelder in einem Formular auf der Anwendung des `<input>`-Tags, der mit dem Attribut `type` genauer spezifiziert wird und damit verschiedene Ausprägungen annehmen kann:

- **Einzeilige Eingabefelder** dienen zur Eingabe von Zahlen und/oder wenigen Wörtern. Sie werden über den Tag ohne den `type`-Parameter oder mit `type="text"` erstellt. Weitere optionale Parameter wie `size=[numerischer Wert]` (maximal anzeigbare Zeichen – ohne die Angabe wird vom Browser in der Regel ein Feld mit 20 Zeichen dargestellt[1]), `maxlength=[numerischer Wert]` (maximal einzugebende Zeichen) oder `value=[Wert]` (Angabe des Vorbelegungswerts) können das Eingabefeld genauer spezifizieren.

- **Schaltflächen** dienen im Wesentlichen zum Aufruf von JavaScripts. Sie werden über das Attribut `type` mit dem Wert `"button"` erzeugt. Über `value` erfolgt die Beschriftung. Das `name`-Attribut ist hier zwar

---

1. Gibt ein Anwender mehr Zeichen ein, wird der Inhalt gescrollt.

nicht verboten, macht aber kaum Sinn, da ein Anwender keine Daten eingeben kann.

Ein **Kontrollkästchen (Checkbox)** wird über `type="checkbox"` angelegt. Beachten Sie, dass das `value`-Attribut hier nicht – wie bei einigen anderen Elementen – das Kontrollkästchens beschriftet, sondern den Wert bezeichnet, der beim Versenden des Formulars übermittelt wird, wenn das Kontrollkästchen selektiert ist. Für die Zuordnung des vorgegebenen Werts ist wieder der `name`-Parameter zuständig. Die Beschriftung eines Kontrollkästchens erfolgt unabhängig von dem Kontrollkästchen mit reinem vorangestelltem oder nachgestelltem Text.

Über `type="file"` lässt sich ein Spezialfall der Befehlsschaltflächen realisieren. Mit einem Klick auf eine derartige Schaltfläche kann ein **Standarddateiauswahlfenster** des Betriebssystems geöffnet werden, welches die dort durch den Anwender ausgewählte Datei in das dort ebenfalls spezifizierte Eingabefeld übernimmt. Dies kann beispielsweise für die Angabe der Datei angewendet werden, die per Upload zu einem Server übertragen werden soll.

Über `type="password"` kann ein einzeiliges Eingabefeld mit verdeckter Eingabe erstellt werden – ein **Passwortfeld**. Bei der Dateneingabe erscheinen nur Punkte oder Sternchen im Eingabefeld.

Die Typangabe `radio` spezifiziert einen **Radiobutton (Optionsfeld)**. Optionsfelder machen nur als Gruppe Sinn. In einer Gruppe ist immer genau ein Optionsfeld selektiert. Dabei gehen Optionsfelder zur Gruppierung einen anderen Weg wie die meisten HTML-Strukturen, die einer Oberstruktur zugeordnet werden. Meist werden diese dann von einem äußeren HTML-Container umschlossen (etwa Listeneinträge, Tabellenzeilen oder Tabellenzellen). Bei Optionsfeldern erfolgt die Zuordnung stattdessen über das Attribut `name="[Bezeichner]"` mit einem internen Namen, der ein Element einer Gruppe zuordnet. Das bedeutet, alle zu einer Gruppe gehörenden Optionsfelder bekommen den gleichen Namen, allerdings mit `value` einen unterschiedlichen Wert zugewiesen. Es gibt explizit keinen umschließenden Container. Wenn abwechselnd Optionsfelder angeklickt werden, werden immer alle anderen zu der Gruppe gehörigen Optionsfelder deselektiert. Abschließend sollte ein Optionsfeld noch beschriftet werden (hier sind auch deutsche Umlaute erlaubt), damit der Anwender sieht, was er auswählt. Die Beschriftung eines Optionsfelds ist in keiner Weise an die internen Namen oder die

Feldnamen gekoppelt und besteht aus gewöhnlichem HTML-Text, der dem Optionsfeld vor- oder nachgestellt wird. Beachten Sie, dass beim Laden einer Webseite auch alle Optionsfelder einer Gruppe deselektiert sein können. Um dies zu vermeiden, setzen Sie bei einem Optionsfeld das Attribut `checked`. Sobald allerdings ein Anwender ein Optionsfeld ausgewählt hat, wird immer genau ein Element einer Gruppe selektiert sein.

- Eine Schaltfläche zum Leeren der Formulareingaben wird über `type="reset"` erstellt. Diese Schaltfläche erhält eine individuelle Beschriftung über `value` (andernfalls wird durch den Browser eine Standardbeschriftung zugewiesen).

- Eine Schaltfläche zum Abschicken des Formulars wird über `type="submit"` erstellt. Diese Schaltfläche erhält eine individuelle Beschriftung über `value` (andernfalls wird durch den Browser eine Standardbeschriftung zugewiesen).

Mehrzeilige Eingabefelder werden mit einem eigenen HTML-Tag realisiert – dem `<textaera>`-Container. Innerhalb des Containers kann ein Text als Vorbelegung definiert werden. Der `<textaera>`-Tag wird in der Regel um einen formularweit eindeutigen Namen über `name="[Feldname]"` und eine Größenangabe in Form von Zeilen (`rows=[Wert]`) und Spalten (`cols=[Wert]`) erweitert.

Auswahllisten in Formularen stellen die bekannten Selektionsmöglichkeiten für Anwender zur Verfügung. Zur Realisierung unter HTML gibt es einen äußeren `<select>`-Container für die Listenstruktur und jeweils einen inneren `<option>`-Container für jeden Listeneintrag. Der **äußere** Container wird um das Attribut `name` erweitert und kann zusätzlich das optionale Attribut `size=[Wert]` haben. Damit wird die Anzahl der anzuzeigenden Einträge der Liste festgelegt. Falls die Liste mehr Einträge enthält als angezeigt werden sollen/können, stellen die meisten Browser die Liste scrollbar dar. Wenn die Angabe fehlt, erhalten Sie ein **einzeiliges Listenfeld**. Die Breite des Listenfelds ergibt sich automatisch aus der Länge der jeweiligen Listenpunkte. Der Tag für den Listeneintrag benötigt keinerlei Parameter.

 Der `<option>`-Tag wird in der Praxis oft ohne Abschluss-Tag verwendet, obwohl das den offiziellen Vorgaben widerspricht. Der Beginn eines neuen Listenpunkts beendet für den Browser automatisch den vorherigen Listenpunkt.

Mehrfachauswahl in einer Liste ist nicht selbstverständlich. Es hängt von den Einstellungen des Browsers ab, ob es standardmäßig erlaubt oder verboten ist. Eine explizite Erlaubnis von Mehrfachauswahl erfolgt mit dem Attribut `multiple` im `<select>`-Tag. Eine Vorselektion eines Listeneintrags ist mit dem Attribut `selected` des `<option>`-Tags möglich.

Die Gestaltung von Formularen erweist sich durch die unterschiedliche Größe von Formularfeldern als etwas diffizil. Zur Anordnung von Formularen bieten sich deshalb Tabellen an. Dabei kann sowohl das Formular in die Tabelle als auch die Tabelle in das Formular eingeschlossen werden.

1. Erstellen Sie die nachfolgende Datei:

```
01 <html>
02 <head>
03 <title>Ein Webformular</title>
04 </head>
05 <body>
06 <form action="" method="" target="">
07 <table >
08 <tr>
09  <td>Userid</td>
10  <td><input type="text" name="user" value="rudi" size="15"
maxlength="12"></td>
11 </tr>
12 <tr>
13  <td>Passwort</td>
14  <td> <input type="password" name="pw" size="15"></td>
15 </tr>
16 <tr>
17  <td>Sichere Anmeldung</td>
18  <td><input type="Checkbox" name="ssl" value="ja"></td>
19 </tr>
20 <tr>
21  <td colspan="2"><h5>Verbindungsart</h5></td>
22 </tr>
23 <tr>
24  <td>ISDN</td>
25  <td><input type="radio" name="verbindung" value="i"></td>
26 </tr>
27 <tr>
28  <td>Breitband</td>
29  <td><input type="radio" name="verbindung" value="b" checked></td>
```

Listing 3.69: Ein Webformular, das mit einer Tabelle gestaltet wird

151

```
30 </tr>
31 <tr>
32  <td>Sprache</td>
33  <td> <select name="sprache" size="2">
34  <option selected>Deutsch</option>
35  <option>Englisch</option>
36  <option>Französisch</option>
37  </select></td>
38 </tr>
39 <tr>
40  <td>Bemerkung</td>
41  <td> <textarea name="kommentar" cols="30" rows="4"></textarea></
td>
42 </tr>
43 <tr>
44  <td><input type="Submit" value="OK"></td>
45  <td><input type="reset"></td>
46 </tr>
47 </table>
48 </form>
49 </body>
50 </html>
```

2. Speichern Sie die Datei und laden Sie sie in einen Browser.

In Zeile 6 beginnt der Formularcontainer (`<form action="" method=""
target="">`). Er erstreckt sich bis Zeile 48. Innerhalb des Formulars er-
folgt die optische Gestaltung über eine Tabelle, die zwei Spalten enthält.
Deren äußerer Container reicht von Zeile 7 bis 47. Die erste Spalte enthält jeweils eine Beschriftung und die zweite Spalte ein Formularelement. In der ersten Tabellenzeile wird ein ziemlich weitreichend explizit spezifiziertes einzeiliges Eingabefeld notiert. Sowohl der Typ als
auch die Größe der anzeigbaren Zeichen sowie die maximale Anzahl der
einzugebenden Zeichen[1] werden angegeben, dazu noch ein Feldname
und ein Vorgabewert (Zeile 10 – `<input type="text" name="user"
value="rudi" size="15" maxlength="12">`). In Zeile 14 finden Sie ein
Passwortfeld (`<input type="password" name="pw" size="15">`). Die Zeile 18 zeigt ein Kontrollkästchen (`<input type="Checkbox" name="ssl"
value="ja">`) und die Zeilen 25 und 29 zwei zusammengehörige
Optionsfelder. Der Eintrag in Zeile 29 ist vorselektiert (`<input type=
"radio" name="verbindung" value="i">` und `<input type="radio"
name="verbindung" value="b" checked>`). In der vorangehenden Zeile

---

1. Im Beispiel kleiner als die Anzahl der anzeigbaren Zeichen – das macht man häufiger aus
   optischen Gründen.

21 wird eine Überschrift der Ordnung 5 in einer verbundenen Zelle notiert, um den Sinn der Optionsfelder zu beschreiben (`<td col-span="2"><h5>Verbindungsart</h5>`). In den Zeilen 33 bis 37 finden Sie einen Container für eine Auswahlliste. Diese ist zwei Zeilen groß. Darin enthalten sind jedoch drei Einträge. Deshalb stellt der Browser die Auswahlliste mit Laufleisten dar (`<select name="sprache" size="2">`). Beachten Sie die Zeile 34. Dieser Eintrag ist vorselektiert (`<option selected>Deutsch</option>`). In Zeile 41 wird ein mehrzeiliges Eingabefeld definiert. Es hat 30 Spalten und vier Zeilen (`<textarea name="kommentar" cols="30" rows="4"></textarea>`). Die Zeile 44 definiert einen Submit-Button mit explizit angegebener Beschriftung (`<input type="Submit" value="OK">`) und die Zeile 45 einen Reset-Button, dessen Beschriftung vom Browser gewählt wird (`<input type="reset">`).

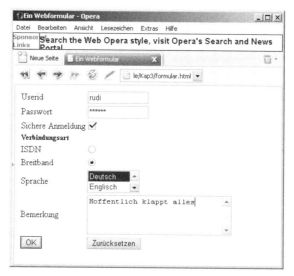

Bild 3.30:
Ein Webformu-
lar mit allen
relevanten
Formular-
elementen

3.8   Frames

Frames bedeuten die Aufteilung des Anzeigebereichs eines Browsers in einzelne Segmente, die unabhängig mit Inhalt (jeweils eine eigene Datei) gefüllt werden können.

Ursprünglich von der Firma Netscape entwickelt, hat sich die Frame-Technologie zum festen Bestandteil von HTML 4 gemausert. Frames sollten von allen neueren Browsern verstanden werden, wenngleich sie mittlerweile sehr umstritten sind. Zum einen ist das Design »altbacken«[1], aber vor allem haben Suchmaschinen bei der Auswertung von Frame-Strukturen erhebliche Probleme und Frames widersprechen den Anstrengungen des so genannten **barrierefreien Webs**. Letzteres bedeutet, dass Webseiten möglichst so konstruiert sein sollen, dass unterstützende Lesegeräte für körperlich Behinderte damit klar kommen. Mit Frames haben diese Geräte aber massive Probleme. Dennoch – in einigen Fällen kann eine Seite mit Frames immer noch sinnvoll sein (zumindest, wenn sie nicht zu tief verschachtelt ist).

Eine oft anzutreffende Frame-Struktur besteht aus einem kleinerem Frame auf der linken Seite, welcher eine Indexdatei oder eine Inhaltsangabe mit lokalen Verweisen enthält, und einem größeren Frame-Bereich, welcher die eigentlichen Informationen anzeigt.

Die Frame-Technologie umfasst also zwei Facetten. Es gibt einmal die Frames selbst, welche den Anzeigebereich des Browsers gliedern und dennoch eigenständige Fenster mit allen HTML-Darstellungsmöglichkeiten bilden. Diese einzelnen Frames sind zusammen in einer umgebenden Struktur – dem so genannten **Frameset** – enthalten. Die Frameset-Datei ist diejenige, welche zuerst in den Browser geladen wird. Sie enthält nur Informationen über Name, Größe und Position der einzelnen im Anzeigefenster enthaltenen Frames. Insbesondere ist der eigentliche Inhalt der Frames nicht in der Frameset-Datei notiert, sondern es wird nur angegeben, welche Dateien jeweils nachzuladen sind.

Eine HTML-Datei, welche als Frameset-Datei für eine Frame-Struktur verwendet werden soll, hat einen anderen Aufbau als eine gewöhnliche HTML-Datei. Es wird vor allem kein <body>-Tag mehr benötigt (obgleich er nicht verboten ist). Dessen Funktion übernimmt der <frameset>-Container. Bei der Definition der Frameset-Datei müssen genaue Angaben darüber gemacht werden, wie das Anzeigefenster aufgeteilt werden soll und welche Dateien konkret in einen einzelnen Frame zu laden sind.

---

1. Ende der 90-er Jahre war das Frames-Design angesagt.

Es muss bei der Angabe der Aufteilung je nach Konzept entweder Reihen oder Spalten (Anzahl und Größe) oder auch beides (verschachtelt) definiert werden. Die Definition der Reihen und Spalten erfolgt als Erweiterung des `<frameset>`-Tags. Über den Parameter `rows= "[Angabe in Prozent]"` legen Sie die Anzahl von Reihen und deren anfänglichen, prozentualen Anteil an der Fenstergröße fest. Die dort durch Kommas getrennten notierten Prozentwerte bestimmen die Anzahl der Zeilen des Frameset. Analog werden die Spalten im einleitenden `<frameset>`-Tag festgelegt, falls man eine Aufteilung nach Spalten wünscht. Dazu dient der Parameter `cols= "[Angabe in Prozent]"`.

Die Prozentangaben definieren Verhältnisse der einzelnen Frames zueinander – nicht einen Faktor von der Größe des Gesamtanzeigefensters vom Browser! Insbesondere müssen die Summen der Prozentangaben **nicht** 100% ergeben. Die Angabe `cols="50%,50%"` definiert bei identischer Gesamtgröße des Browser-Anzeigefensters die gleiche Fenstergröße der Frames wie `cols="12345%,12345%"`.

Sie können natürlich mehr als zwei Spalten oder Zeilen angeben. Dabei können Sie anstelle von Prozentangaben für die Größe von Frames Zahlenwerte benutzen, mit denen Sie die tatsächliche Größen der Frames in Pixel definieren. Dies erfolgt über `rows="[Angabe in Pixel]"` bzw. `cols= "[Angabe in Pixel]"`. Diese Größenangaben werden allerdings durch die Größe des Browser-Anzeigefensters wieder relativiert, d.h., die Frames werden wieder im angegebenen Verhältnis an das Anzeigefensters des Browsers angepasst. Sinn machen absolute Angaben nur, wenn sie mit so genannten **Jokerzeichen** (variablen Angaben) verwendet werden. In Verbindung mit Jokerzeichen (der Stern, wie er auch sonst als Jokerzeichen üblich ist) bewirkt zum Beispiel in `cols="300,*,200"` eine Spalte, die 300 Pixel breit ist (die erste), eine Spalte, die 200 Pixel breit ist (die dritte) und eine Spalte, die variabel ist und den jeweiligen Rest vom Anzeigefenster des Browsers einnimmt (die mittlere Spalte). In Zusammenhang mit prozentualen Angaben kann man das Jokerzeichen gleichfalls verwenden. Dort ist aber Vorsicht geboten, da sich dann die Relativbeziehungen von Prozentangaben durch das Jokerzeichen verändern. Es ist eigentlich unsinnig, hier mit Jokern zu arbeiten.

Wenn über den `<frameset>`-Tag und seine Parameter ein äußeres Gerüst für eine Frame-Struktur aufgebaut ist, wird im Inneren für jede dort definierte Zeile oder Spalte ein einzelner Frame angegeben. Der Inhalt der Frames wird mit der Syntax `<frame src= "[URL]" name="[Name]">`

spezifiziert. Über die `scr`-Angabe wird der URL des Inhalts von dem jeweiligen Frame gesetzt, `name` definiert einen internen Namen des Frames, über den es in Verweisen per HTML, aber auch aus JavaScript heraus angesprochen werden kann. Der Name eines Frames ist relativ frei wählbar. Es gelten nur die üblichen Regeln für HTML-Anweisungen (keine Leerzeichen, so gut wie keine Sonderzeichen außer dem Unterstrich _) und die Namen sollten sprechend sein. Bestimmte Namen für Frames sind verboten, da diese reservierten Fensternamen bei Verweisen eine spezielle Bedeutung haben. Dies sind die folgenden Namen, die nicht von ungefähr den reservierten Fensternamen sehr ähnlich sind, mit denen Sie aus JavaScript heraus agieren werden:

Tabelle 3.8:
Reservierte
Frame-Namen

Bezeichner	Bedeutung
_self	Referenz auf den aktuellen Frame, wo eine Seite gerade dargestellt wird (Standardsituation).
_parent	Referenz auf den übergeordneten Frame bei verschachtelten Frame-Strukturen. Falls es kein übergeordnetes Fenster gibt, bedeutet dies eine Referenz auf ein neues Fenster (ohne Frame-Struktur).
_blank	Referenz auf ein neues Browser-Fenster ohne Frame-Struktur.
_top	Referenz auf das volle Browser-Fenster. Die Frame-Struktur verschwindet.

Ein typisches Grundgerüst einer Frame-Struktur sieht von der Theorie her wie folgt aus:

Listing 3.70:
Ein schema-
tisches Grund-
gerüst eines
Framesets

```
01 <html>
02 <frameset>
03 ...Frames
04 </frameset>
05 <noframes>
06 <body>
07 ... Alternativinformationen
08 </body>
09 </noframes>
10 </html>
```

Wenn ein Browser keine Frames darstellen kann[1], wird er nach dem Prinzip der Fehlertoleranz den vollständigen `<frameset>`-Bereich samt darin enthaltener `<frame>`-Tags ignorieren. Er wird in der Regel auch die Anweisung `<noframes>` nicht kennen und diese ebenfalls ignorie-

---

1. Was nur bei ziemlich alten Browsern der Fall ist.

156

ren, was aber so gewollt ist. Diese Anweisung ist nur für framefähige Browser gedacht. Ein framefähiger Browser kennt die `<noframes>`-Anweisung und wird den vollständigen Container ignorieren – nicht aufgrund des Prinzips der Fehlertoleranz, sondern weil er programmiert ist, diesen Container nicht anzuzeigen. Ein nicht framefähiger Browser fängt hinter `<noframes>` mit der Anzeige der nachfolgenden Anweisungen und dem dort stehenden Klartext an. Im `<noframes>`-Bereich können Sie eine vollständige HTML-Datei aufbauen.

Ein Frame muss nicht von vornherein etwas anzeigen. Er kann leer bleiben, bis dort Inhalt benötigt wird. Verzichtet man auf die Angabe eines Inhalts, wird der Raum vom Browser neutral ausgefüllt. Allerdings sollten Sie beachten, dass einige Browser Schwierigkeiten machen, wenn Sie das `src`-Attribut ganz weglassen.

Wenn Sie Frames mit Inhalt angeben, spielt die Reihenfolge der Frame-Notierungen eine wichtige Rolle. Die erste Angabe wird automatisch im ersten Frame, die zweite Datei im zweiten Frame und so fort angezeigt. Frames lassen auch eine Verschachtelung zu. Im Allgemeinen erfolgt die Verschachtelung von Frames, indem innerhalb eines Frameset-Containers ein darin verschachtelter Frameset-Container definiert wird. Die Verschachtelung erfolgt hierarchisch. Dabei ist offensichtlich, dass nur eine wechselweise Verschachtelung von Reihen und Spalten Sinn macht.

3.8.1   Verweise zu anderen Frames

Normalerweise werden innerhalb einer Frame-Struktur Verweise von Links im gleichen Frame angezeigt, von dem aus sie vom Benutzer aufgerufen werden. Sie können aber auch direkt bestimmte Frames adressieren, wo dieser neue Inhalt angezeigt werden soll – über den mit dem Parameter `name` definierten Name. Dieser Name wird im Link selbst über den Parameter `target` angegeben. Die schematische Syntax sieht so aus:

Listing 3.71: Schema für einen Link in einen anderen Frame

```
<a href="[URL]" target="[Zielframe]">
```

Es können sowohl im Frameset vergebene Namen als auch die reservierten Fensternamen adressiert werden. Sofern der angegebene Zielframe nicht vorhanden ist, wird ein neues Browser-Fenster (außerhalb der Frame-Struktur) geöffnet.

157

Schauen wir uns ein vollständiges Beispiel an. Wir benötigen zuerst die Frameset-Datei.

1. Erstellen Sie die Frameset-Datei (*fs1.html*):

Listing 3.72:
Die Frameset-
Datei

```
01 <html>
02   <frameset cols="30%,70%">
03     <frame src="links.html">
04     <frame src="maskierung.html" name="rechts">
05   </frameset>
06 </html>
```

In Zeile 3 wird die Datei *links.html* referenziert und die enthält das, worauf es hier ankommt. Hier hinein kommen die Hyperlinks, die den in der Frameset-Datei angegebenen Namen verwenden. Die Datei wird im Frameset in der linken Spalte geladen. Sie könnte wie folgt aussehen.

2. Erstellen Sie die Datei *links.html*:

Listing 3.73:
Eine Naviga-
tionsdatei mit
Referenzen auf
den rechten
Frame

```
01 <html>
02 <body>
03   <a href="h.jpg" target="rechts">Bild 1</a><br>
04   <a href="i.jpg" target="rechts">Bild 2</a><br>
05   <a href="j.jpg" target="rechts">Bild 3</a><br>
06 </body>
07 </html>
```

3. Laden Sie die Frameset-Datei in einen Browser.

Bild 3.31:
Die Frameset-
Datei, wie sie
im Original
aussieht

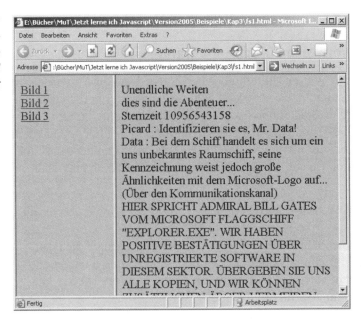

Die Datei mit den Hyperlinks erlaubt das Laden von jeder der drei Bild-dateien in den rechten Frame, da in der `target`-Angabe dessen Name angegeben wird (Zeilen 3 bis 5).

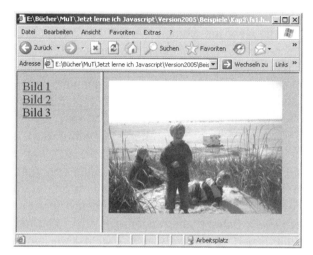

Bild 3.32:
Der Klick auf einen Link lädt eine Bilddatei in den rechten Frame

Wenn Sie für Ihr Projekt eine Frame-Struktur verwenden, sollte die `target`-Angabe `_top` immer dann zu einem Verweis gehören, wenn ein Link zu externen Seiten erfolgt. Ansonsten erscheinen bei einem Besucher Ihrer Seiten unter Umständen auch die Folgeseiten von anderen Projekten in der von Ihnen definierten Frame-Struktur.

3.9 HTML versus XHTML

Wir haben in diesem Kapitel an den verschiedensten Stellen schon auf XHTML und dessen Bezug zu HTML verwiesen. Hier sollen noch einmal kompakt die wichtigsten Unterschiede zwischen HTML und XHTML beschrieben werden. Zwar gibt es in XHTML nahezu die gleichen Elemente, Attribute und Verschachtelungsregeln wie in HTML und auch die Unterstützung von XHTML ist in den neuesten Browsern gewährleistet. Aber es gibt insoweit Unterschiede, als dass bestimmte Dinge gegenüber HTML erweitert wurden, während syntaktische Regeln Verschärfungen erfuhren. XHTML ist im Gegensatz zu HTML modular entwickelt worden und erlaubt sogar die Entwicklung von Sprachen, die auf XHTML basieren. Ebenso steht bei XHTML die XML-Grundidee des unkomplizierten Datenaustauschs und der problemlosen automatisierten

159

Verarbeitung im Vordergrund. Eine Folge ist, dass XHTML im Gegensatz zu HTML nicht fehlertolerant sein kann. Deshalb ist zwar in HTML die Groß- und Kleinschreibung egal, während Element- und Attributnamen in XHTML immer klein geschrieben werden müssen. Ebenso darf in XHTML kein Ende-Tag unterbleiben und Attributen muss immer ein Wert zugewiesen werden. Der Attributwert muss immer in Anführungszeichen stehen. Im Gegensatz zu reinem HTML muss eine XHTML-konforme Datei ein vollständiges Grundgerüst haben, wobei das Wurzelelement `<html>` immer eine so genannte Namespace-Angabe (als Default-Namespace) im Start-Tag enthalten muss (`<html xmlns="http://www.w3.org/1999/xhtml">`). Davor fordert jede XHTML-Datei als erste Anweisung eine so genannte **XML-Deklaration**, etwa `<?xml version="1.0" encoding="UTF-8"?>`. HTML kennt zwar die verwandte `<doctype>`-Anweisung, diese ist aber nicht zwingend. Neben dem unter HTML üblichen **MIME-Typ** (Multipurpose Internet Mail Extensions) `text/html` gibt es für XHTML-Dokumente noch `text/xml` oder `application/xml`. Dateierweiterungen spielen in XML-fähigen Browsern eine differenziertere Rolle als es bei Nicht-XML-fähigen Browsern der Fall ist. Je nach Systemkonfiguration kann der Browser verschiedene Interpreter bei den Endungen *.htm* bzw. *.html* und *.xhtml* einsetzen. Im ersten Fall wird unter Umständen der HTML-Interpreter verwendet, im zweiten der XML-Interpreter. In der Praxis heißt dies, beim HTML-Interpreter greift das Prinzip der Fehlertoleranz und syntaktisch nicht ganz fehlerfrei Dokumente werden dennoch so weit wie möglich angezeigt, während im zweiten Fall die Darstellung mit einer Fehlermeldung abgebrochen wird.

3.10 Zusammenfassung

Sie kennen nun die Grundlagen der Erstellung von Webseiten und vor allem die Hintergründe und Grundstrukturen von HTML und XHTML. Beide Sprachen bestehen aus Klartext, der eine Reihe von Steueranweisungen (Tags) kennt. In HTML interpretiert ein Browser eine solche Anweisung, wenn er sie kennt. Ansonsten wird sämtlicher Text innerhalb der spitzen Klammern ignoriert. XHTML hingegen ist in vielerlei Hinsicht strenger. Allgemein gibt es einen einleitenden Tag und einen beendenden Tag. Der einleitende Tag eröffnet eine Anweisung, während der beendende Tag sie wieder ausschaltet. Beide Tags sehen fast identisch aus, außer einem Zeichen, mit dem der beendende Tag zusätzlich beginnt – dem Slash (/). Die beiden Tags bilden einen Container. Container können verschachtelt werden. Tags müssen in XHTML als Container verwendet werden, während sie in HTML auch einzeln auftreten können. Viele Tags sind erst dann sinnvoll einzusetzen, wenn sie über erweiternde Parameter genauer spezifiziert werden. Sie haben in diesem Kapitel auch Layoutfaktoren kennen gelernt, die der Ersteller einer Webseite nicht unmittelbar kontrollieren kann. Daneben gibt es aber zahlreiche Gestaltungsmöglichkeiten (Textgestaltung, Einbinden von anderen Dateien wie Grafiken, Tabellen, Formulare, Frames), die Sie nun anwenden können.

3.11 Aufgaben

Das Kapitel war ziemlich umfangreich. Spielen Sie die folgenden Aufgaben durch, um wichtige Passagen zu wiederholen und zu ergänzen:

- Verändern Sie die Einstellungen Ihres Webbrowsers, mit denen das Layout von Webseiten beeinflusst wird. Laden Sie jeweils die hier im Kapitel besprochenen Beispiele und beachten Sie die Veränderungen in der Darstellung. Laden Sie ebenfalls aus dem Internet populäre Webseiten und versuchen Sie, deren Layout so zu beeinflussen. Sie werden entdecken, dass dies oft nicht funktioniert. Viele moderne Webseiten verwenden über (X)HTML hinaus Style Sheets, um das Layout weitgehend absolut festzuhalten.

- Analysieren Sie den Quellcode von populären Webseiten im Internet. Versuchen Sie die (X)HTML-Strukturen zu erkennen.

- Rekapitulieren Sie die hier besprochenen (X)HTML-Anweisungen. Spielen Sie entsprechende Beispiele praktisch durch. Verfolgen Sie bei Interesse in geeigneten Quellen hier nicht und nur kurz behandelte Anweisungen.

3.12 Übungen

Testen Sie mit den nachfolgenden Übungsfragen, ob Sie alle Ausführungen in dem Kapitel verstanden haben. In Anhang 9 finden Sie die korrekten Antworten.

F: Was ist eine Kontrollstruktur?

F: Was bedeutet deprecated?

F: Wie nennt man in HTML die Steueranweisungen?

F: Gibt es in XHTML Attribute ohne Wertzuweisung?

F: Was ist eine Variable?

F: Mit welcher Steueranweisung wird der Header-Container aufgebaut?

F: Wozu dient ein Eventhandler?

F: Muss eine Wertzuweisung in XHTML immer in Hochkommas geschrieben werden?

F: Spielt die Reihenfolge von Parametern bei (X)HTML eine Rolle?

F: Muss eine Anweisung in HTML immer klein geschrieben werden?

F: Welche Version von HTML ist derzeit (immer noch) aktuell?

F: Was ist der MIME-Standard?

F: Was versteht man in einer Webseite unter einem Anker?

F: Was ist unter einer DTD zu verstehen?

F: Was ist Maskierung?

F: Wie wird in HTML eine Grafik referenziert?

F: Wie viele Überschriften gibt es in HTML?

F: Warum gibt es bei Dateierweiterungen für eine typische Webseite sowohl die Erweiterung .htm als auch .html?

F: Wofür verwendet man in HTML das Schlüsselwort justify?

F: Welche Dateiformate können Sie bei Grafiken im WWW anwenden, wenn Sie mit einer weitgehenden Unterstützung in populären Browsern rechnen wollen?

F: Was bedeutet _top in Zusammenhang mit Frames?

F: Mit welcher Steueranweisung wird eine Tabellenzeile erzeugt?

F: Was wird typischer Weise im Header einer Webseite notiert?

F: Gibt es in XHTML einzelne Steueranweisungen?

F: In welcher Form erfolgen Farbdarstellungen in (X)HTML?

F: Nennen Sie mindestens zwei Argumente gegen den Einsatz von Frames.

F: Wie heißt die Sprache, aus der XHTML entwickelt wurde?

F: Mit welcher Steueranweisung wird der äußere Container eines Webformulars erzeugt?

F: Welche Steueranweisung dient in einem Webformular zur Erzeugung der meisten Eingabeelemente?

F: Nennen Sie drei HTML-Steueranweisungen, die (unter anderem) einen Zeilenvorschub bewirken?

jetzt lerne ich

JavaScript – eine Einführung

Wir haben nun alle Voraussetzungen geschaffen, damit Sie richtig mit JavaScript beginnen können. Auch wenn Ihnen vor der Lektüre dieses Buchs die Erstellung von Webseiten gänzlich unbekannt war, sind jetzt die Grundlagen in HTML & Co. gelegt. JavaScript ist als eine vollständige Programmiersprache erheblich leistungsfähiger, jedoch leider auch etwas anspruchsvoller als HTML. Wir sind bei diesem Kapitel an einer Stelle im Buch angelangt, an der Sie also ein bisschen gefordert werden. Das soll heißen, es wird jetzt etwas anspruchsvoller. Aber das können Sie vertragen. Es ist wie beim Sport. Wie bei einem Waldlauf haben wir uns am Anfang mit Gymnastik warm gemacht und eingelaufen (die ersten Kapitel). Das ist zwar immer etwas schwierig, weil man erst einmal den inneren Schweinehund überwinden muss, um überhaupt zu starten. Man ist jedoch am Anfang noch frisch und wenn man sich etwas vorgenommen hat, fängt man auch an und bricht nicht nach wenigen Schritten wieder ab. Nun beginnt der richtige Waldlauf. Und was liegt jetzt vor uns? Ein Berg mit Namen JavaScript. Da müssen wir irgendwie hinauf, bevor wir da oben unsere Runden drehen können. Der Anstieg wird etwas anstrengend, aber Sie sind ja jetzt eingelaufen und gut warm. Das geht schon und wenn wir oben sind, wird das Laufen wieder genauso einfach wie auf unserer flachen HTML-Laufstrecke. Wie bei einer Steigung, die man beim Waldlauf bezwingen will, gehen wir im Tempo runter und schaffen (hoffentlich nicht quälen) uns den Berg hinauf.

Sie lernen in diesem Kapitel etwas über:

- Die Einbindung von JavaScript in eine Webseite

- Die Fehlerbehandlung in JavaScript

- Elementare Grundelemente

- Kontrollstrukturen

- Funktionen, Prozeduren und Methoden

- Aufrufen von JavaScript-Funktionen und Eventhandler sowie das event-Objekt

4.1 Die Einbindung von JavaScript in einer Webseite

Hauptfunktion von clientseitigen Skriptsprachen ist eine Verlagerung von Funktionalität vom Server auf den Client. Skripts erlauben einem Webbrowser, auf eine intelligente Weise mit Situationen umzugehen, die sonst ein Programm auf dem Webserver erforderlich machen würden. Wesentlicher Effekt ist in der Regel eine Beschleunigung des Vorgangs, da der Browser keine Anfrage an den Server schicken und die Antwort nicht abwarten muss.

Derzeit kann man JavaScript in der Version 1.3 in den meisten modernen Browsern voraussetzen. Zwar gibt es bereits seit geraumer Zeit Nachfolgeversionen (1.4 und 1.5), jedoch ist deren Unterstützung selbst nach mehreren Jahren in den verschiedenen Browsern unterschiedlich gediehen. Für das, was wir im Rahmen dieses Einsteigerbuchs mit JavaScript tun werden, reicht die generell vollständig unterstützte Version 1.3 vollkommen aus. Selbst diese Version werden Sie als Einsteiger kaum ausreizen. Dennoch – es gilt für JavaScript-Anwendungen noch mehr als für reine HTML-Seiten, dass Sie die Skripts auf jeden Fall in mehreren Browsern testen sollten. JavaScripts können im Gegensatz zu reinen HTML-Anwendungen Fehlermeldungen des JavaScript-Interpreters am Bildschirm erzeugen und sogar Abstürze des Browsers oder gar des gesamten Systems verursachen.

Bei Skriptsprachen handelt es sich wie bei HTML um Interpreterspra-
chen, die jedoch in normale HTML-Seiten über spezielle Tags integriert
werden und von einem alternativen Interpreter interpretiert werden.
Aber auch dieser Interpreter ist – wie der HTML-Interpreter – Teil des
Webbrowsers. JavaScript ist eine reine Erweiterung des HTML-Codes in
Form von Klartext und nur als eingebundener Bestandteil eines HTML-
Gerüsts zu verwenden. Skripts sind damit in gewisser Weise normaler
Bestandteil des HTML-Dokuments – so wie Überschriften, Verweise
oder andere Referenzen.

Die Einbindung von JavaScript (oder auch anderer Skriptsprachen) in
eine Webseite kann auf verschiedene Weisen erfolgen.

4.1.1 Direkte Notation eines JavaScripts in der Webseite

JavaScript-Anweisungen lassen sich in eine Webseite einbinden, indem
sie einfach in die entsprechende HTML-Datei als Klartext hineinge-
schrieben werden. Der Beginn eines Skripts wird durch eine eigene
Steueranweisung realisiert, die noch zu HTML gehört und mit ihrem zugehörigen Abschluss-Tag einen Container für die Skriptanweisungen
bildet. Über den <script>-Tag wird angegeben, dass all das, was in
dem eingeschlossenen Container folgt, ein Skript ist. Über den Parameter language wird festgelegt, um welche Skriptsprache es sich handelt.
Dabei ist die Groß- und Kleinschreibung für den Namen der Skriptsprache bedeutungslos. Das heißt, die Anweisungen <script langua-
ge="JavaScript"> oder <script language="javascript"> sind gleich-
wertig. Wenn Sie eine andere Skriptsprache verwenden wollen
(beispielsweise VBScript), geben Sie diese ebenso an.

Sie können in einer Webseite mehrere Skriptcontainer verwenden
(sogar mit verschiedenen Skriptsprachen).

Im <script>-Tag gibt es weitere optionale Attribute wie type. Darauf
gehen wir nur am Rande ein, denn sie sind für uns normalerweise
nicht relevant.

Statt JavaScript kann im <script>-Tag ebenso bei einigen Browsern der ursprüngliche Name von JavaScript – LiveScript – stehen. Dies ist jedoch selten sinnvoll und wird nicht von allen Browsern unterstützt. Für den Internet Explorer kann man die Angabe JScript für die hauseigene JavaScript-Variante verwenden, aber damit grenzt man viele Anwender anderer Browser aus. Hingegen ist die Angabe der JavaScript-Version – beispielsweise über die Angabe JavaScript1.1, JavaScript1.2 oder JavaScript1.3 – unter Umständen sinnvoll (beachten Sie, dass die Versionsnummer ohne Leerzeichen angehängt wird). Wenn Sie diese Versionsangaben setzen, werden in dem Container folgende Anweisungen nur von den Browsern ausgeführt, die diese Version ebenso unterstützen. Man kann damit die fehlerhafte Ausführung von Skripts durch inkompatible (in der Regel sehr alte) Browser verhindern, wobei die Container logisch sinnvoll aufgebaut werden müssen, um beim Ignorieren des Containers keine anderen Probleme zu bekommen. Wir wollen im Rahmen des Buchs darauf weitgehend verzichten und allgemein einfach bei JavaScript bleiben, da dies in keiner Weise von Nachteil für uns ist und auch in der Praxis meistens so gehandhabt wird. Sie können übrigens auch auf das Attribut language ganz verzichten. In dem Fall wird der Standard-Skriptinterpreter des Browsers aufgerufen. Dies ist in der Regel der JavaScript-Interpreter, verlassen können Sie sich jedoch darauf nicht. Besser geben Sie die Skriptsprache an.

Der <script>-Tag kann an einer beliebigen Stelle innerhalb eines HTML-Dokuments platziert werden[1]. Die Skriptanweisungen werden einfach geladen, wenn die Webseite von oben nach unten in den Browser geladen wird. Entsprechend ist klar, dass unten in einer Webseite notierte Skriptanweisungen erst dann zur Verfügung stehen, wenn die Seite bis dahin geladen ist. Eine übliche Vorgehensweise ist es deshalb, einen <script>-Tag innerhalb des Headers einer Webseite (oder direkt dahinter) zu platzieren und darin die Deklarationen von wichtigen Funktionen einzubetten. Diese Funktionen sind dann für das ganze Dokument verfügbar.

---

1. Sie sollten die Referenz nur nicht außerhalb des Grundgerüsts notieren.

Eine **Funktion** ist eine Zusammenfassung von Anweisungen, die beim Laden der Webseite nicht automatisch ausgeführt werden, sondern über einen Namen – den Funktionsnamen – gezielt aufgerufen werden.

Sie können weitere `<script>`-Container in anderen Abschnitten Ihrer Webseite platzieren, um diese Funktionen dort gezielt aufzurufen oder irgendwelche Informationen zur Verfügung zu stellen. Natürlich können Sie direkt Anweisungen im ersten Container platzieren, die einfach beim Laden der Webseite ausgeführt werden.

Wenn ein Skript vor dem Webseitenkörper platziert wird, hat dies den Vorteil, dass es schon bereitsteht, bevor der sichtbare Teil der Webseite über das Netz geladen wird. Oft ist das sehr sinnvoll oder gar unumgänglich. Deshalb sollten Sie wichtige JavaScript-Funktionen möglichst weit oben in die Webseite schreiben (deklarieren) und gegebenenfalls später gezielt aufrufen. Dieser Code wird so lange verfügbar sein, wie das Dokument existiert.

Bei einem Skriptcontainer steht in der Regel direkt nach dem einleitenden `<script>`-Tag ein HTML-Kommentar (`<!--`.). Dieser wird unmittelbar vor dem abschließenden Tag `</script>` mit dem entsprechenden HTML-Kommentar-Endezeichen (`-->`) wieder geschlossen. Dadurch steht der gesamte JavaScript-Code innerhalb eines HTML-Kommentars. Dies ist zwar nicht zwingend, aber sicherer für den Fall, dass ein Browser die Seite lädt, der keine Skripts interpretieren kann[1].

Die Anwendung des HTML-Kommentars im Inneren des `<script>`-Containers kann in einigen Browsern zu Problemen führen, die auf unglückliche Programmierung dieser Browser-Versionen zurückzuführen sind. Die Zeichen `--` stehen in JavaScript für einen Operator und bei diesen Browsern wird nicht erkannt, dass `-->` das Ende eines HTML-Kommentars darstellt. Der JavaScript-Interpreter der Browsers versucht, die JavaScript-Anweisung `--` auszuführen. Die Folge ist ein JavaScript-Fehler und (was noch schlimmer ist) der HTML-Kommentar wird nicht geschlossen (der Rest der Seite wird unter Umständen ignoriert, bis ein weiterer HTML-Kommentar wie-

---

1. Obgleich dieser Fall heutzutage nahezu ausgeschlossen werden kann.

der geschlossen wird). Man versteckt daher das Ende des HTML-Kommentars hinter der Zeichenfolge //, was einen **JavaScript-Kommentar** bedeutet (darauf gehen wir noch ein). Ein anderes Problem kann bei einigen Browsern auftreten, wenn die erste JavaScript-Anweisung in der gleichen Zeile wie der HTML-Kommentar-Tag steht. Diese Anweisung wird manchmal ignoriert. Die erste JavaScript-Anweisung darf also zur Sicherheit nicht (!) in der gleichen Quelltextzeile stehen wie der Beginn des HTML-Kommentars. Der abschließende und hinter einem JavaScript-Kommentar versteckte HTML-Kommentar kann hingegen in der gleichen Quelltextzeile stehen wie die letzte JavaScript-Anweisung. Übersichtlicher ist es jedoch, wenn dieses Ende in einer eigenen Zeile steht.

Ein Skriptcontainer mit HTML-Container im Inneren sieht also so aus:

Listing 4.1:
Ein Schema für
einen Skript-
container

```
<script language="JavaScript">
<!--
[Skriptanweisungen]
//-->
</script>
```

Es können beliebig viele in Kommentar-Tags eingeschlossene Skriptelemente hintereinander notiert werden. Im Inneren des JavaScript-Bereichs werden die JavaScript-Anweisungen notiert, deren genaue Syntax wir nachfolgend in dem Kapitel angehen werden. Spielen wir jedoch hier bereits ein Beispiel praktisch durch.

1. Geben Sie den nachfolgenden Quelltext in einem Editor ein:

Listing 4.2:
Ein JavaScript-
Beispiel mit
einem voll-
ständigen
Container

```
01 <html>
02 <script language="JavaScript">
03 <!--
04   if(confirm("Einverstanden?")) document.write("<h1>GUT</h1>");
05   else document.write("<h1>NICHT GUT</h1>");
06 //-->
07 </script>
08 <body>
09 </body>
10 </html>
```

2. Speichern Sie die Datei unter dem Namen *direkteEinbindung.html*. In den Zeilen 2 bis 7 finden Sie einen Skriptcontainer, die eigentlichen JavaScript-Anweisungen stehen in den Zeilen 4 und 5. Es handelt sich um eine Entscheidungsstruktur, bei der je nach Situation einer von zwei Programmflüssen ausgewählt wird. Die Zeilen 3 und 6 geben die Kommentare an.

3. Führen Sie zum Öffnen einen Doppelklick (unter Windows) bzw. einen Einfachklick (unter Linux) auf die Datei aus. Ihr Standardbrowser sollte gestartet werden und ein kleines Dialogfeld sollte erscheinen, in dem der Anwender eine *OK*- oder eine *Abbrechen*-Schaltfläche anklicken kann (dies bewirkt die `confirm`-Anweisung). Je nach Auswahl wird einer der beiden angegebenen Texte in die Webseite geschrieben.

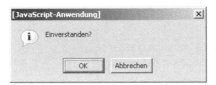

Bild 4.1:
Das confirm-Dialogfeld

Bild 4.2:
Der Anwender hat die OK-Schaltfläche angeklickt

Bild 4.3:
Der Anwender hat die Abbrechen-Schaltfläche angeklickt

Bezüglich der Verwendung von Skriptelementen mittels des `<script>`-Tags sind seit HTML 4 die Voraussetzungen für die Einbindung erweitert worden. Und zwar unabhängig von einer Sprache: Sowohl JavaScript als auch VBScript, Tcl oder Perl lassen sich verwenden. Dazu ist es aber unter Umständen erforderlich, entweder im Header-Teil einer Webseite (für das gesamte Dokument) oder zu Beginn des Skripts den Content-Type bekannt zu geben. Im Header erfolgt die Dokumentation über einen `<meta>`-Tag, wie er uns schon einige Male begegnet ist (beispielsweise `<meta http-equiv="Content-Script-Type" content="text/tcl">`). Zu Beginn des Skripts genügt die Angabe des Skripttyps im Skript-Tag (beispielsweise `<script type="text/JavaScript">`). Eine Einbeziehung externer Skripts ist über das `src`-Attribut weiterhin möglich (mehr dazu gleich).

Eine Besonderheit bei der Verwendung von Skripts betrifft den Abschluss-Tag. Dort ist Vorsicht geboten. Genau genommen geht es um die Verwendung beliebiger HTML-Abschluss-Tags innerhalb von Skripts. Man kann mit der Anweisung `document.write()` (wir werden sie noch mehrfach verwenden) eine Webseite dynamisch schreiben, inklusive aller HTML-Tags. Ab HTML 4 soll jeder Ende-Tag (nicht nur der `</script>`-Tag) im Skript das Ende des Skripts festlegen. Als Beispiel finden Sie auf den W3C-Seiten ein kurzes JavaScript-Beispiel:

Listing 4.3:
Ein offizielles
Testskript
des W3C

```
<script type="text/JavaScript">
document.write("/lt;EM>This will work<\/EM>")
</script>
```

Ohne den maskierenden Backslash (\) würde der Browser unter Umständen bereits den Ende-Tag von `EM` als den des gesamten Skripts interpretieren. Auf Maskierungen von Sonderzeichen unter JavaScript gehen wir noch ein.

4.1.2 JavaScripts in einer externen Datei ablegen

Sie können ab HTML 4 bzw. seit JavaScript 1.1 eine separate Datei verwenden, die Ihren JavaScript-Code enthält und beim Laden einer HTML-Datei hinzugebunden wird. Sie erreichen dies mit dem Attribut `src`, das den Tag erweitert, der externe Dateien nutzen möchte. In unserem Fall müssen Sie den `<script>`-Tag entsprechend erweitern. Beispiel:

Listing 4.4:
Referenz auf
eine externe
JavaScript-
Datei

```
<script language="JavaScript" src="meineFunktionen.js"></script>
```

In Anführungszeichen wird hinter dem Attribut `src` der URL der separaten Datei angegeben. Dabei gelten beim Referenzieren von separaten JavaScript-Dateien die üblichen Regeln für URLs. Im Header können Sie über einen `<meta>`-Tag die Angabe zum MIME-Type der eingebundenen Datei dokumentieren (`type="text/JavaScript"` für den MIME-Type von JavaScript-Dateien). Die Datei mit dem Quellcode muss – wie HTML-Dateien – eine reine ASCII-Datei sein und darf ausschließlich JavaScript-Code enthalten.

Für eine externe JavaScript-Datei ist die Dateierweiterung *.js* üblich, aber das ist nicht zwingend.

Ihnen fällt sicher auf, dass bei der Referenz auf externe JavaScript-Dateien der <script>-Container leer ist. Dies ist aber klar, denn die JavaScript-Anweisungen befinden sich in der referenzierten Datei *meine-Funktionen.js*. Diese Datei enthält die gewünschte(n) Funktion(en), Variablen oder direkt beim Laden der Webseite auszuführende Anweisungen.

Der <script>-Container sollte auf jeden Fall leer sein (auch keine Leerzeichen), denn einige Browser machen Probleme, wenn darin Inhalt vorhanden ist. Es handelt sich also im Sinne von XML um ein **leeres Element**.

Die Verwendung einer externen JavaScript-Datei ist unter anderem dann sinnvoll, wenn Sie die gleiche JavaScript-Funktionalität in verschiedenen HTML-Dateien verwenden wollen. Zwar bedeutet es kaum Mehrarbeit, den mehrfach benötigten JavaScript-Code per Copy-and-Paste von einer HTML-Datei in die andere HTML-Datei zu kopieren. Die über das Netz zu übertragende Datenmenge reduziert sich jedoch, wenn Sie in einem Projekt bestimmte Funktionalität mehrfach benötigen. Insbesondere sind die Wartung und Verwaltung des JavaScript-Codes einfacher. Sie müssen immer nur an einer Stelle Änderungen vornehmen, was eine erhebliche Arbeitserleichterung bedeutet. Dies ist ein Teil der Philosophie, die sich in der Webprogrammierung zunehmend durchsetzt – die Trennung von logisch nicht zusammenhängenden Bereichen. Sie finden diese Logik ebenfalls bei der Verwendung von Style Sheets, welche die Abtrennung des Layouts von dem durch HTML formatierten und beschriebenen Inhalt erlauben. Spielen wir auch hier ein Beispiel praktisch durch. Dabei werden wir ein paar Techniken anwenden (müssen), die erst im Laufe des Buchs besprochen werden. Lassen Sie sich davon nicht abschrecken. Geben Sie einfach den Quelltext wie abgedruckt ein.

1. Geben Sie den nachfolgenden Quelltext in einem Editor ein, um eine HTML-Datei mit Referenz auf eine externe JavaScript-Datei zu erstellen (*externeJavaScriptDatei.html*):

```
01 <html>
02 <script language="JavaScript" src="meineFunktionen.js"></script>
03 <body>
04 <h1>Meine Homepage</h1>
05 <script language="JavaScript">
06 <!--
07   willkommen();
08 //-->
09 </script>
```

Listing 4.5: Eine HTML-Datei mit Referenz zu einer externen JavaScript-Datei

```
10 </body>
11 </html>
```

2. Speichern Sie die Datei. In Zeile 2 befindet sich die Referenz auf die externe JavaScript-Datei *meineFunktionen.js*. Diese müssen wir natürlich noch erstellen. In Zeile 3 beginnt der normale Body-Bereich der Webseite. In Zeile 4 finden Sie eine gewöhnliche HTML-Überschrift der Ordnung 1. In den Zeilen 5 bis 9 befindet sich ein weiterer Skriptcontainer, in dem per direkter Einbindung eine JavaScript-Funktion aufgerufen wird (Zeile 7). Diese ist in der externen JavaScript-Datei definiert und die erstellen wir jetzt.

3. Geben Sie den nachfolgenden Quelltext in einem Editor ein, um die externe JavaScript-Datei *meineFunktionen.js* zu erstellen:

Listing 4.6: Der Inhalt der externen Java-Script-Datei

```
01 function willkommen(){
02   document.write("<h2 align='center'>Willkommen</h2>");
03 }
```

4. Speichern Sie die Datei in dem gleichen Verzeichnis, in dem Sie die HTML-Datei mit der Referenz auf die externe JavaScript-Datei gespeichert haben. In der externen JavaScript-Datei finden Sie die Deklaration einer Funktion mit Namen `willkommen()`. Diese wird in der HTML-Datei aufgerufen. Die Funktion selbst ist sehr einfach. Es wird nur ein einfacher Text samt einigen HTML-Formatierungen (hier eine zentrierte Überschrift der Ordnung 2) mit der JavaScript-Anweisung `document.write()` in die Webseite geschrieben.

5. Führen Sie zum Öffnen einen Doppelklick (unter Windows) bzw. Einfachklick (unter Linux) auf der HTML-Datei aus. Ihr Standardbrowser sollte gestartet werden und eine teils fest per HTML, teils dynamisch mit JavaScript geschriebene Webseite anzeigen.

Bild 4.4: Das Resultat der Aktion

Wir werden im Laufe des Buchs keine externen Dateien verwenden, sondern den JavaScript-Text direkt in eine HTML-Datei schreiben. Dies hat nur didaktische Gründe, weil damit zusammenhängende Codepassagen aus HTML und JavaScript gemeinsam und kompakt notiert werden können. In der Praxis ist aber fast immer der Einsatz von externen Dateien vorzuziehen.

4.1.3   Die Inline-Referenz

Es gibt einen Spezialfall, bei dem Sie JavaScript-Anweisungen ohne expliziten `<script>`-Container direkt in eine HTML-Anweisung schreiben können. Dies ist die **Inline-Referenz**. Dazu müssen Sie nur der entsprechenden HTML-Anweisung das Schlüsselwort `javascript`, gefolgt von einem Doppelpunkt, als Attribut angeben.

```
<a href="javascript:alert('Aber hallo')">
```

Listing 4.7: Beispiel für eine Inline-Referenz

Mit dieser Technik können Sie gezielt eine JavaScript-Anweisung bei einer durch den Anwender initiierten Aktion wie einem Klick aufrufen. Sie sind nicht mehr darauf beschränkt, JavaScript-Funktionalität automatisch beim Laden einer Webseite ausführen zu müssen. Dieses System hat aber auch Nachteile. Bei größeren Mengen Code ist die Sache nicht gut lesbar. Deshalb wird die Technik so gut wie ausschließlich zum Aufruf einer einzelnen JavaScript-Anweisung oder Funktion verwendet. Ebenso ist die Technik weitgehend auf die Tags `<a>` und `<area>` beschränkt, das heißt, es wird JavaScript-Code als Verweisziel definiert. Dem Attribut `href` werden statt eines URLs in Anführungszeichen eine oder mehrere JavaScript-Anweisungen zugewiesen. Zudem ist die hier ausschließlich unterstützte Aktion eines Klicks durch einen Anwender nicht die einzige denkbare Situation, bei der man JavaScripts ausführen möchte. Deshalb wird die Inline-Referenz in der Praxis nahezu vollständig durch viel flexiblere **Eventhandler** ersetzt.

Obwohl wir bei der Behandlung von HTML den Begriff **Eventhandler** bereits erwähnt haben, soll er explizit hier eingeführt werden. Es handelt sich um Schlüsselwörter, die ausdrücklich zu HTML zählen und dort als Attribute von Tags eingesetzt werden, um damit Situationen zu beschreiben, bei denen Skriptanweisungen aufgerufen werden. Etwa wenn ein Anwender auf ein Element einer Webseite klickt oder mit dem Mauszeiger den Bereich eines Webseitenelements (zum Beispiel ein Bild) überstreicht (siehe dazu Seite).

1. Geben Sie den nachfolgenden Quelltext in einem Editor ein, um eine HTML-Datei mit Inline-Referenz zu erstellen (*inlineReferenz.html*):

Listing 4.8:
Eine Webseite
mit einer
Inline-Refe-
renz

```
01 <html>
02 <body>
03 <a href="javascript:alert('Willkommen')">Meine Homepage</a>
04 </body>
05 </html>
```

2. Speichern Sie die Datei. In der Zeile 3 befindet sich die Inline-Referenz. In einem <a>-Element wird statt eines Hyperlinks eine Standardmethode von JavaScript mit Namen `alert()` aufgerufen, wenn der Anwender den Link anklickt. Dadurch öffnet sich ein kleines Dialogfeld.

3. Öffnen Sie die Datei in einem Browser und klicken Sie den Link an.

Bild 4.5:
Der Hyperlink
wurde an-
geklickt

Beachten Sie, dass Sie für den Fall, dass Sie Hochkommas innerhalb einer in Anführungszeichen eingeschlossenen Zeichenkette brauchen, nicht die Anführungszeichen verwenden dürfen! Stattdessen können Sie das Zeichen ' verwenden. Es entsteht also eine **Verschachtelung** mit zwei verschiedenen Zeichen. Etwa wie in dem Beispiel eben ("javascript:alert('Aber hallo')"). Die Verschachtelung gilt ebenfalls umgekehrt ('javascript:alert("Aber hallo")').

4.2   Fehlersuche und -behandlung in JavaScript

Kommen wir nun zu einem Abschnitt, den wir der konkreten JavaScript-Programmierung voranstellen wollen und der leider wichtig ist.

Wieso leider? JavaScript ist nicht so fehlertolerant wie HTML. Wenn Sie unter HTML Fehler machen, kann nicht viel passieren. Meist schreiben Sie eine falsche Steueranweisung und der Browser ignoriert diese oder zumindest die Attribute, die er nicht versteht. Im schlimmsten Fall werden Informationen unterdrückt oder Teile einer Steueranweisung als Klartext im Browser ausgegeben. Nicht schön, jedoch nicht schlimm. JavaScript ist gefährlicher. Sie können damit sowohl den Browser des Anwenders abschießen als auch den ganzen Rechner. Im harmlosesten Fall läuft Ihr Skript einfach nicht. Falls Ihr Skript also Fehler hat, müssen Sie diese finden und beseitigen, bevor die Seite ausgeliefert werden kann. Und leider werden sich in jedem halbwegs größeren Programm oder Skript mit größter Wahrscheinlichkeit Fehler einschleichen. Es gibt die berühmten Gesetze von Murphy, die im Wesentlichen besagen, dass alles, was im Prinzip schief gehen kann, auch in der Tat schief gehen wird. Oder genauer – egal, wie schlimm es ist, es wird noch schlimmer! Die Gesetze von Murphy gipfeln in einigen (unverbindlichen) Erkenntnissen:

- Es gibt kein Programm/Skript ohne Fehler!

- Jede Korrektur eines Fehlers in einem Programm/Skript zieht mindestens zwei neue Fehler nach sich!

- Wichtige Fehler werden immer erst nach der Veröffentlichung bemerkt!

- Ein Programmierer bzw. das gesamte verantwortliche Team wird immer die augenscheinlichen Fehler übersehen! Dazu gibt es eine Erweiterung, die wie folgt lautet: Jeder Außenstehende, der ungefragt ein Programm ansieht, bemerkt die Fehler sofort! Da aber Besserwisserei nirgendwo erwünscht ist, wird dessen Meinung bewusst ignoriert.

- Jedes Programm/Skript wird so weit optimiert, bis es unbrauchbar ist!

- Jedes bis zur Unbrauchbarkeit optimierte Programm/Skript lässt sich unmöglich in den Zustand zurückversetzen, in dem es – noch nicht optimiert – lauffähig war!

Man kann diese Aussagen (welche alle auf leidvollen Erfahrungen beruhen) noch beliebig erweitern, aber Sie merken schon, um was es geht. **Fehler**!

Wir müssen uns dabei mit verschiedenen Situationen auseinander setzen:

1. **Typografische** Fehler beim Schreiben des Skripts

2. **Syntaktische** Fehler beim Schreiben des Skripts

3. Programmfehler zur Laufzeit, welche auf **logische Fehler** im Programmaufbau zurückzuführen sind

4. Programmfehler zur Laufzeit, welche auf **äußere Umstände** zurückzuführen sind (Situationen, die erst zur Laufzeit entstehen, die Umgebung des Programms oder der Anwender)

Die Beseitigung der Fehlerpunkte 1 bis 3 ist hauptsächlich das, was man unter **Debugging** versteht. Der Punkt 4 zählt teilweise ebenfalls dazu, wird jedoch bei Skripts weitgehend dem Interpreter (sprich dem Browser) überlassen.

Ein spezielles Programm zum Auffinden von Fehlern wird **Debugger** genannt. Debugger gibt es für nahezu alle Programmiersprachen und für viele Skriptsprachen. Auch für JavaScript existieren Debugger. Diese sind meist Bestandteil größerer (und teurerer) Entwicklungsumgebungen. Haben Sie beispielsweise das Microsoft Visual Studio oder ein vergleichbares Produkt installiert, steht Ihnen damit ein Skript-Debugger für den Internet Explorer zur Verfügung, den Sie über Extras, Internetoptionen, Erweitert, Skriptdebugging deaktivieren anschalten können[1]. Es gibt jedoch ebenso kostenlose Debugger für JavaScript, die man sich aus dem Internet laden kann und die dann als Zusatzmodul eines Browsers fungieren. So bietet etwa Microsoft auf seinen Webseiten einen Skript-Debugger für den Internet Explorer an (leider inkompatibel zu anderen Browsern) und Netscape stellt schon geraume Zeit unter der Adresse *http://developer.netscape.com/* einen kostenlosen Debugger zur Verfügung, mit dem man in den Navigator geladene JavaScript-Dateien debuggen kann[2]. Außerdem gibt es in den Mozilla-basierenden Browsern einen JavaScript-Debugger namens *Venkman*.

---

1. Achtung – die Deaktivierung muss explizit **ausgeschaltet** werden.

2. Die angegebene Internetadresse für den Netscape-Debugger war zum Zeitpunkt der Bucherstellung zwar immer noch in Google präsent, aber bei verschiedenen Tests nicht erreichbar. Möglicherweise strukturiert Netscape seine Webpräsenz gerade um.

Der Begriff **Debugging** geht auf das englische Wort **Bug** zurück, was übersetzt **Wanze** heißt. Es gibt einige Anekdoten, warum die Fehlerbereinigung bei einem Programm Debugging genannt wird. Die bekannteste Anekdote hat zum Inhalt, dass in Zeiten seliger Röhrengroßrechner ein Programmfehler die damaligen Entwickler zur Verzweiflung getrieben haben soll. Der Fehler zur Laufzeit war absolut unlogisch, da im Quelltext kein Fehler zu finden war. Die Lösung fand sich erst, als man den Rechner selbst auseinander schraubte und zwischen den Röhren eine tote Wanze fand, die mit ihrem Körper Schaltkreise störte.

Um Fehler bei der Erstellung eines Skripts erst gar nicht entstehen zu lassen, hilft eine akkurate Vorbereitung (Programmplanung, Bereitlegen von Nachschlagewerken und genügend Infomaterial, eventuell vernünftige Entwicklungswerkzeuge mit farblicher Unterscheidung von Schlüsselwörtern und Quelltextstrukturen) und vor allem sorgfältige und konzentrierte Eingabe. Aber auch ein durchdachtes Konzept und genügend Programmiererfahrung wird die Anzahl der potenziellen Fehler in einem Skript bereits im Vorfeld reduzieren. So werden erfahrene Programmierer beispielsweise bei Divisionen immer misstrauisch und stellen sicher, dass der Teiler nie den Wert 0 annehmen kann.

4.2.1   Vernünftige Sicherungsmaßnahmen

Nehmen wir uns noch einmal die (ironischen) Aussagen vor:

- Jedes Skript wird so weit optimiert, bis es unbrauchbar ist!

- Jedes bis zur Unbrauchbarkeit optimierte Skript lässt sich unmöglich in den Zustand zurückversetzen, in dem es – noch nicht optimiert – lauffähig war!

Es gibt einen ernsten Hintergrund. Oft kommt man in die Situation, dass ein Skript läuft, aber noch einige Dinge erweitert oder verändert werden müssen. Man macht eine Änderung oder mehrere Änderungen in einem Schritt und das Skript hat einen Fehler. Leider ist es so, dass man sich normalerweise nicht jede Änderung merkt (obwohl dies – oder noch besser eine Dokumentation – sinnvoll wäre). Häufig kann deshalb diese Veränderung dann nicht mehr rückgängig gemacht werden. Hat man den letzten lauffähigen Stand nicht gesichert, bleibt oft nur ein aufwändiges »Try-and-Error«-Verfahren, um etwas wiederherzustellen, das man schon einmal hatte. Versuchen Sie also, eine lauffähige und bereits halbwegs korrekte Version Ihres Skripts zu sichern und die Erweiterung in einem anderen Verzeichnis oder unter einem neuen Namen zu speichern.

4.2.2   Was tun bei einem Fehler?

Wenn ein Fehler aufgetreten ist und sich der fehlerfreie Zustand nicht durch einfaches Laden der letzten lauffähigen Version wiederherstellen lässt, bleibt nur die Fehlerbeseitigung. Dabei stellt sich zuerst das Problem, den Fehler überhaupt zu lokalisieren. Dies ist der größte und wichtigste Teil dessen, was Debugging genannt wird – das Lokalisieren und Identifizieren eines Fehlers. Wenn Sie – wie wir zuerst – ohne Debugger arbeiten, können Sie auch ohne Hilfsmittel auf die Wanzenjagd gehen. Das funktioniert ganz gut, wenn man gewisse Techniken verwendet. Die Fehlersuche ohne Debugger hat die wesentlichen Vorteile, dass Sie außer dem Editor kein zusätzliches Programm benötigen und sich vor allem nicht in dessen Bedienung einarbeiten müssen. Zudem lernen Sie eine Menge über JavaScript.

4.2.3   Welche Fehler gibt es?

Wenn Sie sich beim Schreiben des Programms einfach vertippt oder ein Schlüsselwort, eine Variable oder sonst etwas Entscheidendes falsch geschrieben haben, können zwei Fälle auftreten.

Sofern Sie ein Wort richtig falsch geschrieben haben, ist die Situation oft leicht in den Griff zu bekommen. Aber was soll das heißen – richtig falsch? Richtig oder falsch? Was denn nun? Es soll bedeuten, dass Sie nicht zufällig einen solchen Schreibfehler gemacht haben, so dass der falsche Begriff wieder einen sinnvollen Begriff und keinen syntaktischen Widerspruch ergibt. Nehmen wir ein Beispiel aus der Textverarbeitung. Sie wollten beispielsweise *Salz* schreiben und haben *Satz* getippt – ein ebenfalls sinnvolles Wort. In diesem Fall haben Sie ohne Hilfsmittel nur die Chance, dass Sie den Fehler im Quelltext durch aufmerksames Lesen oder Analyse des Resultats finden (sehr, sehr schwer).

Wenn Sie jedoch einen Schreibfehler haben, der keinen vernünftigen Ausdruck ergibt, sind Sie meist in der besseren Situation. Der Ausdruck wird in der Regel einen syntaktischen Widerspruch innerhalb der Programmiersprache erzeugen und der Interpreter wird bei seiner Arbeit den Fehler entdecken. Danach reagiert der Interpreter mit einem Abbruch der Verarbeitung und gibt meist eine Information zurück, wie Sie den Fehler finden können (dazu gleich mehr). Falls Sie direkt an dieser Adressangabe den Fehler finden, haben Sie allerdings Glück, denn leider ist diese Adressangabe nur die Stelle, wo sich ein Fehler auswirkt und nicht unbedingt der Entstehungsort. Dies muss nicht immer identisch sein, aber zumindest ist der Fehler schon einmal eingegrenzt.

Auch bei syntaktischen Fehlern in einem Skript (Fehler bei der Verwendung der Programmiersprachensyntax) wird der Interpreter die Abarbeitung unterbrechen. Viele syntaktische Fehler beruhen auf typografischen Fehlern, aber beileibe nicht alle, denn dieser Typ von Fehler beinhaltet auch die falsche Verwendung von korrekten Ausdrücken (beispielsweise so etwas wie `for (i==0; i < 256;i++)` – ein Vergleich statt einer Wertzuweisung der Zählvariable). Leider gilt auch hier, dass nicht unbedingt die Adressangabe des Fehlers der Entstehungsort des Fehlers sein muss.

Es gibt auch Programmfehler zur Laufzeit, welche auf logische Fehler im Programmaufbau zurückzuführen sind. Hierbei haben Sie ein syntaktisch vollkommen korrektes Skript geschrieben, das aber Fehler zur Laufzeit zulässt. Dies geschieht meist, weil eine Variable einen falschen Wert zugewiesen bekommt. Beispielsweise setzt irgendeine Programmsituation (beispielsweise eine Benutzereingabe) eine Variable auf 0 und im Folgeschritt wollen Sie durch diese Variable teilen. Sie müssen zur Beseitigung der Fehlersituation die Stelle im Quelltext suchen, an der diese Variable (Methode usw.) verwendet wird. Dort müssen Sie dann versuchen, den Aufbau und mögliche Fehler noch einmal durchzudenken.

Es gibt ebenso Programmfehler zur Laufzeit, welche auf äußere Umstände (Umgebung des Programms oder der Anwender) zurückzuführen sind. Diese Fehlerkonstellation kann durch verschiedene Dinge entstehen. Sie greifen beispielsweise im Programm auf eine bestimmte Schriftart zu, die auf der Plattform des Anwenders nicht vorhanden ist. Oder das Programm lässt Bedienfehler durch den Anwender zu. Es handelt sich also um Fehler, die mehr auf konzeptioneller Seite zu suchen sind, und weniger um technische Fehler. Deren Behandlung obliegt bei JavaScript im Wesentlichen dem Interpreter, sprich Browser.

In JavaScript lauert ein heimtückischer Fehler, wenn Sie direkt von HTML kommen. Im Gegensatz zu HTML wird in JavaScript streng zwischen Groß- und Kleinschreibung unterschieden. Lassen Sie sich nicht dadurch täuschen, wenn der `<script>`-Tag mit seinen Attributen zwischen Groß- und Kleinschreibung wechselt (je nach Quelle) – der gehört explizit zu HTML.

4.2.4 Wie lassen sich nicht offensichtliche Fehler finden?

Wenn ein Fehler auftritt, sind Fehlermeldungen in der **JavaScript-Konsole** oft am aussagekräftigsten. Darin werden sowohl die Art des Fehlers als auch die Stelle der Auswirkung beschrieben.

Die Stelle, wo sich ein Fehler auswirkt, muss nicht die Stelle sein, wo Sie einen Fehler machen. Wenn Sie ohne Fallschirm aus einem Flugzeug springen, unterscheiden sich auch die Stelle, an der Sie den Fehler machen und die Stelle, wo er sich auswirkt. Sie werden in der JavaScript-Konsole nur die Stelle erkennen, wo sich ein Fehler auswirkt. Sie können aber davon ausgehen, dass Ihnen irgendwo vorher ein Fehler unterlaufen ist.

Um die JavaScript-Konsole zu sehen, muss im Internet Explorer (Version 6) EXTRAS, INTERNETOPTIONEN, ERWEITERT, SKRIPTFEHLER ANZEIGEN aktiviert sein.

Bild 4.6:
Die Anzeige von Skriptfehlern im Internet Explorer aktivieren

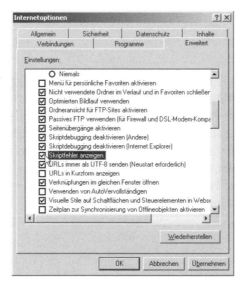

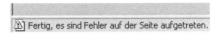

Bild 4.7:
Im Internet Ex-
plorer sehen
Sie im Fehler-
fall links unten
ein gelbes
Symbol

Alternativ hilft ein Doppelklick auf das Fehlersymbol links unten.

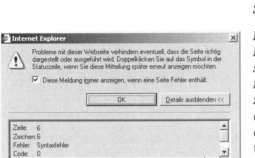

Bild 4.8:
Die Fehlerkon-
sole des Inter-
net Explorers
zeigt die Stelle
an, an der sich
ein Fehler aus-
wirkt

Bei Mozilla-basierenden Browsern werden alle Fehlermeldungen im Hintergrund protokolliert und mittels der JavaScript-Konsole kann das Fehlerprotokoll angezeigt werden. Die Anzeige der JavaScript-Konsole ist allerdings je nach Version etwas unterschiedlich, jedoch leicht zu finden.

Bei allen Mozilla-basierenden Browsern funktioniert zudem der Trick, in der Adresszeile des Browsers einfach `javascript:` einzugeben (beachten Sie den Doppelpunkt).

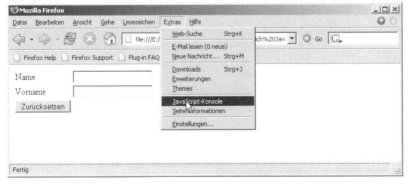

Bild 4.9:
Die Aktivie-
rung der Java-
Script-Konsole
im Firefox

Bild 4.10:
Die JavaScript-
Konsole im
Firefox

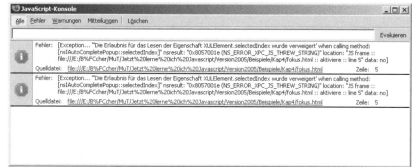

Bei Opera 8 ist die JavaScript-Konsole über EXTRAS, WEITERES zugänglich.

Bild 4.11:
Zugang zur
JavaScript-
Konsole im
Opera 8

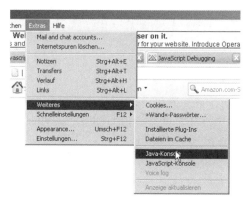

Mithilfe der Ausgaben in der JavaScript-Konsole können Sie bereits Fehler recht genau lokalisieren und auch klassifizieren (siehe dazu Seite 186). Der klassische Weg, um nicht offensichtliche Fehler ohne Debugger zu finden, sind jedoch **Kontrollausgaben**, welche im endgültigen Sourcecode beseitigt werden. Gängige Praxis ist, vor einem vermuteten Fehler eine Bildschirmausgabe der »Wanze« (also der Variablen, in der man die Fehlerursache vermutet) zu erzeugen. Dies könnte so aussehen (die Variable Teiler ist die vermutete Wanze):

Listing 4.9:
Eine Kontroll-
ausgabe vor
einem vermu-
teten Fehler

```
document.write(Teiler);// Debugausgabe
a=b/Teiler;// vermutete Fehlerstelle
```

Vor der Entstehung des Laufzeitfehlers sehen Sie auf dem Bildschirm den Wert der Variablen. Sie können selbstverständlich an den unterschiedlichsten Stellen im Programm solche Testausgaben einfügen, um eine Variable über mehrere Schritte hinweg zu verfolgen. Kontrollausgaben sind jedoch auch sinnvoll, um zu sehen, wie weit ein Skript läuft.

Geben Sie einfach an verschiedenen Stellen im Skript eindeutige Testausgaben aus (beispielsweise Zahlen). Sobald eine Testausgabe nicht
mehr erscheint, muss davor ein Fehler vorliegen. Dann suchen Sie von
der Stelle der letzten erfolgreichen Testausgabe bis zu der Stelle, wo die
Testausgabe unterdrückt wurde.

Eine andere Technik zur Fehlerlokalisierung ist das Auskommentieren
einer größere Menge an Anweisungen, in denen man die Wanze vermutet. Weist ein Skript einen Fehler auf und läuft es nach der Auskom-
mentierung (natürlich ohne den auskommentierten Part), muss sich der
Fehler in den auskommentierten Anweisungen befinden. Nun verkleinert man Schritt für Schritt den auskommentierten Bereich und testet
nach jeder Verkleinerung das Skript. Nach jenem Schritt, nach dem das
Skript nicht mehr läuft, hat man die fehlerhafte Anweisung mit hoher
Wahrscheinlichkeit lokalisiert.

4.2.5   Die Arbeit mit einem Debugger

Wie oben beschrieben, gibt es für JavaScript Debugger. Wir wollen
schematisch die Arbeit mit einem solchen Tool durchsprechen. Alle Debugger funktionieren in etwa ähnlich. Sie können beispielsweise ein
Skript schrittweise verfolgen (so genanntes **Steppen**), es gezielt anhal-
ten (mit **Haltepunkten** bzw. **Breakpoints**) und einzelne Variablen auswerten. Der Microsoft Script Debugger integriert sich nach der Installa-
tion automatisch in den Internet Explorer. Tritt ein Fehler auf einer Seite
auf, wird der Debugger automatisch gestartet, sofern das eingestellt ist
(siehe oben). Innerhalb des Debuggers können Sie durch verschiedene
Schaltflächen den Ablauf des Skripts verfolgen und kontrollieren. Als
Werkzeuge bietet das Programm unter anderem eine Übersicht der aktuell geöffneten Dokumente und ein Befehlsfenster. Der Netscape Java-
Script Debugger funktioniert ähnlich wie der von Microsoft, allerdings
mit dem Unterschied, dass es sich dabei um eine Java-Anwendung handelt, die erst über den Browser gestartet werden muss. Auch er bietet
diverse Übersichten und ein Programm, über das die Werte von Variablen oder Eigenschaften verfolgt werden können. Der Mozilla-Debugger
Venkman ist normalerweise im Mozilla schon integriert oder kann problemlos nachinstalliert werden. Der Debugger wird im Hauptmenü
unter TASKS/TOOLS/JAVASCRIPT DEBUGGER gestartet[1]. Er bietet ähnliche Übersichten wie die anderen beiden Debugger.

---

1. Wobei der Aufruf je nach Version abweichen kann.

4.2.6 Fehler beheben

Ist ein Fehler lokalisiert, müssen Sie den Fehler beseitigen. Anhand der Fehlermeldung in der JavaScript-Konsole können Sie in etwa sehen, welche Art von Fehler vorliegt und was zu tun ist. JavaScript selbst beschreibt mehrere Fehlertypen, die in der JavaScript-Konsole unmittelbar oder umschrieben zu sehen sind:

Tabelle 4.1:
Fehlerarten
und ihre
Behebung

Fehlermeldung	Bedeutung	Maßnahmen
ConversionError	Ein Fehler beim Konvertieren eines Objekts	Das Problem wird bei einfachen Skripts nicht auftauchen. Falls Sie jedoch komplexere Skripts erstellen, überprüfen Sie bei dieser Meldung, ob bzw. wie es möglich ist, das Objekt in einen anderen Typ zu konvertieren.
RangeError	Überschreitung eines erlaubten Bereichs	Dieser Fehlertyp kann bei Zahlen oder Datenfeldern auftreten. Überprüfen Sie, ob Bereiche über- oder unterschritten werden. Datenfelder können zum Beispiel keine negativen Indizes haben und Zahlen sollten nicht zu groß sein.
ReferenceError	Ein Referenzfehler	Dieser Fehlertyp tritt meist beim Zugriff auf nicht initialisierte Variablen auf. Prüfen Sie, ob alle Variablen und Objekte initialisiert und mit einem Wert belegt sind, bevor sie verwendet werden.
RegExpError	Fehler bei einem regulären Ausdruck	Das Problem wird bei einfachen Skripts nicht auftauchen. Falls Sie jedoch komplexere Skripts mit regulären Ausdrücken erstellen, überprüfen Sie die verwendeten regulären Ausdrücke.
SyntaxError	Ein allgemeiner Fehler in der JavaScript-Syntax	Überprüfen Sie die genaue Schreibweise Ihres Skripts. Achten Sie insbesondere auf alle Klammern, Kommas, Semikola und Anführungszeichen.
TypeError	Ein Fehler im Datentyp	Überprüfen Sie die verwendeten Datentypen.
URIError	Ein Fehler beim Zugriff auf eine Referenz auf eine Datei	Überprüfen Sie Referenzen auf externe Quellen.

186

So, und jetzt ab zu einigen Hintergrundinformationen, welche für JavaScript wichtig sind.

4.3   Elementare Grundstrukturen von JavaScript

Im folgenden Abschnitt wollen wir uns mit elementaren **Grundstrukturen** von JavaScript beschäftigen. Dies sind logische Strukturen, die Sie in fast jeder Skript- und Programmiersprache so vorfinden. Im Einzelnen umfasst das Variablen, Arrays, Datentypen, Operatoren, Ausdrücke, Anweisungen und Kommentare.

4.3.1   Variablen

JavaScript besitzt genauso **Variablen** wie alle anderen Programmiersprachen.

Variablen sind Stellen im Hauptspeicher eines Computers, denen zur Laufzeit eines Programms/Skripts temporär Werte zugeordnet werden können. Dies erfolgt über ein Gleichheitszeichen. Angesprochen werden diese Variablen über Namen, die sie vorher zugewiesen bekommen haben.

Für die Programmierung ist es wichtig zu wissen, von welchem **Typ** eine Variable ist. Die Wahl des Typs (auch **Datentyp** genannt) hängt unter anderem davon ab, was man mit einer Variablen machen möchte. Sie werden mir sicher Recht geben, dass die Division von zwei Texten ziemlich sinnlos ist. Eine Variable mit Text darin ist von einem ganz bestimmten Datentyp. Es gibt aber auch Datentypen, in denen man Zahlen speichern kann. Damit würde die Sache schon eher Sinn machen. Warum ein Programmierer also wissen sollte, was für ein Typ von Wert in einer Variablen drin steht, wird damit deutlich.

Ein Datentyp gibt an, welche Art von Information vorliegt und was man damit machen kann.

Auf der technischen Seite gibt es ebenfalls diverse Gründe, warum eine Variable einen Datentyp benötigt. Im Wesentlichen muss das System wissen, wie viel Speicher für eine Variable oder eine direkte Information wie eine Zahl (ein so genanntes **Literal**) eingeplant werden muss. Aber das brauchen Sie als JavaScript-Programmierer gar nicht so genau zu wissen, denn JavaScript verfolgt bei der Zuweisung von Werten an Variablen das Konzept der so genannten **losen Typisierung (loose typing)**. Dies bedeutet, dass von einem JavaScript-Programmierer zwar die Namen von Variablen festgelegt, dabei jedoch die Datentypen nicht deklariert werden. Dadurch bekommt eine Variable erst dann einen bestimmten Datentyp zugewiesen, wenn ihr der Wert eines bestimmten Typs zugewiesen wurde. Dies erfolgt vollkommen automatisch und ohne explizites Zutun des Programmierers. Ein wesentlicher Vorteil ist, dass Sie den Datentyp jederzeit ohne Aufwand ändern können. Eine explizite **Typumwandlung (Casting**, wie es in der Fachsprache heißt) ist nicht notwendig. Wenn Sie beispielsweise den Wert einer Zeichenkette einer Variablen zuweisen, können Sie ihr später eine Zahl zuweisen und damit automatisch ihren Typ verändern. Welcher Wert auch immer in der Variablen enthalten ist, er definiert den Datentyp. Dies ist bei vielen konventionellen Programmiersprachen (wie C und C++ und Java) anders. Dort muss der Programmierer auf jeden Fall den Datentyp festlegen, **bevor** in einer Variablen ein Wert gespeichert werden kann. In der so festgelegten Variablen kann dann auch nur ein Wert des einmal fixierten Typs gespeichert werden. Jede Wertzuweisung eines anderen Datentyps wird einen Fehler erzeugen. Man nennt so etwas dann **statische Typisierung** von Variablen. Wir gehen später nochmals auf Datentypen ein.

Die lose Typisierung macht JavaScript für Einsteiger einfach, hat aber nicht nur Vorteile – sonst würden die viel mächtigeren Programmiersprachen nicht den Aufwand mit der statischen Typisierung betreiben. Lose Typisierung erhöht die Fehlerwahrscheinlichkeit in komplexeren Quellcodes außerordentlich und macht die Wartung unter Umständen extrem aufwändig. Obwohl JavaScript es zulässt – Sie sollten Variablen **nie** im Typ verändern.

Variablen anlegen

Listing 4.10: Eine Variable wird angelegt und mit einem Wert versehen

Variablen entstehen in JavaScript einfach, indem in einem Skript ein neuer Bezeichner eingeführt und dabei mit dem Gleichheitszeichen ein Wert zugewiesen wird. Das bedeutet, in JavaScript können Variablen »on the fly« entstehen. Beispiel:

```
a = 123;
```

Ebenso ist es möglich, eine Variable über das Schlüsselwort `var` anzulegen und dabei noch keinen Wert bzw. Datentyp zuzuweisen. Beispiel:

```
var a;
```

Listing 4.11:
Eine Variable
ohne Wert-
zuweisung

Eine so mit `var` angelegte Variable hat ohne direkte Wertzuweisung am Anfang den wohl definierten Wert `undefined`. »Wohl definiert« scheint zwar ein Widerspruch zu sein, aber `undefined` kann im Sinn von JavaScript gezielt verwendet werden.

Der Einsatz von `var` erlaubt es ebenfalls, so genannte **lokale Variablen** festzulegen. Dies ist im Grunde sogar die Hauptanwendung für den Einsatz dieses Schlüsselworts.

Eine **lokale Variable** ist nur in der Funktion verfügbar, in der sie definiert ist, und existiert nur so lange im Speicher, wie die verwendende Struktur existiert. **Globale Variablen** haben dagegen als Gültigkeitsbereich das gesamte Skript. Das Verfahren zum Deklarieren einer lokalen Variablen ist einfach. Lokale Variablen werden innerhalb von Funktionen bzw. vergleichbaren Konstruktionen explizit mit `var` deklariert und können dann nur dort benutzt werden. Eventuell außerhalb vorhandene Variablen gleichen Namens werden temporär verdeckt. Genau genommen werden diese temporär auf `undefined` gesetzt. Beispiel:

```
function test(){
  var a = 5;
  ...
}
```

Listing 4.12:
Schema für
eine lokale
Variable

Siehe zu Funktionen ebenfalls Seite 221.

Einer Variablen Werte zuweisen

Wenn ein neuer Variablenbezeichner in einem Skript eingeführt und dabei direkt ein Wert zugewiesen wird, hat die Variable selbstredend diesen Wert. Jede angelegte Variable können Sie dann im Laufe Ihres Skripts verwenden, Sie können jedoch ebenso über das Gleichheitszeichen jederzeit einen beliebigen neuen Wert (und damit auch einen neuen Datentyp) zuweisen. Dabei kann der Wert ebenfalls berechnet oder von einer Funktion geliefert werden, wobei jeder Variablen ohne Wert bzw. Datentyp als erste Zugriffsaktion ein Wert zugewiesen werden muss. Damit erhält sie gleichzeitig ihren Datentyp, wie wir bereits wissen.

Wenn Sie eine Variable verwenden wollen, bevor sie einen Wert bekommen hat, wird der JavaScript-Interpreter einen Fehler melden.

Sicherer ist es auf jeden Fall, wenn Sie beim Anlegen der Variablen ihr gleich einen Wert – einen Standardwert zur Vorbelegung – zuweisen.

Nochmals zur Verdeutlichung: JavaScript unterscheidet Groß- und Kleinschreibung. Wenn Sie beim Anlegen von Variablen eine bestimmte Groß- und Kleinschreibung wählen, müssen Sie die Variablen später genau so ansprechen. Die Variable HansWurst ist nicht identisch mit Hanswurst oder hansWurst. Sie können sogar so unvernünftig sein und diese Eigenschaft von JavaScript ausnutzen, indem Sie gleich lautende Namen verwenden. Sie werden daran jedoch keine Freude haben, denn es wird eine tückische Fehlerquelle werden. Aber auch durch Buchstabendreher oder Flüchtigkeitsfehler kann es leicht passieren, dass ungewollt eine neue Variable erzeugt wird und es mehrere Variablen gibt, wo nur eine vorhanden sein darf.

Testen wir die Erstellung von Variablen und die nachträgliche Wertzuweisung. Wir verwenden die Möglichkeit von JavaScript, eine Webseite zu erzeugen. Dies erfolgt mit der Anweisung document.write(), mit der wir eine Webseite Zeile für Zeile dynamisch schreiben können.

1. Erstellen Sie bitte folgende Datei (*variablen.html*):

```
01 <html>
02 <body>
03 <script language="JavaScript">
04 <!--
05 var Hanswurst;
06 hanswurst = 666;
07 var hansWurst = "Ich heiße Wurst, Hans!";
08 document.write(Hanswurst + "<br>");
09 document.write(hansWurst + "<br>");
10 document.write(hanswurst + "<br>");
```

```
11 Hanswurst = 42;
12 document.write(Hanswurst + "<br>");
13 //-->
14 </script>
15 </body>
16 </html>
```

2. Speichern Sie die Datei und laden Sie sie in einen Browser.

Wir haben wirklich drei verschiedene Variablen angelegt (sowohl mit var als auch ohne), die wir nacheinander auf dem Bildschirm (über das document-Objekt) ausgeben. Mit der HTML-Anweisung <br> schreiben wir die Steueranweisung für einen HTML-Zeilenvorschub in das Dokument. In Zeile 5 wird mit var Hanswurst eine Variable angelegt, aber noch nicht initialisiert. Diese hat vor einer Wertzuweisung den Wert undefined (was die entsprechende Ausgabe in Zeile 8 bestätigt). In Zeile 6 wird ohne var eine zweite Variable hanswurst on the fly erzeugt und mit dem Wert 666 versorgt. In Zeile 7 entsteht eine dritte Variable hansWurst mit einem String (Text) als Wert. In Zeile 11 wird die erste Variable mit einem Wert versehen (Hanswurst = 42;) und dieser dann in Zeile 12 ausgegeben (document.write(Hanswurst + "<br>");).

Bild 4.12:
Es wird tatsächlich nach Groß- und Kleinschreibung unterschieden

Sie haben jetzt übrigens bereits den zentralen Part von dem, was Sie zum Erzeugen von dynamischen Webseiten brauchen. Sie können über die Anweisung document.write("[Tag]"); jegliche HTML-Anweisung oder auch beliebigen Text in ein Dokument schreiben. Wenn Sie die Seite dann noch mit Informationen aufpeppen, die Sie für jeden Besucher individuell abfragen (beispielsweise den verwendeten Browser, aber da werden wir noch viel mehr kennen lernen), erzeugen Sie bereits richtig gute Effekte. Beachten Sie aber, dass Sie in der so eingesetzten Variante jeweils die vollständige Seite neu erzeugen müssen, denn die Schreibanweisung löscht die bisherige Seitenanzeige im Browser-Fenster.

Namensregeln für Variablen

Bezüglich der Namen für eine JavaScript-Variable müssen Sie einige wenige Regeln einhalten:

- Das erste Zeichen muss ein Buchstabe oder der Unterstrich _ sein.

- Es darf keines der JavaScript-Schlüsselwörter (siehe dazu Anhang 3) als Name verwendet werden.

4.3.2 Datenfelder

In engem Zusammenhang mit Variablen sind **Datenfelder** bzw. **Arrays** zu sehen.

Ein **Array** ist eine Sammlung von Variablen, die alle über einen Namen angesprochen werden können.

Ein Array ist immer dann von großem Vorteil, wenn Sie eine Reihe von gleichartigen Informationen speichern wollen. Das könnten beispielsweise die Tage eines Monats sein. Sie können zwar für jeden Tag des Monats eine eigene Variable definieren, die dann die Nummer des Tags im Monat aufnimmt. Sie werden aber recht drastisch bemerken, wo das Problem liegt. Relativ schnell gehen sinnvolle Namen aus und man hat viel Schreibarbeit. Was wäre, wenn man nur einen Namen bräuchte und dazu einfach einen Index? Genau das macht man bei einem Array. Es gibt nur einen Variablenbezeichner, über den man aber auf mehrere Elemente zugreifen kann. Ein Array wird in JavaScript etwas anders erzeugt als eine normale Variable. Sie müssen neben dem Namen kennzeichnen, dass ein Array vorliegt. Außerdem wird zur Erzeugung das Schlüsselwort new verwendet.

Wenn Sie die Hintergründe interessieren – mit new wird eine neue Instanz eines Objekts erzeugt. Darauf gehen wir später noch intensiv ein.

Beispiel:

Listing 4.13:
Ein Datenfeld
wird erzeugt

```
tageImApril = new Array(30);
```

Einem Element eines Arrays weisen Sie einfach einen Wert zu, indem Sie den Namen des Arrays, eine öffnende eckige Klammer, den Index und eine schließende eckige Klammer angeben und dann wie gewöhnlich einen Wert zuweisen. Wir können also jetzt jedem Element des Arrays einen Tag des Monats zuordnen:

```
tageImApril[ 0 ] = 1 ;
tageImApril[ 1 ] = 2 ;
...
tageImApril[ 29 ] = 30 ;
```

Listing 4.14:
Belegen der
Felder im Array mit Werten

In obigem Beispiel ist ein Array mit 30 Elementen erzeugt worden. Der Index beginnt mit 0. Da aber JavaScript – wie schon angedeutet – dynamisch Variablen entstehen lassen kann, kann man auch einen Index jenseits der so erzeugten Größe ansprechen. Das macht den Umgang mit Arrays bequem, jedoch auch gefährlich.

Sie brauchen übrigens nicht identische Datentypen in allen Elementen eines Arrays speichern. Sie können beispielsweise in einem Array die Daten von einer Person aufnehmen, die teilweise aus Zahlen bestehen, teilweise aus Booleschen Werten und aus Text. Beispiel:

```
Hugo = new Array(6);
Hugo[0] = "Milchstrasse";
Hugo[1] = 42;
Hugo[2] = 12345;
Hugo[3] = "Mond";
Hugo[4] = 00612345678;
Hugo[5] = true;
Hugo[6] = false;
```

Listing 4.15:
Ein Array mit unterschiedlichen Datentypen als Inhalt

Beachten Sie, dass in dem Beispiel das ursprüngliche Array kleiner ist als die Anzahl der angesprochenen Elemente. Das letzte Array-Element ist »on the fly« erzeugt worden, weil es benötigt wird.

1. Erstellen Sie die folgende Datei (*datenfeld1.html*):

```
01 <html>
02 <body>
03 <script language="JavaScript">
04 <!--
05 ich = new Array();
06 ich[0] = "Milchstrasse";
07 ich[1] = 42;
08 ich[2] = 12345;
09 ich[3] = "Mond";
10 ich[4] = "00612345678";
11 ich[5] = "Hugo";
```

Listing 4.16:
Ein Array mit verschiedenen Datentypen

```
12 ich[6] = "Weizenkeim";
13 document.write("Mein Name ist ", ich[5], " ", ich[6],".<br>");
14 document.write("Ich wohne in der ",ich[0]," ", ich[1],", ",
ich[2]," ", ich[3],".<br>");
15 document.write("Meine Telefonnummer: ", ich[4],".");
16 //-->
17 </script>
18 </body>
19 </html>
```

2. Speichern Sie die Datei und laden Sie sie in einen Browser.

Bild 4.13:
Wie Sie se-
hen, lassen
sich mit Arrays
verschiedene
Typen von
Werten spei-
chern

> Mein Name ist Hugo Weizenkeim.
> Ich wohne in der Milchstrasse 42, 12345 Mond.
> Meine Telefonnummer: 00612345678.

In Zeile 5 wird ein Datenfeld angelegt. Dieses hat noch keine Größe (ich = new Array();). In den Zeilen 6 bis 12 werden die Elemente in dem Datenfeld angelegt. Danach ist das Datenfeld sieben Elemente groß. In der Zeile 13 wird mit document.write("Mein Name ist ", ich[5], " ", ich[6],".
"); auf das sechste und siebte Element zugegriffen. In Zeile 14 gibt die Anweisung document.write("Ich wohne in der ", ich[0]," ", ich[1],", ", ich[2]," ", ich[3],".
"); das erste, zweite, dritte und vierte Element des Datenfelds aus und in Zeile 15 wird mit document.write("Meine Telefonnummer: ", ich[4],"."); das fünfte Element verwendet.

Ein großer Vorteil von Arrays ist, dass man über Schleifen mit weniger Aufwand auf Werte zugreifen kann, als es bei verschiedenen Variablennamen der Fall ist. Dies ist sogar einer der wichtigsten Gründe für Arrays. Wir werden das sehen, wenn wir zu Schleifen in Java-Script kommen. Ein weiterer Grund für unsere Beschäftigung mit Arrays ist, dass sich der Browser beim Laden der Webseite die einzelnen Bestandteile der Webseite merkt und diese über Datenfelder für den Zugriff über JavaScript bereitstellt. Das werden wir ausführlich in Kapitel 5 behandeln.

4.3.3   Die Datentypen von JavaScript

Im Rahmen der Behandlung von Variablen ist der Begriff **Datentyp** schon gefallen. JavaScript unterstützt vier Grundtypen:

Typ	Beschreibung	Beispiele
Boolean	Dieser Typ enthält nur einen der beiden Werte wahr oder falsch (`true` oder `false`).	`JavaScriptIstToll = true;`

Number	Dieser Typ kann einen Dezimal- oder einen Gleitkommawert enthalten. Beachten Sie bitte, dass bei Kommazahlen anstelle eines Kommas ein Punkt angegeben werden muss. Neben der normalen Zahlenschreibweise gibt es die wissenschaftliche Notationsmöglichkeit über die Angaben e oder E.	`Gleiten = 123.45;`
		`DieAntwort = 42;`
		`Gleiten = 1.2345E2;`

String	Dieser Typ kann eine Reihe von alphanumerischen Zeichen (sprich normalen Text, der mit Zahlen gemischt sein kann) enthalten.	`msg = "Beliebiger Text!";`
Object	Dieser allgemeine Datentyp kann einen Wert eines beliebigen Typs enthalten. Er wird normalerweise für das Speichern von Instanzen von Klassen verwendet. Darauf kommen wir noch zurück.	`heute_ist = new Date();`

Tabelle 4.2: Die Datentypen Java-Script

4.3.4   Anweisungen

Anweisungen sind das Herz von JavaScript. Eine Anweisung ist eine Quellcodezeile, die bestimme Befehle enthält. JavaScript-Anweisungen können auch über mehrere Zeilen im Editor reichen, denn sie enden immer erst mit einem Semikolon. Dieses Semikolon dürfen Sie auf keinen Fall vergessen. Es teilt dem JavaScript-Interpreter des Browsers mit, dass das Ende der Anweisung erreicht ist und die Befehle nun ausgeführt werden können – so wie das Betätigen der ⏎-Taste einen Befehl bestätigt. Wir beschäftigen uns durchgängig bei unseren Beispielen mit Anweisungen.

4.3.5 Blöcke

Wenn mehrere Anweisungen zu einer Gruppe gehören (beispielsweise in Funktionen oder Schleifen, auf die wir gleich zu sprechen kommen), fasst man sie zu Blöcken zusammen. Diese werden in geschweifte Klammern eingeschlossen ({ }). Sie markieren den Anfang und das Ende eines Blocks. Der JavaScript-Interpreter des Browsers wird einen solchen Block als Einheit behandeln und ihn als Ganzes abarbeiten.

4.3.6 Ausdrücke

Wir hatten den Begriff **Ausdruck** bereits. Es geht dabei um die Manipulation von Daten, welche in Variablen abgelegt sind, bzw. die Verbindung von Zeichen, die selbst bereits einen Wert darstellen (also Zahlen oder Text – so genannte **Literale**). Ein Ausdruck in JavaScript ist also ein Vorgang, mit dem der Wert einer Variablen verändert oder bereitgestellt wird. Dabei steht in der ausgeschriebenen Form immer auf der linken Seite eines Ausdrucks der Name der Variablen, in welcher der neue Wert gespeichert werden soll. Klingt kompliziert, ist es aber nicht. Schauen wir uns erst einmal ein paar Beispiele an:

Listing 4.17:
Beispiele für
Ausdrücke

```
gewicht = 86 + 5;
kontostand = 1000 – 156;
pi = 3.14;
```

Es gibt in JavaScript zwei Typen von Ausdrücken:

- **Numerische** Ausdrücke. Dies sind mathematische Operationen.

- **Logische** (boolesche) Ausdrücke. Damit werden Vergleiche durchgeführt. Solche Ausdrücke gehören zu den Kerntechniken jeder Programmiersprache. Erst darüber können **Kontrollstrukturen** realisiert werden. Bei logischen Ausdrücken wird nur geprüft, ob ein Vergleich richtig oder falsch ist. Das Ergebnis wird der Wert true sein, wenn der Vergleich richtig war, und false, wenn der Vergleich falsch ist.

Mit numerischen Ausdrücken realisieren Sie mathematische Funktionalitäten, etwa die Addition oder Subtraktion von zwei Werten. Um diese Arithmetik durchzuführen, benötigen Sie **Operatoren**. Im Fall von numerischen Ausdrücken sind dies **numerische Operatoren**, die auch gelegentlich **arithmetische Operatoren** genannt werden. Logische Ausdrücke werden zur Steuerung von Programmabläufen verwendet. Der Fachbegriff für logisch ist **Boolesch**.

4.3.7　Operatoren

Ein **Operator** ist ein Symbol, das angibt, welche Operation in einem Ausdruck ausgeführt werden soll. Die Elemente (Variablen oder Literale, das heißt im numerischen Fall Zahlen), mit denen eine solche Operation durchgeführt wird, nennt man **Operanden**.

Arithmetische Operatoren

Arithmetische Operatoren benutzen immer eine oder zwei Zahlenoperanden und liefern als Ergebnis einer arithmetischen Operation eine neue Zahl als Wert. Die nachfolgende Tabelle gibt die arithmetischen JavaScript-Operatoren an:

Operator	Bedeutung	Beschreibung	Beispiel
+	Addition	Addition von zwei Zahlen oder numerischen Variablen	3 + 4
-	Subtraktion	Subtraktion von zwei Zahlen oder numerischen Variablen	4 – 3
-	Negierung	Einstellige arithmetische Negierung. Der Operator wird zur Negierung eines Ausdrucks verwendet, indem er dem Ausdruck vorangestellt wird. Wenn er vor einem Ausdruck steht, wird der Wert negativ.	-3
*	Multiplikation	Multiplikation von zwei Zahlen oder numerischen Variablen	2 * 3
/	Division	Division von zwei Zahlen oder numerischen Variablen	2 / 3
%	Modulo	Gibt den Rest einer Division zurück.	15 % 9
++	Inkrement	Der Operator erhöht den Wert des Operanden um 1. **Die Reihenfolge von Operand und Operator ist wichtig**. Wenn der Operator vor dem Operanden steht, erfolgt die Erhöhung des Werts, **bevor** der Wert verwendet wird. Wenn er dahinter steht, erfolgt die Erhöhung, **nachdem** der Wert verwendet wurde.	wert++

Tabelle 4.3: Die arithmetischen Java-Script-Operatoren

Operator	Bedeutung	Beschreibung	Beispiel
--	Dekrement	Der Dekrement-Operator arbeitet analog. Er vermindert den Wert des Operanden um 1. Die Reihenfolge von Operand und Operator ist auch hier von Bedeutung.	wert--

Den Dekrement- und den Inkrementoperator sollten Sie in der Anfangsphase nur mit Vorsicht benutzen. Mit diesen Operatoren kann man Quellcode zwar sehr kompakt schreiben, die Sache wird aber unleserlich (Ausnahme: der Einsatz bei Zählvariablen in Schleifen). Der Dekrementoperator ist übrigens der Token, der von einigen Browsern beim HTML-Kommentarende falsch verstanden wird.

Mit diesen arithmetischen Operatoren können Sie wie aus der Mathematik gewohnt Berechnungen durchführen. Wenn die Berechnung mehrere Operatoren verwendet, gilt die Punkt-vor-Strich-Regel. Beispiel:

```
ergebnis = 1 + 2 * 3;
```

Die Verwendung von Klammern ist in Ausdrücken erlaubt und im Grunde fast immer sinnvoll, um die Übersicht zu erhöhen. Vor allem können Sie damit die Reihenfolge der Bewertung verändern. Beispiel:

```
ergebnis = (1 + 2) * 3;
```

Schauen wir uns arithmetische Operatoren in der Praxis an.

1. Erstellen Sie folgende Datei (*arithmetischeoperatoren.html*):

```
01 <html>
02 <body>
03 <script language="JavaScript">
04 <!--
05 erg = 1 + 2 * 3;
06 document.write("Der Wert von 1 + 2 * 3: " + erg + "<br>");
07 erg = (1 + 2) * 3;
08 document.write("Der Wert von (1 + 2) * 3: " + erg + "<br>");
09 erg = 7 % 2;
10 document.write("Der Wert von 7 % 2: " + erg + "<br>");
11 erg++;
12 document.write("Der Wert von erg++: " + erg + "<br>");
```

```
13 --erg;
14 document.write("Der Wert von --erg: " + erg + "<br>");
15 document.write("Beachten Sie, dass die Erhöhung von erg++ hier in
der Anweisung erfolgt: " + erg++ + "<br>");
16 document.write("Beachten Sie nun den Wert von erg: " + erg +
"<br>");
17 //-->
18 </script>
19 </body>
20 </html>
```

2. Speichern Sie die Datei und laden Sie sie in einen Browser.

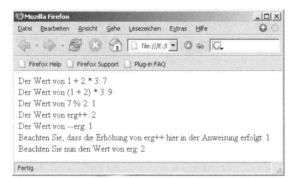

Bild 4.14: Verschiedene mathematische Operationen

In Zeile 5 wird mit erg = 1 + 2 * 3; eine Punkt-vor-Strich-Rechnung ausgeführt (die Ausgabe des Werts erfolgt in Zeile 6), während in Zeile 7 die Klammern zum Einsatz kommen. In Zeile 9 wird 7 % 2 gerechnet. Der Wert 2 geht glatt drei Mal in den Wert 7[1] und übrig bleibt der Wert 1 – das Ergebnis der Moduloaktion. In Zeile 11 kommt der Inkrementoperator zum Einsatz (erg++;). Das Ergebnis wird in Zeile 12 ausgegeben. Danach folgt die gleiche Geschichte mit dem Dekrementoperator. Interessant ist die Zeile 15 (document.write("Beachten Sie, dass die Erhöhung von erg++ hier in der Anweisung erfolgt: " + erg++ + "<br>");). Wenn Sie die Ausgabe beachten, wird diese Zeile den unveränderten Wert von erg anzeigen. Mit der folgenden Ausgabe von erg sehen Sie jedoch, dass der Wert **nach** dieser Ausgabe erhöht ist (Zeile 16 – document.write("Beachten Sie nun den Wert von erg: " + erg + "<br>");).

---

1. Wobei es vollkommen uninteressant ist, wie oft der zweite Operand in den ersten Operanden geht – nur der Rest der Aktion ist von Interesse.

199

Boolesche Operatoren

Sie können bei logischen Ausdrücken nicht nur auf Gleichheit von zwei Seiten überprüfen, sondern auf diverse andere Bedingungen, etwa ob der Wert auf einer Seite kleiner oder größer ist. Dazu stehen Ihnen unter JavaScript die folgenden logischen Vergleichsoperatoren zur Verfügung.

Tabelle 4.4:
Vergleichs-
operatoren

Operator	Bedeutung	Beschreibung	Beispiel
==	Gleichheit	Vergleich, ob zwei Operanden identisch sind. Das doppelte Gleichheitszeichen darf nicht mit dem **Zuweisungsoperator** (=) verwechselt werden! Dort wird einer Variablen ein Wert zugewiesen.	4 + 4 == 8 liefert true
!=	Ungleichheit	Vergleich, ob zwei Operanden nicht identisch sind. Der Vergleich liefert dann true, wenn zwei Ausdrücke nicht gleich sind.	8 != 4 + 4 liefert false
<	Kleiner-als	Vergleich, ob der erste Operand kleiner als der zweite Operand ist	5 < 6 ergibt true
>	Größer-als	Vergleich, ob der erste Operand größer als der zweite Operand ist	5 > 6 ergibt false
<=	Kleiner-als-oder-gleich	Vergleich, ob der erste Operand kleiner oder gleich dem zweiten Operanden ist	6 <= 6 ergibt true
>=	Größer-als-oder-gleich	Vergleich, ob der erste Operand größer oder gleich dem zweiten Operanden ist	5 >= 6 ergibt false

Schauen wir uns Vergleichsoperatoren wieder in der Praxis an.

1. Erstellen Sie bitte folgende Datei (*vergleichsoperatoren.html*):

Listing 4.21:
Der Einsatz
von verglei-
chenden Ope-
ratoren

```
01 <html>
02 <body>
03 <script language="JavaScript">
04 <!--
05 a = 2;
06 b = 3;
07 document.write((a == b) + "<br>");
08 document.write((a != b) + "<br>");
```

```
09 document.write((a < b) + "<br>");
10 document.write((a > b) + "<br>");
11 document.write((a <= b)+ "<br>");
12 document.write((a >= b));
13 //-->
14 </script>
15 </body>
16 </html>
```

2. Speichern Sie die Datei und laden Sie sie in einen Browser.

Bild 4.15:
Das Ergebnis verschiedener (trivialer) Vergleiche

Logische Operatoren

Logischen Operatoren, mit deren Hilfe Sie Auswertungen durchführen können, sind Vergleichsoperatoren sehr ähnlich und dienen der Verknüpfung von Booleschen Werten bzw. Booleschen Ausdrücken, wie sie beispielsweise über die zuvor aufgeführten Vergleichsoperatoren gebildet werden. Das Ergebnis einer solchen Verknüpfung ist erneut ein Boolescher Wert.

Operator	Bedeutung	Beschreibung	Beispiel
&&	Logisches AND	Vergleicht zwei Ausdrücke und ergibt true, wenn **beide** verglichenen Ausdrücke wahre Ergebnisse liefern, sonst false.	(4 + 4 == 8) && (2 + 3 == 5) liefert true, (4 + 4 == 7) && (2 + 3 == 5) liefert false, denn der erste Operand ist falsch.
||	Logisches OR	Vergleicht zwei Ausdrücke und liefert bereits dann true zurück, wenn einer der beiden verglichenen Ausdrücke ein wahres Ergebnis liefert (ebenso, wenn beide wahr sind), sonst false.	(4 + 4 == 8) || (2 + 3 == 5) liefert true und auch (4 + 4 == 7) || (2 + 3 == 5) liefert true, denn der zweite Operand ist wahr.

Tabelle 4.5:
Logische Operatoren

201

Operator	Bedeutung	Beschreibung	Beispiel
!	logisches NOT	Dreht einen logischen Wert um.	!(4 + 4 == 8) liefert false, denn der Ausdruck in der Klammer ist wahr und ! dreht das Ergebnis um.
?:	Entweder-Oder-Bedingung	Abkürzung für eine if-else-Entscheidung. Diese Operation benötigt einen Booleschen Ausdruck vor dem Fragezeichen. Wenn er true ist, wird der Wert vor dem Doppelpunkt zurückgegeben, ansonsten der Wert hinter dem Doppelpunkt.	(3 < 4) ? "ja" : "nein" liefert den Text ja, denn der Testausdruck ergibt true.

1. Erstellen Sie folgende Datei (*logischeoperatoren.html*):

Listing 4.22:
Der Einsatz
von logischen
Operatoren zur
Verknüpfung
von Boole-
schen Aus-
drücken

```
01 <html>
02 <body>
03 <script language="JavaScript">
04 <!--
05 document.write(((1 == 2) && (3 < 4)) + "<br>");
06 document.write(((1 == 2) || (3 < 4)) + "<br>");
07 document.write(!(1 == 2) + "<br>");
08 document.write((3 < 4) ? "ja" : "nein" + "<br>");
09 //-->
10 </script>
11 </body>
12 </html>
```

2. Speichern Sie die Datei und laden Sie sie in einen Browser.

Bild 4.16:
Das Ergebnis
verschiedener
verknüpfter
logischer
Ausdrücke

202

Zuweisungsoperatoren

Lassen Sie uns der Vollständigkeit halber die gesamten Zuweisungs-operatoren besprechen, welche Sie in JavaScript zur Verfügung haben. Es gibt nämlich neben dem direkten Zuweisungsoperator noch die **arithmetischen Zuweisungsoperatoren**. Diese sind nur als Abkürzung für arithmetische Operationen (dies bedeutet mathematische Berechnungen) zu verstehen.

Operator	Bedeutung	Beispiel
+=	Additions- und Zuweisungsoperator	a += 5 erhöht den Wert von a um den Wert 5. Die alternative Schreibweise wäre a = a + 5;.
-=	Subtraktions- und Zuweisungsoperator	a -= 5 reduziert den Wert von a um den Wert 5. Die alternative Schreibweise wäre a = a - 5;.
*=	Multiplikations- und Zuweisungsoperator	a *= 5 multipliziert den Wert von a mit dem Wert 5. Die alternative Schreibweise wäre a = a * 5;.
/=	Divisions- und Zuweisungsoperator	a /= 5 teilt den Wert von a durch den Wert 5. Die alternative Schreibweise wäre a = a / 5;.
%=	Modulo- und Zuweisungsoperator	a %= 5 nimmt den Wert von a modulo dem Wert 5. Die alternative Schreibweise wäre a = a % 5;.
=	Direkter Zuweisungsoperator	a = 5 weist a den Wert 5 zu.

Tabelle 4.6: Die Zuweisungsoperatoren

Wenn Ihnen arithmetische Zuweisungsoperatoren suspekt erscheinen, sollten Sie diese in der Anfangsphase einfach nicht verwenden. Sie sind nichts als Abkürzungen im Quelltext für mathematische Berechnungen. Damit werden die Quellcodezeilen zwar schneller geschrieben, die Lesbarkeit eines JavaScripts wird aber nach meiner Erfahrung für Einsteiger verschlechtert. Wir wollen hier auf ein vollständiges Beispiel verzichten.

Bitweise Operatoren

Die im Folgenden angegebenen Operatoren sind nur der Vollständigkeit halber erwähnt. Sie werden sie mit ziemlicher Sicherheit in absehbarer Zeit nicht anwenden. Es könnte nur sein, dass Sie ein Skript sehen, in dem sie auftauchen, und da sollten Sie zumindest davon gehört haben. Wir werden sie im Laufe des Buchs nicht anwenden. JavaScript kennt wie viele andere Programmiersprachen Operatoren, welche eine Manipulation von Werten auf Bitebene erlauben. Es gibt die **bitweisen arithmetischen Operatoren** und die **bitweisen Verschiebungsoperatoren**.

Tabelle 4.7:
Die Bitopera-
toren von
JavaScript

Operator	Beschreibung
&	Bitweiser AND-Operator
|	Bitweiser OR-Operator
^	Bitweiser XOR-Operator

Tabelle 4.8:
Die bitweisen
Verschie-
bungsope-
ratoren

Operator	Beschreibung
<<	Operator für bitweise Verschiebung nach links
>>	Operator für bitweise Verschiebung nach rechts
>>>	Operator für bitweise Verschiebung nach rechts mit binären Füllnullen von links

Die Operatorenrangfolge

Die Operatoren in JavaScript haben eine festgelegte Rangordnung, die immer dann zum Einsatz kommt, wenn in einem Ausdruck mehrere Operatoren verwendet werden und keine Klammern gesetzt werden (Klammern sind in der Rangfolge mit aufgenommen und haben die höchste Priorität). Als Beispiel kennen Sie bereits die Punkt-vor-Strich-Regel. Die Prioritäten sind von der höchsten Wertigkeit bis zur niedrigsten abwärts angegeben.

Tabelle 4.9:
Operator-
prioritäten

Rang	Operator
1.	() [] .
2.	! ~ – ++ --
3.	* / %
4.	+ –
5.	<< >> >>>
6.	< <= > >=
7.	== !=
8.	&

Rang	Operator
9.	^
10.	|
11.	&&
12.	||
13.	?:
14.	= += -= <<= >>= &= ^= |=
15.	,

Tabelle 4.9: Operator- prioritäten (Forts.)

4.3.8 Kommentare in JavaScript

Was **Kommentare** sind und wozu sie verwendet werden, wissen Sie schon aus unseren Abhandlungen zu HTML. Ein Kommentar ist ein Bestandteil eines Quelltexts, der von dem ausführenden Programm (der Interpreter-Fall wie bei JavaScript oder HTML) oder dem übersetzenden Programm (Compiler-Fall) ignoriert wird. Er kann in der Regel an jeder Stelle innerhalb eines Quelltexts stehen, denn Kommentare haben keinerlei Auswirkung auf die konkrete Abarbeitung eines Quelltexts. Kommentare sorgen für eine bessere Lesbarkeit des Quelltexts und ermöglichen das Einfügen von Hintergrundinformationen in einen Quelltext. Wichtig ist die Möglichkeit, zeitweise bestimmte Teile eines Programms oder Dokuments über Kommentare ausblenden zu lassen.

Sie dürfen HTML-Kommentare nicht mit JavaScript-Kommentaren verwechseln.

Natürlich muss es ebenfalls Kommentare geben, die Stellen im Quelltext vor dem Skript-Interpreter verbergen. Dies muss aber mit anderen Zeichen geschehen, damit die beiden Kommentartypen eindeutig vom Browser zu trennen sind. JavaScript unterstützt zwei verschiedene Kommentararten.

Mehrzeilige Kommentare

Ein **mehrzeiliger** Kommentar beginnt mit einem Slash, gefolgt von einem Stern (/*), schließt beliebigen Text ein und endet mit den gleichen Zeichen in umgekehrter Reihenfolge – einem Stern gefolgt von einem Slash (*/). Diese Form von Kommentar kann überall beginnen und aufhören. Man nutzt diese Form eines Kommentars gerne, um ganze Teile

205

eines Skripts auszukommentieren und sie bei Bedarf wieder zur Verfügung zu haben, indem man einfach Anfangs- und Endezeichen des Kommentars löscht.

Einzeilige Kommentare

Ein **einzeiliger** Kommentar beginnt mit einem Doppel-Slash (//) und endet mit dem Zeilenende. Das bedeutet, alle Zeichen in einer Zeile hinter dem Doppel-Slash werden vom JavaScript-Interpreter ignoriert.

4.3.9   Steuerzeichen bei Zeichenketten

Wenn Sie unter JavaScript in Zeichenkettenvariablen Steuerzeichen wie Hochkommas oder einen Zeilenumbruch verwenden wollen, können Sie diese nicht direkt eingeben, da sie ja eine Steuerfunktion unter JavaScript oder im Editor haben. Sie müssen sie **maskieren** – etwas, was wir ja schon von HTML in ähnlicher Weise kennen. Steuerzeichen werden bei der Maskierung durch das Zeichen \ eingeleitet, gefolgt von einem Buchstaben, der das Steuerzeichen beschreibt. Es gibt in JavaScript folgende Steuerzeichen:

Tabelle 4.10: Maskieren von Zeichen in JavaScript

Steuerzeichen	Effekt
\n	Zeilenumbruch
\f	Wagenrücklauf
\b	Backspace
\r	DOS-Zeilenumbruch als Ergänzung von \n
\t	Tabulator
\"	Anführungszeichen

4.4   Kontrollstrukturen in JavaScript

Kontrollstrukturen sind klassische Anwendungen von logischen oder vergleichenden Operatoren und mit die wichtigsten Strukturen, die Sie kennen müssen, um mit JavaScript programmieren zu können.

Kontrollstrukturen sind spezielle Anweisungsschritte in einer Programmiersprache, mit denen ein Programmierer Entscheidungen über den weiteren Ablauf eines Programms oder Skripts vorgeben kann, wenn bestimmte Bedingungen eintreten. Aber auch in vielen modernen Anwenderprogrammen gibt es mittlerweile Kontrollstrukturen. In Excel gibt es beispielsweise die WENN()-Funktion, mit der je nach eingetretener Bedingung zwischen zwei Alternativen ausgewählt werden kann.

In JavaScript haben Sie die gleichen Kontrollstrukturen zur Verfügung, die es in fast allen Programmiersprachen in gleicher oder ähnlicher Form gibt.

Es existieren drei Arten von Kontrollflussanweisungen:

- Entscheidungsanweisungen. Diese suchen auf Grund einer Bedingung einen Programmfluss heraus.

- Schleifen. Diese wiederholen eine bestimmte Anzahl an Anweisungen.

- Sprunganweisungen. Diese verlassen eine Struktur.

4.4.1   Die if-Bedingung

Über die if-Kontrollstruktur entscheiden Sie, ob eine nachfolgende Anweisung oder ein Block auszuführen ist. Sie bildet das Analogon zur WENN()-Funktion von Excel. Die allgemeine Syntax lautet:

```
if (Bedingung) {
...Anweisungen A
}
else {
...alternative Anweisungen
}
```

Listing 4.23: Schema einer if-Entscheidung

Wenn eine Bedingung wahr ist, werden die Anweisungen A ausgeführt, ansonsten die alternativen Anweisungen. Unter Bedingung versteht man einen Vergleich, der entweder wahr (true) oder falsch (false) sein kann oder den Booleschen Wert selbst. Zur Definition des Vergleichs verwendet man Vergleichsoperatoren und bei Bedarf logische Operatoren.

Es gibt die if-Bedingung mit oder ohne nachgestelltes else. Der else-Abschnitt ist also optional. Wenn er da ist, kann darin wie oben eine Folge von alternativen Anweisungen stehen, die immer dann ausgeführt werden, wenn die Bedingung den Wert false liefert. Wenn bereits der if-Zweig ausgeführt wurde, wird der else-Zweig nicht ausgeführt. Wenn der else-Zweig fehlt, bewirkt die gesamte Struktur nur etwas, wenn Bedingung den Wert true liefert. Im Falle des Werts false passiert gar nichts.

1. Erstellen Sie die nachfolgende Datei (*iftest.html*):

Listing 4.24:
Der Einsatz
von if

```
01 <html>
02 <body>
03 <script language="JavaScript">
04 <!--
05 var erg;
06 erg = 1 + 2 * 3;
07 document.write(erg + "<br>");
08 if (erg >7) {
09 document.write("Das wird nicht angezeigt");
10 }
11 else {
12 document.write("Hier gilt Punkt-vor-Strich-Rechnung");
13 }
14 erg = (1 + 2) * 3;
15 document.write("<br>" + erg + "<br>");
16 if (erg >7) {
17 document.write("Hier ist geklammert");
18 }
19 else {
20 document.write("Das wird nicht angezeigt");
21 }
22 //-->
23 </script>
24 </body>
25 </html>
```

2. Speichern Sie die Datei und laden Sie sie in einen Browser.

Zuerst ist der Wert vor erg 7. In dem Fall wird bei der ersten if-Konstruktion die Bedingung in Zeile 8 nicht erfüllt und der else-Zweig ausgeführt. Danach wird der Testwert auf 9 verändert. In diesem Fall wird die Bedingung in Zeile 16 erfüllt und der if-Zweig ausgeführt. Der else-Zweig wird ignoriert.

Bild 4.17:
Zuerst else,
dann if

4.4.2   Die switch-Fallunterscheidung

Seit der JavaScript-Version 1.2 existiert die Fallunterscheidung über ein Konstrukt, welches in vielen anderen Programmiersprachen schon lange zum Standard gehört – die Fallunterscheidung über switch[1]. Ein Vorteil gegenüber if-else ist, dass Sie auf einfache Weise mehrere Fälle unterscheiden können. Das ist zwar auch mit if-else möglich, indem Sie mehrere if-Abfragen hintereinander schreiben. Jedoch erscheint die Fallunterscheidung mit switch vielen Programmierern eleganter. Die Syntax einer switch-Fallunterscheidung sieht folgendermaßen aus:

```
switch([auswahl]){
case [Fall 1]:
...
break;
case [Fall 2]:
...
break;
...
default:
...
}
```

Listing 4.25:
Schema einer
switch-case-
Konstruktion

Mit dem Schlüsselwort switch leiten Sie die Fallunterscheidung ein. Als Argument wird in runden Klammern eingeschlossen eine Variable oder ein Ausdruck angegeben, für dessen aktuellen Wert Sie die Fallunterscheidung durchführen. Dies ist der Testwert und es kann ein beliebiger Datentyp sein, der unter JavaScript erlaubt ist (beispielsweise eine Zahl, jedoch auch ein Text). Die einzelnen Fälle, zwischen denen unterschieden werden soll, werden untereinander aufgelistet und innerhalb geschweifter Klammern als Blöcke notiert. Jeden einzelnen Fall leiten Sie

---

1. Oft auch switch-case genannt.

mit dem Schlüsselwort `case` ein, gefolgt von der konkreten Angabe des Werts, auf den Sie prüfen wollen.

Die Anweisungen bei einem `case`-Block können Sie zwar wie üblich in geschweiften Klammern notieren, in der Praxis jedoch verzichtet man in der Regel darauf.

Bei der Anweisung `break`, die am Ende eines jeden Blocks angegeben ist, handelt es sich um eine **Sprunganweisung**. Damit stellen Sie sicher, dass nach einem Treffer die nachfolgend notierten Fälle **nicht** ebenso ausgeführt werden. Bei dem `switch-case`-Konstrukt handelt es sich um eine **Fall-Through-Anweisung**[1]. Fehlt eine Sprunganweisung am Ende jeden Blocks, werden ab einem Treffer alle folgenden Anweisungen ausgeführt, was in der Praxis oft nicht gewünscht ist.

In der Tat wird die `switch-case`-Anweisung fast immer in Verbindung mit `break` erläutert und auch so eingesetzt. Ich persönlich bin aber der Meinung, dass man dann einen Hauptvorteil dieses Konstrukts wieder verliert. Gerade der »durchfallende« Charakter ohne `break` unterscheidet diese Konstruktion von der `if`-Struktur. Dort kann man nur mit erheblicher Mühe ein solches Verhalten erreichen. Beachten Sie die nachfolgenden Beispiele, in denen wir die `switch-case`-Anweisung sowohl mit als auch ohne `break` einsetzen.

Beim letzten Block in der `switch-case`-Anweisung ist das `break` immer überflüssig.

Der Fall `default` dient dafür, eine Standardreaktion für den Fall zu definieren, dass keiner der von Ihnen definierten Fälle zutrifft. Dieser Zweig ist optional und kann entfallen, wenn es keinen Defaultfall geben soll. Er entspricht dem `else`-Teil bei `if`.

Der gravierende Nachteil der Programmflusssteuerung über `switch` und `case` ist, dass nur diskrete Fälle unterschieden werden können. Also ist nur der Vergleich auf exakte Gleichheit mit einem Wert, kein größer oder kleiner wie bei `if`, möglich.

---

1. Auf Deutsch Durchfall-Anweisung ;-).

1. Erstellen Sie die nachfolgende Datei (*switch1.html*). Lassen Sie sich nicht durch die Länge einschüchtern – Sie können den `switch`-Block immer kopieren und anpassen:

```
01 <html>
02 <body>
03 <script language="JavaScript">
04 <!--
05 erg = 3;
06 switch(erg) {
07 case 1:
08 document.write("Fall 1 wird genommen<br>"); break;
09 case 2:
10 document.write("Fall 2 wird genommen<br>"); break;
11 case 3:
12 document.write("Fall 3 wird genommen<br>"); break;
13 case 4:
14 document.write("Fall 4 wird genommen<br>"); break;
15 default:
16 document.write("Keiner der Fälle wird genommen<br>");
17 }
18 erg = 10;
19 switch(erg) {
20 case 1:
21 document.write("Fall 1 wird genommen<br>"); break;
22 case 2:
23 document.write("Fall 2 wird genommen<br>"); break;
24 case 3:
25 document.write("Fall 3 wird genommen<br>"); break;
26 case 4:
27 document.write("Fall 4 wird genommen<br>"); break;
28 default:
29 document.write("Keiner der Fälle wird genommen<br>");
30 }
31 //-->
32 </script>
33 </body>
34 </html>
```

Listing 4.26: Der Einsatz von switch, case, default und break

2. Speichern Sie die Datei und laden Sie sie in einen Browser.

Bild 4.18: Auswahl vom Programm- fluss über switch-case

Im Beispiel wird der Wert einer Variablen in Zeile 5 zuerst auf 3 gesetzt. Im ersten switch-Konstrukt wird deshalb der Fall 3 ausgewählt (Zeile 11). Die Anweisung break unterbricht in Zeile 12 die weitere Abarbeitung dieser switch-Fallunterscheidung und springt hinter den switch-Block.

Beachten Sie, dass die break-Anweisungen in der gleichen Zeile notiert werden wie die eigentliche Anweisung, die im Fall eines Treffers ausgeführt werden soll. Das wird in der Praxis oft gemacht, wenn bei einem Treffer nur eine Anweisung ausgeführt werden soll. Durch die Trennung mit dem Semikolon können Sie natürlich beliebig viele Anweisungen in nur einer Quellcodezeile notieren. Im allgemeinen Fall ist das aber wegen der mangelnden Übersichtlichkeit nicht zu empfehlen.

Die nächste Variante setzt den Wert der Testvariablen auf 10. In dem switch-Konstrukt wird dieser Fall nicht explizit ausgewiesen. Deshalb wird der mit default bezeichnete Fall ausgewählt.

Sie können bei switch-case auch auf Zeichenketten überprüfen, wie die nachfolgende Übung zeigt. Das ist auf jeden Fall bemerkenswert, da dies in zahlreichen anderen Programmiersprachen **nicht möglich** ist.

1. Erstellen Sie die nachfolgende Datei (*switch2.html*):

Listing 4.27:
Test auf
einen Text

```
01 <html>
02 <body>
03 <script language="JavaScript">
04 <!--
05 erg = "Otto";
06 switch(erg) {
07 case "Hugo":
08 document.write("Fall 1 wird genommen<br>"); break;
09 case "Willi":
10 document.write("Fall 2 wird genommen<br>"); break;
11 case "Fritz":
12 document.write("Fall 3 wird genommen<br>"); break;
13 case "Otto":
14 document.write("Fall 4 wird genommen<br>"); break;
15 default:
16 document.write("Keiner der Fälle wird genommen<br>");
17 }
```

```
18 //-->
19 </script>
20 </body>
21 </html>
```

2. Speichern Sie die Datei und laden Sie sie in einen Browser.

In dem Beispiel wird der Fall mit der Nummer 4 genommen.

Die Anordnung der auszuwählenden Fälle muss **nicht** in einer bestimmten Reihenfolge erfolgen. Die Fälle müssen vor allem **nicht** sortiert angegeben werden. Allgemein ist es aus Gründen der Übersichtlichkeit jedoch besser, die Fälle zu sortieren, sofern dies sinnvoll ist (bei Texten ist es nur begrenzt sinnvoll).

Spielen wir noch einen Fall **ohne** die Verwendung von break durch.

1. Erstellen Sie bitte folgende Datei (*switch3.html*):

```
01 <html>
02 <body>
03 <h1 align="center">Willkommen im Hotel Himmel und Reich</h1>
04 <div align="center">Ihr Zimmer ist für die folgenden Tage
reserviert:</div>
05 <script language="JavaScript">
06 <!--
07 tag = 2;
08 switch(tag) {
09 case 1:
10 document.write("Montag<br>");
11 case 2:
12 document.write("Dienstag<br>");
13 case 3:
14 document.write("Mittwoch<br>");
15 case 4:
16 document.write("Donnerstag<br>");
17 case 5:
18 document.write("Freitag<br>");
19 case 6:
20 document.write("Samstag<br>");
21 default:
22 document.write("Sonntag<br>");
23 }
24 //-->
25 </script>
26 </body>
27 </html>
```

Listing 4.28:
Ein Beispiel für
den Einsatz
von switch
ohne break

2. Speichern Sie die Datei und laden Sie sie in einen Browser.

Bild 4.19:
Ein sinnvoller
Einsatz des
Fall-Through-
Charakters

Das Beispiel simuliert eine Art Buchungssystem in einem Hotel, bei dem ab einem Stichtag für den Rest der Woche ein Zimmer reserviert werden soll. Als Tag wird der Wert 2 vorgegeben (in Zeile 7). Der Treffer erfolgt in Zeile 11 und entsprechend werden alle nachfolgenden Anweisungen (inklusive dem default-Fall) ausgeführt.

4.4.3 Die while-Schleife

Die while-Schleife führt die Prüfung einer Bedingung durch. Die Kontrollstruktur wird so lange durchlaufen, bis eine Bedingung nicht mehr richtig ist. Die Syntax sieht so aus:

Listing 4.29:
Schema für
eine while-
Schleife

```
while (Bedingung) {
...Anweisungen
}
```

Wenn eine Bedingung bei Erreichen der Schleife falsch ist, werden die Anweisungen im Block überhaupt nicht durchgeführt.

Die while-Schleife benötigt (in der Regel) in ihrem Inneren eine Möglichkeit, mit der die Schleife abgebrochen werden kann. Andernfalls erzeugen Sie eine **Endlosschleife**.

Eine **Endlosschleife** ist eine nicht endende Abarbeitung der Anweisungen im Inneren. Das kann zwar sinnvoll sein (bei einer Animation zum Beispiel), ist aber normalerweise nicht gewünscht.

Der Abbruch einer `while`-Schleife erfolgt normalerweise darüber, dass die in der Bedingung geprüfte Variable im Inneren so verändert wird, dass irgendwann die Bedingung nicht mehr erfüllt ist. Sie sehen es in der nachfolgenden Übung.

1. Erstellen Sie die nachfolgende Datei (*while1.html*):

```
01 <html>
02 <body>
03 <table border width="400">
04 <script language="JavaScript">
05 <!--
06 zaehler=0;
07 while(zaehler < 10) {
08 document.write("<tr><td>Der Wert ist</td><td> ",zaehler, "</td>
</tr>");
09 zaehler++;
10 }
11 //-->
12 </script>
13 <table>
14 </body>
15 </html>
```

Listing 4.30:
Eine while-
Schleife zur
Erzeugung ei-
ner Tabelle

2. Speichern Sie die Datei und laden Sie sie in einen Browser.

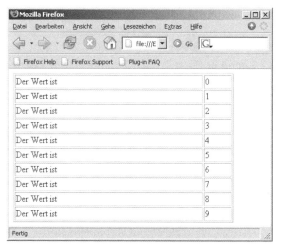

Bild 4.20:
Die HTML-Ta-
belle wird mit
einer while-
Schleife er-
zeugt

215

Das Beispiel erzeugt eine Tabelle mit zehn Zeilen. Der <table>-Container wird in reinem HTML notiert (Zeile 3 und 13). Die einzelnen Zeilen samt Inhalt werden dynamisch mit JavaScript erzeugt. Zuerst ist der Wert der Variablen für unsere Schleife 0 (Zeile 6). Die Bedingung in der while-Überprüfung in Zeile 7 ist also wahr und die Anweisungen werden ausgeführt. Nach der Ausgabe des Werts in einer Tabellenzeile mit zwei Spalten wird der Wert der Variablen um 1 erhöht (in Zeile 9). Wir haben den Inkrementoperator verwendet, der dem Ausdruck zaehler = zaehler + 1; entspricht. Das Durchlaufen der Schleife wird so lange fortgesetzt, bis die Variable den Wert 10 erreicht. Dann ist die Bedingung in der while-Überprüfung falsch und die Anweisungen werden nicht mehr ausgeführt.

Eine Schleife kann ebenfalls durch den Einsatz von break beendet werden. Das ist insbesondere in Verbindung mit dem Prüfen einer Bedingung über if oft sinnvoll.

4.4.4   Die do-while-Schleife

Die do-while-Schleife ist eine Abwandlung der normalen while-Schleife. Der wichtigste Unterschied zu while ist, dass dort bereits vor dem ersten Ausführen der im Inneren notierten Anweisungen die Schleifenbedingung überprüft wird[1], während bei do-while die im Inneren notierten Anweisungen auf jeden Fall einmal ausgeführt werden, **bevor** die Schleifenbedingung überprüft wird[2]. Die Syntax sieht so aus:

Listing 4.31:
Schema für
eine do-
while-Schleife

```
do {
... irgendwelche Anweisungen
}
while([Bedingung]);
```

1. Erstellen Sie die nachfolgende Datei (*dowhile1.html*):

Listing 4.32:
Der Einsatz
von do-while

```
01 <html>
02 <body>
03 <script language="JavaScript">
04 <!--
05 zaehler=10;
06 do{
07 document.write("Der Wert ist ",zaehler);
```

---

1. Das nennt man **kopfgesteuert** oder **abweisend**.

2. Das nennt man **fußgesteuert** oder **annehmend**.

```
08 zaehler++;
09 }
10 while(zaehler < 10);
11 //-->
12 </script>
13 </body>
14 </html>
```

2. Speichern Sie die Datei und laden Sie sie in einen Browser.

Bild 4.21:
Die Anweisungen nach do werden ausgeführt

In Zeile 5 wird die Zählvariable auf den Wert 10 gesetzt und dennoch die Anweisung nach do ausgeführt. Die Bedingung in Zeile 10 ist offensichtlich nicht erfüllt und nach dem ersten Durchlauf wird die Schleife abgebrochen.

4.4.5   Die for-Schleife

Eine weitere Schleifenform wird über das Schlüsselwort for erzeugt. Die allgemeine Syntax sieht so aus:

```
for (Zählvariable mit Startwert; Bedingung; Veränderung der
Zählvariable) {
...Anweisungen
}
```

Listing 4.33:
Schema einer
for-Schleife

Die for-Schleife ist die kompakteste Form der Schleifen, denn sie enthält im Schleifenkopf alle relevanten Daten für die Abarbeitung der Schleife. Die erste Angabe in der Klammer nach dem Schlüsselwort for gibt die Zählvariable an und initialisiert sie mit einem Startwert. Danach folgt – durch ein Semikolon getrennt – die Abbruchbedingung und als dritte Angabe – wieder durch ein Semikolon getrennt – die Wertänderung der Zählvariablen.

Meines Erachtens ist die `for`-Schleife mit Abstand die sicherste Form einer Schleife, da direkt zu Beginn der Schleife und in einer Zeile alle relevanten Informationen für den Schleifendurchlauf stehen. Zwar kann man auch in einer `for`-Schleife komplexere Strukturen aufbauen (beispielsweise im Inneren die Zählvariable ändern oder eine interne Abbruchbedingung über `break` schaffen), aber in der Standardform sieht man hier auf einen Blick alle relevanten Dinge und die Fehlerwahrscheinlichkeit ist so relativ gering.

1. Nehmen wir uns als Übung das Beispiel, welches wir bei `while` schon verwendet hatten, und modifizieren es. Erstellen Sie die folgende Datei (*for1.html*):

Listing 4.34: Eine for-Schleife zur Erzeugung einer Tabelle

```
01 <html>
02 <body>
03 <table border width="400">
04 <script language="JavaScript">
05 <!--
06 for(zaehler=0;zaehler < 10;zaehler++) {
07 document.write("<tr><td>Der Wert ist</td><td> ",zaehler, "</td></tr>");
08 }
09 //-->
10 </script>
11 <table>
12 </body>
13 </html>
```

2. Speichern Sie die Datei und laden Sie sie in einen Browser.

Das Beispiel erzeugt vollkommen analog dem Beispiel mit der `while`-Schleife eine Tabelle mit zehn Zeilen. Allerdings sind alle Informationen zum Durchlauf der Schleife in Zeile 6 angegeben: sowohl der Wert der Variablen für unsere Schleife als auch die Bedingung und die Werterhöhung über den Inkrementoperator.

Wir wollen die `for`-Schleife in einem weiteren Beispiel nutzen, um den Nutzen von Arrays zu demonstrieren (siehe dazu Seite 192). Bei der Besprechung von Arrays hatten wir darauf verwiesen, dass diese gerade in Verbindung mit Schleifen sehr, sehr viel Sinn machen. Modifizieren wir ein Beispiel, das wir dort durchgespielt hatten.

1. Erstellen Sie die folgende Datei (*for2.html*):

```
01 <html>
02 <body>
03 <script language="JavaScript">
04 <!--
05 ich = new Array();
06 ich[0] = "Mein Name ist Hugo Weizenkeim<br>";
07 ich[1] = "Milchstrasse 42<br>";
08 ich[2] = "12345 Mond<br>";
09 ich[3] = "Telefon: 00612345678";
10 for(i = 0; i < 4; i++){
11 document.write(ich[i]);
12 }
13 //-->
14 </script>
</body>
</html>
```

Listing 4.35:
Ein Array, das
mit einer
Schleife aus-
gewertet wird

2. Speichern Sie die Datei und laden Sie sie in einen Browser.

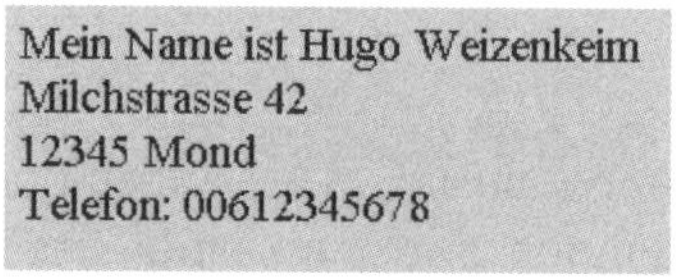

> Mein Name ist Hugo Weizenkeim
> Milchstrasse 42
> 12345 Mond
> Telefon: 00612345678

Bild 4.22:
Die Ausgabe
des Arrays er-
folgt über eine
Schleife

In Zeile 5 wird ein Datenfeld angelegt. Dieses hat noch keine Größe (ich = new Array();). In den Zeile 6 bis 9 werden die Elemente in dem Datenfeld angelegt. Danach ist das Datenfeld vier Elemente groß. In den Zeilen 10 bis 12 wird mit einer for-Schleife das Array ausgegeben. In Zeile 11 gibt die Anweisung document.write(ich[i]); das Element aus, das jeweils über den Zählindex spezifiziert wird.

4.4.6 Gezielte Abbrüche von Schleifen mit break und continue

Allgemein wird eine Schleife beendet, wenn die überprüfte Bedingung nicht mehr erfüllt ist. Schleifen sind aber recht kritische Stellen in jedem Programm oder Skript. Es kann leicht zu Endlosschleifen oder ungewollten Durchläufen kommen. Oder Sie brauchen mehrere Bedingungen, bei denen eine Schleife oder ein Schleifendurchlauf zu beenden ist. Viele Programmiersprachen stellen deshalb Schlüsselwörter zur Verfügung, mit denen eine kontrollierte Beendigung einer Schleife oder eines Schleifendurchlaufs aus dem Inneren heraus möglich ist. Dies trifft auch für JavaScript zu. Das eine Schlüsselwort kennen Sie bereits – break.

Die Sprunganweisung break beendet eine Schleife sofort, wenn diese Stelle im Quelltext erreicht wird.

In JavaScript 1.2 wurde eine Erweiterung von break vorgenommen, die aus anderen Programmiersprachen bereits bekannt war – die break-Anweisung mit Angabe eines Labels. Dies ist eine Sprungadresse, die angibt, wo nach Ausführen der break-Anweisung mit der Abarbeitung des Codes fortgefahren werden soll. Das Label ist ein frei definierbarer Name an einer beliebigen Stelle im Quelltext, der mit einem nachgestellten Doppelpunkt notiert wird. Hinter dem Wort break können Sie dann durch Leerzeichen abgetrennt den Namen des Labels angeben. Diese Technik ist jedoch sehr kritisch zu betrachten. Nicht nur, dass diese von einigen Browsern nicht unterstützt wird. Sie erlaubt auch die Erzeugung von so genanntem **Spagetticode**, welcher in grauen Computerurzeiten über die unselige Basic-Anweisung Goto üblich war. Wir gehen nicht weiter auf diese Technik ein.

Neben break gibt es noch die weitere Sprunganweisung continue. Sie können damit an einer bestimmten Stelle unmittelbar den nächsten **Schleifendurchlauf** erzwingen und die nachfolgenden Anweisungen innerhalb der Schleife ignorieren.

1. Erstellen Sie die folgende Datei (*continue1.html*):

Listing 4.36: Der gezielte Abbruch eines Schleifendurchlaufs mit continue

```
01 <html>
02 <body>
03 <h1>Ausgabe der geraden Zahlen</h1>
04 <script language="JavaScript">
05 <!--
06 for(zaehler=0;zaehler < 10;zaehler++) {
07 document.write("<hr>");
08 if((zaehler % 2) != 0) continue;
09 document.write("Der Wert ist ",zaehler);
10 }
11 //-->
12 </script>
13 </body>
14 </html>
```

2. Speichern Sie die Datei und laden Sie sie in einen Browser.

Das Beispiel gibt nur die geraden Zahlen der Zählvariablen einer Schleife aus. Die for-Schleife läuft von 0 bis 9. Die Anweisung in Zeile 7 wird für jeden Durchlauf ausgeführt (Ausgabe einer Trennlinie). In Zeile 8 wird unter Verwendung des Modulo-Operators und des Ungleich-Operators in einer if-Bedingung getestet, ob die Zählvariable ungerade ist. Falls ja, wird continue ausgeführt und sofort ein weiterer Durchlauf der Schleife mit dem um 1 erhöhten Wert der Zählvariable gestartet. Die Zeile 9 wird übersprungen. Falls die Zählvariable jedoch gerade ist, wird die Anweisung in Zeile 9 ausgeführt (Ausgabe des Werts der Zählvariablen).

Bild 4.23: Einsatz von continue zum Überspringen von Anweisungen in einer Schleife

Die Verwendung von continue erfolgt in der Praxis nicht oft. Alternativ kann man Bedingungen so formulieren, dass man darauf verzichten kann, oder mit if-else arbeiten.

Noch einmal zur Verdeutlichung: mit break brechen Sie die Schleife komplett ab, mit continue nur den aktuellen Schleifendurchlauf.

4.5 Funktionen, Prozeduren und Methoden

Sie haben nun das Rüstzeug, um eigene JavaScripts zu erstellen. Es fehlen zwar noch die ganzen Informationen zu den JavaScript-Objekten, aber von den syntaktischen Voraussetzungen her sind Sie nun dazu in der Lage. Dabei werden Sie sehr oft in die Situation kommen, dass Sie Code zusammenfassen und über einen Namen aufrufen. Dies nennt man dann eine **Funktion**. Aber in diesem Zusammenhang tauchen ebenfalls die Begriffe **Prozeduren** und **Methoden** auf. Machen wir uns deutlich, was es damit auf sich hat. Allgemein sind Funktionen und Prozeduren eine Reihe von Anweisungen im Quelltext, die zusammenfasst werden und einen Namen bekommen. Damit müssen Sie diese Folge von Anweisungen nicht jedes Mal in den Quelltext schreiben, wenn Sie diese Anweisungen benötigen. Sie werden nur einmal geschrieben und dann jedes Mal über die Angabe des Namens aufgerufen, wenn diese Folge von Anweisungen benötigt wird. Derart als Funktionen definierte Java-Script-Anweisungen werden beim Laden der Webseite respektive des Skripts nicht direkt ausgeführt, sondern erst, wenn sie explizit aufgerufen werden.

> Es ist sicher offensichtlich, dass Sie sich damit eine Menge Arbeit sparen können, wenn Sie bestimmte Arbeitsschritte öfter benötigen. Erfahrungsgemäß ist es in der Regel bereits dann effektiver, eine Folge von Anweisungen in eine Prozedur oder Funktion zu schreiben und diese dann aufzurufen, wenn diese Folge von Anweisungen mehr als einmal in einem Programm/Skript verwendet werden soll.

Wir reden momentan immer von Prozedur oder Funktion. Ist das eigentlich das Gleiche oder gibt es Unterschiede? Es gibt normalerweise einen wesentlichen Unterschied. Eine Funktion erledigt eine Aufgabe und liefert immer **einen Wert als Ergebnis** zurück (einen **Rückgabewert**). Eine Prozedur erledigt eine Aufgabe, ohne einen Wert als Ergebnis zurückzugeben. Wir können uns das anhand von zwei Beispielen aus dem gewöhnlichen Computeralltag klar machen:

- In Excel gibt es eine Funktion SUMME(), die an sie weitergeleitete Zellen oder Zahlen summiert. Als Wert gibt sie das Ergebnis dieser Aufgabe zurück, denn das ist der Zweck dieser Funktion.

- Eine Prozedur könnte beispielsweise die Änderung der Farbe des Desktops durchführen. Wenn die Aufgabe erfüllt ist, wird nicht noch zusätzlich die Farbe als Rückmeldung benötigt.

> Der **Rückgabewert** ist das Ergebnis einer Funktion.

JavaScript kennt nur Funktionen und keine Prozeduren. Allerdings muss eine JavaScript-Funktion keinen Wert zurückgeben, der zwingend ausgewertet werden muss, wie es in anderen Programmiersprachen notwendig sein kann. Damit sind in JavaScript die Unterschiede nahezu aufgehoben. Wir werden in Zukunft ausschließlich von **Funktionen** reden.

Eine spezielle Form einer Funktion ist eine **Methode**. Wir haben hier aber einen Vorgriff auf das Thema **Objekte** – Methoden sind spezielle Funktionen, die einem Objekt zugeordnet sind und nur in Verbindung mit diesem vorkommen. Sie können in JavaScript – wie Eigenschaften eines Objekts – nur über die vorangestellte Angabe des Objekts angesprochen werden (die so genannte **Dot-Notation** oder **Punktnotation**). Wenn wir `document.write()` ausführen, verwenden wir übrigens mit `write()` eine Methode des Objekts `document`. Mehr dazu erfahren Sie in Kapitel 5.

Eine **Funktion** ist eine Zusammenfassung von Quellcode zu einer Art Unterprogramm, das über einen Namen gezielt (auch mehrfach) aufgerufen werden kann.

4.5.1   Die Definition eigener Funktionen

JavaScript besitzt eine ganze Reihe von vorgefertigten Funktionen, die Sie einfach verwenden können, indem Sie sie aufrufen (eventuell mit geforderten Parametern). Wir werden diese zum Teil noch kennen lernen. Sie können jedoch auch eigene Funktionen in JavaScript definieren, indem Sie das Schlüsselwort `function` schreiben, gefolgt von dem gewünschten Namen der Funktion (den Sie selbst vollkommen frei auswählen dürfen, der jedoch nicht mit einem Schlüsselwort identisch sein darf), einer öffnenden Klammer, optional einer Parameterliste, welche Variablen bezeichnet, über die Werte an die Funktion übergeben werden können (bei mehreren Parametern durch Kommas getrennt), und der schließenden Klammer. Die eigentlichen Anweisungen der Funktion (die so genannte **Implementation**) werden in nachfolgende geschweifte Klammern eingeschlossen. Die Syntax zur Deklaration einer Funktion sieht also so aus:

Listing 4.37:
Schema für die
Deklaration ei-
ner Funktion

```
function [Name]([Parameterliste]) {
...Anweisungen
}
```

Funktionen werden üblicherweise innerhalb des Kopfbereichs einer Webseite deklariert oder über eine externe Datei eingebunden. Damit ist gewährleistet, dass sie bereits vor dem Anzeigen einer Webseite vom Browser geladen und interpretiert wurden. Dies ist jedoch nicht zwingend. JavaScript-Funktionen können an jeder Stelle in einer HTML-Seite deklariert werden. Es kann dann nur passieren, dass ein Anwender eine Aktion auf der HTML-Seite auslöst und die dafür notwendige Funktion noch gar nicht geladen wurde.

Aufrufen können Sie eine Funktion an jeder Stelle in einer Webseite. Dazu müssen Sie nur ihren Namen samt Klammern und optionaler Werte für die Parameter (nicht die Parameterbezeichner) in einer Anweisung angeben.

Die Klammern gehören unbedingt zu einem Aufruf einer Funktion hinzu, egal, ob Sie darin Werte an die Funktion übergeben oder nicht.

4.5.2 Rückgabewerte einer Funktion mit return

Wenn eine Funktion einen Rückgabewert liefern soll, müssen Sie ihn über die Sprunganweisung return angeben. Das sieht formal so aus:

Listing 4.38:
Ein Rückgabe-
wert

```
return [Rückgabewert];
```

Die Anweisung return ist immer die letzte Anweisung in einer Funktion. Sie verlässt unmittelbar die Funktion. Nachfolgend notierte Anweisungen in der Funktion werden nicht mehr ausgeführt. Sie können return allerdings vorher in Verbindung mit einer Entscheidungsstruktur verwenden.

4.5.3   Beispiele für selbst definierte Funktionen

Spielen wir einige vollständige Beispiele mit Funktionen durch.

1. Erstellen Sie die nachfolgende Datei (*fkt1.html*):

```
01 <html>
02 <script language="JavaScript">
03 <!--
04 function multi(a, b) {
05   return a * b;
06 }
07 //-->
08 </script>
09 <body>
10 <a href="javascript:alert(multi(5,6))">Multipliziere</A>
11 </body>
12 </html>
```

*Listing 4.39:
Eine Funktion
mit Rückgabe-
wert und Para-
metern*

2. Speichern Sie die Datei und laden Sie sie in einen Browser.

*Bild 4.24:
Das Ergebnis
der Multi-
plikation*

Das Beispiel definiert von Zeile 4 bis 6 eine Funktion mit Namen `multi()`. Diese gibt einen Wert zurück (das Ergebnis der Multiplikation der beiden Werte, die als Parameter beim Aufruf der Funktion mitgegeben wurden). Dies erfolgt mit der Anweisung in Zeile 5. Zum Aufruf der Funktion – diese wird ja beim Laden der Webseite nicht automatisch ausgeführt – verwenden wir die Inline-Referenz. Das bedeutet, beim Anklicken des Hyperlinks wird die angegebene Funktion aufgerufen. Beachten Sie dazu die Zeile 10. Anstelle der Variablennamen für die Parameter, wie sie bei der Deklaration in Zeile 4 notiert sind (sie lauten `a` und `b`), werden hier die Werte notiert, die verwendet werden sollen (`multi(5,6)`). Der Rückgabewert der Funktion `multi()` wird von `alert()` verwendet und in einem Dialogfeld angezeigt.

225

1. Erstellen Sie als weiteres Beispiel für den Einsatz von Funktionen die nachfolgende Datei (*fkt2.html*):

Listing 4.40:
Eine Funktion
ohne Rück-
gabewert und
ohne Para-
meter

```
01 <html>
02 <script language="JavaScript">
03 <!--
04 function add() {
05   alert(50 + 50);
06 }
07 //-->
08 </script>
09 <body>
10 <a href="javascript:add()">Addiere</A>
11 </body>
12 </html>
```

2. Speichern Sie die Datei und laden Sie sie in einen Browser.

Das Beispiel definiert von Zeile 4 bis 6 eine Funktion mit Namen `add()`. Diese gibt keinen Wert zurück und hat auch keine Parameter. Die Funktion gibt einfach die Summe von zwei Zahlen aus. Beachten Sie den Aufruf der Funktion in Zeile 10. Die leeren Klammern gehören unbedingt dazu.

4.6 Aufruf einer JavaScript-Funktion, die Eventhandler und das event-Objekt

Wenn Sie ein Skript bzw. eine Funktion programmiert haben, muss dieses Skript oder die einzelne Funktion vom Browser ausgeführt werden, um zum Leben zu erwachen. Aber wann? Zufällig? Oder in einer bestimmten Situation, die Sie als Programmierer festlegen? Sicherlich das Letztere. Wenn Sie JavaScript-Funktionen oder irgendwelche Objektmethoden in einer HTML-Seite aufrufen wollen, muss irgendein Ereignis diesen Aufruf auslösen. Damit haben wir bereits den Schlüsselbegriff für diesen Abschnitt – **Ereignis**.

Unter einem **Ereignis** können Sie alles verstehen, was während der Lebenszeit einer Webseite in einem Browser auftreten kann. Das kann die Geburt (das Laden in den Browser) oder der Tod (das Entfernen der Seite aus dem Browser – beispielsweise beim Laden einer neuen Seite) der Webseite sein. Aber auch Aktionen, die ein Anwender ausführt, gehören dazu – etwa der Klick auf eine Grafik, das Abschicken von Formulardaten oder das Überfahren eines Teils der Webseite mit dem Mauszeiger.

Wir kennen aus unseren bisherigen Übungen schon zwei Möglichkeiten, die ein JavaScript aufgrund eines Ereignisses ausführen. Da ist einmal der Start einer Webseite. Wenn Sie ein Skript mit Anweisungen in eine HTML-Seite schreiben, wird das Skript einfach durch Laden der Seite ausgeführt. Sobald die betreffende Skriptzeile durch den Browser geladen wird, wird die entsprechende Anweisung durchgeführt.

Sie können jedoch ohne weitere Vorkehrungen ein Skript nach dem Laden der Webseite nicht mehr neu starten, denn wenn es einmal ausgeführt wurde, ist es abgearbeitet und muss neu aufgerufen werden. Jedes Mal die Seite neu zu laden, ist sicher keine sinnvolle Lösung. Aber wie kann man **nach** dem Laden der Webseite JavaScript-Funktionalität nutzen? Eine Technik kennen Sie und das ist der zweite Teil der Lösung: Stichwort **Inline-Referenz**, also der Fall, wenn eine JavaScript-Anweisung in einem Hyperlink aufgerufen wird.

Aber auch andere Ereignisse wie Tastatureingaben durch den Anwender, Bewegungen des Mauszeigers oder Klicks mit den Maustasten auf Elemente, die kein Hyperlink sind, sollten sinnvoller Weise für den Aufruf von Skriptanweisungen genutzt werden können. Daneben gibt es automatische Vorgänge, die von einer Zeitspanne oder einem Zeitpunkt abhängen oder aufgrund von gewissen anderen Bedingungen ausgelöst werden. Auch diese sollten sich mit dem Aufruf von Anweisungen koppeln lassen.

Wir brauchen also einen Mechanismus, der auf solche Ereignisse reagiert und gegebenenfalls eine Funktion oder eine Objektmethode auslöst. Dieser Mechanismus wird **Eventhandler** (Ereignisbehandler) genannt. Alternativ gibt es ein `event`-Objekt, auf das wir etwas weiter unten eingehen.

Mittels der unterschiedlichen **Eventhandler** reagiert der JavaScript-Interpreter auf verschiedenartige Ereignisse, die der Eventhandler-Mechanismus über festgelegte Namen identifiziert.

Wesentlich ist, dass Ereignisse ab HTML 4 und JavaScript vorhanden und identisch sind. Das W3-Konsortium hat die Eventhandler offiziell in den HTML-Sprachstandard aufgenommen. Dies ist vor allem deshalb wichtig, weil damit die Groß- und Kleinschreibung bei der Notation keine Rolle spielt. Und es wurde ebenfalls festgelegt, in welchen HTML-Tags welcher Eventhandler vorkommen darf. Diese Ereignisse stehen damit auch direkt unter HTML zur Verfügung und können relativ beliebig in einer Webseite eingesetzt werden. Eventhandler sind das wichtigste Bindeglied zwischen HTML und JavaScript. Ein Eventhandler-Ereignis sieht aus wie jedes gewöhnliche HTML-Attribut. Gemeinhin beginnen die Namen von Ereignissen mit der Silbe on, gefolgt von einer aussagekräftigen Beschreibung des Ereignisses. Beispiele hierfür sind:

Listing 4.41:
Beispiele von
Eventhandlern

```
onMouseOver
onLoad
onClick
```

Listing 4.42:
Aufruf einer
Funktion mit
einem Event-
handler

Hinter dem Namen des Ereignisses wird ein Gleichheitszeichen notiert, gefolgt von einer in Anführungszeichen angegebenen JavaScript-Anweisung oder -Funktion. Beispiel:

```
onClick="meineFunktion()"
```

Die meisten Ereignisse werden von allen halbwegs modernen Browsern unterstützt. Es gibt aber Ereignisse, die browserspezifisch sind, und vor allem treten Unterschiede auf, bei welchen Tags ein Ereignis unterstützt wird. Dies liegt unter anderem daran, dass es historisch bedingt verschiedene Ereignismodelle gibt und oft nicht offensichtlich ist, auf welches der Ereignismodelle sich ein Browser bezieht. Bei Ereignismodellen handelt es sich um abstrakte Objektmodelle, die festlegen, wie auf welche Ereignisse zu reagieren ist, was passiert, wenn ein Ereignis nicht gleich ausgeführt werden kann, und so fort. Die Unterschiede zwischen dem Microsoft-Ereignismodell und dem von Netscape sind beispielsweise ziemlich groß. Allerdings neigen nahezu alle neueren Browser dazu, eine analoge Reaktion zu zeigen. Die unzähligen Probleme, die bis etwa 2003 zu beobachten waren, verschwinden mehr und mehr. Dennoch – die Probleme sind immer noch nicht ganz beseitigt und Sie sollten beim Einsatz von Eventhandlern Ihre Skripts in allen für Sie relevanten Browsern testen. Ich werde in der Folge auf problematische Stellen hinweisen.

Ereignisse können an verschiedenen Stellen in Dokumenten auftreten, beispielsweise in Formularen und bei einzelnen Elementen. Die wichtigsten vier Wege, wie eine JavaScript-Funktion oder -Anweisung unter HTML aufgerufen wird, sind wahrscheinlich folgende:

1. Beim Start der HTML-Datei

2. Beim Abschicken von Formulardaten

3. Bei einem Klick auf eine Referenz, ein Element der Webseite oder eine Schaltfläche

4. Beim Überfahren eines Bereichs der Webseite mit dem Mauszeiger

Es gibt daneben noch diverse weitere Ereignistypen, die wir natürlich ebenfalls nicht vergessen wollen. Wir werden sie gleich durchsprechen.

Konkret ist ein universeller Eventhandler nur ein Block von JavaScript-Anweisungen, welcher direkt in einen HTML-Tag geschrieben wird. Die Grundsyntax sieht immer gleich aus:

```
<[HTML-Tag] [ATTRIBUTE] [onEventHandler]="JavaScript-Anweisungen">
```

Listing 4.43: Das Schema für die Anwendung eines Eventhandlers

- [HTML-Tag] ist ein beliebiger HTML-Tag, welcher die Reaktion auf ein Ereignis unterstützt.

- [ATTRIBUTE] steht für die normalen HTML-Attribute, welche den HTML-Tag bezüglich seiner üblichen HTML-Auswirkungen spezifizieren.

- [onEventHandler] steht für den Namen des Ereignisses, auf welches reagiert werden soll.

- "JavaScript-Anweisungen" sind die konkreten JavaScript-Anweisungen, die bei Auftreten des spezifizierten Ereignisses ausgeführt werden sollen.

Beispiel:

```
<body onLoad="unsere_funktion()">
... [alle übrigen HTML-Anweisungen] ...
</body>
```

Listing 4.44: Schema für den konkreten Einsatz eines Eventhandlers

In eine Eventhandler-Struktur können, über Semikola abgetrennt, mehrere JavaScript-Anweisungen hintereinander geschrieben werden. Dies ist indessen selten sinnvoll. Besser ist die Erzeugung einer eigenen JavaScript-Funktion, welche dann alle Anweisungen enthält, die beim Auftreten eines Ereignisses ausgeführt werden sollen.

Wir werden uns nun mit den Ereignissen beschäftigen, die allgemein als Dokumentenereignisse bezeichnet werden.

4.6.1   Aufruf beim Start/Verlassen der HTML-Datei

Der Aufruf einer JavaScript-Funktion beim Start der HTML-Datei erfolgt mit einer Erweiterung des <body>-Tags über das Attribut onLoad. Die entsprechende Syntax lautet:

Listing 4.45:
Einsatz von
onLoad im
<body>-Tag

```
<body onLoad="[Funktionsname]([Parameterliste])">
```

Dadurch erfolgt der Aufruf der als Wert des Attributs angegebenen JavaScript-Funktion beim Start der HTML-Datei. Der Aufruf der Java-Script-Funktion sollte immer in Anführungszeichen gesetzt werden und enthält alle notwendigen Angaben zum korrekten Ablauf der Java-Script-Funktion. Insbesondere müssen dort natürlich alle eventuell notwendigen Parameter enthalten sein (und immer die Klammern – auch wenn keine Parameter angegeben werden).

> Die Anwendung von onLoad ist weitgehend äquivalent zu der Situation, in der Sie den Aufruf der Funktion einfach in einen <script>-Container notieren. In der Vergangenheit gab es in Grenzsituationen bei einigen Browsern massive Unterschiede zwischen diesen beiden Techniken, aber diese Probleme sind bei neueren Browsern beseitigt.

Das Parallelereignis zum Laden einer Seite ist die Situation, wenn eine Seite wieder aus dem Speicher entfernt wird. Etwa wenn eine neue Seite geladen wird. Dafür gibt es das Ereignis onUnload, das ebenso in den <body>-Tag integriert werden kann. Sie können beide Ereignisse angeben, um sowohl beim Start einer Seite als auch bei deren Verlassen eine bestimmte Aktion auszulösen.

1. Erstellen Sie als Beispiel die nachfolgende Datei (*laden.html*):

Listing 4.46:
Einsatz von
onLoad und
onUnload

```
01 <html>
02 <script language="JavaScript">
03 <!--
04 function hy() {
05  alert("Herzlich Willkommen");
06 }
07 function bey() {
08  alert("Und tschüss");
09 }
10 //-->
11 </script>
```

```
12 <body onLoad="hy()" onUnload="bey()">
13 </body>
14 </html>
```

2. Speichern Sie die Datei und laden Sie sie in einen Browser.

Das Beispiel definiert zwei Funktionen. Die eine wird beim Laden der Seite und die andere beim Verlassen aufgerufen. Beide zeigen ein Mitteilungsfenster mit einem spezifischen Text an.

Beide Attribute waren bereits unter JavaScript 1.0 dabei und können ebenfalls bei ein paar anderen Tags (beispielsweise <frameset>) verwendet werden. Hauptsächlich sinnvoll sind sie indessen nur beim <body>-Tag.

4.6.2 Aufruf beim Klick auf eine Referenz

Selbstverständlich sind Klicks auf Referenzen mit der Maus Ereignisse und ideale Kandidaten, um ein JavaScript aufzurufen. Dabei gilt es zwischen vier Formen bzw. Zuständen von Klicks zu unterscheiden:

- Dem vollständigen Klick
- Drücken einer Maustaste
- Loslassen einer Maustaste
- Dem Doppelklick.

Unter einem Klick auf eine Referenz verstehen wir, dass Sie auf ein Element wie eine Schaltfläche in einem Formular mit der Maus klicken. Aber auch ein <a>-Element ist im engen Sinne eine Referenz. In einigen neueren Browsern gelten aber auch die meisten anderen Tags als Referenzen. Ob Anwender nun Überschriften, Bilder, Trennlinien etc. für einen Klick wählen, im Grunde braucht der HTML-Tag nur noch einen Bereich zu beschreiben, auf den ein Anwender den Mauszeiger bewegen und klicken kann. Sie erweitern den entsprechenden Tag durch das Attribut onClick. Auch die jeweiligen Teilphasen des Drückens und des Loslassens einer Maustaste bilden jeweils ein eigenes Ereignis. Diese werden über onMouseDown und onMouseUp beschrieben. Auch eine Reaktion auf Doppelklicks ist möglich. Mit dem Eventhandler onDblClick können Sie auf den Doppelklick eines Anwenders auf ein Element reagieren.

> Die Verwendung eines Doppelklicks ist im Web absolut unüblich. Der entsprechende Eventhandler spielt in der Praxis keine Rolle.

1. Erstellen Sie als Beispiel die nachfolgende Datei (*klicken.html*):

Listing 4.47:
Einsatz von
onClick

```
01 <html>
02 <script language="JavaScript">
03 <!--
04 function hy() {
05   alert("Herzlich Willkommen");
06 }
07 //-->
08 </script>
09 <body>
10 <h1 onClick="hy()">Meine Homepage</h1>
11 </body>
12 </html>
```

2. Speichern Sie die Datei und laden Sie sie in einen Browser.

In Zeile 4 bis 6 wird eine Funktion deklariert. Die Überschrift in Zeile 10 gibt den Eventhandler zu deren Aufruf an. In nahezu allen neueren Browsern wird beim Klick auf die Überschrift die benannte Funktion aufgerufen.

Bild 4.25:
Der Klick auf
die Überschrift
zeigt ein
Fenster an

4.6.3 Aufruf beim Überfahren mit dem Mauszeiger

Das Überfahren eines Elements einer Webseite mit dem Mauszeiger ist ein häufiges Ereignis, bei dem eine JavaScript-Funktion aufgerufen wird. Damit kann beispielsweise eine ergänzende Information zu einem Link in einem separaten Mitteilungsfenster oder zu einem Bild in der Statusleiste des Browsers angezeigt werden. Dazu muss der Tag des entsprechenden Elements mit dem Attribut onMouseOver erweitert werden, wenn eine Reaktion auf den Eintritt des Mauszeigers in den Bereich eines Elements erfolgen soll. Das Attribut onMouseOut erlaubt die

Reaktion in dem Moment, wenn der Mauszeiger den Bereich eines Elements wieder verlässt.

Es muss sich bei dem auslösenden Element für diese beiden Eventhandler um eine verweissensitive Referenz handeln, bei deren Überfahren mit dem Mauszeiger die JavaScript-Funktion direkt aufgerufen wird. Allerdings verstanden in der Vergangenheit verschiedene Browser unter einer verweissensitiven Referenz etwas Unterschiedliches. Bei einigen Browsern war darunter nur ein Link zu sehen, andere Browser unterstützten jeden Tag mit einem optisch erkennbaren Bereich. Mittlerweile wird das aber recht einheitlich gehandhabt und bei neueren Browsern können Sie fast alle HTML-Tags verwenden, die einen Bereich beschreiben, den ein Anwender mit der Maus überstreichen kann. Das folgende Beispiel funktioniert dennoch in einigen Browsern nur eingeschränkt. Das Problem liegt nicht am Eventhandler, sondern daran, dass die Statusleiste des Browsers entweder parallel zum Schreiben von Text mit JavaScript automatisch mit browserspezifischen Informationen belegt und dann die Information überschrieben wird. Oder die Statusleiste wird in so einem Konfliktfall sogar gänzlich für Schreibaktionen durch JavaScript gesperrt. Dass der Eventhandler dennoch funktioniert, können Sie testen, indem Sie die Zeile 5 durch `alert("Schlafende Racker");` ersetzen. Dann wird statt einer Ausgabe in der Statusleiste ein Dialogfeld mit dem Text angezeigt. Das ist indessen in der Praxis kaum sinnvoll, weil es eine zusätzliche Interaktion durch den Anwender notwendig macht, und dies wird Anwender in der Regel verärgern.

1. Erstellen Sie die nachfolgende Datei (*ueberstreichen.html*):

```
01 <html>
02 <script language="JavaScript">
03 <!--
04 function erlaeuter() {
05   status = "Schlafende Racker";
06 }
07 //-->
08 </script>
09 <body>
10 <img src="b1.jpg" onMouseOver="erlaeuter()"
onMouseOut="status=''">
11 </body>
12 </html>
```

Listing 4.48:
Der Einsatz
von onMouse-
Over und
onMouseOut

2. Speichern Sie die Datei und laden Sie sie in einen Browser.

Mit der Funktion in Zeile 4 wird über die Anweisung in Zeile 5 die Statusleiste des Browsers gefüllt. Die Funktion wird in Zeile 10 über den Eventhandler onMouseOver aufgerufen, wenn der Anwender den Mauszeiger in den Bereich der referenzierten Grafik bewegt. Mit onMouseOut wird die Statusleiste des Browsers wieder gelöscht[1], wenn der Mauszeiger aus dem Bereich der Grafik bewegt wird.

Bild 4.26:
Der Maus-
zeiger ist im
Bereich der
Grafik – be-
achten Sie die
Statusleiste
des Browsers

Wenn Sie onMouseOver und onMouseOut bei einem Tag einsetzen wollen, der nicht in allen Browsern unterstützt wird, hilft ein kleiner Trick. Umschließen Sie den gewünschten Container einfach mit einem Hyperlink und geben Sie dort die Eventhandler an. Der Hyperlink sollte als Sprungziel # angeben. Damit deaktivieren Sie ihn. Das ist zwar technisch nicht ganz korrekt, denn mit # gibt man einen Anker in der Webseite an und genau genommen springt ein Anwender bei einem Klick auf den Hyperlink einfach wieder in die aktuelle Seite. Aber rein von der Praxis funktioniert dieser Kniff so, als wäre der Hyperlink deaktiviert (er soll ja nur die Eventhandler aufnehmen). Diesen Trick können Sie ebenfalls bei verschiedenen anderen Event-

---

1. Wenn Sie das nicht machen, bleibt der Text in der Statusleiste stehen, bis eine neue Aktion den Text überschreibt.

handlern anwenden, wenn bestimmte Tags nicht bei allen Browsern als Basis funktionieren. Ein Beispiel dazu:

```
<a href="#" onMouseOver="erlaeuter()"><img src="b1.jpg"></a>
```

*Listing 4.49:
Ein Hyperlink-
Container, der
nur einen
Eventhandler
auslösen soll*

Da der Hyperlink-Container bei einigen eingeschlossenen Inhalten einen Rahmen oder eine Unterstreichung bewirkt, können Sie mit dem Attribut `border="0"` dem entgegenwirken. Oder Sie formatieren sowieso über Style Sheets.

Beachten Sie allerdings in Hinblick auf unser letztes Beispiel, dass beim Überfahren eines Hyperlinks mit dem Mauszeiger automatisch bei den meisten Browsern eine Information in der Statusleiste ausgegeben wird. Sie kollidieren mit unserer Ausgabe, also mit der Standardreaktion des Browsers, und die wird meist vorgezogen. Aber Sie können ja andere Aktionen damit bewirken.

4.6.4　Reaktion auf Mausbewegungen

Die Bewegung der Maus (unabhängig davon, ob die Maustaste gedrückt ist oder nicht) innerhalb des Anzeigebereichs vom Browser erzeugt ein eigenes Ereignis – `onMouseMove`. Die konkrete Anwendung erfolgt analog den Klickaktionen und soll hier nicht weiter ausgeführt werden.

4.6.5　Die Tastaturereignisse

Die Reaktion auf das Betätigen einer (beliebigen) Taste auf der Tastatur bildet einen weiteren Kandidaten für aufzufangende Ereignisse. Diese werden seit JavaScript 1.2 offiziell unterstützt, sind jedoch nicht ganz so wichtig, da das WWW nahezu ausschließlich mit der Maus bedient wird (mit Ausnahme der URL-Eingabe in der Adressleiste des Browsers). Wie bei der Maustaste unterscheidet JavaScript beim Betätigen einer Keyboard-Taste zwischen

- dem vollständigen Tastendruck,

- dem Drücken einer Taste und

- dem Loslassen einer Taste.

Sowohl der vollständige Tastendruck als auch die jeweiligen Teilphasen des Drückens und des Loslassens einer Taste bilden jeweils ein eigenes Ereignis. `onKeypress`, `onKeydown` und `onKeyup` sind die jeweiligen Eventhandler. Alle drei Attribute werden in verschiedenen Browsern

235

recht unterschiedlich unterstützt, wegen dem nahezu nicht vorhandenen Einsatz in der Praxis wollen wir hier jedoch sowohl auf Details als auch auf ein Beispiel verzichten.

4.6.6   Selektieren von Text

Über den Eventhandler `onSelect` reagieren Sie auf die Situation, wenn ein Anwender Text in einer Webseite selektiert. Hier zeigt sich wieder einmal sehr deutlich der Unterschied zwischen verschiedenen Browsern. Einige Browser unterstützen den Tag nur bei Formularelementen, während andere fast alle Container unterstützen, die Text enthalten können. Wegen der einfachen Anwendung und der geringen Praxisrelevanz wollen wir auf ein Beispiel verzichten.

4.6.7   Unterbrechung eines Bildladevorgangs

Ein Ladevorgang eines Bilds oder einer Grafik in einen Browser lässt sich hauptsächlich durch zwei Situationen unterbrechen:

1. Abbruch durch den Anwender

2. Fehler beim Laden

Jeder Browser verfügt über eine *Abbruch*-Schaltfläche. Mit dem Eventhandler `onAbort` soll die Situation behandelt werden, wenn ein Anwender diese Schaltfläche anklickt und gerade eine Grafik geladen wird. Erlaubt ist der Eventhandler als zusätzliches Attribut des `<img>`-Tags. Ein Beispiel dazu:

Listing 4.50: Einsatz von onAbort

```
<img src="foto.jpg" width=400 onAbort="unsere_funktion()">
```

Wenn beim Laden eines Bilds oder einer Grafik ein Fehler auftritt, können Sie über den Eventhandler `onError` darauf reagieren. Damit ist im Wesentlichen die Ausgabe von eigenen Fehlermeldungen gemeint. Eine vollständige Fehlerbehandlung wie in anderen Programmiersprachen lässt sich damit nicht realisieren. Ein Beispiel dazu:

Listing 4.51: Einsatz von onError

```
<img src="foto.jpg" width=400 onError="unsere_funktion()">
```

4.6.8 Änderung, Aktivierung und Verlassen eines Elements in einer Webseite

Die Reaktion auf die Aktivierung eines Elements – der Eventhandler on-Focus – tritt hauptsächlich in Zusammenhang mit Formularen auf. Sie können ebenfalls auf das Verlassen eines zuvor aktivierten Elements reagieren. Dazu gibt es den Eventhandler onBlur. Das ausschließlich bei Formularen vorkommende Ereignis bei einer Veränderung einer Webseite (der Eventhandler onChange) erlaubt die Reaktion für den Fall, dass in einem Element in einem Formular ein Wert geändert wurde.

1. Erstellen Sie die nachfolgende Datei (*fokus.html*):

```
01 <html>
02 <script language="JavaScript">
03 <!--
04 function aktiviere(text) {
05   status=text;
06 }
07 function deaktiviere() {
08   status="";
09 }
10 //-->
11 </script>
12 <body>
13 <form>
14 Userid:
15 <input type="text" name="userid"
16 onFocus="aktiviere('Geben Sie Ihre Userid ein')"
17 onBlur="deaktiviere()">
18 <br>
19 Passwort:
20  <input type="password" name="pw"
21 onFocus="aktiviere('Geben Sie Ihr Passwort ein')"
22 onBlur="deaktiviere()">
23 </form>
24 </body>
25 </html>
```

Listing 4.52:
Der Einsatz
von onFocus
und onBlur
bei einem
Webformular

2. Speichern Sie die Datei und laden Sie sie in einen Browser.

237

Bild 4.27:
Der Anwender
klickt in das
Passwortfeld
und in der
Statusleiste
taucht ergän-
zende Infor-
mation auf

Das Beispiel beschreibt ein Webformular mit zwei Eingabefeldern. Der Formularcontainer erstreckt sich von Zeile 13 bis 23. Das erste Eingabefeld ist ein reines Textfeld (Zeile 15 bis 17) und das zweite Eingabefeld ein Passwortfeld (Zeile 20 bis 22). Bei beiden Eingabefeldern sind die Eventhandler `onFocus` und `onBlur` notiert. Mit `onFocus` wird die Funktion `aktiviere()` mit einem Text als Parameter aufgerufen. Die Funktion ist von Zeile 4 bis 6 definiert (`function aktiviere(text) { status= text; }`) und zeigt den übergebenen Text in der Statusleiste des Browsers an, wenn ein Anwender den Fokus in das Eingabefeld bewegt, entweder durch einen Klick mit der Maus oder die ⇥-Taste. Die Funktion `deaktiviere()` von Zeile 7 bis 9 (`function deaktiviere() { status= ""; }`) löscht den Inhalt der Statusleiste, wenn der Anwender den Fokus von dem Feld wegnimmt.

Das Beispiel funktioniert in einigen Browsern nur recht eingeschränkt. Das Problem liegt nicht am Eventhandler, sondern daran, dass die Statusleiste des Browsers entweder parallel zum Schreiben von Text mit JavaScript automatisch mit browserspezifischen Informationen belegt und die Information relativ schnell überschrieben wird. Oder die Statusleiste wird in so einem Konfliktfall sogar gänzlich für Schreibaktionen durch JavaScript gesperrt. Die Eventhandler funktionieren aber. Das können Sie einfach testen, indem Sie die Zeile 5 durch `alert(text);` ersetzen. Dann wird ein Dialogfeld angezeigt, was indessen in der Praxis kaum sinnvoll ist, weil es eine zusätzliche Interaktion durch den Anwender notwendig macht. Dies wird in der Regel stören.

Der Eventhandler `onBlur` ist äußerst gefährlich. Es kann durchaus vorkommen, dass Sie sich ein ziemliches Problem einhandeln, wenn Sie beim Verlassen eines Eingabefelds abfragen, ob dieses mit dem richtigen Wert gefüllt ist. Falls Sie eine Situation schaffen, in der unmittelbar nach der Überprüfung das auslösende Feld wieder verlassen wird (dies ist beispielsweise bei `alert()` zum Erzeugen eines Mitteilungsfensters der Fall), kommt Ihnen permanent die Überprüfung des Felds und eine entsprechende Reaktion darauf in die Quere. Wenn dies beispielsweise eine Fehlermeldung mit einem Mitteilungsfenster ist, können Sie unter Umständen das entsprechende Eingabefeld nicht korrigieren. Das kann sogar dazu führen, dass Sie nicht einmal den Browser beenden können. Aber auch sonst ist die Verwendung von `onBlur` nur am Ende einer vollständigen Eingabe sämtlicher relevanter Daten (an zentraler Stelle) zu empfehlen. Aber auch `onFocus` und `onChange` haben in der Praxis nicht die Bedeutung, die man vielleicht vermuten würde. Eine theoretisch sehr sinnvolle Anwendung ist zwar die Plausibilisierung von Formulareingaben, jedoch werden diese in der Praxis nicht beim Ändern, Aktivieren oder Verlassen eines einzelnen Felds, sondern erst beim Abschicken aller Formulardaten überprüft. Darauf gehen wir ausführlich in Kapitel 6 ein.

Die Eventhandler `onFocus` und `onBlur` werden nicht nur bei Formular-Tags unterstützt. Allerdings spielen diese Fälle in der Praxis nahezu nie eine Rolle. Wir werden wegen fehlender Praxisrelevanz und dem insgesamt kritischen Einsatz der Eventhandler auf weitere Details verzichten.

4.6.9 Reaktion auf das Zurücksetzen oder Absenden eines Formulars

Die Reaktion auf das Zurücksetzen eines Formulars über einen Eventhandler (`onReset`) erlaubt die Erweiterung der Funktionalität, welche über die durch HTML generierte *Abbrechen*-Schaltfläche standardmäßig erfolgt. Beim Anklicken dieser Schaltfläche werden standardmäßig alle Eingaben im Formular gelöscht. Im Allgemeinen setzt man jedoch JavaScript-Funktionalität beim Zurücksetzen eines Formulars ein, um das Zurücksetzen bei gewissen Konstellationen abzubrechen, etwa wenn der Anwender aus Versehen auf die Schaltfläche geklickt hat. Wenn jedoch im einleitenden Formular-Tag der Eventhandler `onReset` angegeben ist, wird stattdessen die dort notierte JavaScript-Anweisung ausgeführt. Sie fangen also die normale Reaktion des Formulars auf das Anklicken der Schaltfläche ab. Damit können Sie beispielsweise eine Meldung der Form »Sind Sie wirklich sicher? Ganz sicher?« generieren, die einem Zurücksetzen eines Formulars vorangestellt wird und gegebenenfalls noch eine Abbruchmöglichkeit erlaubt. Ein Beispiel hierzu:

Listing 4.53:
Reaktion auf
das Zurück-
setzen eines
Webformulars
über onReset

```
<form Name="meinFormular" onReset="return wirklich()">
```

Beachten Sie das optionale Schlüsselwort `return`. Um den Abbruchvorgang tatsächlich abfangen zu können, muss die aufgerufene Funktion einen booleschen Rückgabewert liefern. Die Rückgabe von `false` durch die aufgerufene Funktion bricht die gesamte Aktion ab. Schauen wir uns dazu ein vollständiges Beispiel an.

1. Erstellen Sie die nachfolgende Datei (*formreset1.html*):

Listing 4.54:
Zurücksetzen
des Formulars
nur nach
Bestätigung

```
01 <html>
02 <body>
03 <table >
04 <form action="" method="get"
05 onReset="return confirm(
06 'Das Formular wird zurückgesetzt. Sind Sie sicher, dass Sie das
wirklich wollen?')">
07 <tr>
08   <td>
09 Name
10 </td>
11   <td>
12 <input type="text" name="nn">
13 </td>
14 </tr>
15 <tr>
16   <td>
17 Vorname
18 </td>
19   <td>
20 <input type="text" name="vn">
21 </td>
22 </tr>
23 <tr>
24   <td>
25 <input type="Reset">
26 </td>
27   <td> </td>
28 </tr>
29 </form>
```

```
30 </table>
31 </body>
32 </html>
```

2. Speichern Sie die Datei und laden Sie sie in einen Browser.

Das Beispiel verwendet ein Formular (Zeile 4 bis 29). In Zeile 5 des Formulars finden Sie beim Einleitungs-Tag den Eventhandler `onReset`. Darüber wird mit vorangestelltem `return` die Standardmethode des `window`-Objekts mit Namen `confirm()` aufgerufen. Diese zeigt dem Anwender den als String übergebenen Text in einem Dialogfeld an und stellt zwei Schaltflächen bereit. Je nachdem, welche der Schaltflächen ein Anwender dann auslöst, liefert die Methode `true` oder `false` als Rückgabewert. Diesen Wert wertet der Eventhandler direkt aus, wenn dem Aufruf `return` vorangestellt ist. Wenn also ein Anwender OK drückt, liefert `confirm()` den Wert `true`. Dieser Wert wird an den Eventhandler weitergereicht und das Formular wird in seinen Ausgangszustand zurückgesetzt. Klickt der Anwender auf die *Abbrechen*-Schaltfläche, liefert `confirm()` den Wert `false` und das Zurücksetzen des Formulars wird nicht durchgeführt.

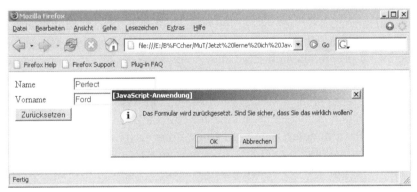

Bild 4.28: Der Anwender wird vor dem Leeren des Formulars gefragt, ob das auch ernst gemeint ist

Vollkommen analog dem Zurücksetzen eines Formulars ist der Umgang mit dem Eventhandler `onSubmit` zu sehen. Er erweitert nur statt der Abbrechen-Schaltfläche die Schaltfläche, mit der die Daten in einem Formular weggeschickt werden. Statt die Formulareingaben des Anwenders einfach abzusenden, kann eine JavaScript-Funktion aufgerufen werden, die beispielsweise überprüft, ob alle Felder eines Formulars ausgefüllt sind, oder nur fragt, ob der Anwender sicher ist, dass er die Daten jetzt verschicken will. Ein Beispiel hierzu:

Listing 4.55: Aufruf einer Funktion vor dem Verschicken der Formulardaten

```
<form Name="meinFormular" onSubmit="return globale_kontrolle()">
```

241

Beachten Sie auch hier wieder das Schlüsselwort `return` vor dem Funktionsaufruf.

1. Ändern Sie das letzte Beispiel wie folgt ab (*formsubmit1.html*):

Listing 4.56:
Das geän-
derte Listing-
Fragment

```
04 <form action="" method="get"
05 onSubmit="return confirm(
06 'Das Formular wird abgeschickt. Sind alle Eingaben korrekt?')">
...
25 <input type="Submit">
```

2. Speichern Sie die Datei und laden Sie sie in einen Browser.

 Beide Eventhandler werden nur beim `<form>`-Tag unterstützt.

4.6.10   Das event-Objekt in JavaScript

Die letzten Abhandlungen zur Ereignisbehandlung unter JavaScript haben sich allesamt mit der Reaktion auf Ereignisse über Eventhandler beschäftigt. Wir haben uns an anderer Stelle schon im Ansatz mit Objekten auseinander gesetzt. Bringen wir hier nun diese beiden Welten zusammen. Es geht darum, die Ereignisüberwachung direkt mit JavaScript zu programmieren, statt die Ereignisüberwachung über Eventhandler zu realisieren, welche explizit zu HTML zu zählen sind.

Beim Auftreten eines Ereignisses entsteht im Browser ein spezielles Objekt, auf das der JavaScript-Interpreter direkt (ohne Umweg über HTML und die Eventhandler) reagieren kann – das event-Objekt. Das event-Objekt beinhaltet Informationen über ein aufgetretenes Ereignis in einer Webseite samt den Randbedingungen, welche dabei eine Rolle gespielt haben. Wenn in einer Webseite ein bestimmtes Ereignis auftritt, erzeugt dieses unter JavaScript also ein event-Objekt, welches dann an den Mechanismus zum Behandeln von event-Objekten in Form einer so genannten **Message (Botschaft)** weitergereicht wird. Eine Situation, welche ein solches event-Objekt erzeugt, ist beispielsweise der Klick mit der Maus. Ein Mausklick erzeugt ein event-Objekt, das folgende Informationen enthält:

▪ Die verwendete Taste

▪ Eventuell gedrückte Zusatztasten (Strg , Alt , AltGr , ⇧)

▪ Die Koordinaten, wo der Klick erfolgte

Andere event-Objekte, die bei weiteren Ereignissen erzeugt werden, beinhalten natürlich andere Informationen, die dem Ereignis angepasst sind. So steht beispielsweise bei einem Tastendruck die gedrückte Taste als abzufragende Information bereit.

So weit hört sich die Sache sehr vielversprechend an. Auf welche Art und Weise auf ein erzeugtes Ereignisobjekt reagiert werden soll, wird durch ein abstraktes Modell geregelt – das **Ereignismodell**. Darin sind die geplanten Verhaltensweisen eines Browsers auf Ereignisse festgelegt, die konkrete Syntax zur Umsetzung, aber auch erst recht diejenigen Ereignisse, welche überhaupt zur Kenntnis genommen werden. Und hier liegt der Hund begraben – es gibt unterschiedliche Ereignismodelle für verschiedene Browser, die in weiten Teilen vollkommen inkompatibel sind. Dies erzwingt auch heute noch eine getrennte event-Objekt-Behandlung für verschiedene Browser. Sowohl diese Tatsache als auch die (im Vergleich zu Eventhandlern) komplizierte Anwendung und der in der Praxis meist kaum ins Gewicht fallende Nachteil von Eventhandlern führt zu der Empfehlung – vor allem am Anfang – Eventhandler einzusetzen und das event-Objekt »einen guten Mann« bleiben zu lassen. Wenn Sie auf Anforderungen stoßen sollten, die nicht mit Eventhandler zu lösen sind, können Sie sich in weiterführende Java-Script-Literatur vertiefen, in der (meist umfangreiche) Abhandlungen zum event-Objekt zu finden sind[1].

4.7 Zusammenfassung

Mit JavaScript werden die Fähigkeiten eines Webbrowsers ergänzt. JavaScript ist eine Erweiterung des HTML-Codes in Form von Klartext und nur als eingebundener Bestandteil eines HTML-Gerüsts zu verwenden. Skripts sind damit in gewisser Weise Bestandteil des HTML-Dokuments. Die Einbindung von JavaScript in eine Webseite erfolgt über den <script>-Tag. Der <script>-Container kann an einer beliebigen Stelle innerhalb eines HTML-Dokuments platziert werden. Im Inneren des JavaScript-Bereichs werden die JavaScript-Anweisungen notiert. Java-Scripts können auch in einer separaten Datei abgelegt werden, die Ihren JavaScript-Code enthält und beim Laden einer HTML-Datei hinzugebunden wird. In diesem Fall müssen Sie den <script>-Tag um das scr-Attribut entsprechend erweitern und den Container leer lassen. Es

---

1. Unter anderem gibt es dazu auch ein umfangreiches Buch von mir ;-).

funktioniert ebenfalls, JavaScript-Anweisungen direkt in eine HTML-Anweisung zu schreiben. Dazu müssen Sie nur der entsprechenden HTML-Anweisung das Schlüsselwort JavaScript, gefolgt von einem Doppelpunkt, als Attribut angeben. Das System ist indessen auf Referenzen beschränkt.

Die Fehlerbehandlung ist unter JavaScript wichtiger als unter HTML, denn JavaScript ist nicht so fehlertolerant wie HTML. Es gibt diverse Typen von Fehlern unter JavaScript. Wichtig ist besonders, dass JavaScript im Gegensatz zu HTML streng zwischen Groß- und Kleinschreibung unterscheidet, was häufig zu Fehlern führt. JavaScript besitzt Variablen wie alle anderen Programmiersprachen. Angesprochen werden diese Variablen über Namen, die sie vorher zugewiesen bekommen haben. JavaScript verfolgt bei der Verwendung von Variablen das Konzept der losen Typisierung. Es gibt zwar in JavaScript verschiedene Datentypen, aber diese werden weitgehend im Hintergrund und automatisch vom System verwaltet. Allgemein dürfen von Ihnen gewählte Bezeichner (auch für Funktionen) nicht mit einem der JavaScript-Schlüsselwörter übereinstimmen. Den Wert von Variablen ändern Sie über Zuweisung des neuen Werts über ein Gleichheitszeichen.

Anweisungen sind das Herz von JavaScript und können auch über mehrere Zeilen im Editor reichen, denn sie enden immer erst mit einem Semikolon. Mehrere Anweisungen können mit geschweiften Klammern zu einem Block zusammengefasst werden. Der JavaScript-Interpreter des Browsers wird einen solchen Block als Einheit behandeln. Es gibt in JavaScript verschiedene Typen von Anweisungen, welche auch Ausdrücke umfassen, mit denen Werte von Variablen verändert werden können. JavaScript kennt dazu zahlreiche Operatoren. Kontrollstrukturen sind die klassische Anwendung von logischen oder vergleichenden Operatoren zur Steuerung von Programmabläufen. JavaScript kennt die allgemein üblichen Kontrollstrukturen (`if`, `switch`, `while`, `do-while`, `for`). Daneben stellt JavaScript Kommentare zur Verfügung. Wichtiges Rüstzeug für komplexere Skripts sind Funktionen, mit denen eine Reihe von Anweisungen im Quelltext zusammenfasst und benannt werden. Die eigentlichen Anweisungen der Funktion werden in Java in geschweifte Klammern eingeschlossen. JavaScript-Funktionen können wie alle JavaScript-Anweisungen an jeder Stelle in einer HTML-Seite deklariert werden. Aufgerufen werden Funktionen entweder direkt beim Laden einer Webseite, indem deren Name samt optionaler Parameter als Befehl in einem `<script>`-Container notiert wird, über eine

Inline-Referenz oder mit einem Eventhandler, der die Aufrufsituation sehr flexibel beschreiben kann. Alternativ steht das event-Objekt zur Verfügung, das aber in verschiedenen Browsern unterschiedlich behandelt wird und nicht ganz einfach zu handhaben ist.

4.8   Aufgaben

Auch in diesem Kapitel sollten am Ende einige Aufgaben von Ihnen gelöst werden, um den Stoff zu vertiefen.

- Erstellen Sie verschiedene Skripts unter Einsatz von Funktionen. Verwenden Sie bereits durchgespielte Beispiele ohne Funktionen und schreiben Sie diese so um, dass Funktionen verwendet werden.

- Schreiben Sie einzelne Beispiele aus dem Kapitel so um, dass externe JavaScript-Dateien verwendet werden. Dabei werden Sie unter Umständen auf Funktionen zurückgreifen müssen.

- Sie werden wahrscheinlich beim Nachprogrammieren der Übungsbeispiele Fehler gemacht haben. Das ist normal und passiert Anfängern wie Profis. Üben Sie daher bewusst die Suche nach Fehlern, wie sie im Abschnitt über das Debugging erläutert wurde. Installieren Sie bei Bedarf einen Debugger für Ihren Browser und üben Sie den Umgang damit.

- Schauen Sie sich die Liste mit den Schlüsselwörtern von JavaScript noch einmal genau an. Überprüfen Sie, welche Schlüsselwörter wir bereits besprochen haben und welche noch fehlen (von denen, die nicht nur reserviert sind).

- Testen Sie den Umgang mit Eventhandlern. Erstellen Sie entsprechende Listings, vor allem für die, die wir hier nur angerissen haben (beispielsweise onMouseMove oder den Eventhandler für Tastaturereignisse).

4.9   Übungen

Beantworten Sie zum Abschluss dieses Kapitels die nachfolgenden Übungsfragen. Die Lösungen finden Sie in Anhang 9.

F: Wie nennt man Arrays auf Deutsch?

F: Wie heißt der Eventhandler, mit dem auf das Verlassen einer Webseite reagiert werden kann?

F: Mit welchem Objekt kann man in JavaScript auf Ereignisse reagieren?

F: Was passiert, wenn Sie bei einem Skriptcontainer auf den HTML-Kommentar verzichten und die Seite von einem Browser geladen wird, der keine Skripts interpretieren kann?

F: Was ist eine Funktion?

F: Wie nennt man ein Programm zur Lokalisierung von Fehlern?

F: Beschreiben Sie, was Variablen sind.

F: Was beschreibt der Eventhandler `onBlur`?

F: Wie kann man eine Skriptsprache angeben?

F: Wozu zählen Eventhandler? Zu HTML oder JavaScript?

F: Nennen Sie mindestens zwei Formen der Einbindung von JavaScripts in eine Webseite.

F: Darf ein Variablenbezeichner beliebig gewählt werden?

F: Wie nennt man die Rangfolge von Operatoren noch?

F: Was unterscheidet eine Funktion von einer Prozedur?

F: Was unterscheidet die `if`-Kontrollstruktur von `switch-case`?

KAPITEL 5

JavaScript und Objekte

Sie kennen nun die elementaren Grundlagen der Webseitenerstellung sowie von JavaScript. Aber mit der Syntax von JavaScript als alleinige Technologie können Sie wenig anfangen. Ihnen ist mittlerweile klar, dass ein JavaScript in eine Webseite aus (X)HTML integriert werden muss. Aber das ist nicht alles. Rein mit JavaScript können Sie zwar nette Skripts schreiben, die zum Beispiel die Werte zweier Variablen durcheinander teilen oder einer Variablen verschiedene Werte zuweisen. Mit der Ausgabe der Ergebnisse hapert es jedoch bereits. JavaScript alleine stellt dafür keinen Mechanismus bereit. Mit anderen Worten: Sie können mit JavaScript zwar ein Skript schreiben, aber dessen Resultate nicht vernünftig verwenden. Der Prozessor wird beschäftigt, verbraucht Strom und hat eine schöne Zeit ;-). Aber Sie haben nichts davon. Dennoch aber sahen wir – wenn Sie an unsere bisherigen Beispiele zurückdenken – Ergebnisse von Skripts, oder?! Das war in der Tat so. Nur habe ich Ihnen dazu bereits eine Technik untergejubelt, die im Allgemeinen nicht direkt zu JavaScript gehört, sondern von JavaScript nur benutzt wird: **Objekte**. Genau genommen besteht der Hauptnutzen (wenn nicht der einzige) von JavaScript darin, dass darüber Objekte manipuliert, abgefragt und gesteuert werden. Und um dieses Thema dreht sich dieses recht umfangreiche Kapitel.

Sie lernen in diesem Kapitel etwas über:

- JavaScript und Objekte

- Was sind Objekte?

- Klassen, Instanzen, Methoden und Eigenschaften

- OOP und JavaScript

- DOM und die Standardobjekte von JavaScript

- Die Objekthierarchie in JavaScript

- Objektfelder

- Cookies

- Animationen und DHTML

5.1 Objekte

JavaScript ist eine teilweise **objektorientierte** Sprache. Genau genommen nennt man sie **objektbasierend**, denn es fehlen einige Fähigkeiten, die für eine echte objektorientierte Sprache unabdingbar sind. Was ist aber ein Objekt und Objektorientierung bzw. **objektorientierte Programmierung (OOP)** überhaupt?

Unter einem **Objekt** stellt man sich in der Programmierung ein Softwaremodell vor, das ein Ding aus der realen Welt mit all seinen Eigenschaften und Verhaltensweisen beschreiben soll, zum Beispiel die Objekte Drucker, Bildschirm oder Tastatur. Auch Teile der Software selbst können ein Objekt sein. Der Browser beispielsweise oder ein Teil davon – zum Beispiel ein Frame. Oder nur ein Teil eines Dokuments – eine Überschrift in einer Webseite, ein Absatz, eine Grafik usw. Eigentlich ist im objektorientierten Denkansatz alles als Objekt zu verstehen, was sich eigenständig erfassen und ansprechen lässt.

Der Hauptgrund, dass der Begriff **Objektorientierte Programmierung (OOP)** geraume Zeit in der Programmiererwelt für große Unruhe gesorgt hat, ist wohl der, dass Programmierer – seit es den Beruf gibt – anders dachten: **prozedural**. Im Zentrum der althergebrachten, prozeduralen Programmierung stand immer die Umsetzung eines Problems in ein Programm durch eine Folge von Anweisungen, die in einer vorher fest-

gelegten Reihenfolge auszuführen sind. Das zugrunde liegende Denk-
modell wird **lineare Programmierung** genannt, welche einem algo-
rithmischen Denken folgt. Einzelne zusammengehörende Anweisungen
werden dabei maximal in kleineren Einheiten von Befehlsschritten zusammengefasst, die so genannten Funktionen oder Prozeduren (die
kennen wir bereits). Eine derartige Arbeitsweise ist recht gefährlich,
denn Änderungen in der Datenebene können Auswirkungen auf die unterschiedlichsten Programmsegmente haben. Außerdem entspricht ein
solches Denkkonzept nicht dem Abbild der realen Natur.

Objektorientierte Programmierung lässt sich darüber definieren,
dass zusammengehörende Anweisungen und Daten eine zusammengehörende, abgeschlossene und eigenständige Einheit bilden:
Objekte!

5.1.1   Methoden und Eigenschaften

Objekte bestehen also normalerweise aus zwei Bestandteilen: aus so
genannten **Objektdaten** – das sind die **Attribute** bzw. **Eigenschaften**
eines Objekts – und aus **Objektmethoden** oder kurz **Methoden**. Die
Attribute sind die einzelnen Dinge, durch welche sich ein Objekt von
einem anderen unterscheidet. Unter einer Eigenschaft verstehen wir einen einzelnen Zustand eines Objekts, zum Beispiel die Farbe. Eine Eigenschaft hat immer einen Wert. Zum Beispiel hat die Eigenschaft Farbe
den Wert rot. Objektmethoden stellen dar, was diese Objekte tun können. Sie realisieren die Funktionalität der Objekte. Methoden sind in der
Programmierung irgendwelche zusammengefassten Anweisungen, mit
denen die – im Prinzip abgeschlossenen und eigenständigen – Objekte
miteinander kommunizieren und/oder ihre Eigenschaften manipulieren
können. Die Ähnlichkeit zu Funktionen ist sehr hoch.

Wesentlich an der objektorientierten Programmierung ist, dass die Methoden und die Daten (Attribute) gemeinsam einem Objekt zugeordnet
sind. Dies bedeutet weiterhin, dass es keine Methoden oder Eigenschaften ohne ein zugehöriges Objekt gibt. Nach außen ist ein Objekt
nur durch seine Schnittstellen zu den Methoden definiert, es ist gekap-
selt, versteckt seine innere Struktur vollständig vor anderen Objekten.

Man nennt das Verstecken der inneren Struktur eines Objekts **Information Hiding** oder **Datenkapselung**.

Der entscheidende Vorteil der Datenkapselung ist, dass sich ein Objekt im Inneren, das heißt bezüglich seiner Eigenschaften und seiner inneren Attribute, vollständig verändern kann. So lange es sich nach außen unverändert zeigt, wird das veränderte Objekt problemlos in einem System funktionieren, in dem es auch in seiner alten Form funktioniert hatte. Ein Objekt ist also eine Art Black Box.

Diese Philosophie entspricht viel mehr der realen Natur als der prozedurale Denkansatz, der von der Struktur des Computers definiert wird. Ein Objekt ist im Sinne der OOP eine Abstraktion eines in sich geschlossenen Elements der realen Welt. Dabei spricht man von Abstraktion, weil zur Lösung eines Problems normalerweise weder sämtliche Aspekte eines realen Elements benötigt werden noch überhaupt darstellbar sind. Das mag kompliziert klingen, ist aber genau das Gegenteil. Irgendwo muss immer abstrahiert werden – und wenn es erst auf der Ebene der Atome ist – jedoch wird's dann philosophisch. Überlegen Sie einfach den folgenden Vergleich: Sie bedienen sich im realen Leben unzähliger Objekte, um Aufgaben zu erledigen. Sie wissen in der Regel nicht genau, wie die Objekte im Inneren funktionieren[1], aber Sie können die Objekte bedienen (Sie kennen die Methoden, um es verwenden zu können) und Sie kennen die Möglichkeiten der Objekte (die jeweiligen Attribute/Eigenschaften).

5.1.2   Wie lassen sich Methoden und Eigenschaften verwenden?

Methoden und Eigenschaften eines Objekts werden in den meisten Programmiersprachen über das folgende Schema verwendet (über das Senden einer **Botschaft** an das Objekt):

Listing 5.1: Schema zum Verwenden einer Methode/ Eigenschaft über eine Botschaft

```
Empfänger Methoden-/Eigenschaftname Argument
```

In der Praxis wird zum Trennen des Empfängers der Botschaft und der Methode/Eigenschaft meist ein Punkt angegeben (die Punkt- oder DOT-Notation). Bei einer Methode sieht das mit Klammern so aus:

Listing 5.2: Schema für die Punktnotation

```
Empfänger.Methodenname(Argument)
```

---

1. Oder wissen Sie genau, wie Ihr Computer im letzten Detail funktioniert. Oder Ihr Auto, Ihre Waschmaschine oder gar Ihr Videorecorder (und wenn ich Ihnen ein »Ja« bei den anderen Objekten abgenommen hätte – hier nicht ;-)).

Brauchen Sie dazu wirklich Beispiele? Na gut – um der Langeweile genüge zu tun:

```
document.write("Das kennen Sie");
```

Listing 5.3: Die Verwendung einer Methode des Objekts document

5.2   Klassen, Instanzen & Vererbung

Obwohl JavaScript in den nachfolgenden Themen stark beschränkt ist bzw. viele Dinge im Hintergrund laufen oder gar nicht explizit bereitstehen (JavaScript ist ja nur objektbasierend), sollen die wichtigen Begriffe **Klassen**, **Instanzen** und **Vererbung** kurz beschrieben werden. In der OOP werden ähnliche Objekte zu Gruppierungen zusammengefasst, was eine leichtere Klassifizierung der Objekte ermöglicht. Die Eigenschaften und Methoden der Objekte werden in den Gruppierungen gesammelt und für eine spätere Erzeugung von realen Objekten verwendet. Diese Beschreibungen oder Baupläne für konkrete Objekte nennt man **Klassen**, die Objekte selbst sind im OOP-Sprachgebrauch **Instanzen** dieser Klassen. Oft werden Klassen als Schablonen erklärt. Ein anderer Versuch, sich Klassen vorzustellen, könnte der Vergleich mit Backformen sein, mit denen Plätzchen (Instanzen) aus einem (Computer-)Teig gestochen werden. Zentrale Bedeutung hat dabei die hierarchische Struktur der Gruppierungen – von allgemein bis fein. Gemeinsame Erscheinungsbilder sollen also in der objektorientierten Philosophie möglichst in einer höheren Klasse zusammengefasst werden (das nennt man **Verallgemeinerung**). Erst wenn Unterscheidungen möglich bzw. notwendig sind, welche nicht für alle Mitglieder einer Klasse gelten, werden Untergruppierungen – untergeordnete Klassen – gebildet (so genannte **Spezialisierung**). Jede (gewöhnliche) Klasse kann eine Vielzahl von **Unterklassen** (man nennt diese auch **Subklasse**) und konkreten Instanzen (Objekten) haben. Eine übergeordnete Klasse wird **Superklasse** genannt. Die ineinander geschachtelten Klassen bilden einen so genannten **Klassenbaum**. Dieser kann im Prinzip beliebig tief werden. Ebenso tief, wie es notwendig ist, um ein Problem detailliert zu beschreiben.

Jede Subklasse bekommt die Eigenschaften und Methoden der Superklasse vererbt. Jede Subklasse hat also immer mindestens die gleichen Eigenschaften und Methoden wie die Superklasse[1] und sollte sinnvoller Weise mindestens eine Eigenschaft oder Methode mehr haben, welche die Superklasse nicht hat (sonst ist sie ja identisch). Subklassen werden ihre Erbschaft also in der Regel nicht unverändert lassen. Subklassen können mit ihren ererbten Elementen Einiges anstellen, zum Beispiel Attribute hinzufügen, neue Methoden spezifizieren, vorhandene Methoden verändern oder geerbte Methoden ergänzen.

Und damit sind wir beim Begriff **Vererbung**. Die Beziehung einer übergeordneten Klasse zur ihrer Subklasse ist streng hierarchisch und heißt Vererbung. Abgeleitete Klassen übernehmen die Eigenschaften und Methoden aller übergeordneten Klassen. Die abgeleitete Klasse verwendet die Methoden der Superklasse. Die Auswahl der Methoden oder Eigenschaften in der Klassenhierarchie ist so geregelt, dass die gewünschte Methode bzw. Eigenschaft in der nächst höheren Superklasse gesucht wird, wenn eine Methode oder Eigenschaft in einer konkreten Objektklasse nicht vorhanden ist. Ist sie dort ebenfalls nicht vorhanden, erfolgt die Suche in der nächst höheren Klasse, bis die oberste Superklasse des Klassenbaums erreicht ist. Der Zugriff erfolgt also in der ersten Klasse, in der ein Treffer vorliegt.

In JavaScript ist keine Vererbung im eigentlichen Sinne möglich. Auch viele andere Techniken (Stichwort **Polymorphismus**) funktionieren nur eingeschränkt. Nehmen Sie es positiv – damit wird JavaScript für Sie auch einfacher.

5.3 Eine erste Annäherung an das Objektmodell von JavaScript

Fast alle Möglichkeiten von JavaScript basieren auf der Verwendung des eben abstrakt beschriebenen objektorientierten Konzepts. Über JavaScript haben Sie Zugang zu einer Vielzahl von Objekten, die den Webbrowser in all seinen Bestandteilen sowie die Webseite selbst beschreiben. In diesem Konzept tritt jedes einzeln ansprechbare Element

---

1. Obgleich es Techniken gibt, die Subklasse an dem Zugriff darauf zu hindern – aber das führt hier definitiv zu weit.

als eine nach außen abgeschlossene Einheit auf, welche definierte Eigenschaften und Methoden bereitstellt. Die Eigenschaften von Objekten können Variablen oder andere Objekte sein. Eigenschaften lassen sich mit JavaScript manipulieren und werden als Variablen angesehen. In ein Objekt eingeschlossene Funktionen sind seine Methoden. Der Zugriff auf Elemente eines Objekts erfolgt bei JavaScript über die schon angesprochene Punktnotation.

Eines der internen Objekte, die JavaScript zur Verfügung stehen, wird beispielsweise `navigator` genannt. Dieses Objekt enthält Informationen über den Browser, den der Anwender verwendet. Eine unter JavaScript nutzbare Eigenschaft von `navigator` ist `appName`. Diese Zeichenkette enthält den Namen des Browsers. Um den Wert der Eigenschaft, also den Namen, zu erhalten, müssen Sie einen Punkt zwischen Objekt und Eigenschaft setzen:

```
navigator.appName
```

Listing 5.4: So greifen Sie auf eine Eigenschaft eines Objekts zu

Ein weiteres bereits bekanntes Objekt ist `document`. Darüber wird der Zugriff auf die Webseite selbst bereitgestellt (oder genauer: auf den Ausgabebereich des Browsers). Das Objekt stellt Ihnen die Methode `write()` zur Verfügun, mit der Sie den als Parameter übergebenen Wert in die Webseite schreiben können.

Bei `document.write()` sollten Sie schon mal im Auge behalten, dass diese Methode auch mehrere Argumente gleichzeitig ausgeben kann, die durch Komma getrennt nacheinander angegeben werden.

Führen wir dazu eine kleine Übung durch. Diese identifiziert einfach den Browser des Anwenders.

Browser-Identifizierung

1. Erstellen Sie folgende Datei (*objekt1.html*):

```
01 <html>
02 <body>
03 <script language="JavaScript">
04 <!--
05 document.write("Ich verwende den Browser ", navigator.appName);
06 //-->
07 </script>
08 </body>
09 </html>
```

Listing 5.5: Zugriff auf den Browser des Anwenders über das Objekt navigator

2. Speichern Sie die Datei und laden Sie diese in mehrere Browser.

Bild 5.1:
Die Datei
im Internet
Explorer

Bild 5.2:
Das gibt Fire-
fox von sich

Beim Laden in den Browser wird über die Zeile 5 der Name des Browsers abgefragt und auf dem Bildschirm ausgegeben.

Jedes Objekt besitzt seine spezifischen Eigenschaften und Methoden. Auf die Eigenschaften von Objekten können Sie innerhalb Ihres JavaScript-Codes in der beschriebenen Art und Weise jederzeit zugreifen – entweder zum Lesen der Eigenschaften oder auch zum Verändern der Eigenschaftswerte, was in vielen Fällen möglich ist.

Listing 5.6:
Schematische
Zuweisung des
Werts einer
Eigenschaft
zu einer
Variablen

Eigenschaften können Sie z.B. ermitteln, indem Sie eine Variable definieren und dieser Variablen die gewünschte Eigenschaft zuweisen:

```
var [Variable] = [Objekt].[Eigenschaft]
```

Listing 5.7:
Setzen des
Wertes einer
Eigenschaft

Um Eigenschaften zu ändern, weisen Sie der Objekteigenschaft einen erlaubten Wert zu:

```
[Objekt].[Eigenschaft] = [Wert]
```

Ein Unterobjekt kann als Eigenschaft des Elternobjekts betrachtet werden. Wir werden dies im Folgenden häufiger tun.

Wie Sie bereits wissen, zeichnet ein Objekt seine zugeordneten Methoden aus. Zwar muss nicht jedes Objekt Methoden besitzen, aber die allermeisten Objekte weisen neben ihrer reinen Existenz eine Funktionalität auf und die wird über die Methoden realisiert. Methoden sprechen Sie analog den Eigenschaften über die Punktnotation an. Dabei geben

Sie wieder zuerst den Namen des Objekts an und dahinter den Namen der Methode und die Klammern. Beispiel:

```
window.close();
```

*Listing 5.8:
Ein typischer
Methoden-
aufruf*

Eine öffnende und eine schließende Klammer gehören **immer** zu einem Methodenaufruf. Dabei sind **keine Leerzeichen** zwischen dem Namen und den Klammern erlaubt!

Innerhalb des Klammernpaars können Parameter stehen, wenn die Methode solche beim Aufruf erwartet. Das kennen Sie exakt identisch von Funktionen. Viele Methoden liefern auch einen Wert zurück. Diesen Rückgabewert können Sie ebenso wie bei einer gewöhnlichen Funktion verwenden oder in einer Variablen speichern:

*Listing 5.9:
Schema für die
Entgegennah-
me des Metho-
denückgabe-
werts*

```
var [Variable] = [Objekt].[Methode]
```

Wenn Sie mehrere Anweisungen in Folge mit demselben Objekt ausführen wollen, können Sie sich über die Anweisung with() ein wenig Schreibarbeit sparen. Über die folgende Syntax sparen Sie sich die mehrfache Angabe des Objekts:

```
with([Objektname])
{
... [mehrere Methoden/Eigenschaften] ...
}
```

*Listing 5.10:
Schema zur
Nutzung von
with*

Beispiel:

```
with(document)
{
 open();
 write("Hallo");
 close();
}
```

*Listing 5.11:
Nutzung von
with, um sich
die mehrfache
Angabe von
document zu
sparen*

5.4 Zugang zu den Objekten, die unter JavaScript nutzbar sind

In JavaScript können Sie zwar (mit Einschränkungen) eigene Objekte erzeugen, aber das wird in diesem Einsteigerbuch nicht besprochen. In der Praxis zieht man (vor allem am Anfang) viel mehr Nutzen aus der Tatsache, dass Sie aus JavaScript diverse Objekte **unmittelbar verwenden** können. Mittels dieser Objekte haben Sie Zugang zu Steuerelementen für Formulare und zu Informationen über Browser, Server und Dokumente. Die Eigenschaften dieser Objekte lassen sich oftmals manipulieren und fast immer abfragen.

5.4.1 Ein erster Überblick über Standardobjekte von JavaScript

Objekte sind die zentralen Elemente in der JavaScript-Programmierung. Einige besonders wichtige Standardobjekte haben Sie ja bereits kennen gelernt. Obwohl wir nicht alle Objekte im Detail behandeln wollen, sollen die wichtigsten hier aufgelistet und im Rest des Buchs genauer besprochen werden. JavaScript verfügt unter anderem über die folgenden vordefinierten Objekte (bzw. Objektfelder[1] und Klassen), die Sie direkt nutzen können:

Tabelle 5.1:
Die vor-
definierten
Objekte von
JavaScript

Objekt/ Klasse	Beschreibung
all	Zugriff auf alle Elemente einer HTML-Datei. Das Objekt gehört nicht zum offiziellen JavaScript-Standard, sondern ist eine Implementation für den Internet Explorer ab der Version 4.0. Mittlerweile unterstützen es aber zahlreiche Browser.
anchors	Objektrepräsentation der Verweisanker in einer HTML-Datei.
applets	Objektrepräsentation der Java-Applets in einer HTML-Datei.
Array	Objektrepräsentation eines Arrays in einer Webseite.
Date	Eine Klasse zum Erzeugen eines Objekts mit Informationen rund um Datum und Uhrzeit.
document	Dieses Objekt repräsentiert die aktuelle Webseite selbst.
event	Ein Objekt, das bei Anwenderereignissen erzeugt wird und für die (zentrale) Ereignisbehandlung genutzt werden kann.
forms	Ein Objektfeld, das die Formulare einer HTML-Seite repräsentiert.
frames	Ein Objektfeld, über das auf die Framesets und Frames einer HTML-Seite zugegriffen werden kann.
history	Dieses Objekt enthält Informationen über die URLs, die ein Anwender besucht hat.
images	Ein Objektfeld, das die Grafiken in einer HTML-Datei repräsentiert.

---

1. Den Begriff besprechen wir gleich.

Objekt/ Klasse	Beschreibung	
layers	Zugang zu so genannten Layern in einer HTML-Datei. Da diese Technik veraltet ist und nur von Netscape unterstützt wurde (in den neuen Browsern wird die Technik sogar von Netscape nicht mehr unterstützt), werden wir nicht darauf eingehen. Allerdings sollten Sie die Technik aus historischen Gründen kennen und vor allem davor gewarnt sein, diese heutzutage einzusetzen. Layer funktionieren in keinem aktuellen Browser[1].	*Tabelle 5.1: Die vordefinierten Objekte von JavaScript (Forts.)*
links	Ein Objektfeld, das die Verweise in der aktuellen HTML-Datei repräsentiert.	
location	Ein Objekt für den Zugriff auf die Adresszeile des Browsers.	
Math	Eine Klasse für mathematische Berechnungen.	
mimeTypes	Ein Objektfeld, das die unterstützten MIME-Typen in einem Browser repräsentiert.	
navigator	Objektrepräsentation mit Informationen über den verwendeten WWW-Browser.	
Number	Eine Klasse für den Umgang mit numerischen Werten.	
plugins	Ein Objektfeld, das die vorhandenen Plug-Ins in einem Browser repräsentiert.	
RegExp	Objekt mit regulären Ausdrücken.	
screen	Ein Objekt mit Bildschirminformationen des Anwenders.	
String	Objekt für die Manipulation von Zeichen und Zeichenketten.	
style	Objektrepräsentation der CSS-Attribute eines Elements.	
window	Dieses Objekt enthält Informationen über das gesamte Browser-Fenster. Jedes Fenster hat sein eigenes window-Objekt. Das window-Objekt ist das höchste Objekt in der Objekthierarchie derjenigen Objekte, die den Browser-Bereich betreffen.	

Neben diesen Standardobjekten mit ihren Methoden und Eigenschaften gibt es in JavaScript eine Reihe objektunabhängiger Funktionen (siehe dazu Seite). Hier ist ein Unterschied zu streng objektorientierten Sprachen wie Java zu sehen.

---

1. Wobei der Begriff Layer gelegentlich andersartig eingesetzt wird. Dann ist aber nicht die historische Netscape-Technik gemeint.

5.4.2 Objektfelder

Wir sollten nochmals eine Terminologie beleuchten, über die wir uns schon an einigen Stellen ausgelassen haben. Einige Objekte werden bei einem Zugriff aus JavaScript mit eckigen Klammern angegeben. Zum Beispiel `images[]`. Sie sollten wissen, was es damit auf sich hat. Das ist die Schreibweise für **Arrays**. Im Fall von Objekten steht diese Schreibweise für Arrays mit Objekten als Inhalt. Und diese werden dann **Objektfelder** genannt.

 Objektfelder sind Arrays mit Objekten als Inhalt.

Objektfelder kommen zum Einsatz, wenn eine Anzahl von Objekten eines Typs innerhalb einer HTML-Seite erzeugt und für den Zugang bereitgestellt werden sollen. Diese werden dann in Arrays gespeichert. Charakteristisch dafür ist, dass Objektfelder über einen sprechenden Feldnamen[1] sowie eine Indexnummer identifiziert werden. Die Größe des Arrays wird automatisch festgelegt – und zwar aufgrund der Anzahl der Objekte eines Typs, die der Browser bei der Auswertung der HTML-Seite findet. Das erste im Dokument auftretende Objekt eines jeden vorkommenden Typs erhält den Index 0, das zweite den Index 1 und so fort. Beispiele für solche Objektfelder sind `forms[]` für Elemente in einem Webformular oder `images[]` für die Grafiken in einer Webseite. Die nachfolgende Tabelle gibt die wichtigsten Objektfelder an, deren potenziellen Inhalt sowie eine kleine Beschreibung. Beachten Sie, dass es zwar Überschneidungen zur letzten Tabelle gibt, hier aber ein anderer Blickwinkel vorliegt.

Tabelle 5.2:
Objektfelder

Objektfeld	Typ enthaltener Objekte	Beschreibung
anchors	anchor	Die enthaltenen Objekte repräsentieren eine Liste aller Hypertext-Anker in einer Webseite.
applets	applet	Die enthaltenen Objekte repräsentieren eine Liste aller Applets in einer Webseite.

---

1. Der Name ist von dem Namen des erzeugten Objekts abgeleitet. Das soll bedeuten, die in dem Objektfeld gespeicherten Objekte eines Typs haben auch einen Namen, der aber für den Anwender weitgehend uninteressant ist. Verwendet wird ja explizit das Objektfeld.

258

Objektfeld	Typ enthaltener Objekte	Beschreibung
elements	[Eingabeele-mente eines HTML-Formulars]	Die enthaltenen Objekte repräsentieren eine Liste aller Eingabeelemente, welche sich in einem als übergeordnetes Objekt angegebenen Formular befinden. Diese werden in JavaScript durch die folgenden Objekte repräsentiert: Button, Checkbox, FileUpload, Hidden, Password, Radio, Reset, Select, Submit, Text und Textarea.
forms	form	Die enthaltenen Objekte repräsentieren eine Liste aller Formulare in einer Webseite.
frames	frame	Die enthaltenen Objekte repräsentieren eine Liste aller Frames in einer Webseite.
images	Image	Die enthaltenen Objekte repräsentieren eine Liste aller Bilder in einer Webseite.
links	link	Die enthaltenen Objekte repräsentieren eine Liste aller Hyperlinks in einer Web-seite.
mimeTypes	mimeType	Die enthaltenen Objekte repräsentieren eine Liste aller MIME-Typen in einer Web-seite.
options	[Liste der Optio-nen eines Ein-gabefelds vom Typ select]	Die enthaltenen Objekte repräsentieren eine Liste aller erlaubten Optionen, die bei dem als übergeordnet angegebenen Objekt vom Typ select vorkommen.
plugins	plugin	Die enthaltenen Objekte repräsentieren eine Liste aller im Browser installierten Plug-In-Module.

Tabelle 5.2: Objektfelder (Forts.)

Was Sie sich in Hinsicht auf Objekte und Objektfelder letztendlich merken müssen, ist lediglich, dass Sie manche Objekte über einen Objektfeldnamen und einen Index ansprechen, andere direkt über den Objektnamen. Ansonsten ist die Anwendung von Eigenschaften und Methoden vollkommen identisch und wir werden im Folgenden meist von Objekten sprechen.

5.5 Die Objekthierarchie in JavaScript

Viele der JavaScript-Objekte stehen in einer Hierarchie zueinander. Dies bedeutet, ein Objekt ist einem anderen Objekt untergeordnet. Es erbt damit dessen Eigenschaften und Methoden und erweitert diese um irgendwelche zusätzlichen Funktionalitäten. Wenn Sie ein solches in der Objekthierarchie tiefer angesiedeltes Objekt ansprechen wollen, müssen Sie einfach dessen Elternobjekt über die Punktnotation mit angeben. Beispiel:

Listing 5.12: `window.document`

Das Objekt window ist das Elternobjekt von document

Allerdings sind nicht sämtliche der Objekte in einer einzigen Hierarchiebeziehung miteinander verbunden. Die beiden nachfolgenden Grafiken zeigen wesentliche Ausschnitte der JavaScript-Objekthierarchie.

Bild 5.3: Die Objekthierarchie des window-Objekts

Bild 5.4: Die Objekthierarchie des navigator-Objekts

Neben den hierarchisch hier geordneten JavaScript-Objekten gibt es solche, die nicht direkt in diese Hierarchieebenen einzuordnen sind. Dies sind unter anderem diejenigen, welche Sie nicht in den beiden Grafiken finden, die aber in der obigen Tabelle beschrieben wurden (zum Beispiel Objekte vom Typ `Date`).

Unter bestimmten Umständen kann die DOT-Notation um die Angabe der Objekte verkürzt werden, die offensichtlich sind. Sie können deshalb meist auf das Voranstellen von `window` verzichten. Statt `window.prompt()`, `window.alert()` oder `window.status` schreibt man einfach `prompt()`, `alert()` oder `status`. Oder auch direkt `document` statt `window.document`.

5.6 Wie entstehen Objekte?

Wir haben bisher von vordefinierten Objekten und deren Eigenschaften und Methoden gesprochen. Damit sind wir mit unserer Terminologie im Sinne der objektorientierten Programmierung nicht ganz exakt. Es handelt sich dabei eigentlich nur um Objektdeklarationen und noch nicht um konkrete Objekte (so genannte Objektinstanzen). Das klingt jetzt sicher ziemlich unverständlich, es erklärt aber einige nachfolgende Aktionen. Versuchen wir es zu klären. Stellen Sie sich dazu die Frage, wie Objekte entstehen? Sie benötigen zwei Dinge:

1. Einen Bauplan für das Objekt und seine Eigenschaften sowie Methoden. Das nennt man die Objektdeklaration oder auch Klasse.

2. Mithilfe dieses Bauplans wird ein konkretes Objekt erstellt. Und das muss mit einer konkreten Aktion verbunden werden.

Alle Methoden und Eigenschaften eines spezifischen Objekts sind erst dann verfügbar, wenn Sie zuvor eine Objektinstanz des zugehörigen Objekts erzeugt haben oder wenn – was in JavaScript der Regelfall ist[1] – vom JavaScript-Interpreter automatisch eine Instanz erzeugt wurde, wenn Sie eine dieser vordefinierten Objekte mit ganz gewöhnlichen HTML-Tags innerhalb der Datei definieren. Nur in wenigen Fällen – bei manchen Standardobjekten und selbst definierten Objekten – müssen Sie eine Objektinstanz selbst erzeugen.

5.6.1 Eine Objektinstanz eines Standardobjekts erstellen

Um aus einer bestehenden Objektdeklaration (in unserer bisherigen Terminologie ein vordefiniertes Objekt) eine neue Objektinstanz anzule-

---

1. … und die Sache erheblich vereinfacht.

gen, müssen Sie innerhalb Ihres JavaScripts Instanzen dieses Objekts erzeugen. Das kann auf zwei Arten geschehen:

- Automatisch. Dann müssen Sie sich eigentlich um nichts mehr kümmern. Das läuft einfach im Hintergrund und Sie müssen nur wissen, wie Sie ein solches Objekt verwenden.

- Die erzeugen die Instanzen manuell.

Die automatische Erzeugung von Objekten im Rahmen eines JavaScripts geschieht fast immer, wenn Sie in einer Webseite mit ganz gewöhnlichen HTML-Tags bestimmte Strukturen definieren und eine solche Webseite dann in einen halbwegs modernen Browser laden. Dies baut im Hintergrund auf einem Konzept auf, das **DOM (Document Object Model)** genannt wird.

DOM und die Standardobjekte in JavaScript

Über JavaScript kann man auf zahlreiche vordefinierte Objekte zugreifen, die in Form der oben bereits angedeuteten Objektbibliothek bereitgestellt werden. Diese Objekte gehören in der Regel jedoch gar nicht zu JavaScript und können deshalb mittels diverser Techniken genutzt werden. Sowohl aus Programmier- und Skriptsprachen als auch aus Anwendungen heraus. Dem Zugriff auf eine Webseite unter diesem Objektgesichtspunkt liegt ein Konzept zu Grunde, das DOM heißt und sowohl eine plattform- als auch eine programmiersprachenübergreifende Schnittstelle bezeichnet. In diesem Konzept wird eine HTML-Seite nicht als statisch aufgebaute, fertige und nicht unterscheidbare Einheit, sondern als differenzierbare Struktur betrachtet, deren einzelne Bestandteile Programmen und Skripts dynamisch zugänglich sind. Dieser Ansatz ermöglicht die individuelle Behandlung von Bestandteilen der Webseite auch dann, wenn die Webseite bereits in den Browser geladen ist. Und zwar eine Behandlung, die weit über die einfache Interpretation durch den Browser von oben nach unten hinausgeht.

Das DOM-Konzept beinhaltet verschiedene Teilaspekte. Es veranlasst beispielsweise einen Browser, eine HTML-Seite zwar wie eine gewöhnliche Textdatei zu lesen und entsprechende HTML-Anweisungen auszuführen. Darüber hinaus wird der Browser jedoch beim Laden der Webseite alle ihm im Rahmen des Konzepts bekannten und einzeln identifizierbaren Elemente einer Webseite bezüglich ihres Typs, ihrer relevanten Eigenschaften und ihrer Position innerhalb der Webseite indizieren. Dies ist eine Art dynamische Datenbank im Hauptspeicher des Rechners (in Form einer Baumstruktur zu verstehen), die beim Laden der Webseite aufgebaut und beim Verlassen der Seite wieder gelöscht wird. Ähnliche Elemente werden bei der Indizierung vom Browser auf gleiche dynamische Datenstapel (so genannte Stacks) für die Seite abgelegt, das heißt in der Denkweise einer relationalen Datenbank in den gleichen Datenbanktabellen eingetragen. Auf diese Weise hat der Browser nach dem Laden der Webseite genaue Kenntnis über alle relevanten Daten sämtlicher eigenständig für ihn ansprechbaren Elemente in der Webseite. Welche das jedoch sind und was er damit anstellen kann, das kann sich je nach Browser erheblich unterscheiden.

Jedes Element (zum Beispiel ein bestimmter HTML-Tag) ist in einem eigenen Datensatz abgespeichert, der bei Bedarf auch während der Lebenszeit der Webseite aktualisiert wird – etwa, wenn mittels eines Skripts die Position eines Elements in der Webseite verändert oder über Style Sheets nach dem vollständigen Laden der Webseite das Layout eines Elements dynamisch verändert wird.

Viele Objekte im DOM-Konzept sind (wie bereits beschrieben) in Form einer Objekthierarchie verfügbar. Wenn ein Objekt einem anderen untergeordnet ist, notiert man das in der DOT-Notation, indem man erst den Namen des oberen Objekts und dann den des darunter angesiedelten Objekts hinschreibt. Wenn man beispielsweise eine Webseite nimmt, ist sie über das Objekt `document` aus JavaScript heraus verfügbar. Da sich die Webseite in einem Browser-Fenster befindet und dieses als `window` ansprechbar ist, erfolgt der Zugriff über `window.document`. Ein Formular in einer Webseite ist über ein `document` untergeordnetes Objekt (oder genauer einem Datenfeld aus Objekten – ein so genanntes Objektfeld) mit Namen `forms` und einem Index verfügbar. Formularelemente sind nun wieder über das dem `forms`-Objektfeld untergeordnete Objektfeld `elements` verfügbar. Wenn man im dritten Formular auf einer Webseite das zweite Element ansprechen will, geht das über die DOT-Notation wie folgt:

```
window.document.forms[2].elements[1]
```

Listing 5.13: Zugriff auf das zweite Formularfeld im dritten Formular

263

Listing 5.14:
Syntax zur
Erzeugung
eines Objekts
bei gleichzei-
tiger Zuwei-
sung zu einer
Variablen

Die manuelle Erstellung durch den Programmierer geschieht in vielen Fällen mithilfe des reservierten JavaScript-Schlüsselworts new. Damit setzen Sie einen **Konstruktor** ein. Die damit erzeugte Objektinstanz wird in der Regel (es gibt auch Fälle, wo man ohne eine explizite Variable auskommt – dann arbeitet man mit einem so genannten **anonymen Objekt**) einer Variablen zugewiesen, über die dann auf das Objekt zugegriffen werden kann. Dies sieht von der Syntax her so aus:

```
var [ObjektInstanz] = new [Objektdeklaration]();
```

Beispiele:

Listing 5.15:
Manuelle
Objekt-
erzeugung

```
var meinDatum = new Date();
var meinBild = new Image();
```

Oft werden in JavaScript Objekte auch von Funktionen oder Methoden erzeugt oder durch einfache Wertzuweisungen (wie im Fall von Strings). Wir werden bei den nachfolgend genauer besprochenen Objekten angeben, ob eine Objektinstanz manuell erzeugt werden muss oder wann es zusätzlich sinnvoll ist, obwohl automatisch bereits eine Objektinstanz erzeugt wurde.

> Die nachfolgend zu den jeweiligen Objekten angegebenen Eigenschaften und Methoden sind teilweise nicht vollständig. Dies würde bei weitem den Rahmen dieses Buchs sprengen. Insbesondere wird weitgehend auf Eigenschaften und Methoden verzichtet, die nur von einer spezifischen Browser-Philosophie verstanden werden oder für Einsteiger nur von untergeordnetem Interesse sein dürften.

5.6.2   Das Objekt window

Das Objekt window ist auf der obersten Objektebene in der Objekthierarchie von JavaScript angesiedelt und eines der wichtigsten JavaScript-Objekte. Sie haben darüber Zugriff auf alles, was in einem Anzeigefenster Ihres Browsers angezeigt werden kann. Insbesondere steht Ihnen das immer vorhandene Hauptanzeigefenster Ihres Browsers zur Verfügung. Sie können es über die reservierten Fensternamen window oder self ansprechen. Darauf lassen sich alle Eigenschaften und Methoden des window-Objekts anwenden.

Die Angaben `window` oder `self` können in der Regel unterbleiben, weil das Hauptanzeigefenster des Browsers immer zur Verfügung steht und sich die Aufrufe von Methoden und Eigenschaften dann auf dieses beziehen. Daneben gibt es übrigens weitere reservierte Schlüsselwörter für Fensterreferenzen, über die Sie bereits vorhandene Fenster ansprechen können. Über `parent` können Sie innerhalb eines Frame-Projekts den Namen des obersten Fensters, in dem das Frameset definiert wurde, ansprechen. Einen ähnlichen Zweck hat die Angabe `top`. Sie bezeichnet im Falle von Frames in den meisten Fällen das gleiche Fenster wie `parent`. Bei Verschachtelungseffekten können Sie mit `top` das oberste Fenster direkt ansprechen.

Eine Instanz von `window` müssen Sie in der Regel nicht explizit erzeugen. Wie mehrfach erwähnt, steht Ihnen das Hauptfenster des Browsers immer zur Verfügung. Aber Sie können neue Instanzen des Objekts `window` erzeugen, wenn Sie eine der Methoden des Objekts `window` aufrufen – die Methode `open()`. Dabei wird das neue Fenster als Client des aufrufenden Fensters direkt geöffnet. Es gilt die folgende Syntax:

```
var [Fenstervariable] = window.open("[URL]", "[Fenstername]",
"[Optionen]")
```

Listing 5.16: Schema für das Öffnen eines neuen Fensters mit JavaScript und open()

URL ist eine beliebige Datei, die in dem Fenster angezeigt werden soll. Es kann eine HTML- oder Grafikdatei sein, aber auch jede andere Datei, welche der Browser darstellen kann oder die beim Anwender gespeichert werden soll. Dabei gelten die üblichen Regeln für Verweise. Die Adresse muss in Anführungszeichen stehen.

Ein neues leeres Fenster wird erzeugt, wenn Sie anstelle einer URL-Adresse einfach `""` angeben.

`Fenstername` ist ein frei wählbarer Name. Bei der Namensvergabe gelten die gleichen Regeln wie bei Variablennamen. Der Name des Fensters muss in Anführungszeichen stehen. Die Angabe der Optionen ist optional. Der gesamte »Optionen-Ausdruck« muss in Anführungszeichen stehen. Angaben zu einzelnen Optionen werden durch Kommas getrennt. Ein Beispiel dazu:

```
open("irgendeinedatei.htm","Fenster1");
```

Listing 5.17: Öffnen eines neuen Fensters mit JavaScript und open() – ohne Optionen

Sinnvoll (wenngleich nicht zwingend) ist es, bei der Erstellung einer Fensterobjektinstanz diese in einer Variablen zu speichern. Sie können dann an späterer Stelle noch darauf zugreifen (zum Beispiel zum Schließen des Fensters). Ein Beispiel dazu:

Listing 5.18: Öffnen eines neuen Fensters mit Java-Script und open() samt Zuweisung zu einer Variablen

```
var meinFenster = open("irgendeinedatei.htm","Fenster1");
```

Da die Erstellung einer Objektinstanz über eine eigene Methode zum Öffnen eines Fensters erfolgt, ist es an dieser Stelle sinnvoll, gleich die Methode zum Schließen von Fenstern anzugeben. Dies erfolgt über `close()`, welche das vorangestellte Fensterobjekt schließt. Das Fensterobjekt wird mit dem Namen der Variablen angesprochen, in der die Fensterinstanz bei der Erstellung über die `open()`-Methode gespeichert wurde. Sie können sowohl von einem anderen Fenster aus ein fremdes Fenster schließen als auch das gerade angezeigte Fenster selbst. Dies funktioniert aber nur innerhalb vorgegebener Randbedingungen. Sie müssen eine Variable (sprich einen Namen) zur Verfügung haben, die eine Objektreferenz des zu schließenden Fensters beinhaltet. Insbesondere ist dies für das Hauptfenster des Browsers ein Problem. Die Namen `self` oder `window` stehen aber immer für das gerade aktive Fenster. Damit haben Sie schon eine Lösung, wie Sie den Browser selbst schließen können. Jedes aktive Fenster (auch das Hauptfenster) lässt sich über die Anweisungen `window.close()` oder `self.close()` schließen, wenn sie innerhalb des Fensters ausgelöst werden. Probieren Sie die nachfolgende Übung aus.

Über die Eigenschaft `closed` können Sie testen, ob eine Fensterinstanz noch offen ist oder nicht.

Zum Schließen eines **aufrufenden** Fensters durch **dessen Client** gibt es den reservierten Fensternamen `opener`. Damit wird dasjenige Fenster angesprochen, von dem aus das aktuelle Fenster geöffnet wurde. Sie können alle erlaubten Fenstermethoden und -eigenschaften darauf anwenden. Auch damit lässt sich das Hauptfenster schließen. Die Anwendung ist jedoch nicht ganz unkritisch. Sie werden sehen, dass bei deren Verwendung eine Meldung im Browser erscheint und außerdem eine Rückfrage erfolgt, ob das Fenster tatsächlich geschlossen werden soll. Dies ist aus Sicherheitsgründen sehr sinnvoll. Ebenso können Sie aus JavaScript heraus auch das aktive Fenster selbst schließen, in dem das Skript zum Schließen aufgerufen wird. Aber auch das ist ein Sicherheitsproblem. Deshalb verweigern einige Browser diese Aktion gänzlich oder melden zumindest dem Anwender, dass ein Skript das aktive Fenster schließen möchte. Allerdings ist es in manchen Browsern möglich, dass ein Anwender diesen Schutzmechanismus (wissentlich oder – meist – unwissentlich) deaktiviert.

Öffnen und Schließen von Browser-Fenstern

Die Übung verwendet drei Dateien.

1. Erstellen Sie die nachfolgende Datei (*fenster1.html*):

```
01 <html>
02 <body>
03 <script language="JavaScript">
04 <!--
05 var mFenster;
06 function fenster_neu() {
07  mFenster = open("","DiesisteinleeresFenster");
08 }
09 function fenster_zu() {
10  fensterobjekt.close();
11 }
12 function leeresfenster_zu() {
13 if(mFenster.closed != true) mFenster.close();
14 }
15 function init_leer() {
16  mFenster = open("","DiesisteinleeresFenster");
17  mFenster.close();
18 }
19 //-->
20 </script>
21 <body onLoad=init_leer()>
22 <form name="meinFormular">
23 Anzeige einer Textdatei:
24  <input type=button value="OK"
onClick='window.open("text.txt","Einfenster")'>
25 <br>Anzeige einer Grafik:
26  <input type=button value="OK"
onClick='self.open("b1.jpg","Nocheinfenster")'>
27 <br>Anzeige einer neuen HTML-Datei:
28  <input type=button value="OK"
onClick='self.open("clientfe.html","Clientfenster")'>
29 <br>Anzeige der leichen Datei in neuem Fenster:
30  <input type=button value="OK"
onClick='self.open("fenster1.html","Nochmaldasfenster")'>
```

Listing 5.19:
Eine Datei mit verschiedenen Anwendungen von open() *und* close()

267

```
31 <br>Öffnen eines leeren Fensters:
32 <input type=button value="OK" onClick="fenster_neu()">
33 <p>
34 <input type=button value="Schließe leeres Fenster"
onClick="leeresfenster_zu()">
35 <input type=button value="Schließe Hauptfenster"
onClick="window.close()">
36 </form>
37 </body>
38 </html>
```

2. Erstellen Sie dann die zweite Datei (*clientfe.html*), welche im gleichen Verzeichnis abgespeichert werden muss:

Listing 5.20: Eine Datei, die von der ersten JavaScript-Datei aus in ein anderes Browser-Fenster geladen wird

```
01 <html>
02 <body>
03 <script language="JavaScript">
04 <!--
05 function fenster_zu() {
06   fensterobjekt.close();
07 }
08 //-->
09 </script>
10 <body>
11 <form name="mFormular">
12 <input type=button value="Schließe dieses Fenster"
onClick="self.close()">
13 <input type=button value="Schließe Hauptfenster"
onClick="window.close()">
14 <input type=button value="Schließe aufrufendes Fenster"
onClick="opener.close()">
15 </form>
16 </body>
17 </html>
```

3. Die letzte Datei ist eine beliebige Textdatei mit Namen *text.txt*, die im gleichen Verzeichnis abgespeichert werden muss. Erstellen Sie eine solche.

4. Laden Sie die Datei *fenster1.html* in einen Browser.

5. Testen Sie die Formularschaltflächen.

Wie Sie anhand der Übung – einem Formular – sehen, können Sie beliebige Dateitypen referenzieren und in Folgefenstern anzeigen. Wir verwenden dabei in der ersten Datei sowohl die Namen window (etwa in Zeile 24: `<input type=button value="OK" onClick='window.open( "text.txt","Einfenster")'>`) als auch self (etwa Zeile 28: `<input`

```
type=button    value="OK"    onClick='self.open("clientfe.html",
"Clientfenster")'>
```
) und ebenso die `open()`-Methode ohne diese bei-
den vorangestellten, reservierten Namen (zum Beispiel in Zeile 16:
`mFenster = open("","DiesisteinleeresFenster");`).

Sie können sowohl eine eigene JavaScript-Funktion verwenden als
auch die Öffnen-Anweisung direkt als Attribut an den Eventhandler
weitergeben, was wir beides testen. Das Schließen eines Fensters ohne
Einsatz von reservierten Fensternamen funktioniert aber nur, wenn Sie
beim Öffnen eine Variable erstellen, die Sie dann beim Schließen ansprechen können. (In Zeile 5 wird mit `var mFenster;` eine globale
Variable angelegt und in Zeile 7 `mFenster = open("","Diesisteinlee-
resFenster");` eine Referenz auf ein geöffnetes Fenster darin abge-
legt.) In der Funktion `leeresfenster_zu()` (Zeile 12 bis 14) schließen
wir ein leeres Fenster, das über diese Variable zugänglich ist, sofern es
nicht bereits geschlossen ist (`if(mFenster.closed != true) mFens-
ter.close();`). Letzteres überprüfen wir mit der Eigenschaft `closed`,
auf die wir hier vorgreifen. Die im `<body>`-Tag aufgerufene Funktion
`init_leer()` dient dazu, ein Fensterobjekt für das leere Fenster zu erzeugen, damit wir in den per Schaltfläche aufgerufenen Funktionen auf
das Objekt zugreifen können. Dazu öffnen wir kurz das Fenster und
schließen es direkt im Anschluss wieder (`mFenster = open("","Dies-
isteinleeresFenster"); meinFenster.close();`).

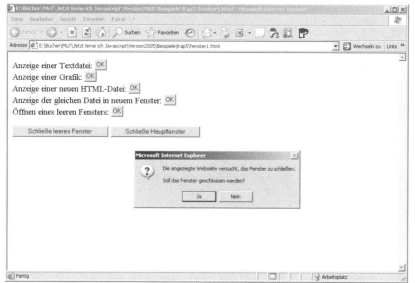

*Bild 5.5:
In einigen
Browsern
kann mit Java-
Script sogar
das aktive
Fenster ge-
schlossen
werden –
dann aber
meist mit einer
Warnung*

In der Datei *clientfe.html* testen wir zwei Varianten, indem wir einmal self verwenden, das andere Mal aber window.close(). Beide Anweisungen schließen das aktive Fenster (ein Folgefenster des Startfensters). Die dritte Schaltfläche verwendet opener und schließt nach entsprechender Rückfrage das aufrufende Browser-Fenster.

Optionen beim Öffnen eines Fensters

Ihnen ist sicher aufgefallen, dass Folgefenster beim Öffnen in der gleichen Größe wie das aufrufende Fenster oder in einer scheinbar zufälligen Größe dargestellt werden und die Position (wenn kein Vollbild vorliegt) relativ zu dessen Position gesetzt wird. Dies lässt sich individuell anpassen, wozu einige Eigenschaften des window-Objekts genutzt werden können. Sie können darüber sowohl Parameter beim Aufruf einer Fensterinstanz verwenden als auch bei bereits erzeugtem Fenster den Fenstereigenschaften neue Werte zuweisen. Ein Beispiel dazu:

Listing 5.21: Öffnen eines Fensters mit Optionen – diese sind als String anzugeben

```
mFenster = self.open(datei,fenster,"width=400,height=100");
```

Die folgenden Optionen sind beim Öffnen eines Fensters erlaubt:

Tabelle 5.3: Die wichtigsten Optionen beim Öffnen eines Fensters

Option	Beschreibung
width=(Pixel)	Die Option erzwingt eine in Pixel angegebene Fensterbreite.
height=(Pixel)	Die Option erzwingt eine in Pixel angegebene Fensterhöhe.
resizable=yes/no	Die Option legt fest, ob die Größe des Fensters fest oder veränderbar ist (Voreinstellung ist yes).
scrollbars=yes/no toolbar=yes/no status=yes/no menubar=yes/no location=yes/no	Die Optionen legen jeweils fest, ob das Fenster eine fenstereigene Bildlaufleiste, Symbolleiste, Statusleiste, Menüleiste und URL-Adressleiste hat. Voreinstellung ist immer no.
directories=yes/ no	Die Option legt fest, ob das Fenster über fenstereigene Directory-Buttons (Netscape) verfügt.

Ein Beispiel:

Listing 5.22: Einige der Optionen in der Praxis

```
mFenster = self.open(datei,fenster,"width=600,height=200,
resizable=yes, directories=yes, menubar=yes,location=yes");
```

Ab JavaScript 1.3 gibt es noch einige zusätzliche Optionen, die beim Öffnen eines Fensters angegeben werden können. Diese werden aber sehr inkonsistent von den Browsern behandelt und sollten mit sehr großer Vorsicht und nur in Verbindung mit umfangreichen Tests eingesetzt werden. So kann über `dependent=yes/no` festgelegt werden, ob das Elternfenster geschlossen werden soll, wenn das Clientfenster geschlossen wird (yes). Über `hotkeys=yes/no` lassen sich die Browser-Hotkeys deaktivieren (no). Die Angaben `innerHeight=(Pixel)` und `innerWidth=(Pixel)` ergänzen die bisherigen Angaben zur Höhe und Breite, indem sie explizit den Anzeigebereich des neuen Fensters festlegen (nicht die äußere Größe, welche den inneren Anzeigebereich aufgrund optionaler Statusleiste und Menüleiste nicht genau festlegt). Besonders wichtig ist jedoch, dass über `screenX=(Pixel)` und `screenY=(Pixel)` die linke obere Ecke des Browser-Fensters festgelegt werden kann.

Die Eigenschaften des window-Objekts

Die Eigenschaften des Objekts `window` stehen immer dann zur Verfügung, wenn zuvor eine Objektinstanz von `window` erzeugt wurde oder wenn ein bereits vorhandenes Fenster über eine der gültigen Fensterreferenzen angesprochen wird. Da jedes Browser-Fenster automatisch einem `window`-Objekt entspricht, haben Sie auf jeden Fall diese Eigenschaften für dieses Objekt zur Verfügung. Das hat die Konsequenz, dass für dieses Objekt auch auf das vorangestellte `window` in der Punktnotation verzichtet werden kann (damit ist implizit klar, dass dann das aktuelle Fenster gemeint ist). Hier eine Auswahl der wichtigsten Eigenschaften:

Eigenschaft	Beschreibung
closed	Wenn ein Fenster geöffnet wurde, wird in dieser Eigenschaft dokumentiert, ob das Fenster mittlerweile wieder geschlossen wurde. Falls ja, hat die Eigenschaft den Wert true.
defaultStatus	Hierüber können Sie die Standardanzeige in der Statusleiste des Browsers ermitteln oder festlegen. Diese ist unter Umständen nicht permanent sichtbar, denn die Statusleiste des Browsers lässt sich vielfältig beeinflussen, zum Beispiel über das Setzen der Eigenschaft status.

Tabelle 5.4:
Eigenschaften
von window

271

Eigenschaft	Beschreibung
`innerHeight,` `innerWidth`	Höhe und Breite des Anzeigebereichs eines Browsers. Die Angaben unterscheiden sich von den Werten der äußeren Höhe und Breite, da dort die Größe optionaler Elemente wie Statusleiste, Bildlaufleiste oder Menüleiste abgezogen werden müssen.
`frames`	Ein Objektfeld als Eigenschaft von `window`, worin im Fall einer Frame-Aufteilung die einzelnen Frames gespeichert werden. Wir kommen gleich bei den Frames darauf zurück.
`length`	Anzahl der offenen Fenstern der aktuellen Instanz des Browsers.
`name`	Über diese Eigenschaft kann der Name eines Fensters bestimmt werden.
`outerHeight,` `outerWidth`	Höhe und Breite des gesamten Fensters.
`opener`	Das Fenster, von dem aus das aktuelle Fenster geöffnet wurde.
`pageXOffset,` `pageYOffset`	Startposition des sichtbaren Dokuments im Fenster (Angabe links oben). Scrollen verändert den Wert.
`parent`	Übergeordnete Fenster der Objekthierarchie (read-only).
`locationbar,` `menubar,` `personalbar,` `scrollbars,` `statusbar,` `toolbar`	Angabe, ob die Fensterinstanz eine eigene URL-Adress- leiste, eine eigene Menüleiste, eine Zeile für die Favoriten (Internet Explorer) bzw. persönliche Symbolleiste, Bildlauf- leisten, Statusleiste oder Werkzeugleiste anzeigt. Es han- delt sich jeweils um ein Unterobjekt von `window`, das über die Eigenschaft `visible` (jeweils Wert `true`, falls das Objekt sichtbar gesetzt ist) zu manipulieren ist.
`self`	Das aktuelle Fenster (read-only).
`status`	Die Eigenschaft ermittelt oder setzt die aktuelle Anzeige der Statusleiste eines Fensters.
`top`	Oberstes `window`-Objekt in der Objekthierarchie (read-only).

Tabelle 5.4: Eigenschaften von window *(Forts.)*

Testen wir den Zugriff auf Eigenschaften in einem Beispiel.

1. Erstellen Sie die nachfolgende Datei (*fenstereigenschaften.html*):

Listing 5.23: Ausgabe der wichtigsten Eigenschaften

```
01 <html>
02 <body>
03 <script language="JavaScript">
04 <!--
```

```
05 function eigenschaften() {
06 fE = "Geschlossen: " + closed + "\ndefaultStatus: " +
defaultStatus +
07      "\ninnerHeight: " + innerHeight + "\ninnerWidth: " +
innerWidth +
08      "\nname: " + name + "\nouterHeight: " + outerHeight +
09      "\nouterWidth: " + outerWidth + "\npageXOffset: " +
pageXOffset +
10      "\npageYOffset: " + pageYOffset;
11 alert(fE);
12 }
13
14 //-->
15 </script>
16 <body>
17 <form name="meinFormular">
18  <input type=button value="Click" onClick='eigenschaften()'>
19  </form>
20 </body>
21 </html>
```

2. Laden Sie die Datei in einen Browser. Wenn Sie in der Webseite die
   Schaltfläche anklicken, wird ein Meldungsfeld angezeigt, in dem
   verschiedene Eigenschaften des Fensters angezeigt werden. Beachten Sie die über \n ausgelösten Zeilenumbrüche.

Bild 5.6:
Das gibt Fire-
fox bei dem
Beispiel von
sich

Leider unterstützen die meisten Browser die Eigenschaften von window sehr inkonsistent. Manche Browser geben bei einigen Eigenschaften einfach keine Auskünfte, was im Grunde nicht schlimm ist.
Aber einige Browser reagieren bei nicht unterstützten Eigenschaften
sogar mit Fehlern. Sie sollten unbedingt die Eigenschaften bei Bedarf
in allen relevanten Browsern testen.

273

Bild 5.7:
innerHeight
– der Internet
Explorer kann
es einfach
nicht

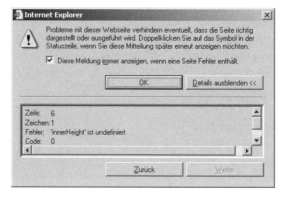

Die Methoden von window

Nachfolgend finden Sie die wichtigsten Methoden des window-Objekts.
Mehrere davon haben wir schon verwendet.

Tabelle 5.5:
Methoden des
window-Ob-
jekts

Methode	Beschreibung
alert([Meldung])	Öffnen eines Meldungsfelds mit der in den Klammern spezifizierten Nachricht. Die auszugebende Meldung muss als Parameter in Hochkommas gesetzt werden. Rückgabewerte von eventuell dort notierten Funktionen oder Methoden werden als String ausgegeben.
back()	Entspricht weitgehend einem Klick auf die Zurück-Schaltfläche im Browser.
blur()	Entzieht einem Fenster den Fokus (ähnlich dem Eventhandler onBlur).
clearTimeout([TimeoutVar])	Diese Methode macht den Aufruf von setTimeout() wieder rückgängig, sofern dieser in der Form [TimeoutVar] = setTimeout() erfolgte. Diese Variable muss clearTimeout() als Parameter übergeben werden.
close()	Die Methode schließt ein Fenster.
confirm([Meldung])	Erzeugt ein Dialogfeld zum Bestätigen oder Abbrechen einer Aktion. Es gibt zwei Schaltflächen (OK und Abbruch), welche die Rückgabewerte true und false liefern. Diese können Sie dann in der aufrufenden Funktion auswerten. Die auszugebende Meldung muss als Parameter in Hochkommas gesetzt werden. Rückgabewerte von eventuell dort notierten Funktionen oder Methoden werden als String ausgegeben.

Methode	Beschreibung
`find([string[, caseSensitive, backward]])`	Sucht im aktuellen Dokument nach der angegebenen Zeichenkette und gibt `true` zurück, wenn sie gefunden wurde. Über die optionalen booleschen Werte `caseSensitive` und `backward` kann angegeben werden, ob die Groß- und Kleinschreibung relevant ist und ob vom aktuellen Punkt aus zum Anfang eines Dokuments gesucht werden soll.
`focus()`	Aktiviert ein Fenster (ähnlich dem Eventhandler `onFocus`).
`forward()`	Entspricht weitgehend einem Klick auf die VORWÄRTS-Schaltfläche im Browser.
`home()`	Ruft die Startseite des Browsers auf.
`moveBy(horizontal, vertikal)`	Verschiebt ein Fenster um die angegebenen Pixel in horizontale oder vertikale Richtung.
`moveTo(x-Koordinate, y-Koordinate)`	Verschiebt ein Fenster auf die angegebene X/Y-Position.
`open(URL, Fenstername, [Optionen])`	Diese Methode öffnet ein neues Fenster.
`print()`	Druckt den Inhalt einer Seite aus (analog dem Menübefehl zum Drucken).
`prompt( [Aufforderungstext], [Feldvorbelegung])`	Diese Methode fordert den Anwender in einem Dialogfeld mit einer OK- und einer ABBRECHEN-Schaltfläche zu einer Eingabe in einem Feld auf und gibt diesen Wert an die aufrufende Funktion zurück, wenn Sie die OK-Schaltfläche betätigen (bei Abbrechen den Wert `null`). Als Parameter geben Sie das Label des Eingabefelds und optional einen Vorbelegungswert an (`""` für keine Vorbelegung).
`resizeBy(horizontal, vertikal)`	Verändert die Größe eines Fensters um die angegebenen Pixel in horizontale oder vertikale Richtung.
`resizeTo(Breite, Hoehe)`	Setzt die Größe eines Fensters auf die angegebenen Pixel in der angegebenen Breite und Höhe.
`scrollBy(horizontal, vertikal)`	Scrollt den Inhalt eines Fensters um die angegebenen Pixel in horizontale oder vertikale Richtung.
`scrollTo(x-Koordinate, y-Koordinate)`	Scrollt den Inhalt eines Fensters auf die angegebene X/Y-Position.

Tabelle 5.5: Methoden des window-Objekts (Forts.)

275

Methode	Beschreibung
setTimeout([Anweisung], [Millisek])	Diese Methode ruft die angegebene Anweisung nach der angegebenen Anzahl von Millisekunden auf. Der Rückgabewert kann einer Variablen zugewiesen werden, die von clearTimeout() zum Widerrufen einer verzögerten Anweisung genutzt werden kann. Diese Methode ist elementar für die Programmierung von so genannten rekursiven (selbst aufrufenden) Funktionen, wie sie oft bei Animationen eingesetzt werden.
stop()	Bricht den Ladevorgang einer Seite ab. Entspricht weitgehend einem Klick auf die STOP-Schaltfläche im Browser.

Tabelle 5.5: Methoden des window-Objekts (Forts.)

Die Größe und Position eines Fensters ändern

1. Erstellen Sie die Übung *fenstermethoden.html*.

Listing 5.24: Anwendung verschiedener window-Methoden

```
01 <html>
02 <body>
03 <form name="meinFormular">
04  <input type=button value="moveBy" onClick='moveBy(100, 50)'>
05  <input type=button value="moveTo" onClick='moveTo(100, 200)'>
06  <input type=button value="resizeBy" onClick='resizeBy(300, 200)'>
07  <input type=button value="resizeTo" onClick='resizeTo(200, 300)'>
08  <input type=button value="Und tschüss"
onClick='setTimeout("self.close()", 2000)'>
09  </form>
10 </body>
11 </html>
```

2. Laden Sie die Datei in einen Browser und testen Sie die Schaltflächen.

In dem Beispiel rufen wir direkt über den Eventhandler onClick in einem Formular window-Methoden aus. Beachten Sie, dass wir window nicht explizit angeben, es aber implizit vorhanden ist. Die ersten Methoden verändern die Größe und Position des Browsers. Besonders interessant ist die letzte Anweisung in Zeile 8 (setTimeout("self.close()", 2000)). Damit schließen wir zeitverzögert das aktive Fenster. Die Aktion wird um ca. 2 Sekunden verzögert.

Beachten Sie, dass das Schließen des aktiven Fensters in gut konfigurierten Browsern nicht funktioniert. Das bedeutet aber nicht, dass der zeitverzögerte Aufruf nicht funktioniert.

5.6.3 Verwenden von Frames über das Objektfeld frames[ ]

Wie Sie wissen, bedeuten Frames die Aufteilung des Anzeigebereichs eines Browsers in einzelne Segmente, die unabhängig mit Inhalt gefüllt werden können. Mit einem Hyperlink können Sie einzelne Frames über das Attribut target ansprechen, indem Sie den Namen des Frames oder einen der reservierten Frame-Namen verwenden. Diese reservierten Fensternamen dürfen bei der Erstellung eines Framesets nicht noch einmal vergeben werden:

Reserviert	Bedeutung
_self	Der URL wird im gleichen Frame dargestellt wie der Verweis (Standardsituation).
_parent	Der URL wird im übergeordneten Frame angezeigt. Falls es kein übergeordnetes Fenster gibt, wird das Verweisziel in einem neuen Fenster angezeigt (ohne Frame-Struktur).
_blank	Der URL wird in einem neuen Browser-Fenster angezeigt. Dieses neue Browser-Fenster hat standardmäßig keine Frame-Struktur.
_top	Der URL wird im vollen Fenster des Browsers angezeigt. Die Frame-Struktur verschwindet.

Tabelle 5.6:
Reservierte
Namen für
Frames unter
HTML

Natürlich können Sie auch mit JavaScript auf Frames zugreifen und diese beeinflussen. Dazu steht Ihnen das Objekt frame zur Verfügung. Über das Objekt frame – einem Unterobjekt von window – haben Sie vollen Zugriff auf Frames (unterteilte Fensterstrukturen), also auf ein Frameset und seine Frame-Fenster, die in einer HTML-Datei definiert sind.

Ein frame-Objekt wird automatisch erzeugt, wenn der WWW-Browser ein Frameset in einer HTML-Datei vorfindet. Das frame-Objekt steht dann in der Datei zur Verfügung, in der das Frameset definiert wird, sowie in allen Dateien, die in einem Frame-Fenster des Framesets angezeigt werden. Die Logik für den Zugriff auf frame-Objekte erfolgt über Objektfelder. In dem Objektfeld frames[] werden die einzelnen frame-Objekte abgelegt. Jedes Frame in einer Frameset-Webseite wird also in einem Array-Element gespeichert. Der Zugriff erfolgt über den Index des Objektfelds oder durch den Namen des Frame-Fensters, der unter HTML mittels des Attributs name vergeben wurde.

Beachten Sie, dass der Zähler wie immer in JavaScript bei 0 beginnt. Das erste Frame-Fenster muss mit `frames[0]` adressiert werden.

Listing 5.25:
Schema für
den Zugriff auf
Frames

Da `frames[]` `window` untergeordnet ist, kann ein Frame samt seiner Eigenschaften und Methoden über die Punktnotation angesprochen werden:

```
[Fensterreferenz].frames[n].[Eigenschaft/Methode()]
[Fensterreferenz].[Frame-Name].[Eigenschaft/Methode()]
```

Wie beim Objekt `window` schon erwähnt, gibt es für Frames reservierte Schlüsselwörter für Fensterreferenzen, über die Sie vorhandene Frames ansprechen können. Über `parent` können Sie innerhalb eines Frame-Projekts den Namen des obersten Fensters, in dem das Frameset definiert wurde, ansprechen. Einen ähnlichen Zweck hat die Angabe `top`. Sie bezeichnet im Falle von Frames in den meisten Fällen denselben Frame wie `parent`. Nur bei Verschachtelungseffekten ist es manchmal notwendig, dass Sie mit `top` den obersten Frame direkt ansprechen.

Die Eigenschaften und Methoden von Frame-Objekten

Frame-Objekte werden in JavaScript nur als (besondere) `window`-Objekte gesehen und besitzen dementsprechend alle Methoden und Eigenschaften eines solchen. Dennoch gibt es kleine Unterschiede, die sich aus dem Kontext eines Frames ergeben und die Funktionalität von Eigenschaften und Methoden einschränken (innerhalb eines Frameset und nicht unabhängig von anderen Frames dort). Das Frame-Objekt besitzt zusätzlich die nachfolgenden Eigenschaften:

Tabelle 5.7:
Zusätzliche
Eigenschaften
von Frame-
Objekten

Eigenschaft	Beschreibung
length	Die Anzahl der Frames in einem Frameset.
name	Bei einem Frame der Name eines Frame-Fensters.

Frame-Objekte erben als Unterobjekte von `window` dessen Methoden und stellen keine weiteren zur Verfügung.

Gleichzeitiges Aktualisieren von mehreren Frames

Wenden wir den JavaScript-Zugriff auf Frames in der Praxis an. Eine der interessantesten Anwendungen von JavaScript in Zusammenhang mit

Frames ist das gleichzeitige Aktualisieren von mehreren Frames mit einem Mausklick. Unter HTML ist so etwas nicht möglich.

1. Erstellen Sie zuerst eine geeignete Frameset-Datei (*frameset.html*):

```
01 <html>
02 <frameset cols="200,*">
03    <frame src="hyper.html">
04    <frameset rows="1%, 1%, 1%">
05       <frame src="bild1.html" name="eins">
06       <frame src="bild2.html" name="zwei">
07       <frame src="b3.jpg" name="drei">
08    </frameset>
09 </frameset>
10 <noframes>Ihr Browser unterstützt keine Frames!</noframes>
11 </html>
```

Listing 5.26:
Die Frameset-Datei

2. Dann erstellen wir im gleichen Verzeichnis die Datei mit den Links (*hyper.html*). Dabei sprechen wir dort in der open()-Methode (sie gehört zu window) die einzelnen Frames über den im Frameset definierten Namen an:

```
01 <html>
02 <body>
03 <script language="JavaScript">
04 <!--
05 function a(){
06 open("bild1.html","eins");
07 open("bild2.html","zwei");
08 open("b3.jpg","drei");
09 }
10 function b(){
11 open("b3.jpg","eins");
12 open("bild1.html","zwei");
13 open("bild2.html","drei");
14 }
15 function c(){
16 open("bild2.html","eins");
17 open("b3.jpg","zwei");
18 open("bild1.html","drei");
19 }
20 //-->
21 </script>
22 <body>
23 <a href="JavaScript:a()">Wechsel 1</a><br>
24 <a href="JavaScript:b()">Wechsel 2</a><br>
25 <a href="JavaScript:c()">Wechsel 3</a>
26 </body>
27 </html>
```

Listing 5.27:
Die Datei mit den Java-Script-Links

279

3. Die Dateien *bild1.html* und *bild2.html* referenzieren in einem HTML-Kontext jeweils ein Bild. Erstellen Sie die beiden Dateien:

Listing 5.28:
Eine einfache
HTML-Datei
(bild1.html)

```
01 <html>
02 <body>
03 <h3>In den Bergen</h3>
04 <img src="b1.jpg" width="240">
05 </body>
06 </html>
```

Listing 5.29:
Die zweite ein-
fache HTML-
Datei
(bild2.html)

```
01 <html>
02 <body>
03 <h3>Im Fluss</h3>
04 <img src="b2.jpg" width="200">
05 </body>
06 </html>
```

4. Im letzten Frame wird einfach eine Grafik direkt referenziert. Kopieren Sie eine Grafik in Ihr Arbeitsverzeichnis.

5. Laden Sie die Frameset-Datei und testen Sie die Links. Es werden immer alle drei Frames gleichzeitig aktualisiert.

Bild 5.8:
Die Original-
anordnung

Bild 5.9:
Eine Permu-
tation der In-
halte des
Framesets
über Java-
Script

Informationen über Frames abfragen

Erstellen wir noch eine Übung. Die zweite Übung verwendet die Eigen-schaften name und length, indem diese in einem Meldungsfeld ausge-geben werden. Die Abfrage erfolgt diesmal explizit über die Objektfelder frames[], wobei beachtet werden sollte, dass man von top aus agieren muss. Dabei verwenden wir wieder die gerade erstellte Frameset-Datei und modifizieren sie nur insoweit, dass im ersten Frame eine neue Datei geladen wird.

1. Laden Sie die Datei *frameset.html* in einen Editor und speichern Sie diese unter *frameset1.html*.

2. Editieren Sie die Zeile 3 wie folgt:

```
03    <frame src="info.html" name="info">
```

Listing 5.30:
Der geänderte
Part in der
Frameset-
Datei

281

3. Beachten Sie, dass jetzt alle Frames das HTML-Attribut name gesetzt haben. Als neue Datei erstellen wir die Datei *info.html*:

Listing 5.31:
Die Info-Datei
mit dem Java-
Script-Zugriff
auf Frame-Ei-
genschaften

```
01 <html>
02 <body>
03 <script language="JavaScript">
04 <!--
05 function welcheFrames(){
06 welche = "Die geladenen Frame-Namen:\n";
07 for (i=0;i<top.length;i++){
08    welche = welche + top.frames[i].name + "\n";
09 }
10  return welche;
11 }
12 function wieviel(){
13   return "Anzahl der Frames: " + top.length;
14 }
15 function info(){
16 alert(welcheFrames() + wieviel());
17 }
18 //-->
19 </script>
20 <body>
21 <form>
22 <input type="Button" value="Info" onClick="info()">
23 </form>
24 </body>
25 </html>
```

4. Die Datei wendet einige JavaScript-Feinheiten an. Unter anderem wird die Anzahl der Frames im Frameset abgefragt (in Zeile 13 über top.length) und als Abbruchkriterium für die for-Schleife verwendet (in Zeile 7). In dieser setzen wir die Meldung zusammen, die dann ausgegeben werden soll (Zeile 8). Beachten Sie die beiden Funktionen welcheFrames() und wieviel(), die direkt in der alert()-Methode aufgerufen werden (in Zeile 16). Deren Rückgabewert wird unmittelbar verwendet. Laden Sie die Frameset-Datei. Die in der Frameset-Datei angegebenen Namen und die Anzahl der Frames werden ausgegeben.

282

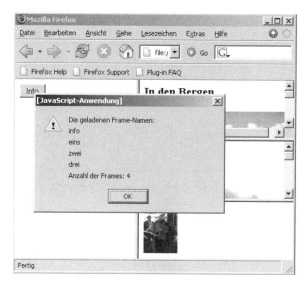

Bild 5.10:
Die Ausgabe
von *name* und
length

5.6.4 Das Objekt document

Das document-Objekt haben wir bereits mehrfach eingesetzt. Darüber können Sie auf verschiedene Daten der aktuellen HTML-Datei im Browser-Fenster zugreifen. Überdies können Sie mithilfe von document HTML-formatierten Text in das angezeigte Dokument schreiben, beispielsweise dynamisch generierten Text. In der Objekthierarchie von JavaScript liegt das Objekt unterhalb von window.

Eine Objektinstanz von document wird automatisch erzeugt, wenn der WWW-Browser einen einleitenden <body>-Tag in der HTML-Datei vorfindet. Mit anderen Worten: Sie müssen nichts tun, was ja sicher auch nicht zu verachten ist ;-).

Die Eigenschaften

Das Objekt document besitzt diverse Eigenschaften, die sowohl abzufragen als auch teilweise zu ändern sind. In der nachfolgenden Tabelle finden Sie die wichtigsten Eigenschaften. Wir unterscheiden dabei nicht zwischen Unterobjekt und Eigenschaft.

Der Rückgabewert bzw. der Zuweisungswert bei Farbangaben ist jedes Mal eine Zeichenkette, welche die Farbe in der HTML-üblichen Hexadezimalschreibweise enthält.

283

Nachfolgend finden Sie die wichtigsten Eigenschaften von document:

Eigenschaft	Beschreibung
alinkColor	Die Farbe für Verweise zu bereits besuchten Verweiszielen, wie sie mit alink im \<body\>-Tag oder vom Anwender in seinen Browser-Einstellungen festgelegt wurde.
anchors	Ein Verweisanker-Objektfeld. Mit document.anchors[0] greifen Sie auf den Namen des ersten Verweisankers in der Datei zu, mit document.anchors[1] auf den Namen des zweiten Verweisankers usw. Mit document.anchors.length ermitteln Sie die Anzahl der in der Datei definierten Verweisanker.
applets	Das Objektfeld applets ermöglicht den Zugriff auf Java-Applets in einer HTML-Datei. Über applets kann unter anderem die Anzahl der Java-Applets in einer Datei bestimmt werden.
bgColor	Angabe der Hintergrundfarbe der HTML-Datei, wie sie mit bgcolor im \<body\>-Tag oder vom Anwender in seinen Browser-Einstellungen festgelegt wurde.
cookie	Hinter dieser Eigenschaft verbirgt sich die Verwaltung von Cookies des Anwenders.
fgColor	Die Textvordergrundfarbe der HTML-Datei, wie sie bei der Zusatzangabe text im \<body\>-Tag oder vom Anwender in seinen Browser-Einstellungen festgelegt wurde.
forms	Hiermit haben Sie Zugriff auf die Formulare, welche innerhalb der HTML-Datei definiert wurden. Mit document.forms[0] erhalten Sie den Namen des ersten Formulars in der Datei, mit document.forms[1] den Namen des zweiten Formulars usw. Mit document.forms.length erhalten Sie die Anzahl der in der Datei definierten Formulare.
lastModified	Datum und Uhrzeit der letzten Änderung der Datei im internationalen Format nach GMT (Greenwich-Zeit).
linkColor	Angabe der Farbe für Verweise zu noch nicht besuchten Verweiszeilen, wie sie mit link im \<body\>-Tag oder vom Anwender in seinen Browser-Einstellungen festgelegt wurde.
links	Zugriff auf Verweise, die innerhalb der HTML-Datei definiert wurden. Mit document.links.length erhalten Sie die Anzahl der in der Datei notierten Verweise.
location	Der vollständige URL der HTML-Datei.

Eigenschaft	Beschreibung
referrer	Der URL der HTML-Datei, von der aus die aktuelle HTML-Datei aufgerufen wurde.
title	Der Titel der HTML-Datei, wie er bei <title> angegeben ist.
url	Der vollständige URL der HTML-Datei (identisch mit location).
vlinkColor	Die Farbe für Verweise zu bereits besuchten Verweiszeilen, wie sie mit vlink im <body>-Tag oder vom Anwender in seinen Browser-Einstellungen festgelegt wurde.

Tabelle 5.8:
Wichtige Ei-
genschaften
von document
(Forts.)

Der Vollständigkeit halber sei erwähnt, dass document neben einigen weiteren Eigenschaften die Unterobjekte all, anchors, applets, areas, embeds, forms, images, layers, links und plugins enthält[1]. Diese sind teilweise browserabhängig.

Die Methoden

Die wichtigsten Methoden des Objekts document dürften die Methoden zum Schreiben in die Seite sein. Das Objekt document besitzt unter anderem die folgenden Methoden.

Methoden	Beschreibung
close()	Hiermit wird ein Dokument geschlossen. Man verwendet diese Methode normalerweise in Verbindung mit document.open() und document.write() bzw. document.writeln().
getSelection()	Ermittelt, welchen Text ein Anwender im Dokument selektiert hat.
open()	Die Methode öffnet ein Dokument zum Schreiben. Man verwendet diese Methode normalerweise in Verbindung mit document.write() bzw. document.writeln(). Optional können Sie den Dateityp [MIME-Typ] als Parameter übergeben. Erlaubt sind die Angaben "text/html", "text/plain", "image/gif", "image/jpeg", "image/x-bitmap" oder diverse Plug-In-Typen.

Tabelle 5.9:
Die wichtigs-
ten Methoden
von document

---

1. Was ja genau genommen auch Eigenschaften sind.

	Methoden	Beschreibung
Tabelle 5.9: *Die wichtigs-* *ten Methoden* *von document* *(Forts.)*	write(), writeln()	Mit diesen Methoden können Sie HTML-formatier- ten Text und von JavaScript verwaltete Variablen- inhalte in das Dokumentfenster schreiben. Im Unterschied zu write() wird bei writeln() noch ein Zeilenumbruchzeichen am Ende eingefügt. Bitte beachten Sie, dass dies in einem HTML-Dokument keinen Zeilenumbruch bewirkt.

1. Obwohl wir bereits diverse Anwendungen dieses Objekts gesehen haben, erstellen Sie die nachfolgende Datei *document1.html*, in der einige Werte von document-Eigenschaften ausgegeben werden.

Listing 5.32:
Die Anwen-
dung verschie-
dener Eigen-
schaften und
Methoden von
document

```
01 <html>
02 <head>
03 <title>Hier testen wir das document-Objekt</title>
04 </head>
05 <script language="JavaScript">
06 <!--
07 function frage_doc(){
08   var meldung;
09   alinkFarbe = document.alinkColor;
10   bgFarbe = document.bgColor;
11   fgFarbe = document.fgColor;
12   linkFarbe = document.linkColor;
13   vlinkFarbe = document.vlinkColor;
14   titel = document.title;
15   last = document.lastModified;
16   meldung = "Schönen guten Tag. Was glauben Sie, was ich alles über die Webseite weiß?\n";
17   meldung = meldung + "Sie haben folgende Farbangaben gesetzt:\n";
18   meldung = meldung + "Farbe der aktivierten Links: " + alinkFarbe;
19   meldung = meldung + "\nFarbe der besuchten Links: " + vlinkFarbe;
20   meldung = meldung + "\nFarbe der normalen Links: " + linkFarbe;
21   meldung = meldung + "\nDie Vordergrundfarbe ist " + fgFarbe;
22   meldung = meldung + " und Hintergrundfarbe " + bgFarbe;
23   meldung = meldung + ".\nIhr Dokumententitel ist \t" + titel;
24   meldung = meldung + "\nund Sie haben das Dokument am " + last + " das letzte Mal aktualisiert.";
25   meldung = meldung + "\nDas gefällt mir alles nicht. Ich werde einiges ändern!";
26   alert(meldung);
27   document.write("So ist es besser!<br>");
28   document.write("<a href=\"abx.HTM\">Ein Link, ein Link, der nicht funktioniert</A><BR>");
```

```
29  document.write("Ein Text, ein Text!<br>");
30  document.bgColor = "#ff1156";
31 }
32 //-->
33 </script>
34 <body onload="frage_doc()">
35 Dies hier ist ganz normaler Text.<br>
36 <a href="TITEL.HTM">Ein ganz normaler Link</a>
37 </body>
38 </html>
```

2. Laden Sie die Datei in einen Browser.

In dem Beispiel werden zuerst verschiedene Angaben des geladenen Dokuments abgefragt und in einigen Variablen gespeichert. Aus diesen Variablen und einigen Textbausteinen wird eine Meldung generiert, die beim Start der Webseite angezeigt wird. Beachten Sie dabei bitte, dass wir maskierte Steuerzeichen für Anführungszeichen (\"), Tabulator (\t) und Zeilenumbruch in einer Zeichenvariablen (\n) verwenden.

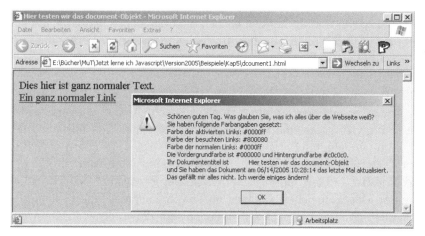

Bild 5.11:
So sieht es am
Anfang aus

Die Meldung hält die weitere Abarbeitung des Skripts an. Erst wenn die Meldung bestätigt wurde, wird das Skript fortgesetzt. Dabei wird der Bildschirminhalt geleert und mit neuem Inhalt gefüllt. Gleichzeitig wird die Hintergrundfarbe verändert.

287

Bild 5.12:
Inhalt und
Hintergrund
wurden ver-
ändert

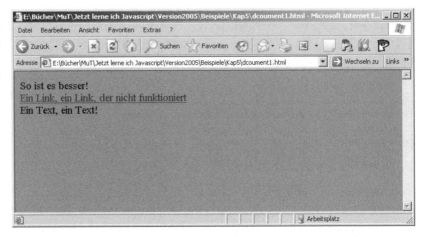

Der Umgang mit Cookies

Eine sehr interessante Eigenschaft von document ist cookie.

Bei einem **Cookie** handelt es sich um eine kleine Textdatei, die von einem Browser in ein, im Browser vorgegebenes, Verzeichnis geschrieben und von dort wieder ausgelesen werden kann.

Das Schreiben und Lesen von Cookies kann sowohl vom Client als auch vom Server initiiert werden. Man muss beachten, dass die verschiedenen Browser zwar einen etwas unterschiedlichen Weg bezüglich der konkret angelegten Dateien gehen. Beispielsweise speichern Navigator und Mozilla alle Einträge in einer einzigen Klartextdatei namens *cookies.txt*, die sich unter Windows im Betriebssystemverzeichnis befindet. Opera speichert Cookies im Programmverzeichnis in kodierter Form in der Datei *cookie.dat*. Dagegen legt der Internet Explorer gewöhnlich für jedes Cookie eine eigene Klartextdatei im Cookies-Verzeichnis des Betriebssystems an. Dabei können in der Regel maximal 20 Cookies gleichzeitig verwaltet werden. Die gesamte Verwaltung übernimmt die Datei *index.dat*.

Wie auch immer Cookies konkret auf dem Rechner eines Besuchers gespeichert werden – das konkrete Handling unter JavaScript ist davon in keiner Weise betroffen. Das Verfahren ist durch die Programmierumgebung so weit abstrahiert, dass man sich keinerlei Gedanken darüber machen muss.

Grundsätzlich kann ein Cookie via JavaScript mit `document.cookie` gesetzt werden. Dazu gibt es ergänzend Stringmethoden wie `substring()`, `charAt()`, `indexOf()` und `lastIndexOf()`, um die konkreten Werte in dem Cookie genauer zu handeln. Generell besteht ein Cookie mindestens aus der Angabe des Namens als Bezeichner des Cookies und einer Wertzuweisung. Über den Bezeichner wird beim Auslesen ein Cookie wieder identifiziert. Der zugewiesene Wert ist die Information, welche man eigentlich speichern möchte. Eine wichtige optionale Eigenschaft ist die `expires`-Eigenschaft, mit der ein Gültigkeitsdatum eines Cookies gesetzt werden kann. Das Format sieht beispielsweise so aus:

```
Wdy, DD-Mon-YY HH:MM:SS GMT
```

Listing 5.33: Das Format eines Ablaufdatums in einem Cookie

Dabei ist `Wdy` eine Stringrepräsentation des Tags der Woche (englisch), `DD` ist zweistellig der Monatstag, `Mon` ist eine aus drei Buchstaben bestehende Stringrepräsentation des Monats (englisch) und `YY` ist das zweistellige Jahr. `HH`, `MM` und `SS` sind zweistellige Angaben für die Stunden, Minuten und Sekunden (optional). Aber auch andere Formate sind denkbar. Ein Beispiel hierzu:

```
expires=Wednesday, 15-Nov-06 20:15:40 GMT
```

Listing 5.34: Ein Beispiel für das Setzen des Ablaufdatums

Weitere optionale Eigenschaften sind `domain`, worüber der URL der Domain, für welche ein Cookie gültig ist, als String spezifiziert werden kann. Wenn die Angabe gesetzt ist, kann ein gesetztes Cookie nur von einem Server aus der Domain wieder ausgelesen werden. Die Eigenschaft `path` dient zur Angabe von Verzeichnissen innerhalb dieser Domain[1] und `secure` als Wahrheitswert zur Festlegung, dass ein Cookie nur über einen sicheren (das heißt verschlüsselten) Pfad übertragen werden darf.

Die an die `cookie`-Eigenschaft zu übergebende Zeichenkette muss die gewünschten Angaben als durch Parameter getrennte Werte enthalten. So weit ist es also ganz einfach, ein Cookie zu setzen – etwa so:

```
document.cookie = "meinCookie=42";
```

Listing 5.35: Setzen des Cookies-Werts

Oder wenn ein Haltbarkeitsdatum gesetzt werden soll, geht das so:

```
document.cookie = "meinCookie=42; expires=Wednesday, 15-Nov-06
20:15:40 GMT";
```

Listing 5.36: Setzen des Cookies-Werts mit Ablaufdatum

Leider ist es nicht ganz so einfach, wenn man komplexere Informationen in einem Cookie speichern und wieder auslesen möchte. JavaScript bie-

---

1. Fehlt die Angabe, wird der Pfad des aktuellen Dokuments angenommen.

tet da erst mal keine große Unterstützung. Cookie-Werte dürfen beispielsweise keine Leerzeichen und keine Sonderzeichen enthalten. Deshalb müssen solche Zeichen mit den Toplevel-Funktionen escape() und unescape() beim Schreiben maskiert und beim Lesen wieder entschlüsselt werden. Des Weiteren müssen verschiedene Aktionen wie das Bestimmen der Länge eines Werts oder das Trennen an bestimmten Zeichen im String durchgeführt werden (dies sind recht analoge Vorgänge, wie man sie beim Übertragungsprozess mit Formulardaten anwendet). Wir könnten diese Details zwar unter JavaScript ausarbeiten, aber das hieße Eulen nach Athen tragen. Es gibt für das Cookie-Management einen Satz freier Funktionen, die ein Programmierer namens Bill Dortch entwickelt hat und die im Internet kostenlos bereitgestellt werden. Mit den Funktionen SetCookie(name,value,expires,path,domain,secure) und GetCookie(name) zum Setzen und Lesen von beliebigen Angaben wird das Cookie-Managment dann wirklich zum Kinderspiel (wir werden sie unverändert im nachfolgenden Beispiel einfach nutzen). Die zusätzliche Funktion DeleteCookie(name,path,domain) erlaubt das Löschen eines Cookies, indem das Verfallsdatum auf den 1. Januar 1970 gesetzt wird (es gibt keine Möglichkeit zum direkten Löschen).

Das nachfolgende Beispiel beinhaltet ein kleines Formular, das bei einem Klick auf eine Schaltfläche ein Cookie schreibt, in das der Wert des einen Eingabefelds geschrieben wird. Beim erneuten Laden des Formulars wird dieses wieder ausgelesen und das Formularfeld bereits vorbelegt.

1. Erzeugen Sie die folgende Datei (*cookie1.html*):

Listing 5.37: Das Setzen und Auslesen von Cookies mit JavaScript

```
01 <html>
02 <script language="JavaScript">
03 <!--
04   function GetCookie (name) {
05     var arg = name + "=";
06     var alen = arg.length;
07     var clen = document.cookie.length;
08     var i = 0;
09     while (i < clen) {
10       var j = i + alen;
11       if (document.cookie.substring(i, j) == arg)
12         return getCookieVal (j);
13       i = document.cookie.indexOf(" ", i) + 1;
14       if (i == 0) break;
15     }
16     return null;
17   }
```

```
18   function SetCookie (name,value,expires,path,domain,secure) {
19     document.cookie = name + "=" + escape (value) +
20       ((expires) ? "; expires=" + expires.toGMTString() : "") +
21       ((path) ? "; path=" + path : "") +
22       ((domain) ? "; domain=" + domain : "") +
23       ((secure) ? "; secure" : "");
24   }
25   function getCookieVal (offset) {
26     var endstr = document.cookie.indexOf (";", offset);
27     if (endstr == -1)
28       endstr = document.cookie.length;
29     return unescape(document.cookie.substring(offset, endstr));
30   }
31   function schreibeCookie() {
32     wert = document.mF.id.value;
33     haltbarDatum = new Date(2005,11,31,1,0,0);
34     document.cookie = SetCookie("typ",wert,haltbarDatum);
35   }
36   function leseCookie() {
37     wert = GetCookie("typ");
38     if(wert != null) document.mF.id.value=wert;
39 }
40 //-->
41 </script>
42   <body onLoad="leseCookie()">
43     <form name="mF" action=" " method="GET"
onSubmit="schreibeCookie()">
44       Geben Sie Ihren Namen ein: <input name="id"><br>
45       Geben Sie Ihren Kommentar ein: <input name="komment"><br>
46       <input type="Submit" value="Ok">
47       <input type="reset" value="Abbruch">
48     </form>
49   </body>
50   </html>
```

2. Laden Sie die Datei mehrfach in verschiedene Browser.

Beachten Sie, dass die Zeilen 4 bis 30 die Funktionen sind, die frei im Internet verfügbar sind. Erst ab Zeile 31 finden Sie Code, der selbst erstellt wurde. In der Funktion schreibeCookie() (Zeilen 31 bis 35) wird der Wert des ersten Eingabefelds und ein Haltbarkeitsdatum in der Zukunft in ein Cookie mit Namen typ geschrieben. In den Zeilen 36 bis 39 finden Sie die Funktion leseCookie(), die über den spezifizierten Namen den gespeicherten Wert wieder ausliest und dem ersten Eingabefeld des Formulars wieder zuweist. Beachten Sie die Zeile 38 mit if(wert != null) document.mF.id.value=wert;. Mit dem if-Konstrukt wird sichergestellt, dass das Formularfeld nicht mit null gefüllt wird, wenn die Seite das erste Mal geladen wird. In dieser Situation ist das Cookie natürlich noch nicht vorhanden und ein Lesevorgang wird ins Leere laufen. Die Wertzuweisung wäre sinnlos und würde den Anwender nur verwirren.

3. Aktivieren Sie in Ihrem Browser die Einstellung, dass Sie beim Setzen eines Cookies gefragt werden.

4. Schauen Sie sich die Cookie-Dateien an, die Ihr Browser geschrieben hat.

Wenn man sich nach einem Setzen des Cookies durch das Beispiel die Cookie-Datei selbst mit einem Editor ansieht, wird der Inhalt von der folgenden Art sein (hier die Version, wie der Internet Explorer das Cookie ablegt):

Listing 5.38:
Der Inhalt ei-
ner Cookie-
Datei beim In-
ternet Explorer

```
typ
Rudi%20R%FCffel
localhost/js/Fenster/
1088
2881011712
29683403
4152842240
29658185
*
```

Vielleicht fragen Sie sich, wie Sie überprüfen können, ob ein Anwender die Verwendung von Cookies aktiviert hat? Nicht zuletzt wegen der mittlerweile fast hysterischen Panik vor dem Missbrauch von Cookies haben viele Anwender die Verwendung deaktiviert. Wenn Sie Cookies verwenden wollen, sollten Sie im Vorfeld testen, ob das bei einem Anwender überhaupt möglich ist. Dazu schreiben Sie am besten ein Dummy-Cookie und lesen den geschriebenen Wert unmittelbar wieder ein. Klappt dies, können Sie Cookies verwenden.

5.6.5 Das Objekt navigator

Über das Objekt `navigator` haben Sie in JavaScript Zugriff auf Informationen über den verwendeten Browser des Anwenders. Das ist besonders dann wichtig, wenn Sie sich auf das Abenteuer einlassen und browserspezifische Anweisungen verwenden (damit sind sowohl JavaScript als auch HTML oder Style Sheets gemeint).

Eine Instanz von `navigator` brauchen Sie nicht eigens zu erzeugen, da es sich auch hierbei um ein so genanntes »Built in«-Objekt handelt. Zugriff auf Eigenschaften und Methoden der Instanz haben Sie mittels der Punktnotation (`navigator.[Eigenschaft/Methode]`).

Die Eigenschaften

Hier folgen wieder die wichtigsten Eigenschaften von navigator:

Eigenschaft	Beschreibung
appCodeName	Der Codename eines Browsers.
appName	Der offizielle Anwendungsname eines Browsers. Der Unterschied zu appCodeName ist beispielsweise bei Netscape, dass dort Mozilla und hier der Name Netscape zurückgegeben wird.
appVersion	Die Eigenschaft beinhaltet die Version und die Betriebssystemplattform des Browsers.
language	Die vom Anwender eingestellte Sprache des Browsers in international üblichen Abkürzungen (beispielsweise de für Deutsch).
platform	Das Betriebssystem des Anwenders.
userAgent	Die Daten des verwendeten Browsers genau so, wie sie im HTTP-Protokoll an den aufgerufenen WWW-Server übermittelt werden.

Tabelle 5.10:
Die wichtigsten Eigenschaften von navigator

Ausgabe der Browser-Informationen

1. Testen Sie Ihren Browser einfach einmal und erstellen Sie die Datei *navigator1.html*:

```
01 <html>
02 <script language="JavaScript">
03 <!--
04 function browser_who() {
05 document.write(navigator.appCodeName + "<br>");
06 document.write(navigator.appName + "<br>");
07 document.write(navigator.appVersion + "<br>");
08 document.write(navigator.language + "<br>");
09 document.write(navigator.platform + "<br>");
10 document.write(navigator.userAgent);
11 }
12 //-->
13 </script>
14 <body onLoad='browser_who()'>
15 </body>
16 </html>
```

Listing 5.39:
Abfrage von Eigenschaften des navigator-Objekts

2. Laden Sie die Datei in verschiedene Browser. Die Eigenschaften des jeweiligen Browsers werden im Anzeigefenster des Browsers angezeigt. Sie werden erkennen, dass sich verschiedene Browser massiv unterscheiden, sowohl in Bezug auf die ausgegebenen Werte als auch in der Anzahl der unterstützten Eigenschaften.

Bild 5.13:
So äußert sich
der Internet
Explorer 6

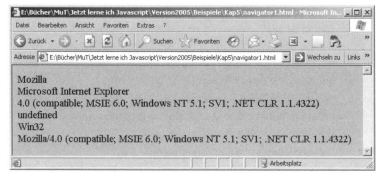

Bild 5.14:
Das sind die
Auskünfte von
Firefox unter
Windows

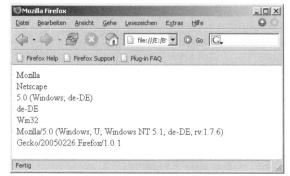

Bild 5.15:
Der Konqueror
unter Linux
gibt sich eben-
falls eindeutig
zu erkennen

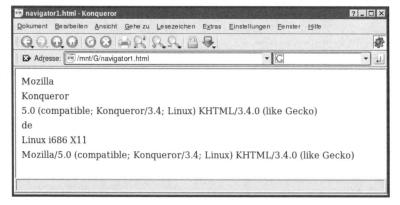

294

Eine Browser-Weiche

Die nächste Übung zum `navigator`-Objekt dient dazu, die Trennung von Browsern in einer Webseite zu automatisieren. Mit anderen Worten – wir wollen eine so genannte **Browser-Weiche** programmieren.

Eine **Browser-Weiche** dient zum Trennen verschiedener Browser. Dies ist unabdingbar, wenn Sie Techniken einsetzen, die nur in bestimmten Browsern unterstützt werden.

1. Erstellen Sie die nachfolgende Datei *trennen1.html*:

```
01 <html>
02 <script language="JavaScript">
03 <!--
04 function browserTrennen() {
05   if(navigator.appName == "Netscape") {
06     document.write("<h1>Hallo Netscaper</h1>");
07   }
08   if(navigator.appName == "Microsoft Internet Explorer"){
09     document.write("<h1>Hallo IEler</h1>");
10   }
11 }
12 //-->
13 </script>
14 <body onLoad='browserTrennen()'>
15 </body>
16 </html>
```

Listing 5.40: Die einfachste Form einer Browser-Weiche

2. Laden Sie die Datei in verschiedene Browser.

Die Programmierung der Browser-Weiche erfolgt nach der »Holzhackermethode«. Mit zwei getrennten `if`-Anweisungen wird in Zeile 5 bzw. 8 explizit nach der Übereinstimmung mit einer eindeutigen Kennung ein Browser getestet. Je nach Browser wird dann mit `document.write()` ein unterschiedlicher Inhalt angezeigt.

Bild 5.16: Das bekommen alle Anwender zu sehen, deren Browser sich als Microsoft Internet Explorer outet

Diese erste Form einer Browser-Weiche weist einige Schwächen auf:

1. Es werden getrennte `if`-Anweisungen verwendet und es gibt vor allem keinen `else`-Zweig. Wenn sich ein Browser weder als "Microsoft Internet Explorer" noch als "Netscape" outet, bekommt ein Anwender gar nichts zu sehen.

2. Der explizite Test des jeweiligen Browsers mittels `navigator`-Objekt und dessen Eigenschaft `appName` auf Gleichheit mit einem String wie "Netscape" ist in der Praxis immer noch die am häufigsten verwendete Variante, um einfach nur die beiden wichtigsten inkompatiblen Browser-Welten zu trennen. Leider ist das aber unzuverlässig, denn die Eigenschaft `appName` wird von einigen Partnerfirmen der Browser-Hersteller gelegentlich für Werbezwecke missbraucht. Das bedeutet, der Browser wird mit einer veränderten `appName`-Eigenschaft ausgeliefert, weshalb ein Prüfung auf Gleichheit mit Netscape durch Skripts `false` liefern kann, obwohl der Browser ursprünglich diesen Wert in der Eigenschaft gesetzt hatte.

Um diesen Problemen zu begegnen, überprüft man in einer praxisorientierten Browser-Weiche, ob eine bestimmte Zeichenkette im Wert der Eigenschaft enthalten ist (das ist selbst bei veränderter `appName`-Eigenschaft so gut wie immer noch der Fall). Dabei hilft eine Methode des String-Objekts – `indexOf()`.

1. Erstellen Sie die nachfolgende Browser-Weiche *trennen2.html*:

Listing 5.41:
Eine bessere
Form einer
Browser-
Weiche

```
01 <html>
02 <script language="JavaScript">
03 <!--
04 function browserTrennen() {
05   if(navigator.appName.search("Netscape")==-1) {
06     open("bild1.html","_self");
07   }
08   else {
09     location.href="bild2.html";
10   }
```

```
11 }
12 //-->
13 </script>
14 <body onLoad='browserTrennen()'>
15 </body>
16 </html>
```

2. Laden Sie die Datei in verschiedene Browser.

Diese Variante einer Browser-Weiche räumt mit den Mängeln der ersten, sehr einfachen Version auf. Im Vergleich in Zeile 5 wird der Wert -1 zurückgegeben, wenn die getestete Zeichenkette in der Eigenschaft navigator.appName nicht vorkommt. Eine exakte Gleichheit ist nicht gefordert. So funktioniert das Verfahren viel zuverlässiger. Wenn die Zeichenkette "Netscape" vorkommt, wird der else-Zweig ausgewählt, falls die Bedingung erfüllt ist, der if-Zweig. Damit werden auch alle Browser in irgendeiner Form einen Inhalt angezeigt bekommen.

Selbstverständlich können Sie mit weiteren else if oder auch switch case beliebig viele Kennungen von Browsern unterscheiden. Sie sind nicht nur auf zwei Varianten eingeschränkt. Jedoch genügt es in den meisten Fällen, in der Praxis diejenigen Browser, die sich auf Netscape berufen (das sind meist der Netscape Navigator, Mozilla, Firefox, Konqueror und ein paar andere) von denen zu trennen, die sich nicht darauf berufen (also im Wesentlichen der Internet Explorer, aber gelegentlich[1] auch Opera und noch ein paar andere).

Innerhalb der jeweiligen Zweige zeigt das Beispiel zwei Alternativen zum dynamischen Schreiben von Inhalten über document.write(), wie es im ersten Beispiel einer Browser-Weiche gemacht wurde. Zwar spricht in der Praxis sehr viel für das dynamische Schreiben, aber gelegentlich will man auch stattdessen explizit eine neue Datei laden. Hier finden Sie zwei verschiedene Möglichkeiten.

In Zeile 6 wird mit der open()-Methode eine neue Datei in der aktuellen Browser-Instanz geladen (open("bild1.html","_self");).

---

1. Was das »gelegentlich« zu bedeuten hat, erklärt die nachfolgende Warnung.

Bild 5.18:
Mit der
open()-Me-
thode wird
eine neue
Datei in der
aktuellen
Browser-In-
stanz geladen

In Zeile 9 wird hingegen eine Eigenschaft von `window` verwendet, die selbst ein Objekt ist: `location`. Über `location.href="bild2.html";` erfolgt eine unmittelbare Weiterleitung zur angegebenen Seite.

Bild 5.19:
Zu der Seite
wurde über
`location.`
`href` *weiter-*
geleitet

In der Praxis wird man innerhalb einer Browser-Weiche meist nur eine der gezeigten Lösungen verwenden. Es hat didaktische Gründe, dass einmal mit `open()` und einmal mit `location.href` gearbeitet wird. Für den Anwender ist es vollkommen gleichgültig, welche Variante Sie verwenden.

Anwender können in besseren Browsern die Browser-Kennung manuell verändern (oder gar ganz ausschalten), um ihre Privatsphäre zu wahren und auf schlechte Webseiten reagieren zu können, die für einen bestimmten Browser optimiert sind und Besucher mit anderen Browsern aussperren.

Im Umkehrschluss bedeutet das jedoch für Sie, dass Sie sich im Grunde niemals auf die Korrektheit von navigator.appName verlassen können. Im günstigsten Fall erstellen Sie Webseiten, die keine Browser-Weiche benötigen. Aber die Sache ist sowieso heutzutage nicht mehr ganz so schlimm, weil diejenigen Browser, in denen die Identität geändert werden kann, meist auch mit den Techniken verschiedener Hersteller zurecht kommen. Der einzige wichtige Browser, der in der Praxis mit einigen Techniken echte Probleme macht und den man mit einer Browser-Weiche von bestimmten Seiten abhalten sollte, ist der Internet Explorer. Und bei dem kann ein Anwender die Identität nicht ändern.

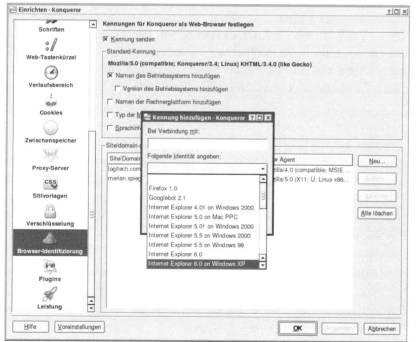

Bild 5.20:
Bei guten
Browsern wie
dem Konqueror kann ein
Anwender das
Senden einer
Kennung
deaktivieren
oder eine andere Browser-
Identität einstellen

Methoden von navigator

Das Objekt `navigator` hat fast keine Methoden, zumindest keine für den »Normalprogrammierer« wichtigen. Für Sie sollte nur die Methode `java-Enabled()` von Bedeutung sein, mit der Sie testen können, ob der Browser eines Anwenders Java-fähig ist (`true`) oder nicht (`false`). Aber da Java in Webseiten heutzutage nahezu gar nicht mehr vorkommt, ist die Methode nur am Rande interessant.

Die Bemerkung zu Java soll nicht bedeuten, dass Java heutzutage keine Bedeutung hat. Java ist ungemein wichtig, auch im Web. Aber dort nur auf Serverseite. Im Client (also im Browser) sind die so genannten Java-Applets durch den massiven Widerstand von Microsoft gescheitert. Die Unterstützung für Java wurde niemals vernünftig und vollständig in den Internet Explorer integriert. Deshalb wird kaum ein Webseitenersteller mehr Java-Applets einsetzen.

5.6.6 Das Objekt Date

Das Objekt `Date` stellt in JavaScript für alle Berechnungen mit dem Datum und der Uhrzeit Funktionalitäten bereit. Der 1. Januar 1970, 00:00 Uhr ist der interne Zeitnullpunkt, der als Speicherungs- und Berechnungsbasis für alle Operationen dient. Die Einheit, in der in JavaScript intern Zeit berechnet wird, ist eine Millisekunde.

Das Objekt `Date` zählt zu den wenigen vordefinierten Objekten, von denen Sie vor einer Verwendung eine konkrete Objektinstanz erzeugen müssen.

Eine Objektinstanz von `Date` erzeugen Sie mithilfe des `new`-Schlüsselworts. Dabei stehen mehrere Möglichkeiten zur Verfügung, von denen wir uns nur drei genauer anschauen wollen:

Listing 5.42:
Verschiedene
Möglichkei-
ten, um ein
Datumsobjekt
zu erzeugen

```
var [Objektname] = new Date()
var [Objektname]= new Date(Jahr,Monat,Tag)
var [Objektname]= new Date(Jahr,Monat,Tag,Stunden,Minuten,Sekunden)
```

Die Variante 1 erzeugt eine Objektinstanz, in der das zum Zeitpunkt der Programmausführung aktuelle Datum und die aktuelle Uhrzeit (Systemzeit des Rechners) gespeichert wird. Die Varianten 2 und 3 initialisieren das neue `Date`-Objekt mit bestimmten Werten (also einem bestimmten Datum und einer bestimmten Uhrzeit). Alle Initialisierungswerte bei Variante 2 und 3 (Monat, Stunden oder Minuten) müssen in Zahlenform angegeben werden.

Die Eigenschaften

Das Objekt Date besitzt keine für »Normalprogrammierer« wichtigen Eigenschaften, welche abzufragen oder zu verändern sind.

Die Methoden

Dafür hat Date aber eine ganze Reihe von sehr interessanten Methoden, von denen eine Auswahl folgt:

Methoden	Beschreibung
getDate()	Der Monatstag des Objekts als Zahl, beispielsweise 3, wenn in dem Datumsobjekt der 3.12.2006, 23:59:00, gespeichert ist.
getDay()	Der Wochentag des Objekts als Zahl, beispielsweise 3, wenn in dem Datumsobjekt implizit ein Mittwoch gespeichert ist. Die möglichen Rückgabewerte sind 0 (Sonntag) bis 6 (Samstag).
getHours()	Die Stunden der im Objekt gespeicherten Uhrzeit.
getMinutes()	Die Minuten der im Objekt gespeicherten Uhrzeit.
getMonth()	Der Monat des im Objekt gespeicherten Datums. Beachten Sie, dass Januar den Wert 0 (!) liefert und dementsprechend alle weiteren Monate behandelt werden müssen (Dezember liefert 11).
getSeconds()	Die Sekunden der im Objekt gespeicherten Uhrzeit.
getTime()	Die Methode gibt die Anzahl der Millisekunden als Zahl zurück, die seit dem 01.01.1970, 0:00:00, bis zu dem im Objekt gespeicherten Zeitpunkt vergangen sind.
getTimeZoneoffset()	Die Methode gibt den Unterschied zwischen lokaler Zeit und Greenwich Mean Time (GMT) in Anzahl Minuten zurück.
getYear()	Das Jahr des im Objekt gespeicherten Datums. Leider wird das in einigen Browsern ab dem Jahr 1900 gerechnet. Das bedeutet, im Jahr 1999 liefert die Methode 99 als Rückgabewert, im Jahr 2001 den Wert 101. Andere Browser liefern allerdings die tatsächliche Jahreszahl mit vier Stellen. Dies kann zu einigen Komplikationen führen, die programmtechnisch berücksichtigt werden müssen.

Tabelle 5.11: Wichtige Methoden von Date

Methoden	Beschreibung
parse(Zeitpunkt)	Diese Methode ermittelt aus einer zu übergebenden Zeichenkette Zeitpunkt die Anzahl der Millisekunden, die zwischen dem 01.01.1970 0:00:00, und dem übergebenen Zeitpunkt verstrichen sind. Die Zeichenkette Zeitpunkt muss dem IETF-Standard (Internet Engineering Task Force)[1] folgen.
setDate(Tag)	Hiermit ändert man den in dem Objekt gespeicherten Monatstag in den als Zahl zu übergebenden Monatstag.
setHours(Stunden)	Veränderung der in dem Objekt gespeicherten Stunden der Uhrzeit in die als Zahl zu übergebenden Stunden. Die übergebenen Werte können zwischen 0 und 23 liegen. Man kann auch größere Werte nehmen (was aber selten sinnvoll ist). In diesem Fall wird der Tag entsprechend hochgezählt.
setMinutes(Minuten)	Ändert die in dem Objekt gespeicherten Minuten der Uhrzeit in die als Zahl zu übergebende Minutenzahl. Werte zwischen 0 und 59 sind erlaubt. Man kann auch größere Werte nehmen (was selten sinnvoll ist). In diesem Fall wird die Stunde entsprechend hochgezählt.
setMonth(Monat)	Ändert den in dem Objekt gespeicherten Monat in den als Zahl zu übergebenden Monat. Es sind Werte zwischen 0 und 11 als Übergabeparameter sinnvoll. **Achtung** – der Wert 0 steht für Januar. Aber auch größere Werte sind erlaubt. In diesem Fall wird das Jahr entsprechend hochgezählt. Das bedeutet, der Wert 12 steht für den Januar des Folgejahrs.
setSeconds(Sek)	Verändert die in dem Objekt gespeicherten Sekunden der Uhrzeit in die als Zahl zu übergebenden Sekunden. Es gibt Übergabewerte zwischen 0 und 59. Man kann auch größere Werte nehmen (was aber selten sinnvoll ist). In diesem Fall werden die Minuten entsprechend hochgezählt.
setTime(Millisek)	Diese Methode ändert den kompletten Inhalt in dem Objekt auf einmal durch Übergeben einer Zahl. Diese Zahl stellt die Anzahl der Millisekunden seit dem 01.01.1970 – 0:00:00 Uhr dar.
setYear(Jahr)	Hier wird das in dem Objekt gespeicherte Jahr in das als Zahl zu übergebende Jahr geändert.

---

1. IETF ist die Bezeichnung für eine Arbeitsgruppe, die sich um Verfahren zur Standardisierung des Internets kümmert.

Methoden	Beschreibung
`toGMTString()`	Diese Methode wandelt die in dem Objekt gespeicherten Daten in eine Zeichenkette nach dem IETF-Standard um.
`toLocaleString()`	Diese Methode wandelt die in dem Objekt gespeicherten Daten in eine Zeichenkette um. Der Unterschied zur Methode `toGMTString()` ist, dass die zurückgegebene Zeichenkette die lokale Uhrzeit berücksichtigt.
`UTC(Jahr, Monat, Tag [, Stunden] [, Minuten] [,Sekunden])`	Die Methode gibt die Anzahl der Millisekunden zurück, die zwischen dem 01.01.1970 – 0:00:00 Uhr und dem übergebenen Zeitpunkt verstrichen sind. Alle Parameter sind als Zahlenwerte zu übergeben. Die Angabe der Datumswerte ist zwingend, die der Uhrzeitwerte optional.

Tabelle 5.11: Wichtige Methoden von Date (Forts.)

Wir werden jetzt einige Übungen durchführen, in der diverse der oben beschriebenen Methoden ausprobiert werden können und die auch für die Praxis einige Relevanz haben.

Erzeugen eines Datumsobjekts mit dem aktuellen Systemdatum

Die einfachste Variante zur Erzeugung eines Datumsobjekts verwendet den Konstruktor `Date()` ohne Parameter. Mit diesem wird ein Objekt mit dem aktuellen Systemdatum als enthaltenen Wert erzeugt. Die Syntax sieht so aus:

```
new Date();
```

Listing 5.43: Ein Datumsobjekt mit dem aktuellen Systemdatum

Schauen wir uns ein Beispiel an.

1. Erstellen Sie die nachfolgende Datei (*dat1.html*):

```
01 <html>
02 <body>
03 <script language="JavaScript">
04   document.write(new Date());
05 </script>
06 </body>
07 </html>
```

Listing 5.44: Erzeugung eines Datumsobjekts mit dem aktuellen Systemdatum und Ausgabe des Werts in der Webseite

2. Laden Sie die Datei in einen Browser.

In Zeile 4 erzeugen wir ein Datumsobjekt mit dem aktuellen Systemdatum und geben den Wert in der Webseite aus. Aber bitte Achtung: Die Geschichte ist keinesfalls so trivial, wie die primitive Syntax des aktuellen Beispiels vielleicht glauben macht. Mit `document.write()` schreiben wir direkt ein Objekt in eine Webseite.

Bild 5.21:
Ausgabe der
aktuellen
Systemzeit

Tue Jun 14 2005 14:34:13 GMT+0200

Beachten Sie, dass sich die unformatierte Ausgabe des `Date`-Objekts je nach Webbrowser und Einstellung des Browsers unterscheiden kann. Allgemein ist die unformatierte Ausgabe des Werts im `Date`-Objekt wenig für die direkte Ausgabe im Webbrowser geeignet.

Erzeugen eines Datumsobjekts mit einem vorgegebenen Datum

Listing 5.45:
Erzeugung
eines Objekts
mit Angabe
des Datums
als String

Es gibt verschiedene Varianten, um ein Datumsobjekt mit einem vorge gebenen Datum zu erzeugen. Die Syntax der ersten Variante verwendet einen Datumsstring als Übergabewert an den Konstruktor und sieht so aus:

```
new Date("Monat Tag, Jahr Stunden:Minuten:Sekunden");
```

Listing 5.46:
Ein Datums-
objekt mit vor-
gegebenem
Datum in Form
dreier Para-
meter

Bei dieser Variante wird der Monat in dem String des Übergabewerts in englischer Schreibweise angegeben, also beispielsweise `october`. Die restlichen Angaben sind Zahlen.

Die Syntax einer zweiten Variante zur Erzeugung eines Datumsobjekts mit vorgegebenem Datum arbeitet mit drei numerischen Parametern für das Jahr, den Monat und den Tag und sieht so aus:

Listing 5.47:
Ein Datums-
objekt mit
sieben Para-
metern

```
new Date(Jahr, Monat, Tag);
```

Die zweite Variante gibt es auch mit weiteren optionalen Parametern für die Stunde, die Minute, die Sekunde und die Millisekunde (dementsprechend sieben numerische Parameter) oder nur die Stunde, die Minute und die Sekunde (also sechs Parameter):

Listing 5.48:
Ein Datums-
objekt mit
sechs Para-
metern

```
new Date(Jahr, Monat, Tag, Stunde, Minute, Sekunde, Millisekunde);
```

```
new Date(Jahr, Monat, Tag, Stunde, Minute, Sekunde);
```

Alle Initialisierungswerte wie Monat oder Minuten müssen Sie in Zahlenform angeben.

Die Zählung für den Monat beginnt mit dem Wert 0! Für Januar müssen Sie also 0 übergeben, für Februar 1 und für Dezember 11.

1. Erzeugen Sie als Beispiel die nachfolgende Datei (*dat2.html*):

```
01 <html>
02 <body>
03 <script language="JavaScript">
04   a = new Date(2004, 10, 5, 12, 45, 59, 4);
05   b = new Date(2004, 10, 5, 12, 45, 59);
06   document.write(new Date("october 12, 2004 12:11:03") + "<br>");
07   document.write(new Date(2004, 10, 5) + "<br>");
08   document.write(a + "<br>");
09   document.write(b + "<br>");
10   document.write(a - b + "<br>");
11 </script>
12 </body
13 </html>
```

Listing 5.49: Erzeugung eines Datumsobjekts mit einigen vorgegebenen Datumsangaben und Ausgabe der Werte in der Webseite

In Zeile 4 erzeugen wir ein Datumsobjekt a mithilfe des Konstruktors mit sieben numerischen Parametern und in Zeile 5 ein Datumsobjekt b mit dem Konstruktor mit sechs Parametern. Die jeweiligen Werte werden in Zeile 8 und 9 ausgegeben und scheinen sich nicht zu unterscheiden, denn in der Ausgabe im Webbrowser ist kein Unterschied zu erkennen. Aber die Ausgabe in dem Webbrowser täuscht – wie so oft. Die Ausgabe von Zeile 10, in der wir die Werte der beiden Datumsobjekte a und b voneinander abziehen[1], zeigt aber, dass sie sich sehr wohl unterscheiden. In der Zeile 6 kommt der Konstruktor mit dem Stringparameter zum Einsatz und in Zeile 7 der Konstruktor mit drei numerischen Parametern.

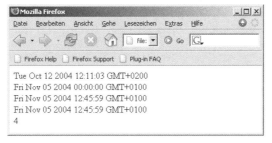

Bild 5.22: Verschiedene Datumsangaben sowie die Differenz von zwei Datumsobjekten

---

1. Die Zeit wird ja in verstrichenen Millisekunden seit dem 1. Januar 1970, 0:00 Uhr als internem Zeitnullpunkt verwaltet und Zahlen kann man einfach voneinander abziehen.

Bestimmung eines Schaltjahrs

Bei diversen Berechungen mit einem Datum muss berücksichtigt werden, ob es sich bei einem Jahr um ein **Schaltjahr** handelt. Das setzt natürlich voraus, dass ein Schaltjahr zu berechnen ist. Die Regel dafür ist folgende: Ein Schaltjahr liegt vor, wenn die Jahreszahl ganzzahlig durch den Wert 4 teilbar ist, außer die Jahreszahl lässt sich durch den Wert 100 teilen. Aber auch wenn die Jahreszahl durch den Wert 100 zu teilen ist, handelt es sich dann um ein Schaltjahr, wenn sie sich zusätzlich durch den Wert 400 teilen lässt.

Diese Regel lässt sich in folgender Funktion abbilden, die abhängig von einem Schaltjahr den Wert `true` (es handelt sich um ein Schaltjahr) oder `false` (es handelt sich um kein Schaltjahr) zurückgibt:

Listing 5.50: Bestimmung eines Schaltjahrs

```
01 function schaltjahrTest(a) {
02   jahr = a.getYear();
03     if(
04       (jahr%400 == "0") ? (1) : (
05         (jahr%100 == "0") ? (0) : (
06           (jahr%4 == "0") ? (1) : (0)
07         )
08       )
09     ) {
10       return true;
11     }
12     else{
13       return false;
14     }
15 }
```

Die Funktion bekommt beim Aufruf ein Datumsobjekt als Übergabewert übergeben. Aus diesem wird in Zeile 2 mit `getYear()` das Jahr extrahiert und in der Variablen `jahr` gespeichert. Der folgende Test auf ein Schaltjahr erfolgt unter Verwendung des konditionalen Operators, der verschachtelt eingesetzt wird. Die verschiedenen Bedingungen sind so verschachtelt, dass als erste Bedingung der größte Zeitrahmen notiert wird und dann sukzessive die kleineren Intervalle.

Die Auswertung von `(jahr]%400 == "0")` in Zeile 4 gibt nur dann `true` zurück, wenn sich das Jahr durch den Wert 400 teilen lässt. Dann wird die erste 1 als Rückgabewert geliefert. In dem umgebenden `if`-Konstrukt bedeutet das wiederum `true`. Es liegt also ein Schaltjahr vor und die Funktion gibt `true` zurück. Eine weitere Auswertung des konditionalen Operators findet nicht statt.

Wenn die Auswertung von (jahr%400 == "0") jedoch den Wert false ergibt, wird der Ausdruck hinter dem ersten Doppelpunkt weiter ausgewertet. Die Auswertung von (jahr%4 == "0" gibt nur dann true, wenn sich das Jahr durch den Wert 4 teilen lässt. Dann wird die erste 0 als Rückgabewert geliefert. In dem umgebenden if-Konstrukt bedeutet das wiederum false. Es liegt also kein Schaltjahr vor und die Funktion gibt false zurück. Eine weitere Auswertung des konditionalen Operators findet nicht statt.

Wenn jedoch auch die Auswertung von (jahr%100 == "0") den Wert false ergibt, wird der Ausdruck hinter dem zweiten Doppelpunkt weiter ausgewertet. Die Auswertung von (jahr%100 == "0" gibt nur dann true zurück, wenn sich das Jahr durch den Wert 100 teilen lässt. Dann wird die zweite 1 als Rückgabewert geliefert. In dem umgebenden if-Konstrukt bedeutet das wiederum true. Es liegt also ein Schaltjahr vor und die Funktion gibt true zurück. Andernfalls liefert der konditionale Operator den Wert 0 als Rückgabewert und in dem umgebenden if-Konstrukt bedeutet das wiederum false. Es liegt also kein Schaltjahr vor und die Funktion gibt false zurück. Damit ist die Auswertung des konditionalen Operators beendet und zuverlässig identifiziert, ob ein Schaltjahr vorliegt oder nicht.

Auf der Buch-CD finden Sie zum Testen ein vollständiges Beispiel (*dat3.html*).

Festlegen des Ablaufdatums für den Inhalt einer Webseite

Eine weitere wichtige Anwendung für die Differenzbildung zwischen zwei Datumsobjekten ist die Festlegung eines Ablaufdatums für einen bestimmten Inhalt in einer Webseite. Denken Sie zum Beispiel an die Ankündigung einer Veranstaltung, die nach dem Überschreiten des Termins für die Veranstaltung nicht mehr angezeigt werden soll. Stattdessen können Sie einen alternativen Inhalt anzeigen.

Um so ein Ablaufdatum zu realisieren, brauchen Sie bloß ein Datumsobjekt mit dem Termin des Ablaufdatums zu erzeugen und beim Laden der Webseite das Systemdatum des Besuchers abfragen. Daraus erzeugen Sie ein zweites Datumsobjekt und bilden die Differenz. Je nachdem, ob die Differenz kleiner oder größer 0 ist, zeigen Sie unterschiedliche Inhalte an.

Sie können natürlich ganz einfach die Millisekunden vergleichen, aber auch mit den Methoden zur Bestimmung von einzelnen Bestandteilen des Datums wie den Tagen, Stunden oder Minuten arbeiten.

Spielen wir ein Beispiel durch, dass eine Sportveranstaltung ankündigt und bei Erreichen des Ablaufdatums die Meldung anzeigt, dass in Kürze die Ergebnisse im Web veröffentlicht werden.

1. Erzeugen Sie das nachfolgende Beispiel (*dat4.html*):

Listing 5.51: Dynamisches Schreiben einer Webseite aufgrund eines Ablaufdatums

```
01 <html>
02 <body text="red">
03 <h1 align="center">Herzlich willkommen <br>beim<br> 123.
Eppsteiner Burglauf</h1>
04 <script language="JavaScript">
05    ablauf = new Date(2005, 7, 30);
06    besuch = new Date();
07    if((ablauf – besuch) > 0 ){
08       document.write(
09       "<h2>Machen Sie sich auf heftigste 7,7 Kilometer rauf und
runter gefasst!</h2>" +
10       "<h3>Wer sich meldet, ist selbst Schuld</h3>"
11       );
12    }
13    else {
14       document.write(
15       "<h2>In Kürze finden Sie hier die Ergebnisliste mit
denjenigen, die durchkamen</h2>" +
16       "<h3>Die anderen bitte im Krankenhaus abholen</h3>"
17       );
18    }
19 </script>
20 </body
21 </html>
```

2. Laden Sie die Datei in einen Browser, wobei Sie das Systemdatum Ihres Rechners so einstellen sollten, dass es vor dem Stichtag 30. August 2005 liegt.

In Zeile 5 erzeugen wir ein Datumsobjekt `ablauf`, das den Ablauftermin repräsentieren soll (`ablauf = new Date(2005, 7, 30);`). In Zeile 6 wird der Besuchstermin der Webseite – das aktuelle Systemdatum – als zweites Datumsobjekt `besuch` erzeugt (`besuch = new Date();`). In Zeile 7 wird mit `if((ablauf – besuch) > 0 )` überprüft, ob das Ablaufdatum erreicht ist oder nicht. Dabei vergleichen wir ganz einfach den Wert der Millisekunden.

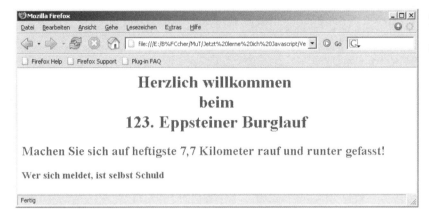

Bild 5.23:
Vor dem
Stichtag

3. Ändern Sie das Systemdatum Ihres Rechners, so dass es nach dem Stichtag 30. August 2005 liegt, und laden Sie die Datei erneut.

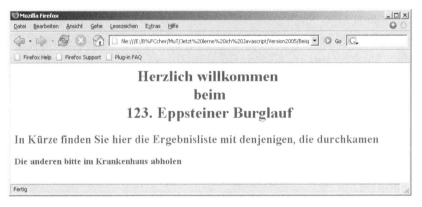

Bild 5.24:
Nach dem
Ablauftermin

Berechnen der Zeitspanne bis zu einem bestimmten Termin

Eine ebenfalls interessante Anwendung der Differenzbildung zweier Datumsobjekte stellt die Berechnung einer Zeitspanne bis zu einem bestimmten Termin dar. Der Unterschied zum Vergleich mit einem Ablauftermin ist nicht sonderlich groß, aber während es beim Vergleich mit einem Ablauftermin nur um größer oder kleiner geht, interessiert hier der tatsächliche Wert des Vergleichs. Oft kombiniert man diese Information auch mit dem dynamischen Anzeigen von Inhalt bis zu einem Ablauftermin.

309

Das nachfolgende Beispiel zeigt einem Besucher an, wie viele Tage noch bis zu einem bestimmten Termin Zeit ist. Das Beispiel soll die Anzeige einer Rabattaktion darstellen, die nur zeitlich begrenzt läuft.

1. Erstellen Sie das nachfolgende Beispiel (*dat5.html*):

Listing 5.52:
Anzeige der
Restzeit

```
01 <html>
02 <body text="red">
03 <h1 align="center">Billig & Spar</h1>
04 <script language="JavaScript">
05    ablauf = new Date(2005,7,30);
06    besuch = new Date();
07    restzeit = Math.round((ablauf - besuch) / 1000 / 60 / 60 / 24);
08      document.write(
09      "<h2>Nur noch " + restzeit + " Tage!</h2>" +
10      "<h3>Unsere große Sonderaktion</h3>" +
11      " Es gibt nix umsonst und viel zu viel!");
12 </script>
13 </body
14 </html>
```

2. Laden Sie die Datei in einen Browser, wobei Sie das Systemdatum Ihres Rechners so einstellen sollten, dass es vor dem Stichtag 30. August 2005 liegt.

In Zeile 5 erzeugen wir auch hier wieder ein Datumsobjekt `ablauf`, das den Ablauftermin repräsentieren soll (`ablauf = new Date(2005, 7, 30);`). In Zeile 6 wird der Besuchstermin der Webseite – das aktuelle Systemdatum – als zweites Datumsobjekt `besuch` erzeugt (`besuch = new Date();`). In Zeile 7 berechnen wir die Differenz der Tage zwischen dem Besuchstermin der Webseite und dem Ablaufdatum der Rabattaktion. Die Anzahl der Millisekunden erhalten wir mit (`ablauf - besuch`) und durch die Division durch 1000 erhalten wir die Sekunden, dann durch die Division durch 60 die Minuten, dann mit der zweiten Division durch 60 die Stunden und zuletzt mit der Division durch 24 die Tage. Da dieser Wert aber nahezu immer eine reelle Zahl mit Nachkommastellen ist, runden wir den Wert mit der Methode `round()` des `Math`-Objekts. Die Tage bis zum Ablauf der Sonderaktion werden der Variablen `restzeit` zugewiesen, die in Zeile 9 dann ausgegeben wird.

Das Beispiel ist so konzipiert, dass Besucher am Tag vor dem Ablauf den Wert 0 angezeigt bekommen. Wenn Sie dann noch einen Tag anzeigen wollen, müssen Sie die Anzeige entsprechend anpassen. Ebenso sollten Sie auch das Ablaufdatum Ihren Wünschen und der Situation entsprechend anpassen.

Bild 5.25:
Vor dem
Stichtag – die
Restzeit wird
angezeigt

Per JavaScript suggerieren, dass eine Webseite topaktuell ist

Die meisten Besucher einer Webseite verlassen selbige, wenn sie darauf einen Hinweis entdecken, dass die Seite bereits längere Zeit nicht aktualisiert wurde. Oft findet sich auf Webseiten sogar der explizite Hinweis, dass die Seite an einem bestimmten Datum das letzte Mal aktualisiert wurde. Da die regelmäßige Pflege einer Webseite viel Arbeit bedeutet und zahlreiche Webseiteneigner sicher überfordert sind, mehrmals die Stunde oder auch nur einmal am Tag neue Inhalte auf eine Seite zu bringen, können ein paar kleine JavaScripts helfen, dem Anwender zumindest zu suggerieren, dass eine Seite auf dem neuesten Stand ist. Dabei helfen schon ganz wenige Tricks, denn im Grunde ist es bei vielen Webangeboten gar nicht so wichtig, wirklich neue Informationen anzuzeigen. Der Besucher muss nur den Eindruck (!) haben, die Seite sei aktuell.

Sie können zum Beispiel das **Aktualisierungsdatum dynamisch schreiben** . In vielen Fällen genügt so ein simpler Trick, denn für einen Erstbesucher einer Webseite ist es bei den meisten Webangeboten so oder so uninteressant, ob eine Webseite wirklich brandneu überarbeitet wurde oder nicht. Er kennt ja den Inhalt der Seite nicht und somit ist auch eine Webseite, die vor einem Jahr erstellt wurde, für den Besucher neu. Solange die Webseite keine veralteten Informationen enthält, kann der Besucher im Grunde mit der Seite zufrieden sein. Aber da ist die verflixte Psychologie, wenn der Besucher glaubt, er würde veraltete Informationen sehen. Etwa durch den hartkodierten Hinweis, wann die Seite zuletzt aktualisiert wurde. Die Information an sich wird durch den Hinweis selbst nicht schlechter, aber der Besucher denkt es vielleicht. Deshalb ist es sicher nicht schlecht, wenn man dem Besucher das gibt, was er sehen will. Schreiben Sie dazu das Aktualisierungsdatum einer Webseite einfach dynamisch mit JavaScript, statt es hartkodiert dort zu notieren. Jetzt ist es so, dass man zwar über new Date() relativ einfach das aktuelle Systemdatum abgreifen kann, das Ausgabeformat aber nicht sonderlich schön ist und es bei einer unveränderten Ausgabe offensichtlich wird, dass das Datum automatisch generiert wurde. Nutzen wir die Methoden von Date und extrahieren wir damit die Einzelbestandteile des Datums. Aber auch damit sind wir noch nicht am Ende, denn wir müssen die Problematik mit dem Rückgabewert von getYear() beachten (siehe dazu Seite 301). Dazu sollten die Tages- und Monatsangaben aus optischen Gründen auch dann zweistellig angezeigt werden, wenn die Werte einstellig sind. Es gibt also Einiges zu tun.

1. Erstellen Sie das nachfolgende Beispiel (*dat6.html*):

Listing 5.53: Anpassen des Aktualisierungsdatums

```
01 <html>
02 <body text="red">
03 <h1 align="center">Aktuelle News aus der Schwindelszene</h1>
04 <script language="JavaScript">
05 var dtag,dmonat,djahr;
06 function aktDat(tag,monat,jahr) {
07   if(tag<10) {
08     dtag="0" + tag;
09   }
10   else dtag = tag;
11   if(monat<10) {
12     dmonat="0" + monat;
13   }
14   else dmonat=monat;
15   djahr =1900 + ((1900 + datum.getYear()) % 1900);
16 }
17 var datum = new Date();
18 var dat = new aktDat(datum.getDate(),datum.getMonth() +
1,datum.getYear());
19 document.write("Aktueller Stand: " + dtag + "." + dmonat + "." +
djahr);
20 </script>
21 </body
22 </html>
```

2. Laden Sie die Datei in einen Browser.

Beim Laden der Webseite wird in Zeile 17 ein Datumsobjekt datum mit dem aktuellen Systemdatum erzeugt. In Zeile 18 werden mit den Methoden getDate(), getMonth() und getYear() der Monatstag, der Mo-

nat und das Jahr extrahiert. Aber da diese Angaben noch einer Formatierung bedürfen, werden sie als Parameter an die Funktion `aktDat()`
übergeben. Diese ist von Zeile 6 bis 16 zu finden. In Zeile 7 bis 10 kümmern wir uns darum, dass der Tag immer zweistellig angezeigt wird. In
Zeile 11 bis 14 machen wir das Gleiche mit dem Monat. Zeile 15 sorgt
dafür, dass für alle Browser das Jahr einheitlich dargestellt wird (wobei
hier vorausgesetzt wird, dass das Jahr auch jenseits von 1900 liegt. In
der Zeile 19 erfolgt die Ausgabe über die in Zeile 5 global definierten
Variablen `dtag`, `dmonat` und `djahr`.

*Bild 5.26:
Ein generier-
tes Datum fällt
dem Anwen-
der nicht auf*

Da Sie das Systemdatum des Besuchers abfragen, kann es beim Generieren des Aktualisierungsdatums zu peinlichen Problemen kommen, wenn das Systemdatum des Besuchers nicht stimmt. Im
schlimmsten Fall ist bei einem Besucher ein Datum aus der Zukunft
eingestellt. Aber auch grundsätzlich ist es besser, das Aktualisierungsdatum mit einem oder zwei Tagen Luft zum Besuchstermin zu
generieren. Dann wird die Manipulation weniger offensichtlich. Vor
allem, wenn ein Gast mehrfach Ihre Seite besucht.

Ein etwas besserer Trick basiert darauf, Inhalt aufgrund eines Datums
dynamisch zu schreiben. Insbesondere sollten Sie einem wiederkehrenden Besucher nicht nur ein verändertes Aktualisierungsdatum prä-
sentieren. Sie können aber natürlich auch einem Besucher abhängig
von einer Uhrzeit oder gar einer Sekunde unterschiedliche Inhalte prä-
sentieren und damit die Webseite immer interessant halten. Das nachfolgende Beispiel zeigt abhängig von der Stunde dem Besucher verschiedene Kochrezepte an.

1. Erstellen Sie das nachfolgende Beispiel (*dat7.html*):

Listing 5.54:
Generieren
von Seiten-
inhalt, der von
der Besuch-
stunde ab-
hängt

```
01 <html>
02 <body>
03 <h1 align="center">Tipps für die gute Küche</h1>
04 <h2 align="center">Unser Top-Tipp</h2>
05 <script language="JavaScript">
06 rezepte = new Array();
07 rezepte[0] = "Mischen Sie Milch mit Arsen und fügen Sie etwas
Honig hinzu.";
08 rezepte[1] = "Blausäure verliert in Verbindung mit Blaubeersaft
sein abschreckendes Aussehen.";
09 rezepte[2] = "Lassen Sie das Fleisch eine Woche in der Sonne
liegen und würzen Sie es dann mit ganz viel Pfeffer.";
10 rezepte[3] = "Den Fisch servieren Sie roh und mit Eingeweide.";
11 rezepte[4] = "Die Suppe würze man mit Zyankali und einer Prise
Zucker.";
12 if(new Date().getHours() < 9){
13    document.write(rezepte[0]);
14 }
15 else if(new Date().getHours() < 11){
16    document.write(rezepte[1]);
17 }
18 else if(new Date().getHours() < 13){
19    document.write(rezepte[2]);
20 }
21 else if(new Date().getHours() < 19){
22    document.write(rezepte[3]);
23 }
24 else {
25    document.write(rezepte[4]);
26 }
27 </script>
28 </body>
29 </html>
```

2. Laden Sie die Datei in einen Browser.

Bild 5.27:
Das Rezept
zum gemüt-
lichen Abend

3. Verändern Sie die Systemzeit und laden Sie die Datei erneut.

Bild 5.28: Das gibt es am Mittag

In Zeile 6 wird ein Datenfeld `rezepte` erzeugt und in den folgenden Zeilen 7 bis 11 wird das Datenfeld mit Texten gefüllt. In der folgenden `if`-Entscheidung wird mit `getHours()` die Stunde der Systemzeit des Besuchers ausgelesen und je nach Stunde einer der Texte aus dem Datenfeld angezeigt.

Natürlich können Sie die Inhalte auch mit einem Zufallsprozess auswählen. Dazu gibt es mit `Math.random()` eine geeignete Technik (siehe dazu auch Seite).

Wir wollen noch mit einem dritten Trick zeigen, wie Sie einen wiederkehrenden Besucher über eine automatisierte Aktion bei Laune halten können. Dazu verändern Sie dynamisch das Layout einer Webseite mit Style Sheets basierend auf dem Datum. Das kann aufgrund eines zufälligen oder zeitlichen Ereignisses erfolgen. Bei einer zeitlichen Variante können Sie die Zeitintervalle beliebig wählen. Sinnvoll ist etwa ein unterschiedliches Layout an jedem Tag der Woche oder ein Unterschied zwischen vormittags und nachmittags bzw. abends. Das können Sie natürlich damit erreichen, dass Sie die Inhalte einer Webseite dynamisch schreiben und dabei gleich die Layoutangaben dynamisch verändern. Aber es geht noch viel besser, wenn Sie auf Style Sheets zurückgreifen.

Erzeugen Sie einfach mehrere externe Style-Sheet-Dateien (in der Regel sind das im Internet CSS-Dateien[1]) und binden Sie diese zeitgesteuert mit JavaScript ein. Etwa so, wie in dem folgenden Beispiel, das mit einer HTML-Datei sowie zwei Style-Sheet-Dateien arbeitet.

---

1. Cascading Style Sheets

1. Erstellen Sie zuerst die HTML-Datei (*dat8.html*):

Listing 5.55:
Die HTML-
Datei bindet
zeitgesteuert
verschiedene
CSS-Dateien
ein

```
01 <html>
02 <script language="JavaScript">
03 <!--
04   a = new Date();
05   if(a.getHours() < 12){
06     document.write(
07       '<link rel="stylesheet" href="css1.css" type="text/css">');
08   }
09   else {
10     document.write(
11       '<link rel="stylesheet" href="css2.css" type="text/css">');
12   }
13 //-->
14 </script>
15 <body>
16 <div align="center">
17 <h1>Herzlich Willkommen bei RJS EDV-KnowHow</h1>
18 <h2>Beratung, Schulung, Publikation</h2>
19 <h3>Dipl. Math. Ralph Steyer</h3>
20 </div>
21 <a href="mailto:webscripting@gmx.de">Schicken Sie mir eine E-
Mail</a>
22 </body>
23 </html>
```

In Zeile 4 wird ein Datumsobjekt a mit dem aktuellen Systemdatum des Besuchers erzeugt und in Zeile 5 mit der Methode getHours() überprüft, ob es vor 12:00 Uhr ist (if(a.getHours() < 12){). In Abhängigkeit davon wird entweder die Style-Sheet-Datei *css1.css* oder *css2.css* eingebunden. Das erfolgt einfach, indem mit document.write() der entsprechende HTML-Tag (<link rel="stylesheet" href=[Name der CSS-Datei]" type="text/css">) in die Webseite geschrieben wird. Die nachfolgenden HTML-Tags sind so gewählt, dass Sie mit den Formatierungen in den externen Style-Sheet-Dateien beeinflusst werden.

2. Erzeugen Sie nun zwei Style-Sheet-Dateien.

Zunächst die Datei *css1.css*:

Listing 5.56:
Die erste Style
Sheet-Datei

```
01 body {
02   color: #FA593D;
03   background: #dddddd;
04   font-family: sans-serif;
05 }
06 h1, h2, h3 {
07   background: #A2AAFB;
08 }
```

```
09 a {
10   color: #1111ee;
11   text-decoration: none;
12   font-size : 20px;
13 }
```

Von Zeile 1 bis 5 wird die globale Textfarbe, die Hintergrundfarbe und die Schriftart über die Formatierung des <body>-Tags festgelegt. Von Zeile 6 bis 8 erhalten alle Überschriften der Ordnung 1, 2 und 3 eine individuelle Hintergrundfarbe. In den Zeilen 9 bis 12 bekommen alle Hyperlinks eine individuelle Textfarbe, das Anzeigen der Unterstreichung wird unterdrückt und eine Schriftgröße wird eingestellt.

Und hier noch die Datei *css2.css*:

```
01 body {
02   color: #00ffff;
03   background: #9F0000;
04   font-family: Roman;
05 }
06 h1, h2, h3 {
07   background: #0000FB;
08 }
09 a {
10   color: #11FF80;
11   text-decoration: none;
12 }
```

Listing 5.57: Die zweite Style-Sheet-Datei

Die zweite Style-Sheet-Datei beeinflusst exakt die gleichen Elemente wie die erste Style-Sheet-Datei. Nur werden in der zweiten Style-Sheet-Datei Farbwerte und die Schriftart des Körpers der Webseite geändert.

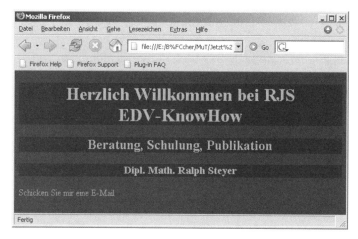

Bild 5.29: Das eine Layout

Bild 5.30:
Das geänder-
te Layout zu
einem ande-
ren Zeitpunkt

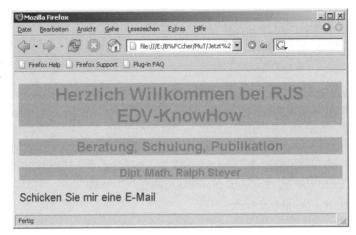

Die in dem Beispiel gezeigten Wege zur Gestaltung einer Webseite mit Style Sheets wurden bewusst einfach gehalten. Es ging ja nur um das Prinzip. Die Möglichkeiten der Verwendung von Style Sheets sind aber gigantisch. Sie können ja auch Positionsangaben von Objekten der Webseite mit Style Sheets beeinflussen. In Kapitel 7 zu DHTML finden Sie dazu weitere Rezepte.

5.6.7 Das Objekt history

Über das Objekt `history` haben Sie Zugriff auf die zuvor besuchten Webseiten des Anwenders. Maßgeblich ist dabei die Liste, wie sie in der History-Liste des Browsers gespeichert ist.

Eine Instanz des Objekts `history` brauchen Sie nicht eigens zu erzeugen, da es sich um ein »Built in«-Objekt handelt.

Sie können sämtliche Eigenschaften und Methoden von `history` direkt verwenden, indem Sie über die Syntax `history.[Eigenschaft/Methode]` darauf zugreifen.

Die Eigenschaften

Das Objekt besitzt nur eine Eigenschaft.

Tabelle 5.12:
Eigenschaften
von history

Eigenschaft	Beschreibung
length	Die Anzahl der Einträge, die in der aktuellen History-Liste gespeichert sind.

In einigen JavaScript-Dokumentationen werden auch die Eigenschaften current, next und previous angegeben (aktuelle Seite in der Historie, nächste und vorherige). Diese Eigenschaften funktionieren jedoch in zahlreichen Browsern nicht einwandfrei.

Die Methoden

Folgende Methoden stehen bereit.

Methode	Beschreibung
back()	Die Methode lädt die zuletzt besuchte Webseite.
forward()	Die Methode forward() macht die back()-Methode rückgängig, lädt also die gerade mit der back()-Methode oder dem ZURÜCK-Button des Browsers verlassene Seite wieder.
go([Anzahl])	Die Methode lädt eine beliebige Webseite der History-Liste. Bezugspunkt ist dabei die aktuelle Seite. Sie können die Anzahl mit Vorzeichen verwenden und damit also sowohl zurückgehen als auch vorwärts, wenn Sie vorher zurückgegangen sind. Beispielsweise wird mit history.go(-2) die vorletzte besuchte WWW-Seite geladen. history.go(2) hat den gleichen Effekt wie zweimal history.forward().

Tabelle 5.13: Methoden von history

Spielen wir ein kleines Beispiel durch, das einen sehr oft benutzten Praxiseffekt zeigt.

Aufruf der zuletzt besuchten Seite eines Anwenders

1. Erstellen Sie das nachfolgende Beispiel (*history.html*):

```
01 <html>
02   <body>
03   <h1>Willkommen</h1>
04   <a href="javascript:history.back()">Zurück</a>
05   </body>
06 </html>
```

Listing 5.58: Return to sender – via History

2. Laden Sie das Beispiel in einen Browser.

So kurz und knapp das Beispiel ist, so genial ist dessen Anwendungsmöglichkeit. Wenn ein Besucher auf eine Seite verzweigt und möchte wieder zur zuletzt besuchten Seite zurück, wird ihn der Hyperlink in Zeile 4 mit der Inline-Referenz auf history.back() anhand der History dorthin führen. Die Vorteile gegenüber einem statisch kodierten Hyperlink sind gigantisch – Sie müssen nicht wissen, von wo der Besucher kam. Die Syntax ist ohne Änderungen (höchstens vielleicht der Text) universell für alle Situationen einsetzbar, in denen der Anwender wieder zu einer gerade besuchten Seite zurückmöchte. Das können Sie in vielen Navigationsfällen hervorragend gebrauchen.

5.6.8 Das Objekt Math

Mit dem Objekt Math stehen Ihnen diverse Funktionen, Methoden und Eigenschaften für Berechnungen zur Verfügung.

Eine Instanz von Math brauchen Sie nicht eigens zu erzeugen, da es sich um ein »Built in«-Objekt handelt.

Sie haben Zugriff auf Eigenschaften und Methoden von Math über die folgende Syntax:

Listing 5.59: Zugriff auf die Möglichkeiten von Math

`Math.[Eigenschaft/Methode]`

Die Eigenschaften

Math besitzt eine ganze Menge von Konstanten und Eigenschaften, welche wir in diesem Rahmen nicht alle diskutieren wollen. Hier nur eine kleine Auswahl:

Tabelle 5.14: Wichtige Eigenschaften von Math

Eigenschaft	Beschreibung
E	Die Eulersche Konstante
LN10	Der natürliche Logarithmus von 10 – eine Konstante
LOG2E	Der Logarithmus von 2 – eine Konstante
PI	Die berühmte Konstante PI
SQRT2	Eine Konstante für Quadratwurzel aus 2

Die Methoden

Math besitzt eine ganze Reihe von Methoden, die wir ebenfalls in diesem Rahmen nicht alle diskutieren wollen. Hier wiederum nur eine kleine Auswahl:

Tabelle 5.15: Wichtige Methoden von Math

Methode	Beschreibung
abs(Zahl)	Der absolute Wert des übergebenen Parameters. Dies ist immer ein positiver Wert, selbst wenn er vorher negativ war.

Methode	Beschreibung	
cos(Zahl)	Die Methode berechnet den Cosinus des übergebenen Parameters, einer beliebigen Zahl.	*Tabelle 5.15: Wichtige Methoden von Math (Forts.)*
exp(Zahl)	Die Methode berechnet die Eulersche Zahl hoch dem übergebenen Parameter, einer beliebigen Zahl.	
log(Zahl)	Die Methode berechnet den Logarithmus zur Basis 10 von dem übergebenen Parameter, einer beliebigen Zahl.	
max(Zahl1, Zahl2)	Die Methode berechnet das Maximum von zwei beliebigen, als Parameter übergebenen Zahlen.	
min(Zahl1, Zahl2)	Die Methode berechnet das Minimum von zwei beliebigen, als Parameter übergebenen Zahlen.	
pow(Zahl, Exponent)	Die Methode berechnet den Wert von Zahl hoch Exponent, wobei Zahl und Exponent als Parameter übergeben werden.	
random()	Erzeugt eine Zufallszahl.	
round(Zahl)	Die Methode berechnet die nächste Ganzzahl des übergebenen Parameters, einer beliebigen Zahl. Dabei wird die kaufmännische Rundung angewendet. Falls die Zahl selbst ganzzahlig ist, wird sie nicht verändert.	
sin(Zahl)	Die Methode berechnet den Sinus des übergebenen Parameters, einer beliebigen Zahl.	
sqrt(Zahl)	Die Methode berechnet die Quadratwurzel des übergebenen Parameters, einer beliebigen Zahl.	
tan(Zahl)	Der Tangens einer als Parameter übergebenen Zahl.	

Nutzen eines Zufallsprozesses

Eine ganz wichtige Anwendung von Math ist die Bereitstellung eines **Zufallsprozesses**.

Ein **Zufallsprozess** ist die Simulation des Zufalls mit einem Computer. Zwar wird man mit einem Computer kaum echte Zufälligkeit erzeugen können, aber nahezu. Das Verfahren wird auch **Random-Prozess** genannt, woraus sich der Name für die verwendete Funktion ableitet.

In den Abhandlungen zum dynamischen Generieren von Inhalten aufgrund des Systemdatums wurde ein Trick vorgestellt, mit dem Sie Inhalt basierend auf einem Datum dynamisch schreiben konnten (siehe Seite 313). Das nachfolgende Beispiel modifiziert das dortige Listing und zeigt zufallsabhängig dem Besucher verschiedene Kochrezepte an.

1. Erstellen Sie das nachfolgende Beispiel (*zufall.html*):

Listing 5.60:
Generieren
von Seiten-
inhalt, der vom
Zufall abhängt

```
01 <html>
02 <body>
03 <h1 align="center">Tipps für die gute Küche</h1>
04 <h2 align="center">Unser Top-Tipp</h2>
05 <script language="JavaScript">
06 rezepte = new Array();
07 rezepte[0] = "Mischen Sie Milch mit Arsen und fügen Sie etwas
Honig hinzu.";
08 rezepte[1] = "Blausäure verliert in Verbindung mit Blaubeersaft
sein abschreckendes Aussehen.";
09 rezepte[2] = "Lassen Sie das Fleisch eine Woche in der Sonne
liegen und würzen Sie es dann mit ganz viel Pfeffer.";
10 rezepte[3] = "Den Fisch servieren Sie roh und mit Eingeweide.";
11 rezepte[4] = "Die Suppe würze man mit Zyankali und einer Prise
Zucker.";
12 zufall = Math.round((Math.random()*5));
13 switch(zufall){
14   case 0: document.write(rezepte[0]);break;
15   case 1: document.write(rezepte[1]);break;
16   case 2: document.write(rezepte[2]);break;
17   case 3: document.write(rezepte[3]);break;
18   default: document.write(rezepte[4]);
19   }
20 </script>
21 </body>
22 </html>
```

2. Laden Sie die Datei in einen Browser.

3. Laden Sie die Datei erneut.

In Zeile 6 wird ein Datenfeld `rezepte` erzeugt und in den folgenden Zeilen 7 bis 11 wird das Datenfeld mit Texten gefüllt. Die Zeile 12 ist am interessantesten. Über `zufall = Math.round((Math.random()*5));` wird eine zufällige Zahl zwischen 0 und 1 ermittelt, diese wird mit dem Wert 5 multipliziert und das Ergebnis wird dann mit `Math.round()` abgerundet. In der folgenden `switch-case`-Entscheidung wird die ermittelte Zufallszahl ausgewählt und davon abhängig einer der Texte aus dem Datenfeld angezeigt.

5.6.9   Das Objekt String

Mit dem Objekt `String` können Sie Zeichenketten manipulieren. Dazu stehen Ihnen verschiedene Methoden und Funktionen sowie eine Eigenschaft zur Verfügung. Auch um die explizite Erstellung einer Instanz von String brauchen Sie sich meist nicht eigens zu kümmern, da eine Zuweisung der Form `var text="irgend ein Text";` automatisch ein String-Objekt erzeugt. Eine Verwendung des new-Schlüsselworts in der Form `var text = new String("irgend ein Text");` zur expliziten Erzeugung eines Objekts funktioniert aber auch.

Interessant ist, dass Sie auch auf Strings wie jedes andere Objekt zugreifen können. Der Zugriff erfolgt wie gewohnt (`String.[Eigenschaft/Methode]`). Wenn Sie Variablen mit Zeichenketten definieren, können Sie statt des Strings in der Punktnotation auch den Namen der Variablen angeben:

```
var Variablenname = "[Zeichenkette]"
Variablenname.[Eigenschaft/Methode]
```

Listing 5.61: Zugriff auf eine Eigenschaft oder Methode über eine String-Variable

Das funktioniert sogar analog, wenn Sie explizit einen String angeben. Die nachfolgenden Beispiele zeigen diese – für manche sicher überraschenden – Fähigkeiten.

Die Eigenschaften

Es gibt nur eine wichtige Eigenschaft des Objekts `String`.

Eigenschaft	Beschreibung
length	Die Anzahl Zeichen einer Zeichenkette

Tabelle 5.16: Die wichtigste Eigenschaft von String

Die Methoden

Dafür existieren eine ganze Menge von Methoden.

Methode	Beschreibung
anchor(Ankname)	Hiermit wird ein Verweisziel innerhalb einer HTML-Datei mit dem übergebenen Namen für den Anker erzeugt.
big()	Die Methode setzt eine vorangestellte Zeichenkette in den HTML-Container `<big>` und bewirkt eine größere Schrift.
blink()	Die Methode setzt eine vorangestellte Zeichenkette in den HTML-Container `<blink>` und bewirkt in einigen Browsern eine blinkende Schrift.
bold()	Die Methode setzt eine vorangestellte Zeichenkette in den HTML-Container `<b>` und bewirkt eine fette Schrift.
charAt(Nummer)	Die Methode liefert das Zeichen zurück, das in der Zeichenkette an der Stelle steht, die im Parameter Nummer übergeben wird.

Tabelle 5.17: Wichtige Methoden von String

Tabelle 5.17:
Wichtige Me-
thoden von
String (Forts.)

Methode	Beschreibung
fixed()	Die Methode setzt eine vorangestellte Zeichenkette in den HTML-Container <tt> und bewirkt eine dicktengleiche Schrift.
fontcolor(Farbe)	Die Methode setzt eine vorangestellte Zeichenkette in den HTML-Container <font color=> ... </font> und bewirkt eine farbige Schrift. Die gewünschte Farbe wird der Funktion als Parameter übergeben, und zwar entweder in hexadezimaler Schreibweise oder als Farbname.
fontsize(Zahl)	Die Methode setzt eine vorangestellte Zeichenkette in den HTML-Container <font size=> ... </font> und definiert damit eine Schriftgröße. Die gewünschte Größe wird der Funktion als Parameter übergeben. Es muss eine Zahl von 1 bis 7 sein. 1 ist sehr kleine Schrift, 3 ist Normalschrift, 7 ist sehr große Schrift.
indexOf(Zeichen, [Nummer])	Hier wird das erste Vorkommen eines Zeichens oder einer Zeichenkette innerhalb der vorangestellten Zeichenkette ermittelt. Die Rückgabe ist die Stelle, an der das Zeichen in der Zeichenkette steht. Die Zählung beginnt bei 0. Optional ist es möglich, die Funktion in einem zweiten Parameter [Nummer] anzuweisen, ab welcher Stelle in der Zeichenkette sie mit der Suche beginnen soll. Besonders interessant ist der Rückgabewert -1, der entsteht, wenn eine Zeichenkette nicht gefunden wird. Man kann dies gezielt ausnutzen, was wir auch in einem Beispiel zum Trennen von Browsern verwendet haben (siehe Seite).
italics()	Die Methode setzt eine vorangestellte Zeichenkette in den HTML-Container <i> und bewirkt eine kursive Schrift.
lastIndexOf(Zeichen, [Nummer])	Hier wird das letzte Vorkommen eines Zeichens oder einer Zeichenkette innerhalb der vorangestellten Zeichenkette ermittelt. Die Rückgabe ist die Stelle, an der das Zeichen in der Zeichenkette steht. Die Zählung beginnt bei 0. Optional ist es möglich, die Funktion in einem zweiten Parameter [Nummer] anzuweisen, ab welcher Stelle in der Zeichenkette sie mit der Suche beginnen soll. Auch hier gibt es den Rückgabewert -1, wenn eine Zeichenkette nicht gefunden wird.
link(Verweis)	Die Methode erzeugt einen Verweis. Das Verweisziel, z.B. ein Dateiname oder eine URL-Adresse, wird als Parameter übergeben. Den Verweistext müssen Sie als Variable definieren.
replace(was, womit)	Die Methode ersetzt den zuerst angegebenen Ausdruck durch den zweiten Ausdruck.

Methode	Beschreibung
search(was)	Die Methode durchsucht den String nach der als Parameter angegebenen Zeichenkette. Falls die Zeichenkette nicht gefunden wird, wird der Wert -1 zurückgeliefert, sonst ein davon abweichender Wert.
small()	Die Methode setzt eine vorangestellte Zeichenkette in den HTML-Container <small> und bewirkt dadurch eine kleinere Schrift.
strike()	Die Methode setzt eine vorangestellte Zeichenkette in den HTML-Container <s> und bewirkt dadurch einen durchgestrichenen Text.
sub()	Die Methode setzt eine vorangestellte Zeichenkette in den HTML-Container <sub> und bewirkt eine tiefer gestellte Schrift.
substring(Von, Bis)	Liefert eine Zeichenkette zurück, die einen Teil innerhalb einer vorangestellten Zeichenkette darstellt. Als Parameter wird der Funktion der Beginn (Von) und das Ende (Bis) der zurückzugebenden Zeichenkette übergeben. Das erste Zeichen hat den Wert 0.
sup()	Die Methode setzt eine vorangestellte Zeichenkette in den HTML-Container <sup> und bewirkt dadurch eine kleinere, hochgestellte Schrift.
toLowerCase()	Die Methode wandelt alle in der vorangestellten Zeichenkette enthaltenen Großbuchstaben in Kleinbuchstaben um.
toUpperCase()	Die Methode wandelt alle in der vorangestellten Zeichenkette enthaltenen Kleinbuchstaben in Großbuchstaben um.

Tabelle 5.17: Wichtige Methoden von String (Forts.)

1. Erstellen Sie die nachfolgende Datei (*string1.html*):

```
01 <html>
02 <script language="JavaScript">
03 var TestText;
04 function testetext()  {
05    TestText = prompt("Eingabe des Testtexts","");
06    alert("Länge des eingegebenen Texts: "
07    + TestText.length + " Zeichen.\n"
08    + "Das Zeichen an Position 2: "
09    + TestText.charAt(2)+ ".\n"
10    + "Text in Grossbuchstaben: "
11    + TestText.toUpperCase()+ ".\n"
12    + "Text in Kleinbuchstaben: "
13    + TestText.toLowerCase()+ ".\n"
14    + "Wo ist das Zeichen u: "
15    + TestText.indexOf("u") + "."
```

Listing 5.62: Einige String-Techniken im Einsatz

```
16        );
17  }
18  </script>
19  <body>
20  <form>
21  <input type="Button" value="Test" onClick="testetext()">
22  </form>
23  </body
24  </html>
```

2. Laden Sie die Datei in Ihren Webbrowser.

In diesem Beispiel werten wir eine Eingabe durch einen Benutzer aus. Diese wird in Zeile 5 durch ein `window.prompt()` entgegengenommen.

Bild 5.31:
Die Entgegen-
nahme der
Anwender-
eingabe

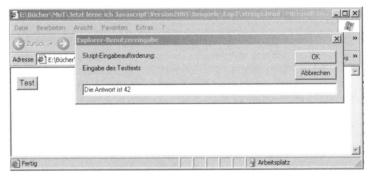

Den eingegebenen Text bestimmen wir bezüglich der Länge (Zeile 7) und wenden einige String-Methoden darauf an.

Bild 5.32:
Die String-
Eigenschaft
length und ei-
nige String-
Methoden im
Einsatz

Das zweite Beispiel zeigt, dass man auch direkt über einen String Methoden und Eigenschaften anwenden kann.

1. Erstellen Sie die nachfolgende Datei *string2.html*:

```
01 <html>
02 <body>
03 <script language="JavaScript">
04 document.write("AbC".toLowerCase() + "<br>");
05 document.write("AbC".length + "<br>");
06 document.write("AbC".toUpperCase());
07 </script>
08 </body>
09 </html>
```

Listing 5.63:
Die direkte An-
wendung von
String-Metho-
den auf Strings

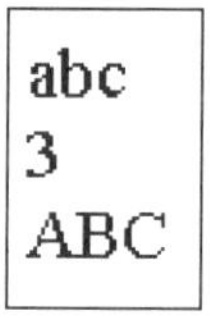

```
abc
3
ABC
```

Bild 5.33:
Die Resultate
der direkten
Anwendun-
gen auf Strings

5.6.10　Das Objekt Array

Was ein Array ist, wissen Sie bereits aus den Abhandlungen der Java-Script-Grundlagen. Dort hatten wir festgehalten, dass ein Array eine Sammlung von Variablen ist, die alle über einen Namen angesprochen werden können. Einzelne Einträge werden über den Namen und einen Index angesprochen. Für weitere Details sei auf diesen Abschnitt im Buch verwiesen.

5.6.11　Das Image-Objekt

Über das in der JavaScript-Objekthierarchie unterhalb des document-Objekts liegende Image-Objekt haben Sie dynamischen Zugriff auf alle Grafiken in einer HTML-Seite. Dabei können Sie auch vorhandene Grafiken ohne Neuladen einer Webseite durch andere Grafiken ersetzen.

Sie können ein neues Grafikobjekt mithilfe des new-Schlüsselworts erzeugen. Dies ist jedoch oft nicht notwendig, denn ein neues Grafikobjekt wird automatisch erzeugt, wenn der Browser beim Laden einer Webseite eine Referenz auf Grafik in der HTML-Datei vorfindet. Jedes in einer Webseite vorhandene Grafikobjekt, das unter HTML mit dem <img>-Tag notiert wurde, wird in dem Objektfeld images[] gespeichert, über das Sie es mit einer Indexnummer ansprechen können. Falls in HTML für eine Grafik ein Name angegeben wurde, haben Sie auch über diesen Namen Zugriff auf die Grafik. Beispiele:

Listing 5.64:
Schemati-
scher Zugriff
auf eine Grafik
in einer Web-
seite

```
document.images[[index]]
document.[BildName]
```

Die Verwendung des Schlüsselworts new zur Erzeugung von Grafikobjekten ist immer dann notwendig, wenn Sie eigene Grafikobjekte verwenden wollen. Das ist etwa dann nützlich, wenn Sie nachträglich mit
JavaScript Grafiken in einer Webseite anzeigen möchten. Dazu benötigen Sie ein eigenes Grafikobjekt, das beim Laden der Seite durch den
Browser natürlich noch nicht vorhanden sein kann. Ein Beispiel dazu:

Listing 5.65:
Erzeugung ei-
nes neuen
Grafikobjekts

```
var meinBild = new Image();
```

Mit der so neu erzeugten Instanz können Sie dann wie mit einer automatisch erzeugten Instanz arbeiten.

Die Eigenschaften und Methoden

Grafikobjekte besitzen keine relevanten Methoden, aber eine Reihe von
interessanten Eigenschaften.

Tabelle 5.18:
Eigenschaften
von images

Eigenschaft	Beschreibung
border	Angaben zum Rahmen um eine Grafik. Die Eigenschaft ent-spricht dem HTML-Attribut border im <img>-Tag. Achtung: Browser können unterschiedlich auf die Verwendung reagie-ren.
complete	Ein Boolean-Wert der angibt, ob eine Grafik vollständig gela-den ist (true) oder nicht (false).
height width	Die Höhe und Breite einer Grafik. Die Eigenschaft entspricht dem HTML-Attribut height bzw. width im <img>-Tag.
hspace	Der horizontale Abstand zwischen einer Grafik und ihren umgebenden Elementen. Die Eigenschaft entspricht dem HTML-Attribut hspace im <img>-Tag.
lowsrc	Der URL einer Grafik niedriger Qualität und damit geringen Datenumfangs, welche vor dem Anzeigen der tatsächlich gewünschten Grafik geladen und bereits angezeigt wird, wäh-rend die endgültige Grafik noch übertragen wird. Das Attribut gibt es auch unter HTML als Erweiterung des <img>-Tags.
name	Der Name einer Grafik, wie er in HTML über das Attribut name im <img>-Tag angegeben wird. Über den Namen kann eine Grafik unter JavaScript angesprochen werden.

Eigenschaft	Beschreibung
src	Der URL der anzuzeigenden Grafikdatei. Die Eigenschaft entspricht dem HTML-Attribut src im <img>-Tag. Durch Neuzuweisung dieser Eigenschaft können Grafiken dynamisch neu angezeigt werden. Dabei wird aber ohne entsprechende zusätzliche Angabe der Höhe und Breite die neue Grafik mit der Breite und Höhe der ursprünglichen Grafik angezeigt.
vspace	Der vertikale Abstand zwischen einer Grafik und ihren umgebenden Elementen. Die Eigenschaft entspricht dem HTML-Attribut vspace im <img>-Tag.

Tabelle 5.19:
Eigenschaften
von images
(Forts.)

Wir erstellen nun eine Reihe von Beispielen, die in der Praxis vielfältige Anwendung finden können und in das weite Umfeld von **Animationen** und so genanntem **DHTML** fallen.

Unter **DHMTL (Dynamic HTML)** versteht man im weitesten Sinne die Veränderung einer Webseite, **nachdem** sie bereits in den Browser des Anwenders geladen wurde, **ohne** erneuten Serverkontakt. Im Rahmen des Document Object Model wird eine HTML-Seite nicht als statisch aufgebaute, fertige und nicht unterscheidbare Einheit, sondern als differenzierbare Struktur betrachtet. Dies ermöglicht die Behandlung von Bestandteilen der Webseite auch dann, wenn die Webseite bereits in den Browser geladen ist. Der Browser wird beim Laden der Webseite alle ihm im Rahmen des Konzepts bekannten und einzeln identifizierbaren Elemente einer Webseite bezüglich ihres Typs, ihrer relevanten Eigenschaften und ihrer Position innerhalb der Webseite indizieren. Dies ist eine Art dynamische Datenbank im Hauptspeicher des Rechners, die beim Laden der Webseite aufgebaut und beim Verlassen der Seite wieder gelöscht wird. Ähnliche Elemente werden dabei bei der Indizierung vom Browser auf gleiche dynamische Datenstapel für die Seite abgelegt, das heißt in der Denkweise einer relationalen Datenbank in den gleichen Datenbanktabellen eingetragen. Auf diese Weise hat der Browser nach dem Laden der Webseite genaue Kenntnis über alle relevanten Daten sämtlicher eigenständig für ihn ansprechbarer Elemente in der Webseite. Welche das jedoch sind und was er damit anstellen kann, das kann sich je nach Browser erheblich unterscheiden. Jedes Element (etwa ein bestimmter HTML-Tag) ist in einem eigenen Datensatz abgespeichert, der bei Bedarf auch während der Lebenszeit der Webseite upgedatet wird. Etwa, wenn mittels eines Scripts die Position eines Elements in der Webseite verändert wird oder wenn über Style Sheets nach dem vollständigen Laden der Webseite das Layout eines Elements dynamisch verändert wird.

Dynamic-HTML oder DHTML ist ein Begriff, der eng mit dem DOM zusammenhängt. Der Begriff ist jedoch weder eindeutig noch standardisiert oder sonst irgendwie geschützt. Insbesondere legen verschiedene Interessengruppen den Begriff unterschiedlich aus. Es gibt überdies verschiedene Schreibweisen, die aber alle im Wesentlichen das Gleiche meinen. Microsoft schreibt seine Variante **Dynamic HTML** (mit großem **D**), Netscape dagegen ursprünglich **dHTML** oder **dynamic HTML** (mit kleinem **d**). Bei aller Differenz in der konkreten Auslegung – die wichtigsten Protagonisten im Internet verstehen unter dynamischen HTML wie gesagt die Veränderungen einer Webseite, nachdem die Seite bereits beim Client (also im Browser) angelangt ist. Die konkrete Technik, wie die Veränderung dabei realisiert wird, ist irrelevant, obgleich DHTML sehr oft als die Verbindung von HTML, JavaScript und Style Sheets bezeichnet wird. Natürlich brauchen nicht zwingend alle drei Techniken beteiligt zu sein. Allgemein zählt die dynamische Veränderung einer Webseite zu den eindrucksvollsten Anwendungen von JavaScript, aber rein von der Programmierung her auch zu den einfachsten. Die einzige Krux ist die hohe Inkompatibilität verschiedener Browser-Modelle, sofern man explizit alle Möglichkeiten ausreizen will.

Viele DHTML-Effekte (die auch in unseren Beispielen demonstriert werden) wurden in der Vergangenheit sehr unzuverlässig in verschiedenen Browsern unterstützt. Moderne Browser sollten jedoch damit klar kommen. Dennoch – solche Effekte können in einer Webseite nur ergänzend sein. Sie sollten immer damit rechnen, dass Besucher ältere oder inkompatible Browser verwenden.

Austausch und Größenänderung von Bildern

1. Erstellen Sie die nachfolgende Datei *image1.html*.

Listing 5.66: Veränderung von bereits geladenen Grafiken mit Java-Script

```
01 <html>
02 <head>
03 <script language="JavaScript">
04 <!--
05 mB1 = new Image();
06 mB2 = new Image();
07 mB1.src = "a.gif";
08 mB2.src = "b.gif";
09 mB1.height=15;
10 mB2.height=15;
```

```
11 function bildgruen() {
12  document.bild2.src=mB1.src;
13 }
14 function bildrot() {
15  document.bild2.src=mB2.src;
16 }
17 function bildwechsel() {
18  if (document.bild1.src==mB1.src) {
19    document.bild1.src=mB2.src;
20  }
21  else {
22    document.bild1.src=mB1.src;
23  }
24 }
25 function bildgross() {
26  document.bild3.height=125;
27 }
28 function bildklein() {
29  document.bild3.height=70;
30 }
31 function bildborder(){
32  document.bildns.border=5;
33 }
34 function bildnoborder() {
35  document.bildns.border=0;
36 }
37 //-->
38 </script>
39 </head>
40 <body>
41 <div align="center">
42 <h3>Bewegen Sie einfach den Mauszeiger auf den Knopf</h3>
43 <a href="" onmouseover="bildborder()" onmouseout="bildnoborder()">
44 <img src="a.gif" name="bildns" border=0>
45 </a>
46 <h3>Klicken Sie mehrmals auf den Knopf</h3>
47 <img src="a.gif" name="bild1" height=100 onclick="bildwechsel()">
48 <h3>Drücken Sie mal auf den Knopf und halten die Maustaste eine
Weile gedrückt</h3>
49 <img src="b.gif" name="bild2" height=100 onmousedown="bildgruen()"
onmouseup="bildrot()">
50 <h3>Bewegen Sie einfach den Mauszeiger auf den Knopf</h3>
51 <img src="a.gif" name="bild3" height=70 onmouseover="bildgross()"
onmouseout="bildklein()">
52 </div>
53 </body>
54 </html>
```

331

2. Laden Sie die Datei in verschiedene Browser.

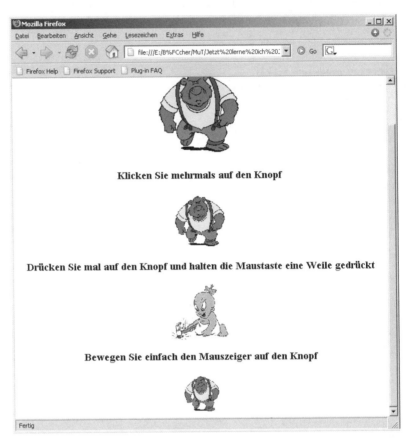

3. Agieren Sie mit der Maus so, wie es in den Überschriften der Grafiken erklärt wird.

In dem Beispiel verändern wir aufgrund verschiedener Mausaktionen die Anzeige von Grafiken. Wir haben zunächst zwei neue Bildinstanzen erzeugt (Zeile 5 `mB1 = new Image();` und Zeile 6 `mB2 = new Image();`), ihnen dann als Wert Bilder zugewiesen (Zeile 7 `mB1.src = "a.gif";` und Zeile 8 `mB2.src = "b.gif";`) und anschließend deren Höhe festgelegt (Zeile 9 `mB1.height=15;` und Zeile 10 `mB2.height=15;`). Beachten Sie, dass damit die Bilder noch nicht angezeigt werden. Im `<body>`-Tag werden zur Anzeige von vier Grafiken (die sich nicht unterscheiden müssen) reine HTML-Tags verwendet.

Die nachfolgenden Funktionen weisen den Grafikobjekten jeweils spezifische Eigenschaften zu. Dabei verwenden wir JavaScript-Techniken, die Ihnen mittlerweile geläufig sein müssten. Die Funktionen werden innerhalb des <body>-Teils über verschiedene Eventhandler aufgerufen. Wenn Sie den Mauszeiger auf den ersten Knopf bewegen, wird dieser mit einem Rahmen angezeigt.

Bewegen Sie einfach den Mauszeiger auf den Knopf

Bild 5.35: Sobald der Mauszeiger im Bereich der Grafik ist, wird ein Rahmen angezeigt

Dabei werden die zugehörigen Funktionen (bildborder() für die Anzeige eines Rahmens und bildnoborder() für dessen Verschwinden) über die Eventhandler onMouseOver und onMouseOut innerhalb des Hyperlinks verwendet.

Die nachfolgenden Effekte verwenden verschiedene Eventhandler innerhalb des <img>-Tags.

Klicken Sie mehrmals auf den Knopf

Drücken Sie mal auf den Knopf und halten die Maustaste eine Weile gedrückt

Bild 5.36: Die obere Grafik wurde mit einem Mausklick ausgetauscht und die untere wird getauscht, wenn sich der Mauszeiger in den Bereich der Grafik bewegt

333

Bild 5.37:
Die untere
Grafik wird in
der Größe ver-
ändert, wenn
sich der Maus-
zeiger in den
Bereich der
Grafik bewegt

Die hier beschriebenen Techniken können Sie hervorragend dafür nutzen, eine Benutzerführung über sich verändernde Grafiken zu generieren.

Eine Animation durch Manipulation von Grafiken

Wir werden noch eine kleine Übung mit Grafiken durchführen, eine kleine Animation.

1. Erstellen Sie die Datei *ani1.html*.

Listing 5.67:
Eine Anima-
tion durch zeit-
verzögerte
Veränderung
der Größe und
den Aus-
tausch einer
Grafik

```
01 <html>
02 <head>
03 <script language="JavaScript">
04 <!--
05 mB1 = new Image();
06 mB2 = new Image();
07 mB1.src = "a.gif";
08 mB2.src = "b.gif";
09 counter = 0;
10 function ani() {
11   counter++;
12   document.bild.src = mB1.src;
13   document.bild.height += 5;
14   if(counter < 40)
15     window.setTimeout("ani()",400);
16   else
17     document.bild.src = mB2.src;
18 }
19 //-->
20 </script>
21 </head>
22 <body>
23 <h2 align="center">Evolution des Menschen</h2>
24 <img src="a.gif" name="bild" height=10 onClick="ani()">
```

```
25 </div>
26 </body>
27 </html>
```

2. Laden Sie die Datei in einen Browser.

> **Evolution des Menschen**
>
> ✦

Bild 5.38: Die Seite vor Beginn der Animation

3. Klicken Sie auf die kleine Grafik auf der linken Seite.

Wenn Sie nach dem Laden der Seite auf die kleine Grafik klicken, wird die Grafik (in meinem Beispiel ein animiertes GIF, aber das ist irrelevant – es verstärkt nur den Animationseffekt) vergrößert – und das zeitverzögert durch den Einsatz von window.setTimeout() (in Zeile 15 – window.setTimeout("ani()",400);). Aber die Sache ist trickreicher als es vielleicht auf den ersten Blick erscheint. Der Aufruf erfolgt **rekursiv**.

Ein **rekursiver Aufruf** bedeutet, eine Funktion ruft sich selbst wieder auf.

JavaScript erlaubt (offensichtlich) einen rekursiven Aufruf und diese Technik ist die Grundlage nahezu jeder JavaScript-Animation (mit Ausnahme von sehr einfachen Fällen). Schauen wir uns deshalb den Aufbau der Funktion ani() genauer an.

In Zeile 11 wird die Variable counter um den Wert 1 erhöht (counter++;). Dies ist eine global in Zeile 9 definierte Zählvariable, mit der wir den rekursiven Aufruf gezielt abbrechen wollen. Wenn wir uns nicht auf irgendeine Weise darum kümmern, den rekursiven Aufruf zu unterbrechen, wird sich die Funktion fast unendlich oft (natürlich bis auf technische Einschränkungen) wieder selbst aufrufen und das ist hier kaum im Sinne des Erfinders. In Zeile 14 überprüfen wir mit if(counter < 40) den Wert der Zählvariablen und führen den Aufruf in Zeile 15 nur dann durch, wenn dieser unter unserem Grenzwert bleibt. Andernfalls wird der Programmfluss in den else-Zweig in Zeile 16 geleitet und in Zeile 17 wird mit document.bild.src = mB2.src; die Grafik ausgetauscht. In Zeile 12 wurde der Grafikinstanz zuvor die andere Grafik zugewiesen (document.bild.src = mB1.src; – darauf kann im Grunde verzichtet werden, aber man kann hier auch immer wieder an-

335

dere Bilder zuweisen) und bei jedem Schleifendurchlauf wird in Zeile 13 mit `document.bild.height += 5;` die Größe erhöht. In Zeile 24 wird per HTML mit `<img src="a.gif" name="bild" height=10 onClick="ani()">` eine Startgrafikinstanz angelegt und mit Anfangswerten versehen.

Bild 5.39:
Die Grafik wird
zeitverzögert
vergrößert

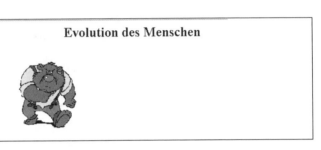

Bild 5.40:
Das Ende der
Evolution –
aus dem Affen
wurde ein
Mensch

Sie können auch sehr gut auf diese rekursive Art einfach nur zeitgesteuert Grafiken austauschen. Damit entsteht eine Art Diashow. Damit lassen sich in vorgegebenen Zeitintervallen verschiedene Werbebanner anzeigen oder Sie können einfach einen kleinen Trickfilm über die Aneinanderreihung von Bildern erzeugen. Dies ist ähnlich der Technik der animierten GIF-Bilder, wo die verschiedenen Sequenzen jedoch zu einem einzigen GIF-File zusammengefasst werden, welches dann einfach über den `<img>`-Tag wie ein normales GIF-Bild angezeigt wird. JavaScript erlaubt aber viel mehr Kontrolle über die anzuzeigenden Bilder und ist vor allem nicht auf das GIF-Format beschränkt. Die Bilder sollten nur aufeinander abgestimmt sein (Größe und gegebenenfalls Bewegungsfolgen) oder über entsprechende Objekteigenschaften bzw. HTML-Attribute des `<img>`-Tags angepasst werden.

5.6.12   Das screen-Objekt

Ein sehr interessantes Objekt ist `screen`. Das Objekt beinhaltet keine Methoden, aber diverse Eigenschaften zur Abfrage von plattformspezifischen Informationen beim Anwender, genau genommen im Wesentlichen die Auflösung und die beim Anwender verfügbaren Farben. Dabei werden jedoch nicht sämtliche Eigenschaften von allen Browsern unterstützt. Methoden besitzt das Objekt keine.

Die Eigenschaften

Eigenschaften	Beschreibung
availHeight	Höhe des verfügbaren Bildschirms in Pixel, das heißt minus Elemente, die den Bereich einschränken, wie die Taskbar in Windows
availLeft	Angabe der X-Koordinate des ersten verfügbaren Pixels
availTop	Angabe der Y-Koordinate des ersten verfügbaren Pixels
availWidth	Breite des verfügbaren Bildschirms in Pixel
colorDepth	Die Bit-Tiefe der Farbpalette
height	Bildschirmhöhe
pixelDepth	Bildschirmfarbauflösung (Bits per Pixel)
width	Bildschirmbreite

Tabelle 5.20: Eigenschaften von screen

Das `screen`-Objekt liefert eines der wichtigsten Argumente für die clientseitige Webprogrammierung im Vergleich zur serverseitigen Programmierung. Verfechter serverseitiger Programmierung führen immer wieder an, dass man bei clientseitigen Programmiertechniken nie sicher sein kann, ob diese auch funktionieren. Es kann sein, dass entweder eine Besucherplattform eine Technik nicht unterstützt oder der Anwender sie deaktiviert hat (etwa JavaScript ausschaltet). Dann kommt das Argument, man solle doch grundsätzlich auf dem Server programmieren und gänzlich auf clientseitige Programmierung verzichten. Dort habe man ja die vollständige Kontrolle. Argumente wie die Serverüberlastung, die Überforderung der Kommunikationswege, lange Antwortzeiten etc. greifen – trotz der Stichhaltigkeit – bei überzeugten Server-Verfechtern wenig. Ein Argument für die clientseitige Programmierung ist jedoch nicht zu schlagen. Sie können auf dem Server keine Bildschirminformationen verwerten, denn diese werden mit dem HTTP-Protokoll **nicht** übermittelt. Mit anderen Worten – der serverseitigen Programmierung bleibt der Bildschirm eines Anwenders verborgen. Hier hilft nur clientseitige Programmierung und das `screen`-Objekt ist der Schlüssel.

Ich möchte übrigens hier nicht gegen serverseitige Programmierung per se ins Feld ziehen, sondern plädiere für eine parallele Programmierung. Was Sie auf dem Client programmieren können, soll bereits da erfolgen und gegebenenfalls zur Absicherung auf dem Server noch einmal vorliegen. Aber was ausschließlich auf der einen oder anderen Seite sinnvoll ist, muss auch da durchgeführt werden.

Zugriff auf die Bildschirmwerte eines Besuchers

In dem nachfolgenden Listing sehen Sie, wie Sie auf Einstellungen des Besucherbildschirms zugreifen können.

1. Erstellen Sie die nachfolgende Datei *screen1.html* zum Testen der Objekteigenschaften:

Listing 5.68:
Zugriff auf den
Bildschirm des
Besuchers

```
01 <html>
02 <head>
03 <script language="JavaScript">
04 <!--
05 function bildschirmTest(){
06 var bildschirmHoehe = screen.height;
07 switch(bildschirmHoehe) {
08  case 480: alert("Na, Du ganz kleine Hoehe"); break;
09  case 600: alert("Die Hoehe ist aber Minimum"); break;
10  case 768: alert("So isses ok"); break;
11  default: alert("Borr, ist die hoch");
12 }
13 alert("Was ich sonst noch weiss:\n" +
14 screen.availHeight + ",\n" +
15 screen.availLeft + ",\n" +
16 screen.availTop + ",\n" +
17 screen.availWidth + ",\n" +
18 screen.colorDepth + ",\n" +
19 screen.pixelDepth + ",\n" +
20 screen.width);
21 }
22 //-->
23 </script>
24 </head>
```

```
25 <body onLoad="bildschirmTest()">
26 </body>
27 </html>
```

2. Laden Sie das Beispiel in Ihren Browser.

3. Verändern Sie die Auflösung und die Farbe auf Ihrem Computer und laden Sie die Datei erneut in einen Browser.

4. Testen Sie auch andere Browser.

Wir geben in dem Beispiel zwei Mitteilungen aus, wobei die erste aufgrund der Bildschirmauflösung mit dem `switch-case`-Konstrukt ausgewählt wird (Zeile 7 bis 12).

Bild 5.41:
Der Text wird aufgrund der Bildschirm-auflösung angezeigt

Die hier eingesetzte Technik können Sie beispielsweise als Basis für eine **Browser-Weiche** nutzen, die Besucher aufgrund der Bildschirm-auflösung trennt. Sie können statt der Textanzeige eine Weiterleitung auf verschiedene Webseiten auslösen oder sonst etwas Sinnvolles tut, das mit der Auflösung in Zusammenhang steht (etwa verschiedene Style Sheets laden oder den Inhalt mit `document.write()` angepasst dynamisch schreiben). Natürlich können Sie auch andere Bildschirmeigenschaften wie die Farbauflösung als Basis nehmen.

Die zweite Ausgabe (von Zeile 13 bis 20) gibt verschiedene Werte des `screen`-Objekts aus.

Bild 5.42:
Die ausgege-benen Informationen im Opera

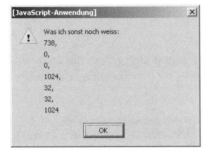

Beachten Sie die unterschiedliche Unterstützung der `screen`-Eigenschaften in verschiedenen Browsern. Insbesondere `availHeight` und `availLeft` werden sehr inkonsistent gehandhabt. Es gilt die übliche Empfehlung – testen Sie verschiedene relevante Browser.

Bild 5.43:
Das erhalten
Sie beispiels-
weise im
Firefox

5.7   Objektunabhängige Funktionen

Neben den objektgebundenen Methoden stehen Ihnen in JavaScript eine ganze Reihe von objektunabhängigen Funktionen zur Verfügung. Wir wollen der Vollständigkeit halber ein paar wichtige Funktionen durchsprechen.

Tabelle 5.21:
Objekt-
unabhängige
Funktionen

Funktion	Beschreibung
`eval(` `Zeichenkette)`	Die Funktion betrachtet die übergebene Zeichenkette als Zahlen mit zugehörigen Operatoren und berechnet das Ergebnis.
`parseFloat(` `Zeichenkette)`	Die Funktion wandelt eine übergebene Zeichenkette in eine Kommazahl um und gibt diese als Ergebnis zurück.
`parseInt(` `Zeichenkette)`	Die Funktion wandelt eine übergebene Zeichenkette in eine Ganzzahl um und gibt diese als Ergebnis zurück.
`isNaN()`	Prüft den übergebenen Wert, ob es sich um einen erlaubten numerischen Wert handelt (Rückgabe `true`) oder nicht (`false`).
`Number()`	Konvertiert den Inhalt eines als Parameter übergebenen Objekts in eine Zahl und gibt die Zahl zurück. Wenn sich das übergebene Objekt nicht umwandeln lässt, wird `NaN` (Not a Number) zurückgegeben.

Funktion	Beschreibung
String()	Konvertiert den Inhalt eines als Parameter übergebenen Objekts in eine Zeichenkette und gibt diese zurück.
escape(Zeichenkette)	Wandelt alle Zeichen der übergebenen Zeichenkette in ihre ASCII-Zahlenwerte um, setzt vor jeden Wert das Trennzeichen % und gibt die so erzeugte Zeichenkette zurück. Es handelt sich um den Hexadezimalwert des Zeichens in der ASCII-Zeichentabelle.
unescape(Zeichenkette)	Die Funktion wandelt alle Zeichen der übergebenen Zeichenkette in normale ASCII-Zeichen um und gibt die so erzeugte Zeichenkette zurück. Die Zeichenkette muss für jedes umzuwandelnde Zeichen ein Prozentzeichen % und den Hexadezimalwert des Zeichens in der ASCII-Zeichentabelle enthalten.

Tabelle 5.21:
Objekt-
unabhängige
Funktionen
(Forts.)

5.8 Zusammenfassung

Wir haben uns in diesem Kapitel mit den Objekten beschäftigt, die Sie aus JavaScript heraus nutzen können. Dabei haben wir gesehen, dass JavaScript ebenso eine Reihe von objektunabhängigen Funktionen besitzt. Die meisten Vorgänge werden in JavaScript jedoch über Objekte realisiert. Einige Objekte stehen Ihnen unter JavaScript direkt zur Verfügung und Sie können diese einfach über ihren Namen nutzen. Zugehörige Eigenschaften und Objektmethoden werden über die Punktnotation angesprochen. Konkret nutzbare Instanzen von JavaScript-Objekten entstehen meist automatisch durch ihre Referenzierung über HTML-Tags in einer Webseite. Diese Objekte werden in einem Array gespeichert (dem Objektfeld), über dessen Namen und Index sie dann ansprechbar sind. Andere Objekte lassen sich durch Sie über das Schlüsselwort new erzeugen.

Viele JavaScript-Objekte stehen in einer Objekthierarchie zueinander. Dies bedeutet, ein Objekt ist die Ableitung eines anderen Objekts. Es erbt damit dessen Eigenschaften und Methoden und erweitert diese um zusätzliche Funktionalitäten. Dieses Unterobjekt besitzt umgekehrt ein übergeordnetes Objekt. Wenn Sie ein solches in der Objekthierarchie tiefer angesiedeltes Objekt ansprechen wollen, müssen Sie einfach dessen Elternobjekt über die Punktnotation mit angeben.

341

5.9   Aufgaben

Wie in jedem Kapitel, sollen die nachfolgenden Aufgaben den Stoff vertiefen bzw. rekapitulieren.

- Üben Sie die Fähigkeiten der hier vorgestellten Objekte mit eigenen Beispielen. Spielen Sie vor allen Dingen Beispiele mit den Eigenschaften und Methoden durch, die hier aus Platzgründen nur beschrieben wurden.

- Überlegen Sie sich sinnvolle Anwendungen für die Fähigkeiten, die Ihnen DOM bereitstellt.

- Analysieren Sie unsere bisherigen Beispiele in den vorherigen Kapiteln auf die Verwendung von Objekten und Methoden.

- Analysieren Sie bekannte Webseiten im Internet in Hinsicht auf den Einsatz von JavaScript und Objekten.

5.10　Übungen

Beantworten Sie zum Abschluss dieses Kapitels die nachfolgenden Übungsfragen. Die Lösungen finden Sie in Anhang 9.

F: Mit welchem Objekt sprechen Sie den Browser selbst an?

F: Für was ist DOM die Abkürzung und was ist es?

F: Was ist ein Objektfeld?

F: Mit welcher Methode von `window` können Sie ein neues Fenster öffnen?

F: Was ist eine Browser-Weiche?

F: Was ist ein Konstruktor?

F: Mit welchem Objekt haben Sie Zugriff auf die Systemzeit eines Besuchers?

F: Mit welcher Technik können Sie aus JavaScript heraus Webseiten dynamisch schreiben?

F: Wie spricht man in JavaScript aus einer Frame-Struktur heraus die oberste Ebene an?

F: Wie nennt man das Verstecken der inneren Struktur eines Objekts?

F: Wie heißen die Baupläne für Objekte?

F: Was bedeutet rekursiv?

F: Ist JavaScript eine objektorientierte Sprache?

F: Mit welcher Notation spricht man in JavaScript Objekte an?

F: Wie nennt man die Beziehung zwischen einer Super- und einer Subklasse?

F: Was ist ein Zufallsprozess?

F: Wie programmierte man in älteren Programmiertechniken?

KAPITEL 6

Formulare mit JavaScript auswerten

Sie werden wahrscheinlich im letzten Kapitel die explizite Behandlung von Formularen vermisst haben. Dabei würden sie logisch in den Abschnitt über das window-Objekt oder das document-Objekt passen, denn wir wissen bereits, dass Formularobjekte als Teil einer Webseite document untergeordnet sind. Zudem haben wir bereits die Reaktion auf das Abschicken eines Formulars respektive das Zurücksetzen über die Eventhandler onSubmit und onReset behandelt. Allerdings ist der Umgang mit Formularen und JavaScript so wichtig (vielleicht die wichtigste Anwendung von JavaScript überhaupt), dass wir die weiteren Fakten dazu in diesem separaten Kapitel besprechen.

Sie lernen in diesem Kapitel etwas über:

- das Auswerten von Formularen mit JavaScript
- den Zugriff auf Formulare mit JavaScript – die Objektfelder forms und elements sowie options
- den Zugriff auf Formulare über den Namen
- das Plausibilisieren von Formularen mit JavaScript

6.1   JavaScript-Formulare

Die Verwendung von Formularen in einer Webseite ist nicht auf Formulare mit Serverkontakt beschränkt. So können auch die Eingabedaten eines Formulars in JavaScript verarbeitet werden. Das haben wir bisher bereits vereinzelt gemacht und dieses Wissen stellen wir jetzt auf ein breiteres Fundament.

Wenn Sie Formulardaten unter JavaScript verwenden wollen, sind sowohl das optionale (eindeutige) Attribut name für das Formular als auch alle enthaltenen Formularelemente (die Daten entgegennehmen[1]) grundsätzlich sehr sinnvoll. Damit definieren Sie einen Namen für das Formular oder ein Formularelement, über das Sie das Formular bzw. das Element aus JavaScript heraus ansprechen können. Der Name darf keine Leerzeichen und keine Sonderzeichen beinhalten und muss in Leerzeichen eingeschlossen werden.

Bei ausschließlich in Verbindung mit JavaScript eingesetzten Formularen kann man auf die Angabe von action und method beim <form>-Tag verzichten. Meist wird jedoch JavaScript in Kombination mit dem Verschicken von Formulardaten eingesetzt und dann werden die Attribute natürlich gesetzt.

Wenn wir nun unter JavaScript auf ein Formular in einer Webseite zugreifen wollen, müssen wir dieses aus JavaScript heraus ansprechen. Ein Formular stellt in der Welt von JavaScript ein Objekt dar, das Ihnen Zugriff auf alle HTML-Formular-Tags und -Eigenschaften bietet.

Ein Formularobjekt wird automatisch erzeugt, wenn der Browser einen <form>-Tag in der HTML-Datei vorfindet. Wenn die HTML-Datei mehr als ein Formular enthält, wird für jedes Formular automatisch ein eigenes Formularobjekt erzeugt. Die einzelnen Formulare einer Webseite werden sequentiell (das heißt hintereinander) als Elemente in einem Objektfeld mit Namen forms[] gespeichert, das eine Eigenschaft des Objekts document (der Objektrepräsentation der Webseite im JavaScript-Objektmodell) ist.

---

1. Eine Ausnahme wäre ein Button.

Der Zugriff auf ein jeweiliges Formular erfolgt bei Verwendung des Objektfelds über den Index, etwa für das erste Formular einer Webseite über `document.forms[0]`, für das zweite Formular über `document.forms[1]` und so fort. Die Zählreihenfolge orientiert sich an der Reihenfolge, in der die `<form>`-Tags in der Webseite notiert sind. Sofern dem Formular in HTML ein Name zugeordnet wurde, funktioniert auch der Zugriff über diesen Namen anstelle des Array-Elements.

Der Zugriff über den Namen eines Formulars ist dann vorzuziehen, wenn Sie mit mehreren Formularen in einer Webseite arbeiten und unter Umständen Ihre Webseite umstrukturieren müssen. Wenn sich die Reihenfolge der Formulare verschiebt, müssen Sie einen Zugriff über den Index anpassen, während ein Zugriff über den Namen unverändert funktioniert. Das gilt übrigens vollkommen analog für Formularelemente in einem Formular und jedes weitere Element in einer Webseite, das Sie entweder über ein Objektfeld und Index oder den Namen ansprechen können. Der Zugriff über einen Index ist immer bei Schleifen vorzuziehen und dann obligatorisch, wenn in der Webseite kein Wert für `name` gesetzt wurde.

6.1.1   Die Eigenschaften eines Formularobjekts

Das Formularobjekt besitzt Eigenschaften, die sich im Wesentlichen aus den Attributen unter der HTML-Definition sowie dem Zugriff auf enthaltene Elemente ergeben.

Eigenschaft	Beschreibung
action	Der Wert, der bei der Definition des Formulars im HTML-Attribut action steht.
elements	Ein Array, das alle Elemente als vollständige Repräsentation der HTML-Implementierung in dem Formular enthält.
encoding	Der Codierungstyp des Formulars. Mehr Informationen hierzu finden Sie im WWW die Spezifikation RFC 1867.
length	Die Anzahl der Elemente des Formulars.
method	Der Wert, der bei der Definition des Formulars im HTML-Attribut method steht.
name	Der Name des Formulars.
target	Der Wert, der bei der Definition des Formulars im HTML-Attribut target steht.

Tabelle 6.1: Eigenschaften eines Formularobjekts

6.1.2 Die Methoden

Ein Formularobjekt hat nicht viele Methoden. Wesentliche Aufgabe eines Formulars ist die Datenübermittlung.

Tabelle 6.2: Die entscheidenden Methoden eines Formularobjekts

Methoden	Beschreibung
reset()	Setzt alle Eingaben in einem Formular zurück und hat die gleiche Wirkung wie ein Button, der in HTML mit type="reset" definiert wurde.
submit()	Die Methode sendet die Daten im Formular und hat damit den gleichen Effekt wie ein Mausklick auf einen Button vom Typ submit.

Wenn wir nun auf ein einzelnes Element innerhalb eines Formulars zugreifen wollen, können wir eine Eigenschaft des Formularobjekts verwenden: elements[]. Diese wird mit der Punktnotation angefügt und bewirkt innerhalb des einzelnen Formulars in gleicher Weise einen Zugriff auf die einzelnen Elemente des Formulars, wie auf die einzelnen Formulare in einer Webseite über den Index zugegriffen wird. Nachfolgend einige Beispiele hierzu:

Listing 6.1: Zugriff auf das erste Element des zweiten Formulars

```
document.forms[1].elements[0]
```

Listing 6.2: Zugriff auf das fünfte Element des ersten Formulars

```
document.forms[0].elements[4]
```

6.2 Formularelemente und das Objektfeld elements

Eine der wichtigsten Eigenschaften eines Formularobjekts ist sicher dessen Objektfeld elements. Über elements haben Sie wie oben beschrieben Zugriff auf alle einzelnen Elemente innerhalb von Formularen, welche in einer HTML-Datei definiert sind. Darunter fallen beispielsweise Eingabefelder, Auswahllisten, Radio- und Checkboxen, Ausführungsbuttons und allgemeine Buttons.

Das Objektfeld elements wird automatisch erzeugt, wenn der Browser mindestens ein Formular in der HTML-Datei mit Elementen vorfindet. Dabei wird für jedes Element in jedem Formular automatisch eine Instanz eines dem Element entsprechenden Objekts erzeugt.

6.2.1   Die Eigenschaften

Einige der Eigenschaften von elements sind bereits verfügbar, wenn der Browser wenigstens ein Formular mit mindestens einem Element in der HTML-Datei vorfindet. Andere Eigenschaften sind jedoch nur für bestimmte Formularelemente verfügbar (das heißt, wenn ein Element des zugeordneten Typs überhaupt vorhanden ist).

Eigenschaft	Beschreibung
checked	Diese Eigenschaft steht zur Verfügung, wenn das Element ein Radio- oder Checkbutton ist. Sie repräsentiert, ob ein Radio- oder Checkbutton aktiviert ist oder nicht. Mögliche Werte sind true bzw. 1 oder false bzw. 0.
defaultChecked	Diese Eigenschaft steht zur Verfügung, wenn das Element ein Radio- oder Checkbutton ist. Sie repräsentiert, ob ein Radio- oder Checkbutton per Voreinstellung aktiviert ist oder nicht. Mögliche Werte sind true bzw. 1 oder false bzw. 0.
defaultValue	Diese Eigenschaft steht zur Verfügung, wenn das Element ein Eingabefeld ist. Sie repräsentiert den voreingestellten Text eines Eingabefelds.
form	In der Eigenschaft form wird das zugehörige, umgebende Formular eine Formularelements als Objekt referenziert, so dass Sie auch darüber alle Eigenschaften und Methoden des Formularobjekts verwenden können[1]. Das Wort form lehnt sich dabei direkt an Form bzw. forms an. Man benutzt die Eigenschaft form hauptsächlich, wenn man über ein Element eines Formulars Zugriff auf das Formular selbst haben möchte.
name	Der Name des Formularelements, wie er in HTML bei der Definition des Elements mit der Zusatzangabe name zugewiesen wurde.
type	Die Variable repräsentiert Information über den Elementtyp eines Formularelements. Sie kann in Zusammenhang mit allen Formularfeldern angewendet werden.
value	Dies ist der Wert, den der Anwender in einem Formularelement eingegeben bzw. diesem zugewiesen hat. Die wahrscheinlich wichtigste Eigenschaft.

Tabelle 6.3:
Eigenschaften
von elements

---

1. Zwar teilweise recht komfortabel, aber verwirrend, da dem Einsteiger oft nicht klar ist, ob form oder forms zu schreiben ist und ob das fehlende s ein Fehler ist oder nicht.

349

6.2.2 Die Methoden

Die Methoden eines Formularelements dienen zur Reaktion auf typische Ereignisse bei einem Formularelement.

Methoden	Beschreibung
blur()	Die Methode bewirkt, dass der Fokus ein Element verlässt. Es wird damit deselektiert.
click()	Die Methode bewirkt das Gleiche, wie wenn der Anwender auf ein Element klickt.
focus()	Die Methode bewirkt, dass der Fokus auf ein Element positioniert wird.
select()	Die Methode selektiert den gesamten in einem Feld enthaltenen Text.

6.3 Das Objektfeld options

Mit dem Objektfeld options (seinerseits in der Objekthierarchie unter elements als Eigenschaft angeordnet) haben Sie Zugriff auf **Auswahllisten** innerhalb eines Formulars. Sie können dabei auf jede einzelne Auswahlmöglichkeit der Auswahlliste zugreifen. Auswahllisten können Sie wie jedes andere Formularelement mit einer Indexnummer oder ihrem Namen ansprechen. Sie geben wie gewohnt die Webseite, das Formular und dann das Element an. Um nun gezielt auf einzelne Einträge zugreifen zu können, müssen Sie über die Punktnotation noch die Angabe options und eine Indexnummer (oder den Namen) hinzufügen.

Tabelle 6.5:
Eigenschaften
von options

Eigenschaft	Beschreibung
length	Diese Eigenschaft steht nur zur Verfügung, wenn das Element eine Auswahlliste ist. Der Wert repräsentiert die Anzahl der Auswahlmöglichkeiten.
options[n].defaultSelected	Diese Eigenschaft steht nur zur Verfügung, wenn das Element eine Auswahlliste ist. Der Wert repräsentiert die Standardeinstellung in einer Auswahlliste, das heißt, ob sie per Voreinstellung aktiviert ist oder nicht. Mögliche Werte sind true bzw. 1 oder false bzw. 0.
selectedIndex	Diese Eigenschaft steht nur zur Verfügung, wenn das Element eine Auswahlliste ist. Der Wert repräsentiert, welche Auswahlmöglichkeit in einer Auswahlliste aktiviert ist. Mögliche Werte sind true bzw. 1 oder false bzw. 0.

Eigenschaft	Beschreibung
options[n].selected	Diese Eigenschaft steht nur zur Verfügung, wenn das Element eine Auswahlliste ist. Der Wert repräsentiert, ob eine Auswahlmöglichkeit in einer Auswahlliste aktiviert ist. Mögliche Werte sind true bzw. 1 oder false bzw. 0.
options[n].value	Diese Eigenschaft steht nur zur Verfügung, wenn das Element eine Auswahlliste ist. Der Wert repräsentiert den internen Wert des über den Index angegebenen Eintrags in einer Auswahlliste.
options[n].text	Diese Eigenschaft steht nur zur Verfügung, wenn das Element eine Auswahlliste ist. Der Wert repräsentiert der Text einer Auswahlmöglichkeit in einer Auswahlliste.

Tabelle 6.5:
Eigenschaften
von options
(Forts.)

Wir haben nun alle Voraussetzungen zur Arbeit mit Formularen zur Verfügung und können ein Formular in einer Webseite erzeugen, um mittels JavaScript dieses effektiv zu nutzen.

6.4 Der praktische Umgang mit Formularen unter JavaScript

Die wichtigste Anwendung von JavaScript in Zusammenhang mit Formularen wird die Behandlung des Formulars sein, bevor es vom Besucher einer Webseite weggeschickt wird. Alle wichtigen Voruntersuchungen erfolgen im Browser des Anwenders, das heißt beim Client. JavaScript kann für eine Vielzahl von Aktionen einen Serverkontakt obsolet machen. Dabei kann es sich um das Abfangen von fehlerhaften Daten handeln oder um das Unterbinden des Absendens eines unvollständig ausgefüllten Formulars. Üben wir das am besten mit ein paar Beispielen aus der Praxis.

6.4.1 Abschicken und Zurücksetzen der Formulardaten mit JavaScript

Jede Objektrepräsentation eines Webformulars in einer Webseite besitzt die Methoden submit() und reset(). Sie schicken die Werte in dem Formular ab bzw. setzen das Formular zurück. Diese Aktionen lassen sich einem Hyperlink, einer einfachen Schaltfläche oder jeder anderen Situation zuordnen, die sich mit einem Eventhandler beschreiben lässt.

351

Diese Form des Abschickens bzw. Zurücksetzens eines Formulars ist dann interessant, wenn Sie mit diesen Aktionen bestimmte Java-Script-Aktivitäten verbinden wollen. Ebenso können Sie damit einen Anwender (eingeschränkt) zwingen, JavaScript zu aktivieren.

1. Erzeugen Sie die nachfolgende Datei (*form1.html*):

Listing 6.3:
Die Anwen-
dung der sub-
mit()- und
der reset()-
Methode –
Auslösung mit
onClick bei
einer gewöhn-
lichen Schalt-
fläche

```
01 <html>
02 <body>
03 <form action="" method="get">
04 <input name="a">
05 <input name="b">
06 <input name="b">
07 <br>
08 <input type="button" value="Hau weg"
09   onClick="window.document.forms[0].submit()">
10 <input type="button" value="Wischwasch"
11   onClick="window.document.forms[0].reset()">
12 </form>
13 </body>
14 </html>
```

2. Laden Sie das Beispiel in einen Browser.

Über die Zeilen 3 bis 12 wird ein einfaches Webformular definiert. In den Zeilen 8 und 9 wird mit dem Eventhandler `onClick` die Methode `submit()` aufgerufen und damit das Formular verschickt (`<input type="button" value="Hau weg" onClick = "window.document.forms[0].submit()">`). In den Zeilen 10 und 11 wird auf einer Schaltfläche mit `onClick` die Methode `reset()` aufgerufen.

6.4.2 Auf den Wert eines Formularelements zugreifen

Mit Ausnahme des Containers einer Auswahlliste[1] besitzt jede Objekt-repräsentation eines Formularelements die Eigenschaft `value`. Damit können Sie den Wert eines Formularelements abfragen oder setzen. Der Datentyp der Eigenschaft ist in jedem Fall ein String.

---

1. Das wäre natürlich nicht sinnvoll. Bei einer Auswahlliste interessieren die Einträge in der Liste und die besitzen die Eigenschaft.

1. Erstellen Sie das nachfolgende Beispiel (*form2.html*):

```
01 <html>
02 <script language="JavaScript">
03 <!--
04 function belegeVor() {
05   window.document.forms[0].elements[0].value="Haktar";
06   window.document.a.elements[1].value="Agrajag";
07   window.document.a.c.value="Milliway";
08   window.document.forms[0].d.value="Bistromath";
09 }
10 function macheGross() {
11   var werteVorher="";
12   var werteNachher="";
13   for(i=0;i<window.document.forms[0].length - 1;i++){
14     werteVorher = werteVorher +
15       window.document.forms[0].elements[i].value + "\n";
16     werteNachher = werteNachher +
17       window.document.forms[0].elements[i].value.toUpperCase()   +
"\n";
18   }
19   alert("Eingegeben haben Sie das:\n" + werteVorher +
20     "\nAbgeschickt wird das:\n" + werteNachher);
21 }
22 //-->
23 </script>
24 <body onLoad="belegeVor()">
25 <form action="" method="get" name="a" onSubmit="macheGross()">
26 <input name="a">
27 <br>
28 <input name="b">
29 <br>
30 <input name="c">
31 <br>
32 <input name="d">
33 <br>
34 <input type="Submit" value="OK">
35 </form>
36 </body>
37 </html>
```

Listing 6.4:
Setzen und
Auslesen der
Werte von
Formular-
elementen

2. Laden Sie das Beispiel in einen Browser und testen Sie es.

In den Zeilen 4 bis 9 ist eine Funktion belegeVor() definiert. Diese belegt die vier einzeiligen Eingabefelder in dem Formular mit Werten vor. Zur Demonstration wird der Zugriff sowohl beim Formular selbst als auch bei den Formularen unterschiedlich gehandhabt (sowohl über den Namen als auch das Objektfeld)[1].

Beachten Sie in dem Beispiel, dass es in der HTML-Seite sowohl ein Formular mit dem Namen a (Zeile 25) als auch ein Formularelement mit dem identischen Namen a gibt (Zeile 26). Zwar müssen die Namen in einer Webseite eindeutig sein, aber in diesem Fall befinden sich die beiden Elemente der Webseite in getrennten Namensräumen (der Name des Eingabefelds ist im Grunde a.a). Ein Zugriff der folgenden Art ist also eindeutig:

Listing 6.5:
Zugriff auf den
Wert des For-
mularfelds a
im Formular
mit dem
Namen a

```
window.document.a.a.value="Haktar";
```

Diese Wahl gleicher Namen sowohl für das Formular als auch eines der darin enthaltenen Formularelemente wurde nur aus Demonstrationszwecken so gewählt und sollte in der Praxis tunlichst unterbleiben.

Die Funktion wird beim Laden der Webseite ausgeführt. Zu diesem Zweck kommt der Eventhandler onLoad im <body>-Tag zum Einsatz (Zeile 24). Die Funktion macheGross() (in den Zeile 10 bis 21) definiert zwei lokale Variablen (in den Zeilen 11 und 12). Der Variable werteVorher werden in der folgenden for-Schleife die Originaleingaben des Anwenders zugewiesen. Dazu werden sie zu einem String zusammengesetzt und am Ende jedes Werts von einem Eingabefeld wird ein "\n" (eine Steuersequenz für einen Zeilenumbruch) notiert. Bei der Variablen werteNachher passiert im Grunde das Gleiche. Nur wird jede Benutzereingabe durch die Methode toUpperCase() der String-Klasse in Großbuchstaben konvertiert. Das ist jederzeit möglich, denn value enthält ja immer einen String, auch wenn der Anwender Sonderzeichen und Zahlen eingibt[2]. Am Ende der Funktion bekommt der Anwender sowohl seine Originaleingaben als auch die Daten, wie sie verschickt werden, in einem Meldungsfeld angezeigt (die Zeilen 19 und 20). Die Funktion macheGross() wird vom Eventhandler onSubmit ausgelöst. Damit ist gewährleistet, dass diese vor dem Verschicken der Daten abgearbeitet wird.

---

1. Solch ein Mischen von Zugriffsformen ist jedoch absolut praxisfern. In der Praxis sollten Sie sich immer für eine Variante entscheiden und diese dann konsequent verwenden.

2. Diese bleiben einfach unverändert.

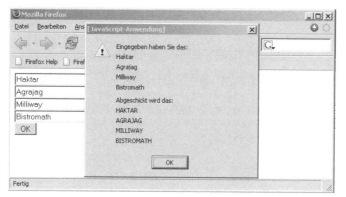

Bild 6.1:
Zugriff auf die
Formularfelder

6.4.3 Ein Pflichtfeld erzwingen

Bei vielen Eingabefeldern eines Webformulars genügt es, vor dem Absenden zu prüfen, ob in dem Feld überhaupt etwas eingetragen wurde – ob zum Beispiel ein Name eingegeben oder das Feld übersehen wurde.

Ein Feld, in dem zwingend ein Wert durch den Anwender eingetragen werden muss, nennt man ein **Pflichtfeld**.

Sie können ein Pflichtfeld in einem Formular leicht erzwingen, indem Sie einfach darauf prüfen, ob die Eigenschaft value ungleich einem Leerstring ist. Das funktioniert bei sämtlichen Formularelementtypen mit freier Texteingabe, denn ein Webformular übermittelt grundsätzlich seine Werte als String. Die Überprüfung ist einfach und kann schematisch meist so erfolgen:

```
function [testPflichtfeld]([zu testendes Feld]){
  if([zu testendes Feld].value=="") {
    // Tue das, was bei einem Leerstring notwendig ist
  }
  else {
    // Tue das, was bei einem ausgefüllten Feld zu tun ist
  }
}
```

Listing 6.6:
Schematische
Darstellung für
den Test eines
Pflichtfelds

Das nachfolgende Listing zeigt eine Anwendung einer derartigen Funktion in einem praktischen Beispiel.

1. Erstellen Sie das nachfolgende Listing (*form3.html*):

Listing 6.7:
Überprüfung
auf ein
Pflichtfeld

```
01 <html>
02   <script language="JavaScript">
03   <!--
04   function testPflichtFeld(feld) {
05     if(feld.value=="") {
06       alert("Das Eingabefeld " + feld.name + " ist ein
Pflichtfeld");
07       return false;
08     }
09     else return true;
10   }
11   //-->
12   </script>
13 <body>
14   <form name="meinForm" action="" method=POST>
15     Name (<font color="#FF0000">*</font>):
16     <input name="eins" onBlur="testPflichtFeld(this)">
17     <br>
18     <input type="submit" value="Ok">
19   </form>
20 </body>
21 </html>
```

2. Laden Sie das Beispiel in einen Browser.

3. Klicken Sie in das Eingabefeld und dann neben das Eingabefeld.

Das Beispiel besteht aus einem einfachen Formular (Zeile 14 bis 19) mit nur einem Eingabefeld, das als Pflichtfeld definiert ist. Bei dem Eingabefeld wird der Eventhandler onBlur zum Aufruf der Funktion test-PflichtFeld() verwendet (Zeile 16). Damit wird mit dem Schlüsselwort this das aktuelle Eingabefeld als Objekt an die Funktion übergeben. In der Funktion wird wie beschrieben geprüft, ob ein Wert eingegeben wurde. Falls nicht, wird eine Fehlermeldung angezeigt (Zeile 6) und der Wert false zurückgegeben (Zeile 7)[1].

 In der Regel werden in einem Webformular mehrere Felder Pflichtfelder sein. Auch ist die Kontrolle beim unmittelbaren Verlassen eines Felds in einem Webformular in der Praxis im Web unüblich. Beachten Sie die allgemeinen Ausführungen zur Plausibilisierung von Formularen auf Seite 363.

---

1. Der Rückgabewert wird in diesem Beispiel nicht weiter ausgewertet.

*Bild 6.2:
Das Feld
wurde leer
gelassen*

In einem Webformular werden Pflichtfelder oft mit einem roten Stern oder einer anderen Markierung gekennzeichnet (im Rahmen der Webseite selbst). Grundsätzlich wird es ein Anwender nicht schätzen, wenn er erst einmal die Formulardaten abschicken muss, bevor er einen Hinweis bekommt, welche Felder zwingend auszufüllen sind.

6.4.4 Mit JavaScript einen bestimmten Inhalt erzwingen

In vielen Fällen ist es Aufgabe von JavaScript, bei einem Eingabefeld einen bestimmten Inhalt zu erzwingen. So muss beispielsweise eine E-Mail-Adresse oder der URL einer Internetadresse eine bestimmte Struktur aufweisen. Bei der Analyse von Eingaben, die ganz oder teilweise mit bestimmten inhaltlichen Vorgaben übereinstimmen müssen, helfen einige Standardmethoden und -eigenschaften der Klasse `String`, denn Eingaben in Formularfeldern werden immer als reine Texte verwaltet.

Eine der wichtigsten Eigenschaften eines String-Objekts ist `length`. Darüber haben Sie Zugang zu der Anzahl von Zeichen in einer Zeichenkette. Mit der Methode `charAt([Nummer])` erhalten Sie das Zeichen, das in der Zeichenkette an der als Parameter übergebenen Stelle steht, und `charCodeAt([Index])` liefert eine Zahl mit dem Unicode-Wert des Zeichens an dem angegebenen Index. Recht nützlich erweist sich auch die `split()`-Methode. Mit `split([Separator][, Limit])` trennen Sie einen String in ein Array mit Teilstrings auf, indem an dem angegebenen Separator geteilt wird. Wird der Separator nicht vorgefunden oder fehlt er, wird ein Array mit einem Element und dem vollständigen String zurückgegeben. Das optionale Limit gibt die maximale Anzahl von Trennungen an. Den umgekehrten Weg verfolgt `concat()`. Damit verbinden Sie zwei

357

oder mehrere Strings zu einem neuen. Für unsere Rezepte noch elementarer sind die Methoden search() und indexOf(). Mit der Methode search([Suchstring]) durchsuchen Sie den vorangestellten String nach der als Parameter angegebenen Zeichenkette. Falls die Zeichenkette nicht gefunden wird, wird der Wert -1 zurückgeliefert, sonst ein davon verschiedener Wert, der den Beginn des gesuchten Strings spezifiziert. Weitgehend anlog können Sie indexOf([Suchstring], [Nummer]) einsetzen. Hier wird das erste Vorkommen eines als ersten Parameter angegebenen Zeichens oder einer Zeichenkette innerhalb des vorangestellten Strings ermittelt. Die Rückgabe der Methode ist auch hier die Stelle, an der der Beginn des Suchstrings in der Zeichenkette steht. Die Zählung beginnt bei dem Wert 0. Optional ist es möglich, die Methode in einem zweiten Parameter [Nummer] anzuweisen, ab der spezifizierten Stelle in der Zeichenkette mit der Suche zu beginnen. Ebenso nützlich ist die Methode lastIndexOf([Suchstring], [Nummer]), die vollkommen analog das letzte Vorkommen eines Zeichens oder einer Zeichenkette innerhalb des vorangestellten Strings sucht. In bestimmten Fällen ist auch eine Suche vom Ende eines Strings aus sehr nützlich. Mit der Methode slice([Beginn], [Ende]) extrahieren Sie einen Teilstring des angegebenen Index bis zum Ende oder einem optional angegebenen Ende-Index. Dieser kann auch ein negativer Wert sein, wenn ab dem Ende des Strings rückwärts vorgegangen werden soll. Für eine Anwendung des Rezepts werden wir auch die Methode replace() einsetzen. Die Methode replace([was], [womit]) ersetzt den zuerst angegebenen Ausdruck durch den zweiten Ausdruck. Zu guter Letzt benötigen wir in den folgenden Rezepten noch eine der Methoden toLowerCase() und toUpperCase(). Mit toLowerCase() wandeln Sie alle in dem vorangestellten String enthaltenen Großbuchstaben in Kleinbuchstaben und mit toUpperCase() analog alle enthaltenen Kleinbuchstaben in Großbuchstaben um. Die konvertierte Zeichenkette ist der Rückgabewert der Methoden.

Eine schematische Funktion zum Test auf einen Inhalt

Die Überprüfung auf einen bestimmten Inhalt wird also mithilfe der genannten String-Methoden stark vereinfacht und kann auf verschiedene Arten erfolgen – etwa so, wie die nachfolgende schematische Funktion für die einfachste Variante zeigt, in der nur auf Übereinstimmung mit einem einzigen Vergleichswert überprüft wird:

```
01 function [testInhalt]([zu testendes Feld], [Vergleichswert]){
02   if([zu testendes Feld].value.search([Vergleichswert]) == -1) {
03     // Tue das, was bei einer fehlenden Übereinstimmung notwendig
ist
04   }
05   else {
06     // Tue das, was bei einer Übereinstimmung zu tun ist
07   }
08 }
```

Listing 6.8: Schematisches Beispiel für einen Test auf einen bestimmten Inhalt

Die schematische Lösung verwendet in Zeile 2 die Methode `search()`
und die Tatsache, dass die Eigenschaft `value` von einem Eingabefeld ein
String ist. Wenn der gesuchte Vergleichswert im vorangestellten String
nicht enthalten ist, liefert die Methode den Wert `-1` und auf den prüft
Zeile 2 ab.

Test der Gültigkeit einer E-Mail-Adresse

Einer der wichtigsten Fälle für den Test auf einen bestimmten Inhalt in
einem Formularfeld ist sicher die Überprüfung auf Gültigkeit einer eingegebenen E-Mail-Adresse. Zwar können Sie nicht testen, ob es eine
eingegebene E-Mail-Adresse wirklich gibt, aber Sie können zumindest
die grundsätzliche Struktur plausibilisieren. Dabei können Sie mehrere
Stufen auswählen, wie plausibel die E-Mail-Adresse wirklich sein soll.
Der einfachste Fall ist, dass Sie überprüfen, ob eine E-Mail-Adresse das
Zeichen @ enthält. Dieses muss in jeder gültigen E-Mail-Adresse zwingend enthalten sein und ein Test darauf ist elementar.

1. Erstellen Sie das folgende Beispiel (*form4.html*).

```
01 <html>
02 <script language="JavaScript">
03 <!--
04 function testEMail(feld, vergleich){
05   if(feld.value.search(vergleich) == -1) {
06     alert(
07       "Die E-Mail-Adresse kann nicht stimmen. " +
08       "Sie muss das @-Zeichen enthalten.");
09     return false;
10   }
11   else {
12     return true;
13   }
14 }
15 //-->
16  </script>
```

Listing 6.9: Ein einfacher Test der E-Mail-Struktur auf ein enthaltenes @-Zeichen

359

```
17 <body>
18   <form name="meinForm" action="" method="POST">
19     E-Mail:
20     <input name="eins" onBlur="testEMail(this,'@')">
21     <br>
22     <input type="submit" value="Ok">
23   </form>
24 </body>
25 </html>
```

2. Laden Sie das Beispiel in einen Browser.

3. Klicken Sie in das Eingabefeld und geben Sie dort einen beliebigen Inhalt **ohne** das Zeichen @ ein.

4. Verlassen Sie das Eingabefeld.

Das Beispiel besteht aus einem einfachen Formular (Zeile 18 bis 23) mit nur einem Eingabefeld, in dem eine E-Mail-Adresse eingegeben werden soll. Bei dem Eingabefeld in Zeile 20 wird der Eventhandler onBlur zum Aufruf der Funktion testMail() verwendet. Dem Aufruf der Funktion wird mit dem Schlüsselwort this als erster Parameter das aktuelle Eingabefeld als Objekt an die Funktion übergeben. Der zweite Parameter ist der Vergleichswert (hier das Zeichen @). In der Funktion wird wie beschrieben mit der Methode search() geprüft, ob der Wert in dem Eingabefeld den Vergleichswert enthält. Falls nicht, wird eine Fehlermeldung angezeigt (Zeile 7 und 8) und der Wert false zurückgegeben (Zeile 9)[1].

Bild 6.3:
Eine E-Mail-
Adresse benö-
tigt zwingend
das Zeichen @

---

1. Der Rückgabewert wird in diesem Beispiel nicht weiter ausgewertet.

Die Eingabe bestimmter Zeichen in einem Formularfeld verhindern

Eine wichtige Anwendung bei der Kontrolle des Inhalts in einem freien Eingabefeld ist das **Verhindern** bestimmter Zeicheneingaben. Im Wesentlichen muss bei vielen Formulareingaben verhindert werden, dass darin HTML-Tags eingegeben werden können. Wäre dies erlaubt, könnte ein Anwender natürlich auch Skriptbefehle darin unterbringen und damit ziemlichen Unfug anstellen.

Jetzt hindert im Grunde erst einmal nichts einen böswilligen Besucher, ein Skript (eine Endlosschleife, die permanent Browser-Fenster öffnet, oder eine automatische Umleitung etc.) in Felder eines Webformulars auf HTML-Basis zu schreiben. Wenn sich dann ein anderer Besucher die Einträge ansieht (etwa bei einem Gästebuch), wird dessen Browser das Skript interpretieren[1] und den besagten Effekt auslösen. Es ist also einem Betreiber von Webformularen, deren Eingaben nach dem Verschicken in fremdem Browsern zu sehen sind, dringend anzuraten, die Eingabe von Skriptcode zu verhindern. Dabei kann man (mindestens) zwei Wege gehen:

- Sie verhindern die Eingabe bestimmter Inhalte.

- Sie ersetzen bestimmte Eingaben durch unkritische Inhalte.

Die beiden Wege sind im Grunde weitgehend analog zu programmieren. In jedem Fall suchen Sie einen vorgegebenen Inhalt in dem eingegebenen Wert des Anwenders. Entweder löschen Sie dann die entsprechenden Passagen oder Sie ersetzen sie. So könnte eine schematische Funktion aussehen, die einen bestimmten Inhalt verhindert:

```
01 function testInhalt(feld, vergleich){
02   if(feld.value.search(vergleich) > -1) {
03   ... // Gegenmaßnahmen, wenn verbotene Inhalte gefunden werden
04   }
05   else {
06   ... // Schritte, wenn keine verbotene Inhalte gefunden werden
07   }
08 }
```

Listing 6.10:
Suche nach
verbotenen
Inhalten

Die Funktion ergreift im Fall von verbotenen Inhalten (der Vergleich liefert `true`) entsprechende Gegenmaßnahmen.

---

1. Es sei denn, die Interpretation von Skripts ist deaktiviert.

Betrachten wie ein Beispiel, das bei Eingabe eines verbotenen Inhalts einfach eine Meldung anzeigt, den Inhalt leert, den Fokus auf das Eingabefeld zurücksetzt und das Versenden eines Formulars abbricht.

1. Erstellen Sie das folgende Beispiel (*form5.html*).

Listing 6.11:
Pauschale
Ablehnung ei-
nes verbote-
nen Inhalts

```
01 <html>
02 <script language="JavaScript">
03 <!--
04 function testInhalt(feld, vergleich){
05   if(feld.value.search(vergleich) > -1) {
06     alert(
07       "Sie haben verbotene Inhalte eingegeben.");
08     feld.value = "";
09     feld.focus();
10     return false;
11   }
12   else {
13     return true;
14   }
15 }
16 //-->
17 </script>
18 <body>
19   <form name="meinForm" action="" method="POST">
20     Ihr Kommentar:
21     <textarea cols="50" rows="5" name="eins"
onBlur="testInhalt(this,'<')">
22     </textarea>
23     <br>
24     <input type="submit" value="Ok">
25   </form>
26 </body>
27 </html>
```

2. Laden Sie das Beispiel in einen Browser.

3. Tragen Sie in das Eingabefeld einen HTML-Tag (etwa einen `<script>`-Container) ein.

4. Verlassen Sie das Eingabefeld.

In dem Beispiel wird von Zeile 19 bis 25 ein Webformular mit einem mehrzeiligen Eingabefeld (Zeile 21 und 22) sowie einer Submit-Schaltfläche (Zeile 24) definiert. Im Einleitungs-Tag des mehrzeiligen Eingabefelds wird mit dem Eventhandler `onBlur` die Funktion `testInhalt()` aufgerufen und mit `this` als erstem Parameter das aktuelle Eingabefeld als Referenz übergeben. Der zweite Parameter legt den verbotenen Inhalt fest. Das ist in diesem Fall nur das Zeichen <. Mit dieser einfachen Angabe verhindern Sie bereits, dass ein Anwender HTML-Tags eingeben kann! wird natürlich auch die Eingabe von Skript-Containern verhindert.

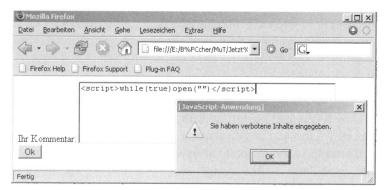

Bild 6.4:
Wenn das ginge, wäre es gefährlich

6.4.5   Plausibilisierung eines Webformulars

Das **Plausibilisieren** eines Webformulars bedeutet, die Schlüssigkeit der Anwendereingaben vor einem Versenden der Daten zu kontrollieren und bei Widersprüchen zu den geforderten Vorgaben Gegenmaßnahmen zu ergreifen. Das gesamte Prozedere ist jedoch alles andere als trivial und die wesentlichen Dinge betreffen nicht die Programmierung selbst. Plausibilisierung eines Webformulars ist nur als **globales Konzept** schlüssig, das auch die Weiterverwendung der Daten nach dem Versenden beinhalten muss. Bei der Plausibilisierung eines Webformulars müssen Sie sich zahlreicher Problemstellungen bewusst werden. Diese kann man über einige Fragen recht pauschal zusammenfassen:

1. Was muss plausibilisiert werden?

2. Welche Abhängigkeiten gibt es?

3. Wie genau muss plausibilisiert werden?

4. Wann wird plausibilisiert?

5. Wo wird plausibilisiert?

6. Wie wird plausibilisiert?

Die Fragestellungen 1 bis 3 müssen in der Regel zusammen betrachtet werden und lassen sich natürlich nicht pauschal beantworten. Grundsätzlich wird das genaue Vorgehen von der Programmlogik, den Anfor-

363

derungen desjenigen, der mit der Applikation umgehen muss, und der Realisierungsmöglichkeit bestimmt.

Betrachten Sie einen Online-Shop. Ein solcher Shop besteht in der Regel aus einer Gruppe mit Webformularen zur Eingabe einer Bestellung. Die Webformulare rufen Skripts bzw. Programme auf dem Webserver auf. Dabei werden die Benuterzeingaben einschließlich der weiteren notwendigen Daten übermittelt. Ein Online-Shop besitzt zusätzlich meist eine angeschlossene Datenbank und darauf aufbauende Transaktionsrealisierung.

Für die korrekte Funktion des Online-Shops ist klar, dass selbstverständlich nur schlüssige Daten eine reibungslose Bestellung gewährleisten. So müssen beispielsweise eine vollständige Adressinformation und eine vollständige (und korrekte) Bestellinformation vorliegen, bevor eine Bestellung als Aktion auch ausgeführt werden kann.

Sowohl die Datenbanken selbst als auch die Transaktionstechniken sind in der Regel sehr professionell konzipiert, programmiert sowie plausibilisiert. Die Entgegennahme der Daten von der Client- bzw. Webserverseite ist dagegen oft unprofessionell. Das liegt sicher auch daran, dass sowohl die Datenbank als auch die Transaktionsprogrammierung in einem professionellen Umfeld von gut ausgebildeten Programmieren umgesetzt wird bzw. werden muss, während sich an einem Webformular (und auch an der Programmierung des Webservers über Servertechnologien wie PHP) vielfach Programmierlaien[1] versuchen, denen dann in der Regel auch kein professionelles Umfeld mit Konzeption, Test etc. zur Seite steht.

Wie weit Sie die Schlüssigkeit von Daten prüfen und **was** Sie im vorgelagerten Stadium einer Bestellung (oder einer ähnlich gelagerten Webapplikation) plausibilisieren sollten, ist nicht pauschal zu sagen. Genügt es etwa bereits für eine schlüssige Applikation, dass alle relevanten Felder (Name, Vorname, PLZ, Ort, Straße) in einem Webformular gefüllt sind? Und welche Felder sind überhaupt relevant? Die Kundennummer, das Geburtsdatum, die Telefonnummer, die E-Mail-Adresse oder welche Felder noch? Gibt es Mindestlängen für eine Eingabe[2]? Und müssen die Felder bezüglich ihres Inhalts schlüssig sein? Das umfasst

---

1. Das soll nicht abwertend gemeint sein. Es soll nur die Erfahrung im Umgang mit Programmierung und Plausibilisierungskonzepten bewerten. Selbstverständlich muss das nicht jedermann beherrschen.

2. Etwa für ein Passwort.

beispielsweise elementare Fragen, ob eine E-Mail-Adresse etwa immer das Zeichen @ enthalten muss, ob ein Passwort neben Buchstaben auch Zahlen enthalten muss, ob ein Geburtsdatum nach dem aktuellen Tagesdatum liegen kann oder ob eine Bestellmenge null oder gar negativ sein darf? Und wie weit prüft man die Schlüssigkeit? Insbesondere unter Berücksichtigung von Abhängigkeiten von Daten bzw. überhaupt der Erkenntnis und Auswahl, welche Felder voneinander abhängen können. Das kann (und muss teilweise) so weit gehen, dass beispielsweise Beziehungen zwischen dem Geburtsdatum und dem Tagedatum berechnet und mit einem Grenzwert verglichen werden[1]. Oder die Beziehung zwischen dem eingegebenen Namen und der Kundennummer wird kontrolliert. Sehr oft erfolgt eine Überprüfung von PLZ und Ort auf Gültigkeit und ob die Angaben zusammenpassen. Auch die Frage, ob eine angegebene Straße in dem genannten Ort überhaupt existiert, lässt sich beantworten. Theoretisch kann ein Plausibilisierungskonzept sogar so weit gehen, die Schlüssigkeit zwischen einem Vornamen und dem Geschlecht zu prüfen.

Sie sehen, dass man bei einem Plausibilisierungskonzept vom Hundertsten ins Tausendste kommen kann und dabei nicht unbedingt die logische Bodenhaftung verlieren muss. Hier eine vernünftige Abwägung zwischen notwendigen Prüfungen, deren tatsächlicher Umsetzung und realisierbarem Aufwand zu finden, ist alles andere als einfach und treibt manche Projektmeetings in die Krise. Es ist auf jeden Fall so, dass die Planung eines professionellen Webauftritts mit solch einer Benutzerinteraktion samt Plausibilisierung ein Vielfaches (!) der Zeit in Anspruch nimmt, die in der Folge die konkrete Umsetzung benötigt.

Verfolgen wir nun die Überlegung, **wann** ein Webangebot zu plausibilisieren ist? Die Notwendigkeit der Frage mag im ersten Moment gar nicht klar sein. Aber es ist in der Tat eine der Grundüberlegungen, die bei jeder Applikation durchgespielt werden muss. War es in alten, zeilenorientieren Applikationen üblich, dass Anwender linear von oben nach unten eine Bildschirmmaske abgearbeitet haben, ist das seit der Einführung grafischer Oberflächen im Allgemeinen nicht mehr der Fall. Es ist im Web vollkommen inakzeptabel, einen Anwender in einem Eingabefeld eines Webformulars festhalten zu wollen, nur um eine bestimmte Art der Eingabe zu erzwingen. Das führt nicht nur zu Ärger und Akzeptanzverlust beim Anwender – es widerspricht der Art der grafi-

---

1. In vielen Fällen muss etwa das berechnete Alter größer als 18 Jahre sein.

schen Benutzerführung. Eine Eingabemaske wird von vielen Anwendern kreuz und quer ausgefüllt. Und wenn in einem Feld etwas Falsches steht, hat der Anwender vielleicht keine Lust, es unmittelbar zu korrigieren, sondern er möchte möglicherweise zuerst ein anderes Feld ausfüllen. Das muss ihm gestattet werden.

Technisch gesehen bedeutet das, dass eine Überprüfung bei der unmittelbaren Eingabe oder beim Verlassen eines Felds fast gar nicht mehr üblich ist. Auf keinen Fall jedoch bei Webapplikationen, obwohl gerade da solche Aktionen leicht zu realisieren wären. Eventhandler wie on-Blur oder onFocus sind ja gerade dazu bestimmt, beim Verlassen eines Formularfelds bzw. bei dessen Fokussierung bestimmte Aktionen auszuführen. Das können dann auch Schlüssigkeitsprüfungen sein, aber diese dürfen keine Plausibilitäten auslösen, welche die Art des Ausfüllens eines Webformulars so beeinflussen, dass der Anwender in seiner Freiheit eingeschränkt ist. So ist das Löschen einer offensichtlichen Fehleingabe beim Verlassen eines Felds vielleicht noch tolerierbar. Ebenso, wenn Sie nach einem Eingabefehler und dem Löschen der Eingabe den Fokus wieder auf dieses fehlerhaft ausgefüllte und nun leere Feld setzen. Aber der Anwender muss dann das Feld verlassen dürfen, ohne dass er zu einer Eingabe gezwungen wird. Nervig wird es für einen Anwender auch, wenn er ein Feld verlässt und bei einem Fehler ein alert()-Fenster oder ein ähnliches Dialogfeld vor die Nase geknallt bekommt, das explizit bestätigt werden muss. Wenn das bei mehreren Feldern in einem Formular vorkommt, wird der Anwender sicher ziemlich verärgert reagieren. Allgemein ist es also sinnvoll, weder beim Fokussieren noch beim Verlassen von Formularfeldern zu plausibilisieren.

Aber wann dann? Entweder beim Abschicken eines Formulars zum Server (zum Beispiel im Rahmen des Eventhandlers onSubmit oder vor dem Aufruf der Formularmethode submit()) bzw. beim Aufbau einer neuen Seite[1] oder sogar überhaupt nicht beim Client. Was uns zu dem **Wo** führt.

In einer Standalone-Applikation ist es klar, dass sich die Applikation auch um die Plausibilisierung der gesamten Logik zu kümmern hat. Bei Client/Server-Applikationen bzw. allgemein verteilten Applikationen ist das nicht so eindeutig. Die Plausibilisierung kann der Client erledigen oder der Server. Die Variante, in der sich der Client vollständig um die Plausibilisierung kümmert, hat diverse Vorteile. Zwar ist HTML zu kei-

---

1. Die Eingaben des Benutzers werden beispielsweise in versteckten Feldern oder globalen Skriptvariablen gemerkt.

nerlei nennenswerten Plausibilisierungen in der Lage, aber genau dazu wurden ja clientseitige Techniken wie JavaScript eingeführt. Der Client-browser kann also beispielsweise via JavaScript bereits zahlreiche Plausibilitäten prüfen und verhindern, dass ein dahingehend inkorrektes Formular überhaupt abgeschickt wird. Nachteile clientseitiger Plausibilisierungen jenseits der eingeschränkten Möglichkeiten von HTML sind, dass der Anwender die Ausführung von Skripts oder anderen Clienttechniken deaktivieren kann und nicht alle Plausibilisierungen möglich sind, da bestimmte Informationen nicht beim Client bereitstehen können (etwa der Zugang zu einer Datenbank mit allen gültigen PLZ/Ortsnamen-Beziehungen).

Wenn der Server mithilfe einer Technik wie PHP oder ASP die ausschließliche Plausibilisierung übernimmt, kann man dort fast alle Plausibilisierungen durchführen[1]. Die Nachteile sind jedoch gravierend. Hier seien drei der wichtigsten genannt:

1. Das Laufzeitverhalten einer serverseitig plausibilisierten Webapplikation ist schlecht. Bis eine Antwort vom Server auf eine Anfrage zur Plausibilisierung von bestimmten Daten wieder beim Client ist, kann viel Zeit vergehen.

2. Es kommt bei einer serverseitig plausibilisierten Webapplikation zu einer starken Belastung der Kommunikationswege durch unnötig hin- und hergeschickte Daten.

3. Es gibt eine starke Belastung des Servers bei gleichzeitigem Brachliegen immenser Client-Ressourcen.

Gerade bei offensichtlich fehlerhaften Daten wie fehlenden Feldern wird bei einer serverseitigen Plausibilisierung auf dem Server unnötig Kapazität verbraucht. Ebenso werden die Kommunikationswege mit überflüssigen Daten verstopft und eine Fehlermeldung benötigt unter Umständen sehr viel Zeit, bis sie einen Anwender erreicht. Stellen Sie sich als Beispiel nur einmal ein Formular vor, in dem die Eingabe eines Geldbetrags gefordert wird. Wenn nun ein Anwender dort statt Zahlen Buchstaben einträgt[2], werden die fehlerhaften Daten – unter Umständen rund um die Welt – zum Server geschickt. Der leitet sie zu einem

---

1. Die wenigen Ausnahmen betreffen Einschränkungen der Servertechnik, die sich aufgrund fehlender Informationen dort ergeben. Etwa kann man mit den meisten serverseitigen Programmiertechniken wie PHP nicht so einfach Informationen über den Bildschirm des Anwenders erhalten, da diese Informationen nicht implizit mit HTTP übertragen werden.

2. Etwa der klassische Flüchtigkeitsfehler, statt einer Null den Buchstaben 0 einzutragen.

Prüfskript bzw. -programm weiter und erst die serverseitige Applikation bemerkt den Fehler und schickt eine Fehlermeldung als Antwort über den Server zurück zum Client.

Wie sollten Sie nun aber ein sinnvolles Plausibilisierungskonzept eines Webformulars planen und dann konkret umsetzen? Die Antwort mag vielleicht überraschend sein. Eine Plausibilisierung sollte auf allen Ebenen stattfinden und – sofern möglich – auf allen Ebenen die gleichen Prüfungen durchführen. Auf jeden Fall ist es sinnvoll, potenzielle Fehler so weit wie irgend möglich bereits beim Client abzufangen. Nutzen Sie auf jeden Fall bereits alle Festlegungen, die Ihnen HTML bietet und die von allen Browsern unterstützt werden. Alles Weitere programmieren Sie in einer Technik wie JavaScript. Ist das beim Client nicht möglich oder hat der Anwender eine Technik wie JavaScript deaktiviert, sollten die gleichen Prüfungen auf dem Server wiederholt und durch die ergänzt werden, die nur auf dem Server möglich sind. Da Sie im Allgemeinen aber kaum planen können, ob der Anwender eine clientseitige Plausibilisierung nicht umgehen kann, bedeutet das eine Dublette der clientseitigen Plausibilisierungsschritte auf dem Server. Wenn Sie also auf dem Client mit JavaScript ein Regelwerk programmiert haben, gibt es auf dem Webserver das gleiche Regelwerk mit einer dort funktionierenden Technik wie PHP, ASP[1] oder JSP. Eine eventuell nachgestellte Datenbank sollte danach nur mit verträglichen Werten gefüttert werden. Die ideale Basis der Plausibilisierung einer Webapplikation ist also definitiv eine Verteilung der Logik auf Client und Server.

Die Praxis mit JavaScript auf dem Client

Wir wollen hier nun als Beispiel einen einfachen, auf Clientseite mit JavaScript recht weit (aber nicht vollständig, sonst wird es zu umfangreich) plausibilisierten Online-Shop umsetzen. Der Einfachheit halber soll nur eine Eingabemaske vorhanden sein. Als Formularfelder verwenden wir eine Kundennummer und einen Namen für die Kundendaten und zwei Produkte mit Bestellmenge.

1. Erstellen Sie das nachfolgende Listing (*form6.html*):

---

1. Bei ASP nutzen Sie nahe liegender Weise am besten JavaScript zur Umsetzung – dann können Sie die clientseitigen Skripts fast unverändert auf den Server übertragen. Sie müssen lediglich den Zugriff auf die Formulardaten anpassen. Das geht mit einem Replace-All. Über `Request.QuerryStringn('[Feldname]')` haben Sie bei ASP Zugang zu einem Formularfeld.

```
01 <html>
02 <script language="JavaScript">
03 <!--
04 function kdname() {
05   if(document.shop.Kd.value=="")  {
06     alert("Sie müssen einen Kundennamen eingeben");
07     return false;
08   }
09   else{
10       return true;
11   }
12 }
13 function kdnr () {
14   if(isNaN(document.shop.Kdnr.value) ||
15     (document.shop.Kdnr.value<1000))  {
16     alert(
17     "Sie müssen eine mindestens vierstellige numerische
Kundennummer eingeben");
18     return false;
19   }
20   else{
21       return true;
22   }
23 }
24 function teean () {
25   if(document.shop.tee.checked!=true)  {
26     document.shop.teeanz.value=0;
27     return true;
28   }
29   else{
30     if(!isNaN(document.shop.teeanz.value) &&
31       (document.shop.teeanz.value>0)){
32       return true;
33     }
34     else{
35       document.shop.teeanz.value=0;
36     }
37   }
38   alert(
39     "Wenn Sie das Produkt Tee bestellen, müssen Sie eine gültige
Anzahl eingeben");
40   return false;
41 }
42 function kafan () {
43   if(document.shop.kaf.checked!=true)  {
44     document.shop.kafanz.value=0;
45     return true;
46   }
```

Listing 6.12:
Das Web-
formular

369

```
47   else{
48     if(!isNaN(document.shop.kafanz.value) &&
49       (document.shop.kafanz.value>0)){
50       return true;
51     }
52     else{
53       document.shop.kafanz.value=0;
54     }
55   }
56   alert(
57     "Wenn Sie das Produkt Kaffee bestellen, müssen Sie eine gültige
Anzahl eingeben");
58   return false;
59 }
60 function plausi() {
61 if (!kdname()) return false;
62 if (!kdnr()) return false;
63 if (!teean()) return false;
64 if (!kafan()) return false;
65 return true;
66 }
67 //-->
68 </script>
69 <noscript></noscript>
70 <body>
71 <form name="shop" action="bestellung.php" method="post"
72 onSubmit="return plausi()">
73 <table>
74 <tr>
75 <td>
76 Kunde
77 </td>
78 <td>
79 <input name="Kd" maxlength=40>
80 </td>
81 <td>
82 Kundennummer
83 </td>
84 <td>
85 <input name="Kdnr">
86 </td>
87 </tr>
88   <tr>
89 <td>
90 Tee
91 </td>
92 <td>
93 <input type="Checkbox" name="tee" value="Tee">
```

```
94 </td>
95 <td>
96 Menge
97 </td>
98 <td>
99 <input name="teeanz" value=0>
100 </td>
101 </tr>
102 <tr>
103 <td>
104 Kaffee
105 </td>
106 <td>
107 <input type="Checkbox" name="kaf" value="Kaffee">
108 </td>
109 <td>
110 Menge
111 </td>
112 <td>
113 <input name="kafanz" value=0>
114 </td>
115 </tr>
116 </table>
117 <hr><input type="Submit" value="Ok">
118 <input type="reset" value="Abbruch">
119 </form>
120 </body>
121 </html>
```

In diesem Webformular werden einfach vier Texteingabefelder und zwei Kontrollkästchen sowie die üblichen zwei Schaltflächen zum Absenden und Zurücksetzen des Formulars definiert. Die Formularelemente werden mit einer Tabelle etwas übersichtlicher angeordnet. Die maximale Anzahl der einzugebenden Zeichen beim Namen wird bereits rein mit HTML über den Parameter maxlength auf 40 beschränkt (Zeile 79). Achten Sie darauf, dass alle Bestandteile des Formulars Namen haben. Ein Bezug zur Plausibilisierung des Formulars besteht ausschließlich im <form>-Tag über onSubmit="return plausi()" (Zeile 72). Damit wird die JavaScript-Funktion plausi() aufgerufen. Diese wird einen Wahrheitswert zurückgeben. Wenn alle beim Client prüfbaren Plausibilitäten passen, wird diese Funktion true zurückgeben – sonst false. Das vorangestellte return verhindert im Fall des Rückgabewerts false, dass das Formular überhaupt abgeschickt wird. Ist der Wert aber true, wird das angegebene Script (hier das PHP-Skript bestellung.php im gleichen Verzeichnis wie die Webseite auf dem Server) aufgerufen. Dabei werden die Namen und zugehörigen Werte der Formularfelder mit der Methode POST übergeben.

Zur Plausibilisierung werden bewusst verschiedene Techniken parallel demonstriert. In der Praxis wird man das konsistenter halten. Die Funktion plausi() (Zeile 60 bis 66) ruft der Reihe nach Einzelfunktionen auf, die jeweils alle relevanten Felder in unserem Modell kontrollieren. Diese individuellen Kontrollfunktionen geben jeweils true (Bedingungen in Ordnung) oder false (Bedingungen verletzt) zurück. Falls irgendeine Kontrollfunktion false liefert, bricht auch plausi() mit der Rückgabe false ab. Wirft keine der if-Anweisungen false aus, liefert plausi() den Wert true. Mit anderen Worten – die Zeile 65 wird nur dann erreicht, wenn keine der für unser Modell relevanten Bedingungen verletzt wird. Aber auch bei mehreren Fehlern wird die Funktion plausi() dem Anwender nur die erste Fehlermeldung anzeigen und erst bei einer Beseitigung und erneutem Abschicken wird der Anwender auf eventuell weitere Fehler hingewiesen. Die Formulardaten werden nur abgeschickt, wenn plausi() den Wert true liefert.

> In der Praxis werden dem Anwender meist alle Fehler in einem Schritt angezeigt und wir werden das in einer weiteren Variante gleich umsetzen.

Die Funktion kdname() in den Zeilen 4 bis 12 testet nur, ob das Eingabefeld mit dem Kundennamen leer ist. Da der Kundenname für unser Modell zwingend sein soll, wird eine Fehlermeldung angezeigt und false zurückgegeben, wenn der Kundenname nicht angegeben wurde.

Die Funktion kdnr() in den Zeilen 13 bis 23 sorgt dafür, dass vom Anwender zwingend eine numerische Kundennummer eingeben wird und diese auch mindestens vierstellig ist. Dabei kommt eine if-Abfrage mit zwei Bedingungen zum Einsatz, die mit dem Und-Operator verknüpft werden. Der Test auf einen numerischen Inhalt erfolgt in Zeile 14 mit if(isNaN(document.shop.Kdnr.value). In Zeile 15 wird mit document.shop.Kdnr.value<1000 sichergestellt, dass der Wertebereich über dem numerischen Wert 1000 liegt. Das bedeutet indirekt, dass die Eingabe mindestens vierstellig ist. Damit kann bei dem Eingabefeld auf das HTML-Attribut maxlength verzichtet werden, aber in der Praxis ist ein solches natürlich nie von Nachteil – eventuell auch zusätzlich. Mit den beiden Bedingungen in der if-Abfrage ist ebenfalls implizit gewährleistet, dass der Anwender auf jeden Fall eine Eingabe in dem Feld vornehmen muss.

Die beiden anderen Funktionen in dem Plausibilisierungskonzept verhindern, dass Abhängigkeiten zwischen dem Kontrollkästchen zum Selektieren eines Produkts und der Bestellmenge verletzt werden. Wenn ein Produkt von einem Anwender selektiert wird, muss auch die Bestellmenge größer 0 sein. Auch wird die Eingabe einer Bestellmenge größer 0 nur akzeptiert, wenn das zugehörige Kontrollkästchen selektiert ist[1]. Falls das Kontrollkästchen nicht ausgewählt wird, wird grundsätzlich die Bestellmenge auf den Wert 0 gesetzt. Die Funktion `teean()` in der Zeile 24 bis 41 überprüft in Zeile 25, ob das zugehörige Kontrollkästchen nicht selektiert ist (`if(document.shop.tee.checked!=true)`), setzt dann in Zeile 26 den Wert für die Bestellmenge auf 0 (`document.shop.teeanz.value=0;`) und gibt in Zeile 27 `true;` zurück. Falls aber das Kontrollkästchen selektiert ist, wird der `else`-Zweig ab Zeile 29 ausgeführt. In Zeile 30 stellt die Funktion sicher, dass in dem Feld für die Anzahl nur ein numerischer Wert steht (`if(!isNaN(document.shop.teeanz.value)`). Die zweite Bedingung in Zeile 31 garantiert, dass der Wert nicht negativ ist (`document.shop.teeanz.value>0)`). Nur dann liefert die Funktion in Zeile 32 den Wert `true`. Sind diese Bedingungen verletzt, wird die Bestellmenge auf den Wert 0 gesetzt (in Zeile 35 – `document.shop.teeanz.value=0;`). Die nachfolgende Fehlermeldung in Zeile 38 und 39 (`alert("Wenn Sie das Produkt Tee bestellen, müssen Sie eine gültige Anzahl eingeben");`) wird nur im Fehlerfall überhaupt erreicht, denn bei gültigen Konstellationen wurde bereits vorher `return true` ausgelöst. Deshalb müssen sowohl die Fehlermeldung als auch die nachfolgende Anweisung in Zeile 40 (`return false;`) nicht über eine `if`-Bedingung abgesichert werden.

Die Funktion `kafan ()` in den Zeilen 41 bis 59 funktioniert vollkommen analog für die zweite Kombination aus Kontrollkästchen und einzeiligem Eingabefeld zur Bestellung von Kaffee.

---

1. Das kann man natürlich auch anders lösen. Etwa so, dass die Angabe einer Bestellmenge implizit die Auswahl eines Produkts bedeutet. Unser Beispiel hier soll aber Techniken zeigen und weniger auf solche logischen Optimierungen achten.

*Bild 6.5:
Das Formular
wird nur plau-
sibilisiert ab-
geschickt*

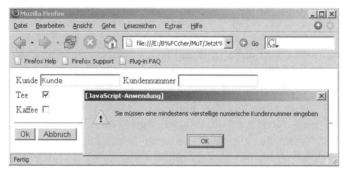

6.5 Zusammenfassung

Wir haben in diesem Kapitel den Umgang mit Webformularen unter JavaScript gesehen. Ein Formular wird in reinem HTML erstellt und lässt
sich sowohl mit als auch ohne Serverkontakt verwenden. Ein Formular
in einer Webseite kann aus Eingabefeldern, mehrzeiligen Textfeldern,
Listen, Schaltflächen und beschreibendem Text bestehen. Ein Anwender lädt ein leeres Formular im Rahmen einer Webseite auf seinen
Rechner und füllt das Formular innerhalb seines Browsers aus. In der
Welt von JavaScript stellt sowohl ein Formular als auch jedes enthaltene
Formularfeld ein Objekt dar. Über das Objektfeld `forms` erfolgt der konkrete Zugriff auf ein Formular aus JavaScript heraus. Über `elements` haben Sie Zugriff auf alle einzelnen Elemente innerhalb von Formularen,
welche in einer HTML-Datei definiert sind. Gegebenenfalls verwenden
Sie bei Auswahllisten das Objektfeld `options`.

6.6 Aufgaben

Der Umgang mit Formularen aus JavaScript heraus ist sicher eine der
wichtigsten Anwendungen überhaupt. Vertiefen Sie Ihr Wissen mit den
nachfolgenden Aufgaben:

▪ Rekapitulieren Sie die HTML-Details zu Formularen.

▪ Üben Sie den Umgang mit Webformularen aus JavaScript. Insbesondere die Situationen, die hier nur kurz angesprochen wurden.

▪ Überlegen Sie sich weitere Situationen, die Sie vor dem Abschicken
eines Webformulars mit JavaScript plausibilisieren können. Setzen
Sie diese Überlegungen in praktische Funktionen um.

6.7   Übungen

Beantworten Sie die nachfolgenden Übungsfragen. Die Lösungen finden Sie in Anhang 9.

F: Wie nennt man ein Feld in einem Formular, das auf jeden Fall ausgefüllt werden muss?

F: Wie heißt das Objektfeld, über das Sie an die einzelnen Elemente in einem Webformular gelangen?

F: Welcher Eventhandler wird beim Verlassen eines Formularfelds ausgelöst?

F: Mit welcher JavaScript-Methode können Sie ein Formular zurücksetzen?

F: Die Methoden welcher Klasse helfen Ihnen bei der Auswertung von Formulareingaben besonders?

F: Wann plausibilisiert man im Browser die Eingabe eines Anwenders in einem Webformular am besten?

KAPITEL 7

JavaScript, DHTML und Style Sheets

Wir wollen in diesem Kapitel zu sehr effektvollen Gestaltungsmitteln für das Web kommen und uns erneut dem Begriff **DHMTL (Dynamic HTML)** im weitesten Sinn zuwenden. Wir sind zwar bereits mit einer Facette von DHTML in Berührung gekommen, als wir das Objektfeld images unter JavaScript manipulierten, aber in diesem Kapitel soll der Fokus auf der Verbindung mit **Style Sheets** liegen. Wie Sie bereits wissen, wird eine HTML-Seite im Rahmen des Document Object Model nicht als statisch aufgebaute, fertige und nicht unterscheidbare Einheit, sondern als differenzierbare Struktur betrachtet. Dies ermöglicht die Behandlung von Bestandteilen der Webseite auch dann, wenn die Webseite bereits in den Browser geladen ist. Style Sheets sind nur Formatvorlagen für identifizierbare Bestandteile einer Webseite (also im Grunde jeden Container) und diese können aus JavaScript heraus manipuliert werden.

Sie lernen in diesem Kapitel etwas über:

- Style Sheets
- Die Verbindungen zu JavaScript
- Dynamic HTML

7.1 Webprogrammierung mit CSS

Das WWW entwickelt sich permanent weiter. Wie bereits mehrfach angesprochen, wird HTML als Basis des Webs seit geraumer Zeit durch zahlreiche Techniken ergänzt – selbstverständlich durch JavaScript, aber auch durch **Style Sheets**. Style Sheets sind einmal der Versuch, den unterschiedlichen Interpretationen von Webseiten auf verschiedenen Plattformen einen Riegel vorzuschieben. Wie Sie wissen, werden HTML-Anweisungen von Browsern sehr oft unterschiedlich dargestellt. Über Style Sheets können Sie das Layout von Webseiten viel genauer festlegen, sofern ein Browser den gewählten Style-Sheet-Standard auch tatsächlich unterstützt. Dies umfasst beispielsweise die Festlegung einer genauen Schriftgröße, einer pixelgenauen Position von Elementen, auf die Nuance genau eingestellte Farben usw. Style Sheets bewegen sich aber auf dünnem Eis, denn sie setzen bei der Zielplattform eine erhebliche Kompatibilität zu einem vorgegebenen Standard voraus. In der Vergangenheit führte das zu vielen Problemen, aber mittlerweile werden Style Sheets von fast allen modernen Browsern (halbwegs) einheitlich unterstützt.

Die Verwendung von Style Sheets hat zahlreiche Vorteile. Neben den erheblich erweiterten Gestaltungsmöglichkeiten beseitigen Style Sheets die Vermischung von Gestaltungsbefehlen und Informationsträgern, was – insbesondere im professionellen Umfeld – der wichtigste Grund für den Einsatz dieser Technik ist. Es lässt sich eine klare Trennung von Struktur und Layout erreichen. Nahezu alle bisherigen HTML-Gestaltungselemente (etwa der HTML-Tag `<font>`) werden bei konsequenter Anwendung von Style Sheets überflüssig. Es gibt diverse Ansätze für die Definition von Style Sheets, also verschiedene Sprachen. Die genauen Regeln für die Style Sheets differieren je nach verwendeter Style-Sheet-Sprache etwas. Wir werden uns nur mit den so genannten **CSS** (Cascading Style Sheets) beschäftigen.

7.1.1 Was sind CSS?

Im Januar 1997 hatte das W3C klare Aussagen zum Einsatz von Style Sheets im Web gemacht und eine verbindliche Empfehlung für deren konkrete Anwendung erstellt – die so genannten Cascading Style Sheets. CSS liegen derzeit in der Version 2 vor.

Style Sheets sind kein Bestandteil von HTML, sondern immer eine eigene Sprachentwicklung. CSS sind diejenigen, die offiziell in HTML verwendet werden sollen, wenn dort mit Style Sheets gearbeitet wird.

Um Style Sheets wie CSS in einer Webseite zu verwenden, müssen Sie diese einer HTML-Seite hinzufügen. Dies kann darüber geschehen, dass Sie Style Sheets in eine Seite einbetten (linken) oder aus einer externen Datei laden (importieren). Das kennen Sie ja alles schon von JavaScript.

Eine externe Lösung ist im Grunde **immer** vorzuziehen. Damit erreichen Sie die gewünschte Trennung von Formatierung und Inhalt – sogar in unterschiedlichen Dateien. Insbesondere kann eine externe Style-Sheet-Datei von allen Webseiten gemeinsam verwendet werden. Das reduziert die Arbeit bei der Erstellung und erleichtert vor allem die Wartung erheblich. Wir werden rein aus Darstellungsgründen hier interne Style Sheets verwenden.

Zur tatsächlichen Definition von Style Sheets stehen Ihnen mehrere Techniken zur Verfügung.

Die Einbindung eines **internen Style Sheets** in eine Webseite erfolgt meist über den `<style>`-Container, einen reinen HTML-Container. In seinem Inneren – meist in Kommentare eingeschlossen, damit für ältere Browser die Anweisungen verborgen bleiben – werden alle Elemente definiert, die ein besonderes Layout erhalten sollen. Das Style Sheet wird konkret wie folgt eingebunden:

```
01 <style type="text/css">
02 <!--
03 ... irgendwelche Anweisungen ...
04 -->
05 </style>
```

Listing 7.1:
Ein `<style>`-
Container

Einen Verweis auf ein **externes Style Sheet** können Sie mithilfe der folgenden Syntax vornehmen:

```
<link type="text/css" rel=stylesheet herf="[URL einer Datei mit CSS-
Informationen]" title="[Name des Style Sheets]">
```

Listing 7.2:
Die Referenz
auf eine ex-
terne Style-
Sheet-Datei

Diese Zeile wird beispielsweise in den Header der HTML-Seite geschrieben.

379

Eine Style-Sheet-Anweisung kann auch als **Inline-Definition** eines HTML-Elements verwendet werden. Dies bedeutet, dass über einen zusätzlichen `style`-Parameter innerhalb des HTML-Tags ein Attributwert gesetzt wird und die Stilinformation ausschließlich innerhalb des definierten Containers gilt. Hier ein Beispiel, in dem die Schriftfarbe im Absatz auf Grün gesetzt wird:

```
<p style="color : green">
```

Optional kann über den `type`-Parameter der Typ der Style Sheets definiert werden. Hierzu ein Beispiel:

```
<p type="text/css" style="font-size: 12pt; color: red">
```

Browser, welche Style Sheets verstehen, haben eine Style-Sheet-Sprache als Vorgabe eingestellt. Dies ist in der Regel CSS1 oder CSS2. Falls die Angabe des `type`-Parameters unterbleibt, wird diese Sprache verwendet. Eine explizite Deklaration ist jedoch in jedem Fall zu empfehlen, zumal über kurz oder lang auf XML basierende Style Sheets (etwa XSL) weitere Verbreitung finden werden.

7.1.2 Die konkrete Syntax von CSS-Deklarationen

Die Syntax einer CSS-Deklaration sieht immer gleich aus, mit dem folgenden Aufbau:

```
name : wert
```

Dabei gibt `name` das zu formatierende Element (den so genannten **Selector**) an und `wert` die konkrete Stilinformation. Mehrere Deklarationen werden durch Semikola getrennt. In vielen Situationen werden die Werte auch in geschweifte Klammern gesetzt. Hierzu ein Beispiel:

```
h1 {border-width: 1; border: solid; text-align: center}
```

Der Selector ist zum Beispiel ein HTML-Tag. Er kann, mit einem Punkt abgetrennt, um die optionale Angabe einer Klasse erweitert werden. Dies ist die Festlegung der Eigenschaften für eine spezielle Instanz eines Elements. Diese Klasse wird dem HTML-Tag dann um den neuen Parameter `class` zugeordnet. Damit ist es möglich, verschiedene Stile für ein Element zu erstellen. Der ursprüngliche Selector, welcher vor dem Punkt steht, ist das Elternelement zu dieser Instanz.

Die Zuweisung eines Werts muss über den **Doppelpunkt** erfolgen, nicht über ein Gleichheitszeichen. Leider beachtet der Internet Explorer diese Regel nicht und unterstützt auch Stilangaben, bei denen der Wert mit einem Gleichheitszeichen zugewiesen wurde. Dem Ersteller fällt dann der Fehler oft nicht auf und er veröffentlicht fehlerhafte Style Sheets, die in anderen, korrekt arbeitenden Browsern nicht funktionieren.

Sie können auch eine Klasse ohne direktes Elternelement angeben. In diesem Fall wird der Selector direkt mit einem vorangestellten Punkt angegeben und bei der konkreten Verwendung ein HTML-Element um den so benannten, neuen Parameter erweitert. Dies hört sich jetzt sehr abstrakt und wahrscheinlich unverständlich an. Mit einem Beispiel wird es aber schnell klar. Probieren wir das einmal in einer Übung aus.

1. Erstellen Sie die folgende Datei (*stil1.html*):

```
01 <html>
02 <head>
03  <title>Style Sheets</title>
04  <style type="text/css">
05  <!--
06  h1 { color : white }
07  h1.neuefarbe { color : red}
08  h1.nocheinefarbe { color : yellow}
09  body { background : black ; color : silver}
10  .nurclass {background : red; color : blue}
11  -->
12  </style>
13 </head>
14 <body>
15  <h1>Die Überschrift H1 mit normalen Style Sheets</h1>
16  <h1 class=neuefarbe>Eine H1-Überschrift mit der Class-Information
neuefarbe</h1>
17  <p>Normaler Text und <i class=nurclass>darin veränderte </
i>Farbe.
18  <h1 class=nocheinefarbe>Eine H1-Überschrift mit der Class-
Information nocheinefarbe</h1>
19  </body>
20 </html>
```

Listing 7.7:
Style Sheets
im Einsatz

2. Laden Sie die Datei in einen Browser.

Die Übung verwendet schon sehr viel CSS. Was passiert hier alles? Im <style>-Container wird in Zeile 6 zuerst eine Stilinformation (Schriftfarbe Weiß) für alle Überschriften der Ordnung 1 vereinbart (h1 { color

381

: white }). Danach wird in Zeile 7 über eine durch Punkt abgetrennte Klasse ein Unterstil (Schriftfarbe rot) für die Überschriften der Ordnung 1 bestimmt (h1.neuefarbe { color : red}), die später mit class diesen hier festgelegten Namen zugewiesen bekommen. Die folgende Angabe (h1.nocheinefarbe { color : yellow}) deklariert noch einen zweiten Unterstil (Schriftfarbe Gelb) für die Überschriften der Ordnung 1. Die vorletzte Stildeklaration in Zeile 9 im <style>-Container legt die Hintergrundfarbe und die Schriftfarbe der Webseite fest. Interessant ist die letzte Stildeklaration im <style>-Container. Die Angabe .nurclass {background : red; color : blue} deklariert eine Stilinformation (rote Hintergrundfarbe und blaue Textfarbe), die bei Bedarf an jedes HTML-Element als neu definierter Parameter angehängt werden kann.

Innerhalb des <body>-Bereichs werden die vereinbarten Stilinformationen nun angewandt. Der normale Tag <h1> wird wie immer verwendet, er hat nur die in den Stilinformationen abgeänderten Auswirkungen. Die beiden Unterstile werden über einen neuen Parameter im <h1>-Tag angewandt. In Zeile 16 wird über <h1 class=neuefarbe> die Klasse zugewiesen und in Zeile 18 mit <h1 class=nocheinefarbe> die andere Klasse. In Zeile 17 wird im <i>-Container über <i class=nurclass> die allgemein zu verwendende Klasse eingesetzt. Im normalen Textfluss kommt der Tag zur Erzeugung von kursiver Schrift zum Einsatz. Er ist nur um den im <style>-Container erzeugten Parameter erweitert, der in den <i>-Container eingeschlossenen Text mit roter Hintergrundfarbe und blauer Textfarbe darstellt.

Bild 7.1:
Verschiedene
Stile

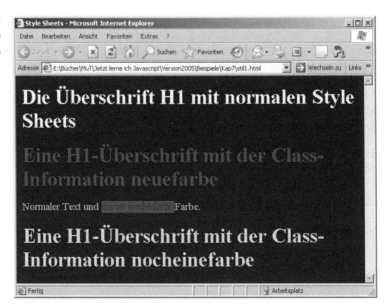

Die Festlegung von Klassen bei Stilvereinbarungen ist besonders deshalb interessant, weil Sie unter JavaScript über die Angabe className auf diese Stilvereinbarungen zugreifen können.

Sie können Style Sheets auch über eine so genannte ID auswählen. Dies wird zwar vom W3C nicht empfohlen, aber von vielen Browsern unterstützt. Sie ordnen damit eine Formatierung einem bestimmten Element zu (keiner Elementklasse wie eben). Dies funktioniert, indem bei der Deklaration statt eines Punkts eine Raute (#) vorangestellt wird (etwa p#meineID {color : red}). Anwenden kann man diese ID, indem man statt class dem jeweiligen Element als Parameter id nachstellt (im Beispiel sähe das wie folgt aus: <p id=meineID>)

Wenn Sie verschiedene Selektoren zusammen in einer Stilinformation deklarieren, bilden sie eine Gruppe. Die einzelnen Selektoren werden durch Kommata voneinander getrennt und bekommen alle die jeweils angegebenen Stile zugeordnet. Nicht explizit angegebene Attribute werden davon nicht beeinflusst.

1. Erstellen Sie die Datei *stil2.html*:

```
01 <html>
02 <head>
03 <style type="text/css">
04 <!--
05 h1, h3, h5, h6 { color: red; background : yellow }
06 -->
07 </style>
08 </head>
09 <body>
10 <h1>Überschrift 1</h1>
11 <h2>Überschrift 2</h2>
12 <h3>Überschrift 3</h3>
13 <h4>Überschrift 4</h4>
14 <h5>Überschrift 5</h5>
15 <h6>Überschrift 6</h6>
16 </body>
17 </html>
```

Listing 7.8: Gemeinsame Definition für mehrere Selektoren

2. Laden Sie die Datei in einen Browser.

Sie werden feststellen, dass die Überschriften der Ordnung 1, 3, 5 und 6 mit veränderten Farben dargestellt werden, die anderen beiden unverändert in der Standardschriftfarbe. Die übrigen Details der Überschriften (Größe, Schriftart etc.) sind unverändert.

383

Bild 7.2:
Mehreren
Überschriften
wurden glei-
che Formate
zugeordnet

 In Anhang 7 finden Sie zur konkreten Syntax von CSS weitere Informationen.

7.2   DHTML mit JavaScript und CSS

Mit der Verbindung von Style Sheets und JavaScript lassen sich hervorragende dynamische Effekte erzielen. Dies kann etwa direkt über Veränderungen der Webseite durch den Anwender geschehen (etwa über die Tastatur oder die Maus) oder aufgrund von Eingaben bei irgendwelchen Elementen als eine automatische Folgereaktion.

Im Mittelpunkt der dynamischen Veränderung von Webseiten über JavaScript steht das Attribut ID, mit dem Sie HTML-Tags erweitern können und über das ein Script ein Element in einer Webseite identifizieren kann. Allerdings wird sich die weitere Vorgehensweise im Microsoft- und im (neueren) Netscape-Modell unterscheiden[1].

---

1. Das alte Netscape-Modell ist noch ein ganz anderes Thema, aber dieses Modell ist mittlerweile in der Praxis nicht mehr relevant.

7.2.1   Der Zugriff über die Eigenschaft className

Im Rahmen des Microsoft-Modells verwendet man im Skript für den Zugriff auf ein HTML-Container die Eigenschaft `className` des Objekts des zu formatierenden Elements, das über die ID bereitsteht. Mittlerweile unterstützen fast alle relevanten Browser diese Art des Zugriffs.

```
01 <html>
02 <style TYPE="text/css">
03 <!--
04 .stil1 {
05   color:red;
06   font-style:italic;
07   font-size:18px;
08   background-color : yellow;
09   }
10 .stil2 {
11   color:white;
12   font-style:normal;
13   font-size:42px;
14   background-color : blue;
15   }
16 -->
17 </style>
18 <script language="JavaScript">
19 <!--
20 function farbwechsel() {
21   if (P1.className=="stil1") {
22     P1.className="stil2";
23     P2.className="stil1";
24   }
25   else {
26     P1.className="stil1";
27     P2.className="stil2";
28   }
29 }
30 //-->
31 </script>
32 <body>
33 <p class="stil1" id="P1">Trillian</p>
34 <p class="stil2" id="P2">Arthur</p>
35 <form>
36   <input type="button" value="Farbwechsel"
onClick="farbwechsel()">
37 </form>
38 </body>
39 </html>
```

*Listing 7.9:
Austausch von
Stilinforma-
tionen per
Schaltfläche*

385

1. Erzeugen Sie das folgende Beispiel (*stil3.html*):

2. Laden Sie die Datei in einen Browser.

3. Klicken Sie auf die Schaltfläche.

4. Testen Sie das Beispiel auch in anderen Browsern.

Bild 7.3:
Original-
aussehen

Das Beispiel verwendet zwei Stilklassen (`stil1` und `stil2` in Zeile 4 bis 9 und 10 bis 15), die verschiedene Stilangaben definieren. Den beiden Absätzen in der Webseite wird über den `class`-Parameter jeweils eine der beiden Stilinformationen als Standardwert zugewiesen (Zeilen 33 und 34). In dem nachfolgenden Formular wird über die Schaltfläche eine Funktion (`farbwechsel()`) aufgerufen, welche die beiden Stilvereinbarungen vertauscht (Zeile 36). Gleichzeitig wird im Rahmen einer `if`-Abfrage in der Funktion kontrolliert, welche Stilvereinbarung aktuell zugewiesen ist, und immer die alternative ausgewählt (Zeile 21 – eine Schalterfunktionalität).

Bild 7.4:
Die Absätze
verändern
dynamisch ihr
Aussehen

Der Zugriff über getElementById()

Eine alternative Möglichkeit für den Zugriff auf Stilinformationen aus JavaScript basiert auf dem Netscape-Modell, das mittlerweile ebenfalls in allen wichtigen Browsern unterstützt wird. Dazu ist wie beim Microsoft-Modell der ID-Parameter beim HTML-Tag wichtig. Allerdings kommt beim Zugriff über JavaScript nicht `className` zum Einsatz, sondern die Methode `getElementById()` des `document`-Objekts. Dieser Methode wird als Parameter der Wert des ID-Attributs des entsprechenden Tags übergeben. Der Rückgabewert der Methode ist eine Referenz auf das entsprechende Element. Darüber können Sie dann auch beispielsweise auf die `style`-Eigenschaft des Elements zugreifen.

Mit dem folgenden Code macht man beispielsweise den mit der ID a gekennzeichneten Container unsichtbar:

```
document.getElementById("a").style.visibility = "hidden"
```

Listing 7.10:
Zugriff auf ein Element mit getElement-ById()

Schauen wir uns ein vollständiges Beispiel an, das zeitgesteuert einen Container erst unsichtbar und dann wieder sichtbar macht.

Erstellen Sie das nachfolgende Beispiel (*stil4.html*):

```
01 <html>
02 <script language="JavaScript">
03 function lade(){
04   document.getElementById("a").style.visibility = "hidden";
05   setTimeout('document.getElementById("a").style.visibility =
"visible"',2000);
06 }
07 </script>
08 <body onLoad="lade()">
09   <div align="center">
10     <h1>Willkommen</h1>
11     <h3 id="a">auf</h3>
12     <h1>meiner Homepage</h1>
13   </div>
14 </body>
15 </html>
```

Listing 7.11:
Zeitversetztes Anzeigen von Teilen der Webseite

In Zeile 11 wird die Überschrift der Ordnung 3 mit der ID a versehen. Die beim Laden der Webseite über den Eventhandler `onLoad` aufgerufene `lade()`-Funktion greift in den Zeilen 4 und 5 mit `document.getElementById("a")` auf das `style`-Objekt zu und setzt zuerst den Container auf unsichtbar (Zeile 4 – `document.getElementById("a").style.visibility = "hidden";`), um ihn dann nach zwei Sekunden auf sichtbar zu setzen (Zeile 5 – `setTimeout('document.getElementById("a").style.visibility = "visible"',2000);`).

7.2.2 Elemente in einer Webseite in der Position verschieben

Sie können beliebige Elemente in einer Webseite unabhängig von der Position, die mit HTML festgelegt ist, frei positionieren. Auch dazu kommen Style Sheets zum Einsatz. Dies kann entweder mit relativen Positionsangaben oder über absolute Positionsangaben erfolgen. Für Letzteres gibt es die gemeinsam zu verwendenden Angaben:

Listing 7.12:
Positionierung
von Elementen

```
position:absolute; left=[Position]; top=[Position];
```

Damit können beliebige Elemente pixelgenau positioniert werden und nahezu alle neuen Browser verstehen es. Allgemein kann man zwar auch HTML-Tags positionieren, aber das ist kaum sinnvoll, denn dann werden alle Elemente eines Typs an der gleichen Stelle angezeigt. Deshalb machen Positionierungen im Grunde nur bei Klassen Sinn.

Selbstverständlich kann man auch mit JavaScript Positionierungen, die über Style Sheets angegeben werden, beeinflussen. Dazu weisen Sie einfach dynamisch Style Sheets zu, die die Position eines Elements beeinflussen. Das nachfolgende Beispiel zeigt das Verschieben eines Hyperlinks, bevor der Anwender darauf klicken kann. Dabei wird der Zugriff über `className` erfolgen. Falls Sie das Beispiel auch in einem Browser ausführen wollen, der nur das Netscape-Modell versteht, verwenden Sie für den Zugriff die Methode `document.getElementById()`.

1. Erstellen Sie das folgende Beispiel (*stil5.html*):

Listing 7.13:
Kein Klick
möglich

```
01 <html>
02   <style TYPE="text/css">
03   <!--
04     .pos1 {
05       position:absolute;
06       left:100px;
07       top:30px;
08       background-color : yellow;
09     }
10     .pos2 {
11       position:absolute;
12       left:200px;
13       top:75px;
14       background-color : green;
15     }
16   -->
17   </style>
```

```
18   <script language="JavaScript">
19   <!--
20   function poswechsel() {
21     if (P1.className=="pos1") P1.className="pos2";
22     else P1.className="pos1";
23   }
24 //-->
25 </script>
26 <body>
27 <img src="1.gif">
28 <br>
29   <span class="pos1" id="P1" onMouseOver="poswechsel()">
30   <a href="#">Weiter</a>
31   </span>
32 <img src="2.gif">
33 </body>
34 </html>
```

2. Laden Sie die Datei in einen Browser.

3. Bewegen Sie den Mauszeiger auf den Link.

Das Beispiel beeinflusst dynamisch die Position von Elementen über Style Sheets. Dabei wird der HTML-`<span>`-Tag verwendet, der mit dem id-Attribut `P1` versehen wird (Zeile 29). Darüber greift die Funktion `poswechsel()` auf die Stilklasse zu. Sobald der Mauszeiger auf den Linkbereich bewegt wird, wird mit dem Eventhandler `onMouseOver` die Funktion `poswechsel()` ausgelöst. Diese verschiebt jeweils den Container auf die Alternativposition und verändert dabei die Hintergrundfarbe. Ein Anwenderklick läuft ins Leere. Dabei wird in Zeile 21 mit `if (P1.className=="pos1")` kontrolliert, welche Stilklasse gerade aktuell zugewiesen ist, und dann jeweils die alternative Stilklasse zugewiesen.

Bild 7.5:
Die Originalposition des Hyperlinks

Bild 7.6:
Der Maus-
zeiger wurde
auf die Origi-
nalposition
bewegt und
der Link befin-
det sich an ei-
ner anderen
Position

Einen sehr interessanten Effekt können Sie erzielen, wenn Sie beim Positionieren von Elementen der Webseite den Offscreen-Bereich mit einbeziehen. Das bedeutet, Elemente werden mit negativen Werten links außerhalb oder oberhalb des sichtbaren Anzeigebereichs des Browsers positioniert. Dieser Offscreen-Bereich dient dazu, bestimmte Elemente einer Webseite bereits zu laden, aber explizit vor den Blicken eines Anwenders zu verbergen. Wenn Sie ein Element nach links außen oder nach oben verschieben, zeigt der Webbrowser auch keine (unerwünschten) Bildlaufleisten an. Mit JavaScript weisen Sie dann bei Bedarf einem Element im Offscreen-Bereich eine Stilklasse zu, die eine Position im sichtbaren Bereich des Browsers spezifiziert.

7.3 Animationen mit JavaScript und Style Sheets

Wir kommen zum Abschluss dieses Kapitels noch einmal zu Animationstechniken zurück und wollen mit JavaScript Positionsveränderungen einfließen lassen, die Animationseffekte erheblich erweitern können. Sie können natürlich die Positionierung von Elementen mit Style Sheets in einer Webseite auch zeitgesteuert durchführen und dabei eine Verschiebung vornehmen. Bei der folgenden Animation wird ein Bild per JavaScript verschoben. Dabei erfolgt der Zugriff auf die Stilklassen über `className`. Falls Sie das Beispiel auch in einem Browser ausführen wollen, der nur das Netscape-Modell versteht, verwenden Sie für den Zugriff die Methode `document.getElementById()`. Beachten Sie die trickreiche Verwendung der Zeitsteuerung und der Rekursion – sowohl bei der Generierung der Positionierungen als auch bei der Abarbeitung der `setTimeout()`-Anweisungen. Die Positionen werden dynamisch mit JavaScript geschrieben und mit einer Schleife werden die `setTimeout()`-Befehle zusammengesetzt.

1. Erstellen Sie das folgende Beispiel (*stil6.html*):

```
01 <html>
02   <script language="JavaScript">
03   <!--
04   anzahl = 80;
05   function ani () {
06     befehl="";
07     for(i=1;i<=anzahl;i++){
08       befehl ="P1.className='pos" + i + "'";
09       setTimeout(befehl,50*i);
10     }
11   }
12   function schreibePos () {
13     document.write("<style type='text/css'>");
14     for(i=1;i<=anzahl;i++)
15       document.write(
16         ".pos" + i + "{ position:absolute;  left:" + (50+i*5) +
17         "px;  top:" + (80 + i*2) + "px  }");
18     document.write(
19       "</style><body><h1>Referenztext</h1><span class='pos1'
   id='P1'><img src='1.gif' height=15 name='bat'></span>");
20   }
21   schreibePos();
22   ani();
23   //-->
24   </script>
25 </body>
26 </html>
```

Listing 7.14:
Dynamisches
Schreiben von
Style Sheets

2. Laden Sie die Datei in einen Browser.

Das Beispiel verschiebt eine Grafik entlang von Positionen, die mit Style Sheets angegeben werden. Dabei nutzen wir JavaScript, um beim Laden der Webseite dynamisch erst die Style Sheets zu schreiben. In Zeile 21 wird die Funktion `schreibePos()` aufgerufen. Diese generiert zuerst in Zeile 13 den Beginn des Style-Sheet-Containers. Dann werden mit einer for-Schleife (Zeilen 14 bis 17) die Positionsangaben per CSS aufgebaut. Schauen wir uns das Fragment genauer an:

```
document.write(".pos" + i + "{ position:absolute;  left:" + (50+i*5)
+ "px;  top:" + (80 + i*2) + "px  }");
```

▪ Aus `".pos" + i` wird je nach Schleifendurchlauf `.pos1`, `.pos2` etc. zusammengesetzt.

▪ Aus `"{ position:absolute;  left:" + (50+i*5)` entsteht je nach Schleifendurchlauf `{ position:absolute;  left: 405,` `{ position: absolute;  left: 410` etc.

391

> ▪ Aus "px; top:" + (80 + i*2) + "px }" folgt abschließend je nach Schleifendurchlauf px; top: 110px }, px; top: 120px } etc.

Es wird also eine Reihe mit CSS-Positionsangaben erstellt, deren Anzahl sich aufgrund des Werts der Variablen anzahl (Zeile 4) ergibt. Abschließend schreibt die Funktion schreibePos() in Zeile 18 und 19 mit document.write("</style><body><h1>Referenztext</h1><span class= pos1 id=P1><img src='1.gif' height=50 name='bat'></span>"); das Ende des Stilcontainers und einen Body mit einer Bildreferenz (die verschoben werden soll). Die Überschrift davor dient als Referenz, damit Sie die Verschiebung sehen können.

Nach dem Schreiben der CSS-Positionsangaben wird die Funktion ani() in Zeile 22 aufgerufen. Dort erfolgt zuerst die Einführung einer String-Variablen befehl (Zeile 6). Diese wird in der nachfolgenden for-Schleife verwendet, um den Befehl für setTimeout() in Zeile 8 zusammenzusetzen. Dabei erfolgt der Zugriff auf die Stilklasse über className, was ja explizit mit dem Microsoft-Modell verbunden ist. Falls Sie das Beispiel auch in einem Browser ausführen wollen, der nur das Netscape-Modell versteht, verwenden Sie für den Zugriff die Methode document.getElementById(). Die Stringverkettung "P1.className='pos" + i + "'" liefert im ersten Schleifendurchlauf P1.className='pos1', im zweiten P1.className='pos2' etc. Die Angabe P1 ist die id-Angabe aus dem HTML-Tag für das Bild. In Zeile 9 wird zudem die Zeitspanne für setTimeout() mit der Zählvariablen i vergrößert, um die Intervalle zu generieren.

Bild 7.7:
Die Grafik
befindet sich
links oben

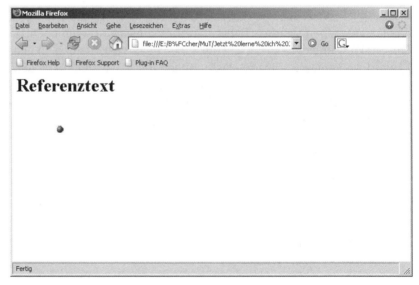

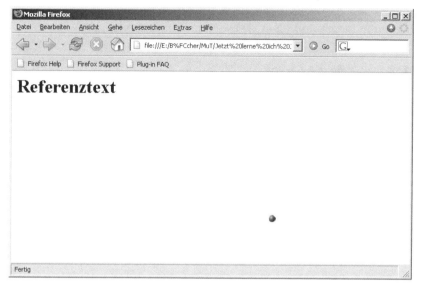

Bild 7.8:
Die Grafik
wurde zeitge-
steuert nach
rechts unten
verschoben

7.4 Zusammenfassung

Dieses abschließende Kapitel befasste sich mit effektvollen Gestaltungsmitteln für das Web über DHTML. DHTML trägt zwar HTML im Namen, unterliegt jedoch nicht den Einschränkungen dieser Technik, da andere Technologien hinzugenommen werden. Eine wichtige Erweiterung des HTML-Konzepts ist dabei die Konzeption der Style Sheets. Dies ist einmal der Versuch, der unterschiedlichen Interpretation von Webseiten auf verschiedenen Plattformen einen Riegel vorzuschieben. Über Style Sheets kann nun das Layout von Webseiten haargenau festgelegt werden. Zusätzlich trennen Style Sheets das Layout von der Struktur. Es gibt verschiedene Versionen von Style Sheets und die genauen Regeln für die Verwendung von Style Sheets werden je nach verwendeter Style-Sheet-Sprache etwas differieren. Vom W3C werden Style Sheets in der CSS-Version zur Verwendung mit HTML empfohlen. Um eine Style-Sheet-Sprache wie CSS zu verwenden, müssen Sie diese einer HTML-Seite hinzufügen. Die Implementation von CSS-Style-Sheets kann über verschiedene Techniken erfolgen.

Sie können Style Sheets mit JavaScript ansprechen und damit sehr eindrucksvolle Effekte in Ihrer Webseite erzeugen. Im Mittelpunkt der dynamischen Veränderung von Webseiten über JavaScript steht das Attri-

393

but ID, mit dem sich HTML-Tags erweitern lassen und über das ein
Script ein Element in einer Webseite identifizieren kann.

7.5 Aufgaben

Sie kennen das Konzept ja mittlerweile zu Genüge – vertiefen Sie den
behandelten Stoff mit den nachfolgenden Aufgaben:

- Üben Sie die den Umgang mit Style Sheets.

- Erstellen Sie einige DHTML-Beispiele.

- Falls Sie sich nicht mit CSS auskennen oder einzelne Formatierungen
  nicht verstehen, schlagen Sie in Anhang 7 die notwendigen Details
  nach.

7.6 Übungen

Und auch die am Ende des Kapitels regelmäßig zu findenden (und in
Anhang 9 aufgelösten) Übungsfragen sind nur dafür da, Sie weiter vor-
anzubringen. Also keine Müdigkeit vortäuschen und ran an den Speck
;-):

F: **Mit welchem Tag werden Style Sheets in eine Webseite direkt
eingebunden?**

F: **Wozu verwendet man bei Style Sheets Klassen?**

F: **Wie heißt der Parameter in einem HTML-Tag, der für den Java-
Script-Zugriff auf Stilinformationen elementar ist?**

F: **Was ist der Hauptnutzen von Style Sheets?**

F: **Mit welchen Zeichen erfolgt die Wertzuweisung bei Style
Sheets?**

KAPITEL 8

Ein Blick über den Tellerrand

Sie haben bis hierher bereits einen vollständigen Einstieg in die Webseitenerstellung und -programmierung erhalten. In diesem abschließenden Kapitel wollen wir als **kleinen Ausblick** noch etwas über den Tellerrand von HTML, Style Sheets und JavaScript schauen, insbesondere in Hinsicht auf die serverseitige Programmierung.

Sie lernen in diesem Kapitel etwas über:

- XML

- Programmieren auf Serverseite mit PHP, JSP und Servlets, ASP & Co.

- Umgang mit Datenbanken auf dem Server mit MySQL und alternativen Datenbanken

8.1   XML

HTML ist mittlerweile etwas in die Jahre gekommen und XHTML kommt – zumindest auf breiter Front – nicht richtig aus den Pötten. Nun hört man gelegentlich von einer alternativen Technik zur Erstellung einer Webseite: **XML – Extensible Markup Language**. Auch in diesem Buch wurde an verschiedenen Stellen Bezug auf XML genommen. XML wird sogar vereinzelt als Ablösung von HTML gehandelt, zumal XML wie HTML auf SGML zurückgeht und damit offensichtliche verwandtschaftliche Beziehungen bestehen. Allerdings ist dies eine viel zu eingeschränkte Sicht der Dinge. In der Tat können Sie zwar mit XML Webseiten definieren, insbesondere in Verbindung mit Style Sheets (CSS, XSL etc.). Für die Darstellung der Seiten benötigt ein Besucher nur einen XML-fähigen Browser. Und da alle neuen Webbrowser einen XML-Interpreter (einen XML-Parser) beinhalten, ist diese Voraussetzung im weiten Umfeld gegeben. Aber die Verbindung von XML und Webseitenerstellung beschreibt nicht den eigentlichen Zweck von XML. Bei XML hat man – im Gegensatz zu HTML – nicht die Darstellung von Daten, sondern deren Struktur im Fokus. XML trennt die Struktur von der Darstellung und ist damit viel, viel abstrakter (und flexibler) als HTML. So ist, wie gesagt, eine Darstellung von Daten via XML im Rahmen einer Webseite durchaus möglich. Aber dies ist nur eine (und wahrscheinlich sogar die unwichtigste) Möglichkeit von XML. Allgemein ist XML ein plattformneutraler Klartextstandard zur Beschreibung der Struktur von Dokumenten in Form einer Baumstruktur. XML besitzt im Gegensatz zu HTML selbst keine eigenen Elemente bzw. Schlüsselwörter. XML erstellt stattdessen strenge Regeln für den Aufbau XML-konformer Dokumente und gestattet es damit, **neue Sprachen** zu definieren. Solche Sprachen sind Anwendungen von XML und können dann Webseiten beschreiben, aber ebenso Datenbankstrukturen, Initialisierungsdateien für Programme, Dokumente zum Austausch strukturierter Informationen, die maschinell lesbar sein sollen oder Dateiformate von Anwendungsprogrammen (etwa bei OpenOffice.org). Die Namen einzelner XML-Elemente für eine konkrete XML-Anwendung können Sie als Ersteller eines XML-Dokuments – bis auf XML-bezogene Namensregeln – frei wählen.

Für das Framework **Eclipse** gibt es nicht nur Plug-Ins für HTML, JavaScript und Style Sheets, sondern auch XML. **XMLBuddy** oder **HTML Tidy** beispielsweise kann XML-Dokumente verarbeiten.

Damit ein Dokument XML-konform ist, muss es zumindest wohlgeformt (**well formed**) sein. Das bedeutet, ein solches Dokument hält sämtliche syntaktischen Regeln für XML ein. Dies umfasst ähnliche Regeln, wie wir sie bei XHTML kennen gelernt haben. So muss die Groß- und Kleinschreibung eingehalten werden, es gibt keine leeren Elemente, ein Dokument benötigt eine saubere Grundstruktur, Attribute erfordern eine Wertzuweisung in Hochkommata und eine Verschachtelung muss sauber aufgelöst werden. Die zweite Ebene der XML-Konformität ist die so genannte **Gültigkeit**. Falls ein Dokument gültig (**valid**) sein soll, muss es zusätzlich zur Wohlgeformtheit weiteren Regeln genügen, die in Form einer zusätzlichen Grammatik angegeben werden. Dies erfolgt über eine so genannte DTD (Document Typ Definition), wie wir sie ebenso bei HTML-Dokumenten haben können, oder mithilfe eines XML-Schemas. Der Aufbau eines XML-Dokuments ähnelt einer HTML-Datei. Hier ein Beispiel einer XML-Datei:

```
<?xml version="1.0"?>
<autor firma="RJS EDV-KnowHow">
    <name>Steyer</name>
    <vorname>Ralph</vorname>
    <webseite>www.rjs.de</webseite>
</autor>
```

Listing 8.1: Eine wohlgeformte XML-Datei (die jedoch nicht gültig ist – es fehlt die Angabe einer DTD oder eines Schemas)

8.2 Serverseitige Programmierung mit PHP & Co.

Dieses Buch befasst sich mit der Webseitenerstellung und Programmierung mit JavaScript im Webbrowser, also mit der Arbeit auf der Clientseite. Aber es gibt einige Situationen, in denen die Arbeit auf dem Client nicht genügt. Die Verwendung von Formularen ist so ein Fall. Hier ist es in der Regel nicht damit getan, dass die Daten auf dem Client verbleiben. Die Daten werden zu einem Webserver geschickt und müssen dort verarbeitet werden. Eine andere zwingende Anwendung von serverseitiger Technik betrifft alle Fälle, in denen Daten von mehreren Besuchern gespeichert und verwertet werden sollen – etwa ein Zugriffszähler, ein Gästebuch oder ein Bestellsystem in einem Onlineshop.

Wir wollen uns hier sehr komprimiert mit dem Weg beschäftigen, wie die Daten auf einem Server verarbeitet werden. Dort können verschiedenste Techniken zum Einsatz kommen. Ein Beispiel wäre **Perl**, das hauptsächlich in älteren Anwendungen Standard ist und heutzutage vor allem in sehr professionellen und großen Serverapplikationen verwendet wird, oder **ASP (Active Server Pages)**[1] und dessen Nachfolger **ASP.NET**. Beide letztgenannten Techniken gehen explizit auf Microsoft zurück und werden hauptsächlich in deren eigenen Webservern unterstützt. Insbesondere ist bei ASP interessant, dass Sie auf Serverseite zur Erstellung von ASP-Skripten neben VBScript ebenso JavaScript[2] verwenden können. ASP.NET ist die Anpassung von ASP an das .NET-Framework von Microsoft. Dabei hat ASP.NET – trotz der Ähnlichkeit im Namen – kaum noch etwas mit ASP zu tun. Insbesondere sind ASP.NET-

---

1. Im alten Konzept.

2. Sie können Ihre JavaScript-Kenntnisse dort unmittelbar übernehmen.

Anwendungen kompiliert und werden somit vom Server nicht mehr interpretiert.

Eine professionelle Alternative sind **Java Server Pages (JSP)**. Wie **Java** im Namen schon andeutet, handelt es sich um eine von Sun Microsystems entwickelte Technologie. Sie basiert auf Skripten, in denen Java-Code in statischen Inhalt eingebettet wird. JSP-Skripten werden auf dem Server im Hintergrund mit einem JSP-Compiler in Java-Quellcode umgewandelt. Dieser Quellcode wird im Anschluss wie gewöhnlicher Java-Quellcode durch den Java-Compiler in Bytecode umgewandelt. Es entsteht ein so genanntes **Java-Servlet**. Aber Servlets lassen sich ebenso direkt erzeugen, indem von einem Programmierer direkt Java-Quellcode erzeugt und dieser dann kompiliert wird. Ein wesentlicher Unterschied zwischen dem Schreiben eines JSP-Skripts und Servlet-Code ist also der, dass beim Schreiben eines JSP-Skripts der Programmierer kein Java in vollem Umfang kennen muss. Es ist damit definitiv einfacher als die direkte Erstellung von Servlet-Quellcode. In beiden Fällen werden jedoch die erzeugten Java-Klassen dann vom Webserver an seine zugeordnete Servlet-Engine weitergereicht und ausgeführt.

Eine weitere serverseitig eingesetzte Technologie nennt sich **PHP** (eine Open-Source-Entwicklung). Ursprünglich war es die Abkürzung für **Personal Home Page Tools**, aber mittlerweile wird es als so genanntes rekursives Akronym[1] verwendet und bedeutet PHP Hypertext Preprocessor. PHP ist eine Skriptsprache, deren Syntax sich stark an C anlehnt. Dennoch ist PHP von allen serverseitigen Programmiersprachen am einfachsten zu lernen, denn gerade in Hinsicht auf Datentypen und den Umgang mit Variablen läuft bei PHP nahezu alles automatisch im Hintergrund. Dazu bietet PHP eine sehr einfache und recht weit reichende Datenbankunterstützung. Der Umgang mit Formulardaten ist ein Kinderspiel (was bei den Konkurrenztechniken nicht direkt gesagt werden kann) und es gibt mittlerweile unzählige Funktionsbibliotheken für die verschiedensten Anwendungen. PHP wurde 1995 von Rasmus Lerdorf entwickelt und über die Jahre von verschiedenen zentralen Personen und einer großen Open-Source-Community bis hin zur aktuellen Version 5 entwickelt. Wie viele Open-Source-Projekte wurde PHP jedoch zeitweise etwas unkontrolliert vorangetrieben. PHP zeichnet sich (vorsichtig gesagt) nicht gerade durch Konsistenz in der Anwendung ebenso wie im Konzept aus. Dazu ist der gesamte Hintergrund von PHP

---

1. Die Abkürzung kommt wieder selbst im Namen vor. Ein anderes bekanntes Beispiel ist GNU – das steht für GNU is not Unix.

prozedural, obwohl in PHP 5 eine objektorientierte Programmierung möglich (aber leider nicht zwingend) ist. Aber obwohl PHP von Anfang an hauptsächlich auf Einsteiger ausgerichtet war und in Hinblick auf eine professionelle Webserver-Programmierung massive konzeptionelle Schwächen aufwies und zum Teil immer noch hat (ein Preis der extremen Ausrichtung auf Einfachheit), erfreut sich PHP bei den serverseitigen Programmiertechniken einer weiten Verbreitung. Dies beruht sicherlich auf der extremen Einfachheit im Vergleich zu den Konkurrenten, aber ebenso darauf, dass es aufgrund des Open-Source-Charakters bei Providern die Kosten reduziert. Und wenn es auch viele Profis lange Zeit nicht wahrhaben wollten – mittlerweile wurden viele professionelle Projekte mit PHP realisiert[1] und PHP hat sich im serverseitigen Massenmarkt zur wichtigsten Programmiertechnik entwickelt.

8.2.1　Die Voraussetzungen

Wenn Sie die Programmierung auf Serverseite durchführen wollen, brauchen Sie Zugang zu einem Webserver mit entsprechender Unterstützung. Bei der praktischen Umsetzung kommt es nun auf Ihren Internet-Provider an. Und da stellt sich die Frage, ob und welche der serverseitigen Techniken der Webserver bei Ihrem Provider unterstützt. Viele Provider setzen aus Kosten- und Sicherheitsgründen mittlerweile auf **Apache** als Webserver in Verbindung mit PHP. Aber auch die anderen Techniken werden häufig – insbesondere bei höherpreisigen Angeboten – zur Verfügung gestellt.

Zum Entwickeln und Testen von serverseitigen Skripten oder Programmen, aber genauso zum Testen der Funktionalität Ihrer Webseiten in einer realen Umgebung[2] sollten Sie jedoch auf jeden Fall selbst einen Webserver mit entsprechender Unterstützung lokal zur Verfügung haben. Dazu ist im professionellen Umfeld Apache fast immer die erste Wahl, wenn es um PHP, Perl, JSP oder Servlets geht. Apache gibt es für alle wichtigen Betriebssysteme. Allerdings ist dieser Server absolut kein Spielzeug und alles andere als trivial zu administrieren. Bei Verwendung von JSP und Servlets müssen Sie zudem Apache mit einer entsprechenden Webcontainer-Umgebung erweitern. Hier ist **Jakarta Tomcat**

---

1. Viele Open-Source-Projekte – zum Beispiel das sehr populäre Wikipedia – basieren auf PHP.

2. Auch wenn Sie keinerlei serverseitige Programmierung einsetzen, ist ein Test bei einem realen Laden der Seiten von einem Webserver oft sinnvoll. So lassen sich zum Beispiel Fehler in Referenzen auf andere Dateien entdecken.

die verbreitetste Lösung (ein Open-Source-Produkt, das sich hervorragend in Apache integrieren lässt). Allerdings ist der Umgang mit Tomcat ebenfalls recht kompliziert und nur bei zusätzlich guten Java- und XML-Kenntnissen vernünftig zu bewältigen.

Es gibt mittlerweile für verschiedenste Betriebssysteme einige Rundum-Sorglos-Pakete wie FoxServ, WAMPP bzw. XAMPP, die Ihnen den web-weit populärsten Webserver Apache samt PHP und MySQL in einer Grundkonfiguration bereitstellen. Sie brauchen dabei nur so ein Paket zu installieren und schon können Sie PHP-Skripts und meist auch Perl laufen lassen. Dazu bieten die Pakete eine einfache Administrationsoberfläche, von der aus Sie die Server komfortabel verwalten können.

Die Namen dieser Pakete gehen übrigens darauf zurück, dass die Kombination von Linux/Windows als Betriebssystem, Apache als Webserver, MySQL als Datenbank-Server und PHP als **LAMP** bzw. **WAMP** bezeichnet wird.

Bild 8.1:
Das Web-
Interface von
XAMPP

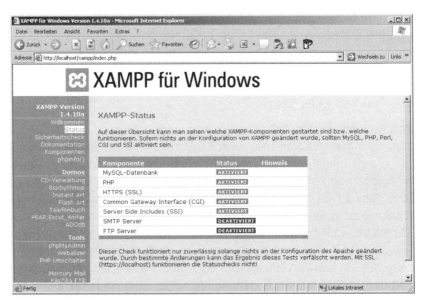

Beachten Sie, dass diese Pakete in der Grundeinstellung Apache ausschließlich für lokale Testzwecke konfigurieren. Um die Sache möglichst einfach zu halten, sind sämtliche Sicherheitseinstellungen auf dem minimalen Level eingestellt. Eine derartige Startkonfiguration ist für den **praktischen Betrieb im Web absolut ungeeignet**.

Als einfachere Alternativen zu Apache bieten sich die Webserver **Sambar**, **Jana** und **Xitami** an. Sambar ist ein einfach einzurichtender Webserver unter Windows und mittlerweile auch Linux, der zudem diverse weitere Features bereitstellt. In Sambar sind zusätzlich ein FTP-Server sowie diverse Proxies für den Übergang zum Internet integriert. Er ist – bis auf wenige Ausnahmen – kostenlos einzusetzen und in Relation zu seiner Leistungsfähigkeit einfach zu installieren, sehr komfortabel zu konfigurieren und in diversen Syntaxelementen mit Apache kompatibel.

Der Xitami-Webserver lässt sich ebenso extrem einfach installieren und bietet ein sehr komfortables Web-Interface zur Konfiguration, das dem von Sambar in nichts nachsteht. Auch Jana sollte man sich ansehen. Alle drei Server entwickeln sich natürlich permanent weiter und Sie sollten im Internet recherchieren, ob alle von Ihnen verlangten Techniken in der jeweils aktuellen Version unterstützt werden.

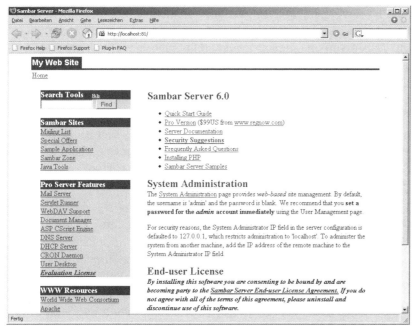

Bild 8.2:
Das Web-Interface von Sambar

Wenn Sie ASP oder ASP.NET als serverseitige Technik einsetzen wollen, bleibt Ihnen im Grunde nur der Einsatz eines Microsoft-Webservers (obwohl auch einige andere Webserver diese Techniken unterstützen – jedoch meist eingeschränkt). Allerdings bringt Windows bereits – in den meisten Versionen zumindest – einen Webserver automatisch mit. Oder er lässt sich nachinstallieren. Es handelt sich entweder um eine Light-Variante namens **PWS (Personal Web Server)** oder den in der gleichen Liga wie Apache spielenden **IIS (Internet Information Server)**. Beide Microsoft-Webserver gibt es (natürlich ;-)) nicht für Linux und sie verzahnen sich tief in Windows bzw. Mircosoft-Technologien (mit allen Vorteilen, aber auch Nachteilen). Zudem sind beim kommerziellen Einsatz erhebliche Lizenzkosten zu berücksichtigen. Allgemein kann man im Web beobachten, dass deshalb die meisten Provider auf den Einsatz verzichten und auf eine LAMP-Kombination (oder gelegentlich eine WAMP) setzen.

8.2.2 Wie bringt man serverseitige Skripts zum Laufen?

Wenn Sie nun einen passenden Webserver zur Verfügung haben, laden Sie Ihre Skripts in der Regel in ein entsprechendes Verzeichnis auf dem Server (bei Apache ist das meist das Verzeichnis *htdocs* oder ein Unterverzeichnis davon) und rufen das Skript dann über den Webserver auf. Ein Webserver auf einem Rechner stellt immer nur eine bestimmte Verzeichnisstruktur bereit, die öffentlich zugänglich ist. Dabei bedeutet »öffentlich zugänglich«, dass entweder bestimmte Verzeichnisse zum Lesen, Schreiben oder auch beides freigegeben sind. Oft findet man den Fall, dass eine Verzeichnisansicht verboten ist, aber gezielt Dateien abgerufen werden können (etwa eine HTML-Seite). Ebenso können bestimmte Verzeichnisse zur Ausführung von aktiven Operationen auf der Server-Plattform (etwa PHP- oder ASP-Skripts) freigegeben oder auch gesperrt werden.

Listing 8.2: Der Aufruf einer serverseitigen PHP-Datei

Im Gegensatz zu einer Webseite mit clientseitig interpretierten Techniken wie HTML oder JavaScript können Sie eine solche serverseitig auszuführende Datei nicht einfach mit der Maus in den Browser ziehen oder direkt vom Dateisystem laden. Die Datei muss zwingend über den Webserver geladen werden, damit sie vor dem Versenden dort ausgeführt wird – also etwa wie folgt, wenn der Server unter *192.168.1.50* erreichbar ist und eine PHP-Datei mit Namen *zaehler.php* aufgerufen werden soll:

```
http://192.168.1.50/zaehler.php
```

Meist wird bei lokalen Tests localhost als Adresse des Servers verwendet (sofern der Webserver auf dem gleichen Computer läuft).

8.2.3 Ein bisschen PHP-Praxis

Wir wollen als kleinen Einblick nun etwas PHP in der Praxis durchspielen. Andere serverseitige Skriptsprachen sind sehr ähnlich. Dabei können wir (natürlich) keine expliziten Details zu PHP besprechen. Aber ich
verspreche Ihnen, dass PHP mit Ihren bis hierher erworbenen Java-
Script-Kenntnissen einfach zu verstehen ist. Im Anhang 4 finden Sie zudem einige ergänzende Hinweise zu PHP, wenn Ihnen der Code unklar
sein sollte.

PHP-Webprogrammierung bedeutet die Verschmelzung von HTML und
Text mit einer Skriptsprache auf Seiten des Servers, aus der dann dort
eine reine Webseite generiert und zum Browser geschickt wird. Das ist
im Grunde nicht anders, als es bei der Verwendung von JavaScript in einer Webseite beim Client der Fall ist. Das PHP-Skript wird jedoch statt
im Clientprogramm im Serverprogramm abgearbeitet. Ein PHP-Skript
besteht im Allgemeinen aus folgenden Bestandteilen, die jedoch nicht
alle zwingend vorhanden sein müssen:

- Reiner Text
- HTML-Code (der aber auf Serverseite ebenfalls nur reiner Text ist)
- Skriptbegrenzer
- Skriptcode

8.2.4 Bereitstellung von PHP-Dateien

Grundsätzlich ist ein PHP-Skript eine Textdatei, die meist die Erweiterung *.php* hat. Sie enthält die verschiedenen Skriptbefehle, welche auf
dem Webserver ausgeführt werden sollen. Der Webserver hat dieser
Dateierweiterung die Anweisung zugeordnet, dass die Dateien geparst
und nach ausführbaren Anweisungen zu untersuchen sind. Eine PHP-
Datei kann wie jede Webseite mit einem gewöhnlichen Editor erstellt
werden.

TIPP

Für das Framework **Eclipse** gibt es ebenfalls Plug-Ins für PHP. Eine sehr schöne Alternative ist das **Maguma Open Studio**, das eine spezialisierte PHP-Lösung darstellt (Open Source). Eine Alternative ist der **TSW WebCoder**, der neben HTML und PHP mit ASP-, ASP.NET-, C#- und JavaScript-Dateien umgehen kann.

Der Webserver wird eine solche Textdatei mithilfe des PHP-Parsers (zum Auffinden der Anweisungen in der Klartextdatei) und des PHP-Interpreters bearbeiten und darauf dynamischen HTML-Inhalt generieren und zum Client schicken. Wenn Sie eine PHP-Datei erzeugen, schreiben Sie wie gewöhnlich eine HTML-Datei mit entsprechenden Grundstrukturen. Schauen wir uns ein paar Beispiele an.

1. Erstellen Sie die nachfolgende Datei (*ausgabe.php*):

Listing 8.3: Ein PHP-Skript zur zeitgesteuerten Ausgabe von Inhalt

```
01 <html>
02 <?
03    $datum = getdate();
04    if ($datum['seconds'] < 20) {
05       echo "<body bgcolor='red'><h1>Hallo Welt</h1>";
06       echo "<h3>Noch ein Inhalt</h3>";
07    }
08    else if($datum['seconds'] < 40) {
09       echo "<body bgcolor='yellow'><h1>Holla Welt</h1>";
10       echo "<h3>Ich bin gelb</h3>";
11    }
12    else {
13       echo "<body bgcolor='blue'>Noch was";
14    }
15 ?>
16 </body>
17 </html>
```

2. Kopieren Sie die Datei auf den Webserver in das passende Verzeichnis.

3. Rufen Sie die Datei über den Webserver auf.

In dem PHP-Skript wird in Zeile 3 das Systemdatum des Servers abgefragt und in Zeile 4 in einer if-Bedingung überprüft, ob die Sekunden bei einem Wert von kleiner als 20 sind. In Zeile 8 finden Sie ein else if und in Zeile 12 ein else. Abhängig davon werden mit dem Befehl echo dem Client drei verschiedene Inhalte gesendet[1]. Der Client erhält eine

---

1. Ich hatte Ihnen ja versprochen, dass Sie aufgrund Ihrer JavaScript-Kenntnisse PHP sehr leicht verstehen können.

einfache Webseite und erkennt nicht, wie diese generiert wurde. Im Browser könnte zum Beispiel folgender Inhalt ankommen:

```
<html>
<body bgcolor='red'><h1>Hallo Welt</h1><h3>Noch ein Inhalt</h3></
body>
</html>
```

Listing 8.4:
Beim Client
kommt reiner
HTML-Code
an

Bild 8.3:
Das erhält der
Client bei ei-
nem passen-
den Sekun-
denwert

Betrachten wir noch ein anderes Beispiel, bei dem Daten aus einem Webformular an ein PHP-Skript übermittelt und dort verarbeitet werden. Danach wird eine Antwort an den Client geschickt.

1. Erstellen Sie die nachfolgende HTML-Datei (*login.html*):

```
01 <html>
02 <body>
03 <h1 align>LOGIN</h1>
04 <form action="login.php" method="post">
05 <table >
06 <tr>
07  <td>Userid: </td>
08  <td><input type="Text" name="userid"> </td>
09 </tr>
10 <tr>
11  <td>Passwort: </td>
12  <td><input type="Password" name="pw"> </td>
13 </tr>
14 </table>
15 <hr>
16 <input type="Submit" name="" value="OK">
17   </form>
18 </body>
19 </html>
```

Listing 8.5:
Eine reine
HTML-Datei
mit einem
Webformular,
das an eine
PHP-Datei Da-
ten übermittelt

2. Erstellen Sie die folgende PHP-Datei (*login.php*):

Listing 8.6:
Die Verwen-
dung der
Daten in PHP

```
01 <html>
02 <?
03 if(($_POST['userid']=="abc") && ($_POST['pw']=="123"))
04 echo <<<OK
05 <body bgcolor="yellow">
06 <h1 align="center">Willkommen in Ihrem persönlichen Bereich</h1>
07 OK;
08 else
09 echo <<<NICHTOK
10 <body bgcolor="red" text="yellow">
11 <h1 align="center">Ihre Zugangsdaten sind leider ungültig</h1>
12 NICHTOK
13 ?>
14 </body>
15 </html>
```

3. Kopieren Sie beide Dateien auf den Webserver in das gleiche Verzeichnis.

4. Rufen Sie die Datei *login.html* über den Webserver auf.

In der HTML wird ein Webformular definiert, das über eine Tabelle for-
matiert ist. Ein Anwender kann eine Userid und ein Passwort eingeben.

Bild 8.4:
Die HTML-
Datei

Ein Blick auf die Zeile 3 in der PHP-Datei macht deutlich, dass die Userid
abc und das Passwort 123 lauten müssen.

5. Geben Sie eine falsche Kombination für das Passwort und die Userid ein.

Bild 8.5:
Die Zugangs-
daten sind
nicht korrekt
und der An-
wender be-
kommt einen
entsprechen-
den Inhalt
angezeigt

6. Kehren Sie zurück zum Webformular.

7. Geben Sie nun die richtige Kombination an.

Bild 8.6:
Das wird in
der PHP-Datei
generiert,
wenn die Zu-
gangsdaten
korrekt sind

Natürlich können Sie das Webformular aus dem letzten Beispiel vor dem Verschicken mit JavaScript plausibilisieren. Sie können zum Beispiel sicherstellen, dass beide Eingabefelder ausgefüllt sind.

407

8.3 Webdatenbanken mit MySQL & Co.

Mit serverseitigen Skriptsprachen können Sie auf dem Server Daten verarbeiten. Häufig müssen Daten auch noch auf Dauer gespeichert werden, etwa bei einem Zugriffszähler oder einem Eintrag in ein Gästebuch. In vielen Fällen genügt es, wenn dabei Informationen einfach in eine Textdatei auf dem Server geschrieben werden. Gerade PHP bietet dazu sehr einfache Funktionen. Ein kurzes Beispiel, das wir aber aus Platzgründen nicht weiter besprechen (ein einfacher Zugriffszähler):

1. Erstellen Sie die Datei *zaehler.php*:

Listing 8.7:
Ein einfacher
Zugriffszähler,
der auf dem
Webserver
eine Klartext-
datei ver-
wendet

```
01 <?php
02 if(!file_exists("zaehler.txt")) {
03    $datei=fopen("zaehler.txt","w")
04      or die ("Konnte Zählerdatei nicht zum Schreiben öffnen");
05    fwrite($datei,"0");
06    fclose($datei);
07 }
08 $datei=fopen("zaehler.txt","r")
09    or die ("Konnte Zählerdatei nicht zum Lesen öffnen");
10 while(!feof($datei)){
11    $zahl=fgets($datei,4096);
12    $zahl++;
13    echo "Sie sind hier der Besucher Nummer $zahl<hr>";
14 }
15 fclose($datei);
16 $datei=fopen("zaehler.txt","w")
17      or die ("Konnte Zählerdatei nicht zum Aktualisieren öffnen");
18 fwrite($datei,$zahl);
19 fclose($datei);
20 ?>
```

2. Kopieren Sie die Datei auf den Webserver in das passende Verzeichnis.

3. Rufen Sie die Datei mehrmals über den Webserver auf.

Bild 8.7:
Die Anzahl der
Besuche wer-
den in einer
Klartextdatei
mitgezählt

In komplexeren Fällen genügen einfache Textdateien jedoch nicht mehr. In diesem Fall kommt ein Datenbankverwaltungssystem bzw. ein Datenbankserver zum Einsatz. Deren derzeit wohl populärsten Vertreter schuf Michael Widenius bereit 1994 mit MySQL. Heute ist MySQL das populärste Open-Source-Datenbankverwaltungssystem der Welt. MySQL gibt es für die meisten wichtigen Betriebssysteme und wird aus PHP heraus durch eine Vielzahl von Funktionen hervorragend unterstützt. Allerdings muss dringend erwähnt werden, dass es gerade bei sehr umfangreichen und kritischen Webanwendungen zahlreiche ausgereifte Alternativen wie **Microsoft SQL Server**, **Oracle** oder **Interbase** gibt.

Eine weit verbreitete grafische Administrationsoberfläche für MySQL ist die Open-Source-Anwendung **phpMyAdmin**.

8.4   Zusammenfassung

Wir wagten in diesem Kapitel einen kleinen Ausblick in den Teil der WWW-Welt, der sich jenseits der Clientstandards HTML, JavaScript und CSS befindet. Mehr oder weniger langfristig werden fast alle Webseiten sowohl client- als auch serverseitige Techniken einsetzen und auch XML wird stärker aufkommen. Aber um das Fazit auf das gesamte Buch auszudehnen – die Basis werden HTML und JavaScript bleiben.

8.5   Aufgaben

Wir sind am Ende unseres JavaScript-Lehrgangs. Lösen Sie zum Abschluss die nachfolgenden Aufgaben:

- Installieren Sie einen Webserver und testen Sie den Umgang damit.

- Plausibilisieren Sie das Webformular in diesem Beispiel mit JavaScript. Die Daten sollen nur verschickt werden, wenn der Anwender beide Eingabefelder ausgefüllt hat.

8.6   Übungen

Sie haben es geschafft. Sie müssen nur noch ein letztes Mal ein paar Übungsfragen beantworten. Die Lösungen finden Sie wie immer in Anhang 9.

F: Wofür steht die Abkürzung LAMP?

F: Nennen Sie mindestens drei serverseitige Programmiertechniken.

F: Wie heißt die gemeinsame Ursprungssprache von XML und HTML?

F: Ist wohlgeformt und gültig in XML das Gleiche?

F: Wie heißt der populärste Servlet-Container für Apache?

Grundregeln des Webdesigns und der Webprogrammierung

Das WWW erlaubt es, auf kinderleichte Weise digitale Dokumente zu publizieren. Das potenzielle Publikum ist gigantisch. In keinem anderen Medium besteht die Möglichkeit – rein theoretisch –, unzählige Millionen von Zusehern auf der ganzen Welt zu erreichen. Das Problem ist nur, dass aus einem krächzenden Schreihals nicht dadurch ein Pavarotti wird, dass man ihm ein perfektes Mikrofon und eine super Musikanlage zur Verfügung stellt. So macht auch die Technik alleine noch keine brauchbare Webseite aus. Im Gegenteil, viele Resultate im Web zeigen, dass vielfach Webdesign mit Manta-Tuning verwechselt wird. Man findet etwas Neues, also wird es auch eingebaut. Das kann aber oft nicht den Seitenerstellern angekreidet werden. Die unter diesem Aspekt häufig schlechten Tools zum Erstellen von Webseiten fördern diese Tendenz. Dabei gibt es ein paar allgemeine Grundregeln für die Erstellung von Webseiten. Diese Regeln gelten unabhängig von der verwendeten Technik. Es handelt sich jedoch nicht um zwingende Regeln, ohne die Sie keine Resultate erhalten würden. Sie sind sogar subjektiv durch den Geschmack des Autors eingefärbt. Ebenso ist zu berücksichtigen, dass Entwicklungen im Internet die Grundlagen verändern können (etwa Mode oder auch technische Voraussetzungen wie Übertragungsgeschwindigkeiten).

Frames sind ein solch typisches Beispiel, wie sich der Geschmack bezüglich Struktur und Design von Webseiten ändern kann. Waren sie Ende der 90-er Jahre noch angesagt, gelten sie derzeit als totale NoNos im Web.

Gleichwohl sind es Regeln, die viele Bewohner des Webs so akzeptieren und die viele gute Webdesigner/Webprogrammierer einhalten. Für »gute« Webseiten ist die Einhaltung dieser Regeln sicher keine Garantie, aber Sie vermeiden damit Resultate, die eine Vielzahl von Besuchern als »schlecht« bezeichnen würden.

1.1   Planung geht vor

Die gründliche Planung eines Webprojekts ist wichtiger als die konkrete Programmierung. Zur Planung gehören diverse Schritte, die vor der eigentlichen Programmierung durchdacht werden sollten. Unter anderem betrifft das folgende Punkte:

- Die geplante Aussage des Webprojekts und die potenzielle Zielgruppe (wem soll was gesagt werden?)

- Die zu verwendenden Techniken

- Das Layout

- Die Struktur

- Die Wartbarkeit

- Die spätere Bekanntmachung

Für Webprogrammierer, welche rein private Projekte erstellen wollen, erscheint dieser Schritt vielleicht nicht ganz so entscheidend, aber Sie sollten zumindest darüber informiert sein, dass bei professionellen Projekten die Planungsphase oft **vielfach** aufwändiger ist als die konkrete Umsetzung.

1.2   Corporate Identity

Halten Sie in Ihrem Webprojekt ein einheitliches Design durch. Was gleich ist, sollte sowohl optisch als auch von der Funktion her im gesamten Projekt einheitlich erscheinen – etwa der Hintergrund, Schaltflächen oder der Aufbau einer Seite. In der Berufswelt fällt so etwas unter den Begriff »Corporate Identity«. Ein Besucher Ihrer Webseite kann sich so leichter orientieren und wird nicht durch Nebensächlichkeiten in der Aufmerksamkeit abgelenkt.

1.3   Die Projektstruktur

Fast jedes Webprojekt besteht aus mehr als einer Webseite. Da eine Webseite aus verschiedenen Gründen möglichst klein sein sollte und übermäßiges Scrollen nur in Ausnahmefällen tolerierbar ist, kommen die wenigsten Projekte mit einer Seite aus. Verschärfend hinzu kommt die Tatsache, dass vertikales Scrollen prinzipiell als unfein gilt. Es sollte vermieden werden, dass bei niedriger Auflösung der rechte Rand der Seite im Browser nicht zu sehen ist. Normalerweise kümmert sich der Browser darum, eine Seite automatisch an die vertikale Größe des Browser-Fensters anzupassen. Mit einigen Anweisungen kann man das allerdings verhindern. Und mittels Style Sheets ist eine pixelgenaue Positionierung möglich, die gefährlich sein kann, wenn man Elemente zu weit rechts positioniert.

Egal, ob Sie nur eine kleine Seite haben oder eine große Seite – wichtige Informationen gehören immer ganz nach oben auf der Seite, entweder vollständig oder zumindest in Form von Schlagwörtern oder Überschriften. Dies hat mehrere Gründe. Besonders wichtig ist die Arbeitsweise von Suchmaschinen – Dienste im Internet, mit denen potenzielle Besucher Ihre Seiten überhaupt finden. Diese analysieren vor einer Aufnahme einer Seite in ihren Datenbestand den für den Anwender normalerweise unsichtbaren Kopfbereich einer Seite (den Header) mit Hintergrundinformationen und – was hier von Bedeutung ist – oft die ersten Zeichen (wenige hundert bis vielleicht wenige tausend) einer Seite. Was oben steht, wird zu einer Bewertung herangezogen und kann bei einer späteren Suchabfrage durch einen Anwender zum Treffer führen. Was unten steht, wird nicht mehr bewertet. Dies kann im Extremfall dazu führen, dass Sie unten auf einer Seite ein supertolles Auto zum Verkauf anbieten, ein Anwender genau dieses Modell über eine Suchmaschine sucht und – obwohl Ihre Seite in der Suchmaschine aufgenommen wurde – Ihre Seite nicht findet.

Ein anderer Grund dafür, wichtige Schlagwörter und Informationen nach oben in eine Webseite zu verfrachten, ist die Übertragungsart der Webseite. Ein Anwender wird immer zuerst den oberen Teil einer Webseite sehen. Dieser ist in der Regel auch schon dann sichtbar, wenn die Seite noch nicht vollständig übertragen ist. Wenn ein Teil der Seite also sichtbar ist, der Rest aber noch eine größere Zeitspanne – von wenigen Sekunden bis in den Minutenbereich, was oft üblich ist – auf sich warten lässt und die ersten Sätze keine überzeugenden Argumente für die Warterei enthalten, wird der Anwender das Laden abbrechen und weitersurfen.

Häufig werden Sie mehrere Seiten in einem Webprojekt miteinander verknüpfen. Es gibt mehrere Vorgehensweisen für dieses Unterfangen. Mittlerweile hat sich eine Struktur durchgesetzt, in der permanent Links zu allen relevanten Seiten eines Projekts angezeigt werden. Diese gesamte Linkstruktur wiederholt sich auf allen Seiten eines Webprojekts.

Viele Provider erzwingen eine Datei mit Namen *index.html* bzw. *index.htm* als Einstiegsseite, damit ein Webprojekt auch dann erreichbar ist, wenn ein Besucher nur den DNS-Namen (ohne konkrete Datei) angibt. Wenn der Provider dies fordert, müssen Sie sich an diese Namenskonventionen halten.

1.4   Zielgruppenspezifisch arbeiten

Wer im Web publiziert, möchte meist eine bestimmte Zielgruppe erreichen. Eine gründliche Planung, was dieser Zielgruppe gefällt, was sie an Informationen benötigt bzw. erwartet, was sie stört und was diese Zielgruppe an Plattformen verwendet, ist unabdingbar.

1.5   Keine Einbahnstraßen-Philosophie

»Hier bin ich mit meinem Webangebot. Schau es dir an und staune!« Diese Philosophie aus der Anfangszeit des Webs ist out. Zum einen findet man auf kaum einer Webseite mehr Tricks, die einen halbwegs erfahrenen Surfer staunen lassen. Zum anderen hat sich das Web verändert. Es ist ein bidirektionales Medium geworden. Eine Webseite muss (!) dem Besucher die Möglichkeit für ein Feedback an den Eigner der Webseite bieten – etwa per E-Mail, Formular (Stichwort »Bestellung per Internet«) oder Gästebuch.

1.6   Keine Sackgassen bitte

Aus jedem Webprojekt sollten Hyperlinks wieder hinausführen. Es ist kein guter Stil, wenn ein Besucher über die Bedienelemente seines Browsers Ihr Webprojekt verlassen muss. Ein paar Hyperlinks mit Ihren Favoriten im Netz lassen ihn leicht aus Ihrem Projekt entkommen und er wird eher wiederkommen, als wenn er sich bei Ihnen in einer Sackgasse gefangen fühlt. Surfer sind nun mal ein scheues Wild, das sich nicht gerne in die Enge treiben lässt. Leider bieten gerade kommerzielle Webseiten diesen Luxus eines problemlosen Ausstiegs kaum noch an.

1.7   Bieten Sie Mehrwert

Ein Webprojekt, welches für Besucher interessant sein soll, muss ihm etwas bieten. Keine supertollen Effekte oder bunte Animation, sondern echter Nutzen ist gefragt. Beispielsweise laufend aktualisierte Bilder von einem interessanten Punkt der Welt. Oder irgendwelche nützlichen Tipps und Informationen zu einem Thema oder eine Sammlung mit interessanten Hyperlinks zu anderen Webprojekten (besonders einfach und ein echter Nutzwert für Surfer).

1.8   Halten Sie Ihr Angebot aktuell und erneuern Sie die Inhalte laufend

Nachrichten von gestern sind nutzlose Nachrichten. Wenn Sie sich entschließen, ein Webprojekt ins Netz zu stellen, sollten Sie sich über den anfallenden Wartungsaufwand im Klaren sein. Es muss gepflegt werden. Alle drei Monate einmal ein paar Details zu ersetzen, genügt nicht. Zumindest wenn es nicht rein privat ist oder nur Informationen enthält, die nicht aktualitätsgebunden sind. Ein Webangebot muss regelmäßig aktualisiert werden. Ein Besucher kehrt nur dann immer wieder auf eine Seite zurück, wenn sich das Angebot regelmäßig verändert. Viele erfolgreiche Seiten werden mehrmals am Tag (!) aktualisiert.

1.9 Design und Nichtdesign

Die vielleicht wichtigste Regel ist, dass Webseiten klein und übersichtlich sein sollten. Die Regel »Weniger ist mehr« gilt in vielen Bereichen des Designs. Ein einzelnes Bild an einer leeren Wand wirkt mehr viele kleine Bildchen, die komplett die Wand bedecken. Der berühmte Mathematiker und Physiker Stephen W. Hawking beginnt seinen Bestseller »Eine kurze Geschichte der Zeit« mit dem Hinweis, dass jede Gleichung im Buch die Verkaufszahlen halbiert. Dementsprechend verbannte er – bis auf eine unbedingt notwendige mathematische Gleichung ($E=mc^2$) – sämtliche Formeln aus dem Buch.

Es ist sicher überzogen, würde man behaupten, dass jede verwendete Grafik oder jeder multimediale Effekt die Anzahl der Besucher halbiert. Zu viele Grafiken oder sonstige Mätzchen verärgern jedoch viele Besucher – nicht nur weil der ästhetische Aspekt leidet wird und die Übersichtlichkeit verloren geht. Im Web ist noch etwas anderes besonders wichtig: Mit vielen Elementen auf einer Webseite bestehlen Sie den Besucher. Und welcher Besucher lässt sich gerne bestehlen? Sie stehlen ihm seine Zeit und unter Umständen sein Geld, weil die Übertragung (und der Aufbau) einer großen, opulent gestalteten Webseite länger dauert als die Übertragung einer kleinen Seite.

Vielleicht sind Sie jetzt geschockt, aber ich habe mit dieser kleinen Abhandlung nur recht drastisch klar machen wollen, dass die exzessive Verwendung von Grafik und anderen multimedialen Effekten das angestrebte Resultat oft nicht erreicht. Aber die Betonung liegt auf **exzessiv** und man muss natürlich noch andere Aspekte beachten. In der Kommunikationspsychologie hat man herausgefunden, dass Menschen basierend auf einer so genannten **Reizhierarchie** reagieren:

1. Den höchsten Reiz löst demnach **Bewegung** aus. Dies wäre im Fall des Webdesigns eine Animation oder ein Video. Eine Animation weckt also Interesse. Unbestritten ist jedoch, dass zu viele Bewegungsreize viele Menschen überfordern. Diverse Musikvideos zeigen das Extrem der Reizüberflutung. Zwar wird die Zielgruppe diese extreme Reizflut begrüßen (sonst würden die Macher es nicht tun), aber außerhalb der Zielgruppe wird die Reizüberflutung als Belästigung empfunden.

2. An zweiter Stelle der Reizhierarchie folgt die **Kontur**, etwa Schatten, Rahmen, äußere Formen, Bilder. Eine Kontur kann jedoch nur dann auffallen, wenn sie noch als solche im Gesamtbild zu erkennen ist.

3. Der **Kontrast** folgt an dritter Stelle. Darunter verstehen sich die Farbkombinationen, welche auf einer Seite zum Tragen kommen. Achten Sie deshalb bei der Farbauswahl immer auf genügend Kontrast zwischen Hinter- und Vordergrund. Dies betrifft auch Hintergrundbilder und darüber gelegten Text.

4. An letzter Stelle der Reizhierarchie steht der reine Text.

Die niedrige Anordnung von Text in der Reizhierarchie bedeutet jedoch nicht, dass Text dadurch an Bedeutung verliert. Reiz ist nicht Information. Als Informationsträger ist Text auf jeden Fall an erster Stelle zu sehen. Eine Grafik kann verstanden werden oder nicht. Viele Anwender interpretieren Symbole falsch.

Das Design einer Webseite lässt sich in verschiedene Schritte gliedern. Diese Gliederung versucht, die Umsetzung von Informationen der realen Welt zu bewerkstelligen, die reale Welt quasi auf dem Bildschirm zu digitalisieren. Die Umsetzung unterscheidet zwischen verschiedenen Aspekten und Problembereichen, die ineinander greifen und auch nicht getrennt voneinander betrachtet werden dürfen:

- Das **visuelle Design**. Darunter fasst die Designtheorie sämtliche Aspekte der Gestaltung des Sichtbaren zusammen, etwa die Wirksamkeit der Botschaft.

- Das Design der **Mensch-Maschine-Schnittstelle**. Eine Benutzeroberfläche sollte so einfach und intuitiv wie möglich sein und dennoch alle Möglichkeiten der Interaktion zwischen Mensch und Maschine bieten.

- Das **Site Design**. Darunter fällt das globale Design, die Gesamtstruktur des Webprojekts, die Logik und die Hierarchie, die Anordnung von Elementen, Verknüpfungen usw.

- Das konkrete **Page Design**. Dieses umfasst das konkrete Design jeder einzelnen Seite eines Projekts.

Die hier zusammengetragenen Aussagen scheinen sich teilweise zu widersprechen. Wir können sie wie folgt zusammenbringen:

1. Eine gute Planung ist die Grundvoraussetzung und mindestens so wichtig wie die konkrete Umsetzung.

2. Klare Strukturen und einfache Navigation sind einzuhalten.

3. Ein paar wenige Grafiken und/oder ein oder zwei Animationen oder multimediale Effekte sind gut, mehr Reize überfordern viele Besucher und verärgern eher.

4. Ein Bild sagt mehr als tausend Worte, aber Bilder müssen interpretiert werden und sind als Informationsträger manchmal missverständlich. Sie sollten deshalb immer (!) durch alternative Texte erklärt werden. Text ist immer der höchstwertige Informationsträger, aber auch dieser sollte eine Seite nicht überfrachten (lieber mehrere kleine Seiten als eine zu volle Seite).

5. Eine Webseite ohne Bilder ist wie die Suppe ohne Salz. Versalzen ist unangenehm, aber ohne Salz ist die Geschichte fad. Einige Bilder auf einer Webseite sind ein Muss.

1.10 Keine Schriftarten und Farben erzwingen

Verzichten Sie auf jeden Fall darauf, Ihr Projekt zwingend an bestimmte Schriftarten oder Farbdarstellungen oder auch andere Techniken zu koppeln. Sie können weder sicher sein, dass eine von Ihnen als zwingend vorausgesetzte Schriftart überhaupt auf der Zielplattform vorhanden ist, noch ob der Anwender einen solchen Zwang überhaupt zulässt. Wir haben ja im Rahmen des Buchs gesehen, dass moderne Browser sich so einstellen lassen, dass sie immer die Standardschriftarten und -farben verwenden, egal, was ein diktatorischer Webdesigner in seiner HTML-Seite vorschreibt. Das Resultat wird entsprechend sein und der Fehler darf niemals dem Anwender angelastet werden. Der Designer muss diese Möglichkeit auf jeden Fall berücksichtigen.

1.11 Alternative Darstellungen bieten

Download-Zeit ist verlorene Zeit. Manche Webnutzer haben deshalb bestimmte Techniken deaktiviert, etwa das automatische Laden von Grafiken oder das Ausführen von Skripts. Für diese Besucher sollten Alternativen angezeigt werden. Diese sollten zumindest einen Hinweis enthalten, dass die entsprechende Seite nur unter Aktivierung der entsprechenden Techniken optimal angezeigt wird. Oder Sie bieten eine alternative Webseite, die aus reinem HTML einer frühen Version besteht.

1.12 Arbeiten Sie möglichst nie browserspezifisch

Bestimmte Browser bieten spezifische Fähigkeiten. Reizen Sie diese aber nicht aus oder nur dann, wenn Sie eine Browser-Weiche verwenden und Besuchern mit anderen Browsern Alternativen bieten. Insgesamt sind immer die Techniken vorzuziehen, die allgemein akzeptiert werden.

jetzt lerne ich

Die HTML-4.0-Elemente

Die nachfolgende Tabelle umfasst alphabetisch sortiert sämtliche Elemente und Attribute, die zum offiziellen HTML-4.0-Sprachstandard gehören. Die Tabelle beruht auf der offiziellen Veröffentlichung des W3C. Wenn im Start- und Ende-Tag keine Angaben stehen, werden die Tags jeweils gefordert. Dabei gilt, dass es Situationen geben kann, wo der Ende-Tag zwar gefordert wird, er aber in der Praxis ohne negative Auswirkung weggelassen werden kann. Das kann vorkommen, wenn etwa ein nachfolgender Start-Tag eine widersprüchliche Anweisung auslöst: Schriftfarbe war rot und wird ohne Ende-Tag für rot auf blau gesetzt. Umgekehrt gilt: Sofern ein Ende-Tag verboten ist, gibt es keinen Container, der einen dem Start-Tag nachfolgenden Inhalt enthalten kann. Das W3C dokumentiert dies, in dem das Element als leer gekennzeichnet wird. Als **Deprecated** gekennzeichnete Elemente gelten als veraltet. Dafür gibt es im Rahmen des neuen Sprachstandards andere Elemente, die stattdessen verwendet werden sollen, wenn Sie nach dem neuen Standard eine Seite erstellen wollen.

Viele Elemente können durch Attribute erweitert werden. Für diese sei auf die offiziellen Seiten des W3C verwiesen.

Tabelle 2.1:
HTML-4.0-
Tags

Element	Start-Tag	Ende-Tag	Deprecated	Beschreibung
A				Anker
ABBR				Abkürzung (z.B., WWW, http, USA, RJS, etc.)
ACRONYM				Akronym
ADDRESS				Information über den Autor
APPLET			Ja	Java-Applet
AREA		Verboten		Clientseitiger Imagemap-Bereich
B				Textstil fett
BASE		Verboten		Basis-URL des Dokuments
BASEFONT		Verboten	Ja	Basisschriftgröße
BDO				Deaktivierung der Standardausrichtung des Textes
BIG				Textstil groß
BLOCK-QUOTE				Zitat (lang)
BODY	Optional	Optional		Dokumentenkörper
BR		Verboten		Zeilenumbruch
BUTTON				Pushbutton
CAPTION				Tabellenbeschriftung
CENTER			Ja	Zentrieren
CITE				Zitat
CODE				Textstil für Computercode
COL		Verboten		Tabellenspalte
COLGROUP		Optional		Tabellenspaltengruppe
DD		Optional		Definitionsbeschreibung
DEL				Gelöschter Text
DFN				Instanzdefinition
DIR			Ja	Verzeichnisliste
DIV				Allgemeiner Sprach- und Stilcontainer

Element	Start-Tag	Ende-Tag	Deprecated	Beschreibung
DL				Definitionsliste
DT		Optional		Definitionsterm
EM				Textstil für eine Betonung
FIELDSET				Formularkontrollgruppe; gruppiert gleichartige Steuerelemente
FONT			Ja	Lokale Schriftveränderung
FORM				Interaktives Formular
FRAME		Verboten		Ein Frame (Unterfenster)
FRAMESET				Fensterunterteilung
H1				Überschrift der Ordnung 1
H2				Überschrift der Ordnung 2
H3				Überschrift der Ordnung 3
H4				Überschrift der Ordnung 4
H5				Überschrift der Ordnung 5
H6				Überschrift der Ordnung 6
HEAD	Optional	Optional		Dokumentenheader (Kopfbereich)
HR		Verboten		Horizontale Trennlinie
HTML	Optional	Optional		Beginn eines Dokuments
I				Textstil italic (kursiv)
IFRAME				Innen liegendes Unterfenster
IMG		Verboten		Eingebettetes Bild
INPUT		Verboten		Formulareingabe
INS				Eingefügter Text
ISINDEX		Verboten	Ja	Einzeiliger Prompt (Eingabeaufforderung)

Tabelle 2.1: HTML-4.0-Tags (Forts.)

Tabelle 2.1: HTML-4.0-Tags (Forts.)

Element	Start-Tag	Ende-Tag	Deprecated	Beschreibung
KBD				Stil für Text, der von dem Anwender eingegeben wird
LABEL				Beschriftungstext für ein Formularfeld
LEGEND				Fieldset-Legende
LI		Optional		Definition eines Listenelements
LINK		Verboten		Ein medienunabhängiger Link
MAP				Clientseitige Imagemap
MENU			Ja	Menüliste
META		Verboten		Allgemeine Metainformationen
NOFRAMES				Alternativ angezeigter Inhalt, wenn keine Frames angezeigt werden
NOSCRIPT				Alternativ angezeigter Inhalt, wenn keine Skripts ausgeführt und angezeigt werden
OBJECT				Allgemeines Einbettungsobjekt
OL				Sortierte Liste
OPTGROUP				Optionsgruppe
OPTION		Optional		Selektierbare Auswahl
P		Optional		Absatz
PARAM		Verboten		Initialisierungswert für ein Objekt
PRE				Vorformatierter Text
Q				Kurzes Zitat in einer Zeile
S			Ja	Textstil durchgestrichen
SAMP				Beispielausgabe
SCRIPT				Die auszuführenden Skriptanweisungen
SELECT				Auswahlmöglichkeiten

Element	Start-Tag	Ende-Tag	Deprecated	Beschreibung
SMALL				Textstil klein
SPAN				Allgemeiner Sprach- und Stilcontainer
STRIKE			Ja	Textstil durchgestrichen
STRONG				Starke Hervorhebung
STYLE				Stilinformation
SUB				Textstil tiefstellen
SUP				Textstil hochstellen
TABLE				Tabelle
TBODY	Optional	Optional		Tabellenkörper
TD		Optional		Tabellendatenzelle
TEXTAREA				Textfeld – mehrzeilig
TFOOT		Optional		Tabellenfußbereich
TH		Optional		Tabellenkopfzellen
THEAD		Optional		Tabellenheader (Kopfbereich)
TITLE				Dokumententitel
TR		Optional		Tabellenreihe
TT				Textstil nichtproportional
U			Ja	Textstil unterstrichen
UL				Unsortierte Liste
VAR				Instanz einer Variablen oder eines Programmarguments

Tabelle 2.1:
HTML-4.0-
Tags (Forts.)

425

Die JavaScript-Schlüsselwörter

JavaScript-Schlüsselwörter sind Bezeichner, die in JavaScript eine feste Bedeutung haben (so wie var). Wenn diese Wörter als Variablen- oder Funktionsname verwendet werden, kann der JavaScript-Interpreter nicht zwischen dem Variablen- bzw. Funktionsnamen und dem JavaScript-Schlüsselwort unterscheiden. Deshalb dürfen Sie sie dafür nicht verwenden.

Nicht alle reservierten Wörter von JavaScript sind in Gebrauch. Einige der Wörter sind für zukünftige Sprachvarianten reserviert. Aber auch diese nicht benutzten reservierten Wörter dürfen Sie nicht als Variablen- oder Funktionsnamen verwenden. Diese Reservierung ist von Java beeinflusst. Ein wesentlicher Grund für die Sperrung dieser Wörter dürfte darin zu sehen sein, dass Missverständnisse mit Java vermieden werden sollen. Die reservierten Wörter sind dort teilweise in Verwendung und es steht zu erwarten, dass der Einfluss von Java diese Wörter auch irgendwann in JavaScript hinüberbefördert.

Die nachfolgende Tabelle enthält die reservierten Wörter von JavaScript.

Schlüsselwort	Beschreibung
abstract	reserviert
boolean	reserviert
break	Abbruch in Schleifen
byte	reserviert
case	Auswahlfall bei einer switch-Unterscheidung
catch	Einsatz im Rahmen des Exceptionhandlings zum Auffangen von Ausnahmen (erst in JavaScript 1.4 beziehungsweise 1.5)
char	reserviert
class	reserviert
const	reserviert
continue	Fortsetzung in Schleifen
default	Defaultauswahlfall bei einer switch-Unterscheidung
delete	Löschen eines Array-Elements oder einer selbst definierten Objekteigenschaft
do	Beginn einer fußgesteuerten Schleife (do-while)
double	reserviert
else	Einleitung des alternativen Blocks in einer if-Entscheidung
export	Objekte oder Funktionen für fremde Skripts ausführbar machen
extends	reserviert
false	Der Wert »Falsch«
final	reserviert
finally	reserviert
float	reserviert
for	Einleitung von for-Schleifen
function	Einleitung von Funktionen
goto	reserviert
if	Einleitung von if-Entscheidungen
implements	reserviert
import	Objekte oder Funktionen eines fremden Skripts importieren
in	Bedingte Anweisungen in if-Entscheidungen
instanceof	reserviert

Schlüsselwort	Beschreibung
int	reserviert
long	reserviert
native	reserviert
new	Definition von Objekten
null	reserviert
package	reserviert
private	reserviert
protected	reserviert
public	reserviert
return	Übergabe eines Rückgabewerts in Funktionen
short	reserviert
static	reserviert
super	reserviert
switch	Fallunterscheidung
synchronized	reserviert
this	Bezug auf die aktuelle Instanz eines Objekts. Über dieses Schlüsselwort haben Sie Zugriff auf das aktuelle Objekt, in dem Sie gerade arbeiten.
throw	Einsatz im Rahmen des Exceptionhandlings zum Auswerfen von Ausnahmen (erst in JavaScript 1.4 bzw. 1.5)
throws	Einsatz im Rahmen des Exceptionhandlings zum Dokumentieren von Ausnahmen (erst in JavaScript 1.4 bzw. 1.5)
transient	reserviert
true	Der Wert »Wahr«
try	Einsatz im Rahmen des Exceptionhandlings zum Umschließen von kritischen Anweisungen, die Ausnahmen auswerfen können (erst in JavaScript 1.4 bzw. 1.5)
typeof	Typ eines Elements
var	Definition einer Variablen
void	Leerer Funktionstyp
while	Einleitung einer while-Schleife
with	Erlaubt es, mehrere Anweisungen mit einem Objekt durchzuführen

Tabelle 3.1:
Reservierte
Wörter von
JavaScript
(Forts.)

Ein PHP-Kurzüberblick

Sie finden in diesem Anhang einen sehr knappen Überblick über wichtige PHP-Grundlagen, insbesondere so weit sie sich von JavaScript unterscheiden. PHP ist eine Skriptsprache, die in der Regel (aber nicht zwingend) auf einem Webserver ausgeführt wird. Wie HTML oder JavaScript besteht PHP aus Klartextanweisungen. Ein PHP-Skript unterteilt sich in reine Textpassagen, die für einen PHP-Interpreter uninteressant sind, und Skriptbereiche. Diese werden in der Regel in <? ... ?> oder <?php ... ?> eingeschlossen.

Allgemein werden PHP-Dateien mit der Erweiterung *.php* gespeichert. Der elementarste Befehl in PHP lautet echo. Damit erzeugen Sie eine **Ausgabe**. Beispiel:

```
01 <?
02   echo "Hello World";
03 ?>
```

Listing 4.1: Eine Ausgabe unter PHP

Bezüglich Variablen bleibt PHP in der Tradition der meisten Skriptsprachen. PHP ist lose typisiert (in der wohl extremsten Form) und erzeugt einfach Variablen durch Zuweisung. Allerdings wird einem Variablenbezeichner in PHP das Dollarzeichen $ vorangestellt. Das sieht dann in etwa so aus:

```
01 <?
02   $name = "Rudi";
03 ?>
```

Listing 4.2: Eine Variable unter PHP

PHP beachtet die Groß- und Kleinschreibung, allerdings nicht konsequent. Um Verwirrung zu vermeiden – machen Sie es besser wie PHP und bleiben Sie konsequent. Bei Variablen ist der Unterschied relevant.

Bezüglich Operatoren und Kontrollflussanweisungen werden Sie sehr viele Ähnlichkeiten zwischen PHP und JavaScript entdecken. Die meisten Details sind sogar vollkommen gleich und damit für Sie einfach zu verstehen. Ein wichtiger Unterschied ist jedoch der **String-Verkettungsoperator**. In PHP wird dazu der Punkt verwendet (der in nahezu allen anderen Sprachen für die Trennung von Objekt und Eigenschaft/Methode steht). Ein Beispiel hierzu:

Listing 4.3:
String-Verkettung unter PHP

```
01 <?
02   echo "Hello" . " World";
03 ?>
```

Ein Hauptgrund für die Beliebtheit von PHP bei der serverseitigen Programmierung ist die Einfachheit bei der Entgegennahme von Formulareingaben. So generiert bereits die einfache Übermittlung des Namens eines Formularfelds über einen GET- oder POST-Aufruf in PHP eine entsprechende Variable gleichen Namens (mit vorangestelltem $). So wird der HTML-Tag `<input name="a">` in einem Webformular dazu führen, dass in dem aufgerufenen PHP-Skript eine Variable `$a` existiert, über die der Inhalt bereitsteht, den ein Anwender in dem Formularfeld eingetragen hat.

Dieses Verhalten stellt eine massive Sicherheitslücke im Konzept von PHP dar. Bei PHP 4 kann dieses – zugegeben sehr bequeme – Verhalten deaktiviert werden. In diesem Fall müssen Sie dann über ein so genanntes assoziiertes Array der Form `$_GET[]` oder `$_POST[]` auf Formulareingaben zugreifen. Das ist zwar etwas umständlicher, aber erheblich sicherer. Ich würde sogar so weit gehen und empfehlen, dass Sie Ihren Provider wechseln sollten, wenn die Anwendung dieses Wegs über assoziierte Arrays nicht zwingend gefordert wird.

Ein weiterer Grund für die Beliebtheit von PHP ist die nahezu unendliche Sammlung von Funktionen für jeden Zweck. Es gibt zahlreiche, sehr einfach anzuwendende Standardfunktionen für den Datenbankzugriff, den Dateizugriff, den Umgang mit Datum und Uhrzeit etc.

jetzt lerne ich

Kurzübersicht über SQL

Nahezu alle Webdatenbanken können mit einer speziellen Abfragespra-
che bedient werden – **SQL** (ursprünglich die Abkürzung für **Structured
Query Language** – mittlerweile steht **S** für **Standard**[1]). MySQL trägt die
Bezeichnung ja bereits im Namen. SQL unterscheidet zwischen vier
Sprachschichten: die Data Query Language, die Data Control Language,
die Data Manipulation Language und die Data Definition Language.

5.1   Data Query Language

Unter **Data Query Language** fasst man SQL-Befehle zur Datenabfrage
zusammen. Genau genommen handelt es sich nur um den Befehl se-
lect, der aber mit zahlreichen Attributen sehr genau spezifiziert werden
kann. Ein Beispiel hierzu:

```
select * FROM Adressen;
```

*Listing 5.1:
Auflistung al-
ler Werte in
der Tabelle
Adressen*

---

1. Bei Kennern löst **Standard** immer großes Gelächter aus, denn es gibt zahlreiche Dialekte
   von SQL, so dass es fast lächerlich anmutet, von einem Standard zu reden. Aber im Groben
   stimmen die Dialekte überein.

5.2   Data Manipulation Language

Die **Data Manipulation Language** umfasst Befehle zum Einfügen (insert), Aktualisieren (update) und Löschen (delete) von Daten. Auch diese Befehle lassen sich mit Attributen sehr weitreichend konfigurieren. Ein Beispiel hierzu:

Listing 5.2:
Einfügen einer Zeile mit den angegebenen Werten in die Spalten Name und Vorname in der Tabelle Adressen

```
insert into Adressen (Name, Vorname) values ('Steyer', 'Ralph');
```

5.3   Data Definition Language

Die **Data Definition Language** umfasst drei SQL-Befehle zum Erstellen einer Datenbank bzw. Tabelle (create), zum Löschen einer Datenbank bzw. Tabelle (drop) und zum Definieren einer Spalte in einer Tabelle (alter). Auch diese Befehle lassen sich mit Attributen sehr weitreichend konfigurieren. Hierzu ein Beispiel:

Listing 5.3:
Erzeugt eine neue Tabelle namens neu

```
create table neu;
```

5.4   Data Control Language

Mit der **Data Control Language** können Sie Rechte in der Datenbank manipulieren. Der Befehl grant legt die Art des Zugriffs fest und revoke entzieht Rechte. Wie alle SQL-Aweisungen bestehen umfangreiche Konfigurationsmöglichkeiten.

Verschiedene Tabellen

In diesem Anhang finden Sie verschiedene Tabellen, die Ihnen bei der Webseitenerstellung oder JavaScript-Programmierung nützlich sein können.

6.1 Das hexadezimale Zahlensystem

Zur Eingabe von Farben in der hexadezimalen Form benötigen Sie das hexadezimale Zahlensystem, wie es die folgende Tabelle darstellt.

Hexadezimale Zahl	Dezimale Entsprechung	Hexadezimale Zahl	Dezimale Entsprechung
0	0	8	8
1	1	9	9
2	2	A	10
3	3	B	11
4	4	C	12
5	5	D	13
6	6	E	14
7	7	F	15

*Tabelle 6.1:
Umrechnung
in Hex-Werte*

6.2   Erweiterte Farbangaben

Neben den von fast allen Browsern interpretierten Standardfarben und deren Farbnamen gibt es noch eine ganze Reihe von weiteren Farben bzw. Farbnamen, die unter Umständen nicht von allen Browsern interpretiert werden. Neuere Browser sollten sie allerdings verstehen. Hier eine alphabethisch sortierte Auswahl (ohne die 16 Standardfarben, die bereits in Kapitel 3 beschrieben wurden):

Tabelle 6.2:
HTML-Farb-
angaben

Farbangabe	Beschreibung
aliceblue	Grüngelber Farbton
antiquewhite	Dunkles Weiß
aqua	Aqua – ein blaugrüner Farbton
aquamarine	Aquamarinblau
azure	Azurblau, d.h. Himmelblau
beige	Beige
blanchedalmond	Mandelweiß
blueviolet	Blauviolett
brown	Braun
burlywood	Heller Graubraunton
cadetblue	Graublau
chartreuse	Helles Grün
chocolate	Schokolade, helles Braun
coral	Koralle – Orangeton
cornflowerblue	Kornblumenblau
cornsilk	Maisfarben – helles Gelb
crimson	Rotton
cyan	Zyanblau
darkblue	Dunkelblau
darkzyan	Dunkelzyan
darkgoldenrod	Dunkler Goldton
darkgray	Dunkelgrau
darkgreen	Dunkelgrün
darkkhaki	Dunkelgrau

Farbangabe	Beschreibung
darkmagenta	Dunkelmagenta
darkolivegreen	Dunkelolivegrün
darkorange	Dunkelorange
darkorchid	Dunkler Lilaton
darkred	Dunkelrot
darksalmon	Dunkelgrau
darkseagreen	Dunkelgrün
darkslateblue	Dunkellila
darkslategray	Dunkelgraublau
darkturquoise	Dunkeltürkis
darkviolet	Dunkelviolet
deeppink	Tiefpink
deepskyblue	Himmelsblau – hell
dimgray	Kräftiges Grau
dodgerblue	Helles Blau
firebrick	Dunkles Rot
floralwhite	Weißton
forestgreen	Waldgrün
fuchsia	Lilaton
gold	Gold
gray	Grau
green	Grün
greenyellow	Grüngelb
indigo	Indigo
ivory	Elfenbein
lavender	Lavendelfarben
linen	Leinenfarben
magenta	Magentarot
maroon	Kastanienbraun
navy	Marine
oldlace	Ganz heller Rosaton
olive	Olivgrün

Tabelle 6.2: HTML-Farb-angaben (Forts.)

437

	Farbangabe	Beschreibung
Tabelle 6.2:		
HTML-Farb-		
angaben	orange	Orangefarben
(Forts.)	orchid	Orchidee
	pink	Rosa
	plum	Pflaumefarben
	purple	Purpurrot
	red	Rot
	salmon	Lachsfarben
	silver	Silber
	snow	Schneefarben
	tomato	Tomatenrot
	turquoise	Türkis
	violet	Violett
	wheat	Weizenfarben
	white	Weiß
	yellow	Gelb
	yellowgreen	Gelbgrün

6.3   Der ISO-Latin-1-Zeichensatz

Der ISO-Latin-1-Zeichensatz (auch ISO-Latin-1 oder ISO-5589-1-Norm genannt) ist ein internationaler Standardzeichensatz zur 8-Bit-Verschlüsselung (daher 256 Zeichen – 2 hoch 8), der bisher in HTML für die meisten westeuropäischen und amerikanischen Schriften verwendet wurde und immer noch Gültigkeit hat, weil die ISO-Latin-1-Norm im ersten Byte identisch mit der neueren ISO/IEC:10646-Norm ist. Diese besteht aus zwei Bytes und kann 65.536 denkbare Zeichen darstellen, von denen die meisten noch nicht verwendet werden. Falls Sie dieser vollständige Zeichensatz interessiert, finden Sie mehr Informationen dazu im Internet in der HTML-Spezifikation auf den üblichen W3C-Seiten.

Die nachfolgende Tabelle gibt die Codes der ISO-5589-1-Norm an. Die Tabelle beginnt erst mit dem Zeichen 32; bei den fehlenden Zeichen handelt es sich um reine Steuerzeichen. Die ersten Zeichen bis 127 sind identisch mit dem klassischen ASCII-Code. In der ersten Spalte steht die Codenummer. Aus dieser ergibt sich die numerische Zeichenreferenz (numerical character reference) durch Voranstellen der beiden Zeichen #& und Abschluss mit einem Semikolon (z.B. " für "). Die zweite Spalte ist die hexadezimale Darstellung. Es folgt das dargestellte Zeichen und – falls eine benannte Zeichenreferenz (character entity reference) definiert ist – in der vierten Spalte die entsprechende Kodierung (z. B. " für ").

Nummerncode	Hexadezimal	Zeichen	Character Entity
32	20	SP	
33	21	!	
34	22	"	&quot;
35	23	#	
36	24	$	
37	25	%	
38	26	&	&amp;
39	27	'	
40	28	(	
41	29	)	
42	2a	*	
43	2b	+	
44	2c	,	
45	2d	-	
46	2e	.	
47	2f	/	
48	30	0	
49	31	1	
50	32	2	
51	33	3	
52	34	4	
53	35	5	
54	36	6	
55	37	7	
56	38	8	
57	39	9	

Tabelle 6.3: Der ISO-Latin-1-Zeichensatz

439

*Tabelle 6.3:
Der ISO-Latin-
1-Zeichensatz
(Forts.)*

Nummerncode	Hexadezimal	Zeichen	Character Entity
58	3a	:	
59	3b	;	
60	3c	<	&gt;
61	3d	=	
62	3e	>	&lt;
63	3f	?	
64	40	@	
65	41	A	
66	42	B	
67	43	C	
68	44	D	
69	45	E	
70	46	F	
71	47	G	
72	48	H	
73	49	I	
74	4a	J	
75	4b	K	
76	4c	L	
77	4d	M	
78	4e	N	
79	4f	O	
80	50	P	
81	51	Q	
82	52	R	
83	53	S	
84	54	T	
85	55	U	
86	56	V	
87	57	W	
88	58	X	
89	59	Y	

Nummerncode	Hexadezimal	Zeichen	Character Entity
90	5a	Z	
91	5b	[	
92	5c	\	
93	5d	]	
94	5e	^	
95	5f	_	
96	60	`	
97	61	a	
98	62	b	
99	63	c	
100	64	d	
101	65	e	
102	66	f	
103	67	g	
104	68	h	
105	69	i	
106	6a	j	
107	6b	k	
108	6c	l	
109	6d	m	
110	6e	n	
111	6f	o	
112	70	p	
113	71	q	
114	72	r	
115	73	s	
116	74	t	
117	75	u	
118	76	v	
119	77	w	
120	78	x	
121	79	y	

*Tabelle 6.3:
Der ISO–Latin-
1-Zeichensatz
(Forts.)*

Tabelle 6.3:
Der ISO-Latin-
1-Zeichensatz
(Forts.)

Nummerncode	Hexadezimal	Zeichen	Character Entity
122	7a	z	
123	7b	{	
124	7c	|	
125	7d	}	
126	7e	~	
127	7f	DEL	
128	80		
129	81		
130	82	‚	
131	83	ƒ	
132	84	„	
133	85	…	
134	86	†	
135	87	‡	
136	88	ˆ	
137	89	‰	
138	8a	Š	
139	8b	‹	
140	8c	Œ	
141	8d		
142	8e		
143	8f		
144	90		
145	91	'	
146	92	'	
147	93	"	
148	94	"	
149	95	•	
150	96	–	
151	97	—	
152	98	~	
153	99	™	

442

Nummerncode	Hexadezimal	Zeichen	Character Entity	
154	9a	š		Tabelle 6.3:
155	9b	›		Der ISO–Latin–
156	9c	œ		1-Zeichensatz
157	9d			(Forts.)
158	9e			
159	9f	Ÿ		
160	a0	(erzwungenes Leerzeichen)		
161	a1	¡	&iexcl;	
162	a2	¢	&cent;	
163	a3	£	&pound;	
164	a4	¤	&curren;	
165	a5	¥	&yen;	
166	a6	¦	&brvbar;	
167	a7	§	&sect;	
168	a8	¨	&uml;	
169	a9	©	&copy;	
170	aa	ª	&ordf;	
171	ab	«	&laqno;	
172	ac	¬	&not;	
173	ad		&shy;	
174	ae	®	&reg;	
175	af	¯	&macr;	
176	b0	°	&deg;	
177	b1	±	&plusmn;	
178	b2	²	&sup2;	
179	b3	³	&sup3;	
180	b4	´	&acute;	
181	b5	µ	&micro;	
182	b6	¶	&para;	
183	b7	·	&middot;	
184	b8	¸	&cedil;	

Tabelle 6.3:
Der ISO–Latin–
1–Zeichensatz
(Forts.)

Nummerncode	Hexadezimal	Zeichen	Character Entity
185	b9	^{1}	&sup1;
186	ba	o	&ordm;
187	bb	»	&raquo;
188	bc	¼	&frac14;
189	bd	½	&frac12;
190	be	¾	&frac34;
191	bf	¿	&iquest;
192	c0	À	&Agrave;
193	c1	Á	&Aacute;
194	c2	Â	&Acirc;
195	c3	Ã	&Atilde;
196	c4	Ä	&Auml;
197	c5	Å	&Aring;
198	c6	Æ	&AElig;
199	c7	Ç	&Ccedil;
200	c8	È	&Egrave;
201	c9	É	&Eacute;
202	ca	Ê	&Ecirc;
203	cb	Ë	&Euml;
204	cc	Ì	&Igrave;
205	cd	Í	&Iacute;
206	ce	Î	&Icirc;
207	cf	Ï	&Iuml;
208	d0	Ð	&ETH;
209	d1	Ñ	&Ntilde;
210	d2	Ò	&Ograve;
211	d3	Ó	&Oacute;
212	d4	Ô	&Ocirc;
213	d5	Õ	&Otilde;
214	d6	Ö	&Ouml;
215	d7	×	&times;
216	d8	Ø	&Oslash;

Nummerncode	Hexadezimal	Zeichen	Character Entity
217	d9	Ù	&Ugrave;
218	da	Ú	&Uacute;
219	db	Û	&Ucirc;
220	dc	Ü	&Uuml;
221	dd	Ý	&Yacute;
222	de	Þ	&THORN;
223	df	ß	&szlig;
224	e0	à	&agrave;
225	e1	á	&aacute;
226	e2	â	&acirc;
227	e3	ã	&atilde;
228	e4	ä	&auml;
229	e5	å	&aring;
230	e6	æ	&aelig;
231	e7	ç	&ccedil;
232	e8	è	&egrave;
233	e9	é	&eacute;
234	ea	ê	&ecirc;
235	eb	ë	&euml;
236	ec	ì	&igrave;
237	ed	í	&iacute;
238	ee	î	&icirc;
239	ef	ï	&iuml;
240	f0	ð	&eth;
241	f1	ñ	&ntilde;
242	f2	ò	&ograve;
243	f3	ó	&oacute;
244	f4	ô	&ocirc;
245	f5	õ	&otilde;
246	f6	ö	&ouml;
247	f7	÷	&divide;
248	f8	ø	&oslash;

Tabelle 6.3: Der ISO–Latin–1–Zeichensatz (Forts.)

445

Tabelle 6.3:
Der ISO–Latin–
1–Zeichensatz
(Forts.)

Nummerncode	Hexadezimal	Zeichen	Character Entity
249	f9	ù	&ugrave;
250	fa	ú	&uacute;
251	fb	û	&ucirc;
252	fc	ü	&uuml;
253	fd	ý	&yacute;
254	fe	þ	&thorn;
255	ff	ÿ	&yuml;

Ein Überblick zu CSS

In diesem Anhang finden Sie einen Überblick zu den Stilinformationen, die mit CSS möglich sind. Die nachfolgenden Formate sind jedoch weder vollständig noch werden sie von jedem Browser verstanden. Auch kann die Darstellung teilweise erhebliche Unterschiede in verschiedenen Browsern aufweisen. Das betrifft jedoch hauptsächlich ältere Versionen.

7.1   Schriftformatierungen

Eigenschaft	Beschreibung	Wertebereich	Beschreibung
font-size	Schriftgrößen	xx-small	Relativ in Bezug zu den anderen Größen der Familie kleinste Schriftgröße
		x-small	Relativ in Bezug zu den anderen Größen der Familie sehr kleine Schriftgröße
		small	Relativ in Bezug zu den anderen Größen der Familie kleine Schriftgröße

Tabelle 7.1:
Schriftforma-
tierungen

447

Eigenschaft	Beschreibung	Wertebereich	Beschreibung
		medium	Relativ in Bezug zu den anderen Größen der Familie mittlere Schriftgröße
		large	Relativ in Bezug zu den anderen Größen der Familie große Schriftgröße
		x-large	Relativ in Bezug zu den anderen Größen der Familie sehr große Schriftgröße
		xx-large	Relativ in Bezug zu den anderen Größen der Familie größte Schriftgröße
		larger	Relativ zum Elternstil größer
		smaller	Relativ zum Elternstil kleiner
		Länge	Faktor, der mit der ursprünglichen Schriftgröße multipliziert wird. Einheit ist ein Em, also der Raum, der von dem Buchstaben M eingenommen wird.
		Prozentwert	Multiplikationsfaktor mit der Größe der Elternschrift (in Prozent)
		Absolutangabe	Absoluter Zahlenwert in einer Einheit für die Textgröße (Pixel, Zentimeter, Millimeter, Zoll, Punkt, Pica)

Tabelle 7.1:
Schriftforma-
tierungen
(Forts.)

Eigenschaft	Beschreibung	Wertebereich	Beschreibung
font-family	Angabe einer ganzen Gruppe von Schrifttypen (Schriftfamilie). Mehrere Schriftfamilien werden durch Komma getrennt.	serif	Schriften mit Häkchen an den Linien (z.B. Times)
		sans-serif	Schriften ohne Häkchen an den Linien (z.B. Helvetica)
		cursive	Geneigte Schriften
		fantasy	Dekorative Schriften
		monospace	Nichtproportionale Schriften
		Angabe einer konkreten Schrift	Times, Helvetica ...
font-weight	Festlegung, wie fett eine Schrift dargestellt wird	normal	Mittlere Gewichtung
		bold	Fette Darstellung
		bolder	Verstärkung um eine Ebene
		lighter	Verringerung um eine Ebene
		Zahlenwert mit Abstufungen von 100 bis 900	Fett entspricht dem Wert 700.
font-style	Schriftstile	normal	Normaler Schriftstil. Entspricht gelegentlich roman.
		italic	Kursiver Schriftstil.
		oblique	Kursiver Schriftstil. Die Neigung wird aber durch das System aus der normalen Schrift errechnet.

Tabelle 7.1:
Schriftforma-
tierungen
(Forts.)

449

Eigenschaft	Beschreibung	Wertebereich	Beschreibung
font-variant	Kapitälchen (Großbuchstaben mit unterschiedlicher Höhe)	normal	Normal
		small-caps	Klein
line-height	Höhe einer Zeile	Direkte Angabe der Länge oder in Prozent	
font	Abkürzung für alle oben genannten Eigenschaften	font-style, font-variant, font-weight, font-size, line-height, font-family	Die Angabe sämtlicher Attribute erfolgt in der angegebenen Reihenfolge ohne Komma, es sei denn, es werden Schriftfamilien angegeben.

7.2 Farbe und Hintergrund

Eigenschaft	Beschreibung	Wertebereich	Beschreibung
color	Textfarbe	Angabe der Farbe im RGB-Modell oder über Farbnamen	
background-color	Hintergrundfarbe	Angabe der Farbe im RGB-Modell oder über Farbnamen	
background-image	Hintergrundbild	url([URL des Bilds])	
background-repeat	In Verbindung mit einem Hintergrundbild Art der Wiederholung	repeat	Kachelartige Wiederholung über den gesamten Bereich
		repeat-x	Wiederholung über die horizontale Zeile
		repeat-y	Wiederholung über die vertikale Spalte

Eigenschaft	Beschreibung	Wertebereich	Beschreibung
background-position	Startposition eines Hintergrundbilds. In Kombination einer horizontalen mit einer vertikalen Angabe kann diese festgelegt werden.	left	Horizontale Platzierung
		center	Horizontale Platzierung
		right	Horizontale Platzierung
		top	Vertikale Platzierung
		center	Vertikale Platzierung
		bottom	Vertikale Platzierung
		Koordinaten-Tupel in %. 0% 0% steht für oben links, 100% 100% für unten rechts.	Platzierung über Koordinatenangaben
background-attachment	Verankerung eines Hintergrundbilds	scroll	Hintergrundbild mit Text verbunden
		fixed	Hintergrundbild mit dem Hintergrund verbunden
background	Abkürzung für alle oben genannten Eigenschaften zu Hintergrundfarben und Hintergrundgrafik	background-color, background-image, background-repead, background-attachment, background-position,	Die Angabe sämtlicher Attribute erfolgt in der angegebenen Reihenfolge ohne Komma.

Tabelle 7.2: Style Sheets für Farbe und Hintergrund (Forts.)

451

	Eigenschaft	Beschreibung	Wertebereich	Beschreibung
Tabelle 7.3: Style Sheets zur Textformatierung	vertical-align	Dient zur vertikalen Ausrichtung von Text, z.B. für tief oder hoch gestellten Text. Die als Basis fungierende Grundlinie ist die Grundlinie des Elternelements, welches neu formatiert wird.	baseline	Ausrichtung an der Grundlinie
			sub	Tiefstellung
			super	Hochstellung
			top	Ausrichtung des oberen Rands eines Elements an dem größten Zeichen der aktuellen Zeile
			text-top	Ausrichtung am oberen Rand
			middle	Zentrierte Ausrichtung in der Mitte einer Zeile
			bottom	Ausrichtung des unteren Rands eines Elements an dem tief stehenden Zeichen der aktuellen Zeile
			text-bottom	Ausrichtung am unteren Rand
			Angabe von Prozentwerten	Verschieben eines Elements um einen positiven oder negativen Wert über oder unter die Grundlinie

Eigenschaft	Beschreibung	Wertebereich	Beschreibung	
text-transform	Transformiert Zeichen, etwa in Kleinbuchstaben oder Großbuchstaben.	capitalize	Erster Buchstabe eines Worts groß	*Tabelle 7.3: Style Sheets zur Textformatierung (Forts.)*
		uppercase	Alle Buchstaben groß	
		lowercase	Alle Buchstaben klein	
		none	Keine Transformation	
text-align	Die üblichen Angaben der horizontalen Ausrichtung	left	Linksbündig	
		right	Rechtsbündig	
		center	Zentriert	
		justify	Blocksatz	
text-indent	Dient zur Einrückung der ersten Zeile eines Textblocks.	Angabe der direkten Länge oder eine Prozentangabe	Einheit in Em oder Zoll	
line-height	Abstand zwischen zwei benachbarten Grundlinien	Angabe als Faktor	Ohne Einheit	
word-spacing	Abstand zwischen einzelnen Wörtern	Einheit	Angabe in Em	
letter-spacing	Abstand zwischen einzelnen Buchstaben	Einheit	Angabe in Em	
text-decoration	Weitergehende Textdekoration	none	Keine	
		underline	Unterstrichen	
		overline	Strich oben	
		line-through	Durchgestrichen	
		blink	Blinken	

453

7.3 Textformatierung

	Eigenschaft	Beschreibung	Wertebereich	Beschreibung
Tabelle 7.4: Style Sheets zur Textformatierung	vertical-align	Dient zur vertikalen Ausrichtung von Text, z.B. für tief oder hoch gestellten Text. Die als Basis fungierende Grundlinie ist die Grundlinie des Elternelements, welches neu formatiert wird.	baseline	Ausrichtung an der Grundlinie
			sub	Tiefstellung
			super	Hochstellung
			top	Ausrichtung des oberen Rands eines Elements an dem größten Zeichen der aktuellen Zeile
			text-top	Ausrichtung am oberen Rand
			middle	Zentrierte Ausrichtung in der Mitte einer Zeile
			bottom	Ausrichtung des unteren Rands eines Elements an dem tief stehenden Zeichen der aktuellen Zeile
			text-bottom	Ausrichtung am unteren Rand
			Angabe von Prozentwerten	Verschieben eines Elements um einen positiven oder negativen Wert über oder unter die Grundlinie

Eigenschaft	Beschreibung	Wertebereich	Beschreibung
text-transform	Transformiert Zeichen, etwa in Kleinbuchstaben oder Großbuchstaben.	capitalize	Erster Buchstabe eines Worts groß
		uppercase	Alle Buchstaben groß
		lowercase	Alle Buchstaben klein
		none	Keine Transformation
text-align	Die üblichen Angaben der horizontalen Ausrichtung	left	Linksbündig
		right	Rechtsbündig
		center	Zentriert
		justify	Blocksatz
text-indent	Dient zur Einrückung der ersten Zeile eines Textblocks.	Angabe der direkten Länge oder eine Prozentangabe	Einheit in Em oder Zoll
line-height	Abstand zwischen zwei benachbarten Grundlinien	Angabe als Faktor	Ohne Einheit
word-spacing	Abstand zwischen einzelnen Wörtern	Einheit	Angabe in Em
letter-spacing	Abstand zwischen einzelnen Buchstaben	Einheit	Angabe in Em
text-decoration	Weitergehende Textdekoration	none	Keine
		underline	Unterstrichen
		overline	Strich oben
		line-through	Durchgestrichen
		blink	Blinken

Tabelle 7.4:
Style Sheets
zur Textformatierung
(Forts.)

7.4   Eigenschaften eines Textblocks

Die nachfolgenden Eigenschaften betreffen immer einen vollständigen Textblock. Wir geben hier nur eine Auswahl an.

Tabelle 7.5:
Textblockfor-
matierungen

Eigenschaft	Wertebereich	Beschreibung
padding-left padding-right padding-top padding-bottom padding	Angabe in Pixel oder Prozent	Padding lässt sich mit Polsterung übersetzen. Damit kann ein Element ähnlich einem Rahmen oder einer Linie umschlossen werden. Der Hintergrund scheint durch. Wenn Sie die Eigenschaft ohne nachgestellte Richtung angeben, werden alle Seiten gepolstert. Sie können die Eigenschaft ohne nachgestellte Richtung auch mit Werten – ohne Komma dazwischen – angeben. Dann werden die Werte in der Richtung oben, unten, rechts, links interpretiert. Fehlende Werte werden von gegenüberliegenden Seiten ergänzt.
margin-left margin-right margin-top margin-bottom margin	Angabe in Pixel oder Prozent	Setzen von Rändern. Die Zusatzangaben -left, -right, -top, -bottom legen, falls sie eingesetzt werden, Platz zum benachbarten Element in der jeweiligen Richtung fest. Dabei können Sie auch negative Werte wählen, um Abstände zu verkürzen.
border-color	Farbangabe	Rahmenfarbe
border-style	none, dotted, dashed, solid, double, groove, ridge, inset, outset	Erscheinungsbild eines Rahmens
border	Abkürzung für einen Rahmen	Ein Rahmen mit den gewünschten Ausprägungen. Die Breite, der Stil und die Farbe können nacheinander – ohne Komma – angegeben werden.
width	auto, Länge, Prozent	Breitenangabe. Kann an Elemente mit Bindestrich angehängt werden (z.B. border-width=5% oder border-top-width=10%).

Eigenschaft	Wertebereich	Beschreibung	
height	auto, Länge	Höhenangabe (wie Breite)	*Tabelle 7.5: Textblockformatierungen (Forts.)*
float	left, right, none	Ausrichtung eines Blockelements in Bezug auf umgebenden Text. Beispiel: float:left platziert ein Element, Text fließt rechts um das Element herum.	
clear	left, right, both, none	Legt fest, ob floating-Elemente auf der linken, rechten oder auf beiden Seiten erlaubt sind.	

7.5 Positionierung von beliebigen Elementen über CSS

Mit CSS können Sie auch Elemente positionieren, sowohl relativ als auch absolut. Die absolute Positionierung von Elementen (von der linken oberen Ecke eines Fensters aus gesehen) funktioniert sehr einfach, während die relative Positionierung eines etwas abstrakten Vorstellungsvermögens bedarf. Wir beschränken uns hier auf die absolute Positionierung. Sie benötigen dazu die Angaben position:absolute sowie left=[Position] und top=[Position].

Damit können Sie beliebige Elemente pixelgenau positionieren und nahezu alle modernen Browser kommen damit klar.

Die konkrete Veröffentlichung eines Webprojekts

Wenn Sie Ihr Webprojekt erstellt und durchgetestet haben, stellt sich Ihnen vielleicht noch die Frage, wie eigentlich Ihr Webprojekt ins Internet kommt und dort bekannt wird.

8.1   Die Veröffentlichung

Der einfachste Weg, Ihre Seiten im WWW zu platzieren, führt über einen bestehenden Webserver eines Providers. Um Ihr Webprojekt dorthin zu bringen, erfolgt in der Regel ein Upload der Dateien über einen File-Transfer mit **FTP**-Protokoll. Über die Ihnen vom Provider zugewiesene Userid und Ihr Passwort erhalten Sie Zugriff auf Ihren Bereich und können Ihr Projekt auf dem Server platzieren. Genauere Instruktionen, eventuell notwendige Software zum Upload, das Passwort und die entsprechende FTP-Adresse erhalten Sie von Ihrem Provider, bei dem Sie den Speicherplatz mieten.

Es gibt zahlreiche kostenlose FTP-Programme im Internet. Aber auch moderne Browser beherrschen FTP. Sie brauchen lediglich in der Adressleiste eines Browsers einen URL einzugeben, der mit `ftp://` beginnt und dann Ihre spezifischen Daten enthält. Anschließend können Sie einfach mit Drag&Drop Ihr Webprojekt veröffentlichen. Beachten Sie, dass Sie bei der URL am besten Ihre Userid mit einem @ voranstellen.

Etwa so:

```
ftp://hansdampf@irgendeinserver.de
```

Dann öffnet der Browser ein Dialogfeld, in das Sie Ihr Passwort eingeben können.

Gelegentlich werden von Providern für den Upload ins Internet so genannte Wizards (engl. Zauberer) bereitgestellt. Darunter versteht man ein Programm, das einen Anwender Schritt für Schritt zur Lösung eines speziellen Problems führt. Damit wird der Upload der Webseiten einerseits zum Kinderspiel. Andererseits beraubt er Sie um die unbedingt notwendige Flexibilität. Wenn Sie mit einem Wizard arbeiten, werden Sie schnell auf dessen Einschränkungen verzichten wollen.

8.2 Die Bekanntmachung

Damit Ihr Webprojekt nach einer Veröffentlichung zwischen den unzähligen Webseiten überhaupt gefunden werden kann, sollten Sie die Seiten in den gängigen Suchmaschinen eintragen. Bei Suchmaschinen handelt es sich um Internetdienste, die das Internet nach bestimmten Kriterien durchsuchen und katalogisieren. Es gibt mittlerweile Hunderte von Suchmaschinen im Internet (nicht nur Google ;-)). Jede hat ihre Spezialitäten, ihre Stärken und Schwächen. Insbesondere verfolgen die verschiedenen Suchmaschinen ganz unterschiedliche Konzepte, um Daten im Internet zu ermitteln und zu katalogisieren. Teilweise kümmern sich Suchmaschinen weitgehend selbstständig darum, auf dem Laufenden über die neuen Webseiten im WWW zu bleiben (mithilfe so genannter Robots – kleiner Suchprogramme, die autonom das WWW durchkrabbeln). Besser ist es jedoch immer, wenn Sie Ihre Seiten selbst in die wichtigsten Suchmaschinen eintragen. Meistens finden Sie auf den Seiten der Suchmaschinen irgendwo einen Eintrag in der Form *ADD URL*. Folgen Sie dann einfach den jeweiligen Anweisungen.

Lösungen zu den Übungsaufgaben

Kapitel 1

F: Nennen Sie mindestens drei wichtige Browser!

Konqueror, Firefox, Mozilla, Opera, Netscape Navigator, Safari, Internet Explorer.

F: Was für einen Programmtyp brauchen Sie mindesrens, um Webseiten und JavaScripts zu erstellen?

Einen Texteditor.

F: Stimmt die nachfolgende Aussage? »JavaScript funktioniert nur auf Windows und Linux.«

Nein. JavaScripts laufen unter jedem modernen Betriebssystem.

F: Was ist Quellcode?

Unter Quellcode ist der Text zu verstehen, den ein Programmiere eingibt und der später als Programm vom Computer ausgeführt werden soll.

F: Was ist eine IDE?

Eine integrierte Entwicklungsumgebung.

Kapitel 2

F: Wie heißt die Organisation, die für die Standardisierung der Techniken im WWW verantwortlich ist?

W3C

F: Was bedeutet digital?

Nur zwei Informationseinheiten.

F: Nennen Sie einen anderen Begriff für Prozessor.

Chip, CPU, Mikroprozessor.

F: Welcher Browser unterstützt VBScript?

Nur der Internet Explorer ab der Version 3.0.

F: Was ist ein Byte?

Acht Bit – ein Zeichen.

F: Was ist das Prinzip der Fehlertoleranz?

Ein Kernprinzip von HTML, um syntaktisch unkorrekte Dokumente so weit wir möglich auszuwerten.

F: Wie nennt man die kleinste Informationseinheit bei einem Computer?

Ein Bit.

F: Was ist der interne Befehlssatz eines Prozessors?

Das Vokabular eines Prozessors.

F: Wofür steht die Abkürzung ANSI?

American National Standard Institut

F: Was ist eine höhere Programmiersprache?

Eine höhere Programmiersprache ist eine Programmiertechnik in Klartext mit einem Satz von Sprachelementen mit festgelegter Bedeutung, die meist der englischen Sprache angelehnt sind, und einer zugehörigen Syntax.

F: **Was bedeutet Kompilierung?**

Kompilierung ist die Übersetzung von Quellcode in lauffähigen Code in einem Arbeitsschritt, bevor die Ausführung eines Programms beginnt.

Kapitel 3

F: **Was ist eine Kontrollstruktur?**

Eine Kontrollstruktur steuert in einer Programmier- oder Skriptsprache den Ablauf.

F: **Was bedeutet deprecated?**

Veraltet oder missbilligt.

F: **Wie nennt man in HTML die Steueranweisungen?**

Tags.

F: **Gibt es in XHTML Attribute ohne Wertzuweisung?**

Nein. Jedes XHTML-Attribut muss eine Wertzuweisung erhalten. In HTML ist das nicht zwingend.

F: **Was ist eine Variable?**

Eine Variable ist eine benannte Stelle im Hauptspeicher des Rechners zur temporären Ausnahme von Werten.

F: **Mit welcher Steueranweisung wird der Header-Container aufgebaut?**

Mit <head>.

F: **Wozu dient ein Eventhandler?**

Ein Eventhandler dient in HTML zum Aufruf von Funktionen wie JavaScripts.

F: **Muss eine Wertzuweisung in XHTML immer in Hochkommata geschrieben werden?**

Ja. In HTML ist das zwar meist nicht notwendig, aber es ist dennoch zu empfehlen.

F: Spielt die Reihenfolge von Parametern bei (X)HTML eine Rolle?

Nein. Bei mehreren Parametern spielt die Reihenfolge der Parameter nie eine Rolle.

F: Muss eine Anweisung in HTML immer klein geschrieben werden?

Nein. Aber es ist zu empfehlen. Und in XHTML ist es notwendig.

F: Welche Version von HTML ist derzeit (immer noch) aktuell?

Die Version 4.01.

F: Was ist der MIME-Standard?

MIME ist ein Internetstandard zur Spezifizierung von Dateitypen bei der Kommunikation zwischen Server und Browser.

F: Was versteht man in einer Webseite unter einem Anker?

Das Sprungziel von einem lokalen Hyperlink.

F: Was ist unter einer DTD zu verstehen?

Eine DTD (Document Type Definition) ist eine Dokumenttypdefinition, die in SGML- und XML-Dokumenten die Struktur festlegt. In einer DTD werden die Art der vorkommenden Elemente, zugehörige Attribute und einige weitere Syntaxstrukturen festgelegt, ebenso Angaben zur Reihenfolge und Häufigkeit sowie bei Attributen die Art des Inhalts.

F: Was ist Maskierung?

Die kodierte Eingabe von Zeichen.

F: Wie wird in HTML eine Grafik referenziert?

Mit dem Tag `<img>`.

F: Wie viele Überschriften gibt es in HTML?

Es gibt sechs Überschriften.

F: Warum gibt es bei Dateierweiterungen für eine typische Webseite sowohl die Erweiterung .htm als auch .html?

Die kurze Variante ist für alte Betriebssysteme auf 16-Bit-Basis (etwa DOS oder Windows bis zur Version 3.1) gedacht. Diese können nur drei Zeichen als Dateierweiterung verwenden.

F: Wofür verwendet man in HTML das Schlüsselwort justify?

Zur Ausrichtung als Blocksatz bei mehreren Steueranweisungen.

F: Welche Dateiformate können Sie bei Grafiken im WWW anwenden, wenn Sie mit einer weitgehenden Unterstützung in populären Browsern rechnen wollen?

Im WWW können Sie allgemein nur mit der uneingeschränkten Unterstützung von GIF (Graphics Interchange Format), JPEG bzw. JPG (Joint Photographic Experts Group) und PNG (Portable Network Graphics) rechnen.

F: Was bedeutet _top in Zusammenhang mit Frames?

Eine Referenz auf das volle Browser-Fenster.

F: Mit welcher Steueranweisung wird eine Tabellenzeile erzeugt?

Mit <tr>.

F: Was wird typischer Weise im Header einer Webseite notiert?

Dort befinden sich meist Metainformationen über die Webseite.

F: Gibt es in XHTML einzelne Steueranweisungen?

Nein. Jeder XHTML muss als Container oder leeres Element vorkommen. In HTML hingegen können einzelne Steueranweisungen vorkommen.

F: In welcher Form erfolgen Farbdarstellungen in (X)HTML?

Die Angabe erfolgt über die Angabe von Farbnamen oder die Angabe des RGB-Werts (RGB = Red/Green/Blue) einer Farbe in Hexadezimalform.

F: Nennen Sie mindestens zwei Argumente gegen den Einsatz von Frames.

Das Design gilt als langweilig und eingeschränkt, Suchmaschinen haben bei der Auswertung von Framestrukturen erhebliche Probleme und Frames widersprechen den Anstrengungen des so genannten barrierefreien Webs.

F: Wie heißt die Sprache, aus der XHTML entwickelt wurde?

XML (Extensible Markup Language).

F: **Mit welcher Steueranweisung wird der äußere Container eines Webformulars erzeugt?**

Mit <form>.

F: **Welche Steueranweisung dient in einem Webformular zur Erzeugung der meisten Eingabeelemente?**

Die <input>-Anweisung.

F: **Nennen Sie drei HTML-Steueranweisungen, die (unter anderem) einen Zeilenvorschub bewirken?**

Zum Beispiel die Anweisungen <br>, <hr>, <p> und <div>.

Kapitel 4

F: **Wie nennt man Arrays auf Deutsch?**

Datenfelder.

F: **Wie heißt der Eventhandler, mit dem auf das Verlassen einer Webseite reagiert werden kann?**

onUnLoad.

F: **Mit welchem Objekt kann man in JavaScript auf Ereignisse reagieren?**

Mit dem event-Objekt.

F: **Was wird passieren, wenn Sie bei einem Skriptcontainer auf den HTML-Kommentar verzichten und ein Browser die Seite lädt, der keine Skripts interpretieren kann?**

Wenn ein Browser keine Skripts interpretieren kann, ist dies gleichbedeutend damit, dass er den <script>-Tag nicht kennt. Er wird ihn nach dem Prinzip der Fehlertoleranz einfach ignorieren. So weit, so gut. Dies ist auch so gewünscht. Aber was besagt das Prinzip der Fehlertoleranz noch? Nachfolgender Text – in unserem Fall sind die Skriptanweisungen für einen HTML-Interpreter reiner Text – wird ohne Formatierung auf dem Bildschirm dargestellt. Ein Anwender bekommt also unter Umständen die Skriptanweisungen einfach als Text im Browser angezeigt und das ist nicht im Sinne des Erfinders.

F: Was ist eine Funktion?

Eine Funktion ist eine Zusammenfassung von Anweisungen, die beim Laden der Webseite nicht automatisch ausgeführt werden, sondern über einen Namen – den Funktionsnamen – gezielt aufgerufen werden.

F: Wie nennt man ein Programm zur Lokalisierung von Fehlern?

Debugger.

F: Beschreiben Sie, was Variablen sind.

Variablen sind Stellen im Hauptspeicher eines Computers, denen zur Laufzeit eines Programms/Skripts temporär Werte zugeordnet werden können.

F: Was beschreibt der Eventhandler onBlur?

Das Entziehen des Fokus bei einem Element.

F: Wie kann man eine Skriptsprache angeben?

Mit dem Parameter language.

F: Wozu zählen Eventhandler? Zu HTML oder JavaScript?

Zu HTML.

F: Nennen Sie mindestens zwei Formen der Einbindung von Java-Scripts in eine Webseite.

Inline-Referenz, Einbindung einer externen JavaScript-Datei, direkte Notation in die Webseite mit einem <script>-Container.

F: Darf ein Variablenbezeichner beliebig gewählt werden?

Nein. Es gibt einige einfache Regeln, die eingehalten werden müssen. Insbesondere darf ein Variablenbezeichner nicht mit einem Schlüsselwort von JavaScript überstimmen.

F: Wie nennt man die Rangfolge von Operatoren noch?

Priorität.

F: Was unterscheidet eine Funktion von einer Prozedur?

Eine Prozedur liefert keinen Rückgabewert, während eine Funktion im Allgemeinen einen Rückgabewert liefert. In JavaScript werden die beiden Formen nicht unterschieden.

467

F: Was unterscheidet die `if`-Kontrollstruktur von `switch-case`?

Mit `switch-case` können Sie nur auf exakte Gleichheit prüfen und es handelt sich um eine Fall-Through-Anweisung, während mit `if` auch auf größer oder kleiner geprüft werden kann und bei `if-else` nur einer der Zweige ausgeführt wird.

Kapitel 5

F: Mit welchem Objekt sprechen Sie den Browser selbst an?

Mit `navigator`.

F: Für was ist DOM die Abkürzung und was ist es?

Document Object Model. DOM ist sowohl eine plattform- als auch eine programmiersprachenübergreifende Schnittstelle mit Objekten.

F: Was ist ein Objektfeld?

Ein Array mit Objekten als Inhalt.

F: Mit welcher Methode von `window` können Sie ein neues Fenster öffnen?

Mit `open()`.

F: Was ist eine Browser-Weiche?

Eine Browser-Weiche dient zum Trennen verschiedener Browser.

F: Was ist ein Konstruktor?

Eine Methode zum Erstellen von Objekten, die in JavaScript immer mit vorangestelltem `new` aufgerufen wird.

F: Mit welchem Objekt haben Sie Zugriff auf die Systemzeit eines Besuchers?

Mit `Date`.

F: Mit welcher Technik können Sie aus JavaScript heraus Webseiten dynamisch schreiben?

Mit `document.write()`.

F: Wie spricht man in JavaScript aus einer Framestruktur heraus die oberste Ebene an?

Mit top.

F: Wie nennt man das Verstecken der inneren Struktur eines Objekts?

Information Hiding oder Datenkapselung.

F: Wie heißen die Baupläne für Objekte?

Klassen.

F: Was bedeutet rekursiv?

Ein rekursiver Aufruf bedeutet, eine Funktion ruft sich selbst wieder auf.

F: Ist JavaScript eine objektorientierte Sprache?

Nein, nur objektbasierend.

F: Mit welcher Notation spricht man in JavaScript Objekte an?

Mit der Punkt- oder Dot-Notation.

F: Wie nennt man die Beziehung zwischen einer Super- und einer Subklasse?

Vererbung.

F: Was ist ein Zufallsprozess?

Ein Zufallsprozess ist die Simulation des Zufalls mit einem Computer. Das Verfahren wird auch Random-Prozess genannt.

F: Wie programmierte man in älteren Programmiertechniken?

Prozedural.

Kapitel 6

F: Wie nennt man ein Feld in einem Formular, das auf jeden Fall ausgefüllt werden muss?

Ein Pflichtfeld.

F: Wie heißt das Objektfeld, über das Sie an die einzelnen Elemente in einem Webformular gelangen?

elements.

F: Welcher Eventhandler wird beim Verlassen eines Formularfelds ausgelöst?

onBlur.

F: Mit welcher JavaScript-Methode können Sie ein Formular zurücksetzen?

Mit reset().

F: Die Methoden welcher Klasse helfen Ihnen bei der Auswertung von Formulareingaben besonders?

Methoden der Klasse String.

F: Wann plausibilisiert man im Browser die Eingabe eines Anwenders in einem Webformular am besten?

Vor dem Verschicken der gesamten Formulardaten.

Kapitel 7

F: Mit welchem Tag werden Style Sheets in eine Webseite direkt eingebunden?

Mit dem <style>-Container.

F: Wozu verwendet man bei Style Sheets Klassen?

Klassen werden dafür verwendet, eine Stilinformation mehreren Elementen zuzuweisen oder für ein Element mehrere Stilinformationen bereitzustellen.

F: Wie heißt der Parameter in einem HTML-Tag, der für den JavaScript-Zugriff auf Stilinformationen elementar ist?

ID.

F: Was ist der Hauptnutzen von Style Sheets?

Sie erlauben die Trennung des Layouts von der Struktur einer Webseite.

F: Mit welchen Zeichen erfolgt die Wertzuweisung bei Style Sheets?

Mit dem Doppelpunkt.

Kapitel 8

F: **Wofür steht die Abkürzung LAMP?**

Linux, Apache, MySQL und PHP.

F: **Nennen Sie mindestens drei serverseitige Programmiertechniken.**

PHP, Perl, JSP, Servlets, ASP, ASP.NET.

F: **Wie heißt die gemeinsame Ursprungssprache von XML und HTML?**

SGML.

F: **Ist wohlgeformt und gültig in XML das Gleiche?**

Nein. Gültig umfasst wohlgeformt, bedeutet aber zusätzlich, dass weitere grammatikalische Regeln eingehalten werden.

F: **Wie heißt der populärste Servlet-Container für Apache?**

Tomcat.

jetzt lerne ich

Quellen

Nachfolgenden finden Sie wichtige Quellen rund um JavaScript und das Internet:

Quelle	URL
Eine deutsche Newsgroup zu JavaScript	`de.comp.lang.javascript`
Das freie Nachschlagewerk Wikipedia	`de.wikipedia.org`
Die Netscape JavaScript 1.3 Spezifikation (englisch)	`devedge-temp.mozilla.org/library/manuals/2000/javascript/1.3/guide`
Der Netscape JavaScript Debugger	`developer.netscape.com/software/jsdebug.html`
Die Tomcat Homepage	`jakarta.apache.org/tomcat/`
Der Microsoft Script Debugger	`www.microsoft.com/downloads/`
Die Microsoft Jscript-Spezifikation (englisch)	`msdn.microsoft.com/library/en-us/script56/html/js56jsoriJScript.asp`
Die Homepage des Apache-Projekts	`www.apache.org`
Deutsches Network Information Center	`www.denic.de`
Die Homepage des Eclipse-Projekts. Dieses Framework zur Programmierung kann auch für JavaScript, HTML, CSS oder PHP eingesetzt werden.	`www.eclipse.org`

Tabelle 10.1: Wichtige Quellen

Quelle	URL
Die ECMAScript-Spezifikation	www.ecma-international.org/ publications/standards/Ecma-262.htm
ECMAScript for XML- Spezifikation (englisch, PDF)	www.ecma-international.org/ publications/standards/Ecma-357.htm
Die Evrsoft-Homepage. Hier finden Sie den hervorragenden HTML-Editor 1st Page.	www.evrsoft.com/
Firefox	www.firefox.com/
Die Homepage von The Gimp-Projekt	www.gimp.org
Die Suchmaschine Google	www.google.de
Die Homepage des Xitami-Webservers	www.imatix.com/html/xitami/ index.htm
InterNIC	www.internic.net
Die Homepage des Jana-Webservers	www.janaserver.de
Ein großes deutschsprachiges JavaScript-Archiv	www.jswelt.de/
Hier gibt es das Maguma Open Studio – ein PHP-Editor, mit dem man auch gut HTML, CSS und JavaScript programmieren kann.	www.maguma.com
Microsoft	www.microsoft.de
Der Mozilla Debugger Venkman	www.mozilla.org/projects/ venkman/
Die Opera-Homepage	www.opera.com
Die offizielle Webseite von PHP	www.php.net
FAQs zu PHP	www.php-faq.de/
Die Homepage des Autors	www.rjs.de
Die Homepage des Sambar-Webservers	www.sambar.com
SuSE-Linux	www.suse.de
Informationen zu CSS 2	www.w3.org/TR/PR-CSS2/
Informationen zu CSS 1	www.w3.org/TR/1999/REC-CSS1-19990111
Das W3C	www.w3c.org

Die Buch-CD

Dem Buch liegt eine CD mit den Listings sämtlicher relevanten Beispiele bei, die wir besprochen haben. Die Beispiele sind nach Kapiteln sortiert.

Zusätzlich finden Sie als Bonus auf der Buch-CD zahlreiche Programme und Tools rund um die Webprogrammierung, die Ihnen das Leben erleichtern können. Dies beginnt bei Browsern, führt über Editoren und Entwicklungsumgebungen und endet bei Webservern samt ergänzenden Tools. Die entsprechenden Programme sind entweder Freeware, Open Source oder Testversionen. Informieren Sie sich in den jeweiligen Lizenzbedingungen. Obwohl der Autor die jeweiligen Programme getestet und meist selbst im Einsatz hat, kann kein Support übernommen oder die Funktion garantiert werden. Sie benötigen auch nicht sämtliche Programme. Die Software auf der CD ist als Auswahl zu verstehen, um Ihnen den Download eines bestimmten Programms oder Tools zu ersparen. Beachten Sie aber, dass seit dem Zusammenstellen der Buch-CD möglicherweise bereits neuere Versionen erhältlich sein können. Sämtliche Software auf der CD können Sie auch über das Internet laden.

Stichwortverzeichnis

jetzt lerne ich

Jetzt lerne ich

Start ohne Vorwissen

Von Matt Zandstra
ISBN 3-8272-**6431**-6
530 Seiten, 1 CD
€ 29,95 [D]

Von Sven Letzel, Robert Gacki
ISBN 3-8272-**6534**-7
400 Seiten, 1 CD
€ 24,95 [D]

Von Ralph Steyer
ISBN 3-8272-**6764**-1
400 Seiten, 1 CD
€ 29,95 [D]

Sie wollen sich Neuland in der Computerwelt erschließen? Sind gespannt auf neue Software, neue Themen, neues Wissen? Hier ist die Reihe für Sie: der praktische und verständliche Einstieg in professionelle Computerthemen. Keine Vorkenntnisse erforderlich!

Unter **www.mut.de** finden Sie das Angebot von Markt+Technik.

Profi-Know-how
zum kleinen Preis

Matthias Kannengiesser vermittelt professionelles Wissen zu PHP 5 und MySQL 4, den beiden unverzichtbaren Werkzeugen im Bereich datenbankbasierter Webanwendungen. Die freie Skriptsprache PHP stellt einen Standard in der Programmierung dynamischer Webanwendungen dar. MySQL ist die populärste Datenbank im Open Source-Bereich. Die Einsatzmöglichkeiten von MySQL sowohl im Web als auch in lokalen Netzwerken sind schier unüberschaubar. Matthias Kannengiesser gibt dem Leser einen unverzichtbaren Leitfaden zum effizienten und produktiven Einsatz an die Hand.

Von Matthias Kannengiesser
416 Seiten, 1 CD
ISBN 3-8272-6867-2
€ 19,95 [D]